D1726137

Dr. Michael Ludwig **I** Fritz Hofmann **I** Dr. Martin Lang

60 JAHRE WIEN

1945–2005

Verlag
BOHMANN

INHALTS VERZEICHNIS

Vorwort	003
1945–1950	004–037
Die „50er"	038–099
Die „60er"	100–157
Die „70er"	158–217
Die „80er"	218–277
Die „90er"	278–337
2000–2005	338–383
Impressum	384

Dr. Michael Häupl
Bürgermeister der Stadt Wien

Die sechzig Jahre Wiener Geschichte, die sich in diesem Buch widerspiegeln, führen uns anschaulich die großen Veränderungen und Neuerungen vor Augen, welche sich in unserer Heimatstadt zugetragen haben. Sie zeigen auch, wie Weltoffenheit und Toleranz unsere Metropole an der Donau geprägt haben.

Der größte Dank gebührt allen, die mitgeholfen haben, Wien in diesen sechzig Jahren zu dem zu machen, was es heute ist. Unser Wien ist zu einer einzigartig charmanten und weltoffenen Stadt geworden. Die Lebendigkeit sowie die urbane und kulturelle Vielfalt machen unsere Stadt auch international zu einem Vorbild – in globalen Untersuchungen zum Thema „Lebensqualität in Großstädten" findet sich Wien seit vielen Jahren immer auf dem Siegerpodest. Als Wiener Bürgermeister empfinde ich das als Ehre, aber zugleich auch als Verpflichtung. Die Verpflichtung besteht darin, niemals nachzulassen und auch weiterhin mit vollem Engagement für diese schöne Stadt zu arbeiten.

In den vergangenen sechzig Jahren ist es Wien gelungen, jenen Weltruf zu erlangen, den diese wunderbare Stadt verdient. Unser Wien spielt sowohl im europäischen als auch im globalen Wettbewerb eine wichtige Rolle. Wien ist eine der reichsten Regionen Europas, und das bedeutet, neben dem verdienten Wohlstand für die Bürgerinnen und Bürger, auch Verantwortung. Daher setzt sich Wien für den europäischen Integrationsprozess ein – denn nur ein gemeinsames Haus Europa sichert Frieden, Wohlstand und Freiheit für alle.

Wien ist fraglos eine sehr traditionsreiche Stadt. Diese Tradition ist für uns keine Bürde, sondern ein wertvolles Gut und eine Herausforderung. Alt und Neu existieren in dieser Stadt im ausgewogenen Miteinander, ein Umstand, der Wien für Menschen jeden Alters zu einem guten Ort zum Leben macht.

Ich danke allen, die zum Zustandekommen dieses Buches über eine so ereignisreiche Epoche unserer Heimatstadt beigetragen haben. Wer die Vergangenheit kennt, kann die Gegenwart besser verstehen und ist für die Zukunft gerüstet. Die Geschichte dieser sechzig Jahre bietet die Grundlage für dieses Verständnis. In diesem Sinne wünsche ich allen Leserinnen und Lesern interessante Einblicke und wertvolle Stunden bei der Lektüre.

Die Versorgung mit
Lebensmitteln ist schwierig

WIEN PROVISORISCH

Am 13. April ist der Krieg in Wien
zu Ende, am 8. Mai in
Europa und am 14. August
auf der ganzen Welt –
Japan hat kapituliert.

Am 2. April 1945 erreicht die Rote Armee Baden bei Wien. Wien wird zum Verteidigungsbereich erklärt und damit unter Kriegsrecht gestellt. Die Widerstandsgruppe im Wehrkreiskommando XVII, das im jetzigen Regierungsgebäude am Stubenring seinen Sitz hatte, beschloss zu handeln. Im Auftrag von Major Szokoll fährt Oberfeldwebel Käs in einem Wehrmachtsauto, das der Obergefreite Reif lenkt, nach Süden, um mit dem sowjetischen Oberkommando Kontakt aufzunehmen und die Befreiung Wiens zu besprechen. Es galt, die Zerstörung Wiens zu verhindern.

Sie gelangen tatsächlich zum Oberkommando, bieten ihre Unterstützung beim Angriff Wiens an und bekommen die Zusicherung, dass die Wasserleitungen nach Wien geschützt und die Luftangriffe eingestellt werden. Der Hauptangriff soll nicht von Süden, sondern von Westen und Norden erfolgen. Käs und Reif gelingt die Rückkehr nach Wien.

Ein Leutnant der Heeresstreife verrät die Widerstandsgruppe im Wehrkreiskommando. Als erster wird der Kommandant der Heeresstreife, Major Bidermann, verhaftet. Szokoll, Käs, Reif und andere können gewarnt werden und tauchen unter. Die vereinbarte Zusammenarbeit mit der Roten Armee wegen der Übergabe Wiens ist geplatzt.

Die Wiener Feuerwehr – 3.800 Mann mit 627 Fahrzeugen – wird am 7. April gezwungen, die Stadt zu verlassen. Nur wenige können sich dem Befehl entziehen. Die Bevölkerung ist mit den vielen Bränden in der Stadt allein. Gasversorgung, Straßenbahn und Post sind eingestellt.

Die Rote Armee erreicht am 8. April den Gürtel, wo es zu harten Kämpfen um große Eckhäuser und Stadtbahnstationen kommt. Die führenden Vertreter des Widerstands in der Heeresstreife, Major Bidermann, Hauptmann Huth und Oberleutnant Raschek, werden nach schweren Misshandlungen in Floridsdorf, Am Spitz, an Laternenpfählen erhängt.

Am 9. April ziehen sich die deutschen Truppen zum Donaukanal zurück, die Sowjets rücken nach. Der Bereich zwischen Gürtel und Donaukanal wird von beiden Seiten mit Artillerie beschossen. Dabei geraten unter anderem der Stephansdom, das Burgtheater, das Parlament und der Naschmarkt in Brand. Im Palais Auersperg versammeln sich Vertreter des österreichischen Widerstands, um den Aufbau einer neuen staatlichen Ordnung vorzubereiten.

Deutsche Truppen sprengen am 10. April alle Brücken über den Donaukanal.

Das Kriegstagebuch des Oberkommandos der Wehrmacht vom 10. April merkt an, dass ein Teil der Wiener Bevölkerung seine Haltung verloren hat. Goebbels schreibt in sein Tagebuch: „Es haben in der Stadt Aufruhraktionen in den ehemals roten Vororten stattgefunden. Jetzt müssen die

Im April wird noch gekämpft

THEODOR KÖRNER

Die Wahl Theodor Körners 1945 zum Wiener Bürgermeister war ein wahrer Glücksgriff. Er verkörperte jene Mischung eines Politikers, den die Wienerinnen und Wiener besonders in ihr Herz schließen: Durchsetzungsfähigkeit und Volksnähe.

Körner wurde am 24. April 1874 in Uj Szönyi bei Komorn/Komárom (Slowakei) geboren. Er schlug die militärische Laufbahn ein, war k.u.k. Oberst und Generalstabschef der 1. Isonzo-Armee im 1. Weltkrieg. Nach dem Ende des 1. Weltkrieges war er ab 1918 Amtsleiter des Staatsamtes für Heereswesen und maßgeblich am Aufbau eines österreichischen Bundesheeres beteiligt. 1924 wird er wegen seiner kritischen Haltung als General pensioniert. Im selben Jahr tritt er der Sozialdemokratischen Arbeiterpartei bei und nimmt eine führende Stellung beim Republikanischen Schutzbund ein. Von 1924 bis 1934 war Theodor Körner Mitglied des Bundesrates. Im Februar 1934 plädierte Körner gegen einen gewaltsamen Widerstand der SDAP gegen die austrofaschistische Diktatur. Nach dem gescheiterten Februaraufstand 1934 gegen die Regierung Dollfuß und dem Verbot der SDAP wurde Theodor Körner inhaftiert, ebenso nach dem Attentat vom 20. Juli 1944 auf Adolf Hitler. 1945 bis 1951 war Körner Bürgermeister von Wien und Abgeordneter zum Nationalrat. Am 27. Mai 1951 wurde er erster direkt gewählter österreichischer Bundespräsident. Er starb am 4. Jänner 1957.

härtesten Maßnahmen ergriffen werden, um diese Dinge in Wien wieder zu bereinigen. Der Führer ist weiterhin entschlossen, die Stadt unter allen Umständen zu halten. Man darf natürlich die Vorgänge, die sich in Wien selbst abspielen, nicht allzu sehr dramatisieren. Es handelt sich natürlich um Gesindel, das diese Aufstände veranstaltet, und dieses Gesindel muß zusammengeschossen werden."

In der Osterleitengasse erschießt ein Nazi aus dem Hinterhalt mehrere Zivilisten, die mit rotweißroten Armbinden auf die Straße gegangen sind. Im Institut für Chemie der Universität Wien erschießt Professor Lange zwei Assistenten, die ihn daran hindern wollen, das wertvolle Elektronenmikroskop zu zerstören. Lange wurde später verhaftet und vor Gericht gestellt, er verübte in der Zelle Selbstmord.

Am 11. April kommt es auf dem Messegelände zu harten Kämpfen, der Wurstelprater wird durch Brand völlig zerstört. In den Häusern Förstergasse 5 und 7 entdeckt eine SS-Streife Juden. Fünf Frauen und vier Männer werden auf die Straße getrieben und erschossen. Die Rote Armee kann an einigen Stellen des Donaukanals übersetzen und Brückenköpfe bilden.

Widerstandskämpfer entfernen am 12. April Sprengladungen an der Reichsbrücke, in der Nacht besetzen sowjetische Soldaten die Brücke. Sie ist die einzige benützbare Donaubrücke zwischen Linz und Budapest. Der Stephansdom steht in Flammen.

Der deutsche Wehrmachtsbericht meldet am 13. April noch immer schwere Straßenkämpfe in Wien, das sowjetische Oberkommando hingegen die Eroberung Wiens. Die Sondermeldung von Radio Moskau lautet:

„Am 13. April nahmen die Truppen der 3. Ukrainischen Front, unter Mitwirkung der Truppen der 2. Ukrainischen Front, nach heftigen Kämpfen die Hauptstadt Österreichs, Wien, einen strategisch wichtigen Verteidigungsknotenpunkt der Deutschen, der den Weg nach Süddeutschland versperrte. In den Kämpfen um die Anmarschwege nach Wien und um Wien selbst zerschlugen die Truppen der Front vom 16. März bis 13. April elf deutsche Panzerdivisionen, darunter die 6. SS-Panzerarmee, nahmen über 130.000 Soldaten und Offiziere

Auf dem Weg vom Rathaus ins Parlament:
Karl Renner und Theodor Körner

Sowjetische Soldaten, sowjetischer Panzer und Wienerinnen und Wiener am Stadtrand

gefangen, vernichteten beziehungsweise erbeuteten 1345 Panzer und Sturmgeschütze, 2250 Feldgeschütze sowie vieles sonstiges Kriegsgerät. Auf Befehl des Obersten Befehlshabers der Roten Armee, Marschall der Sowjetunion J. Stalin, grüßte Moskau die heldenhaften Truppen der 3. Ukrainischen Front, die Wien genommen haben, mit einem Salut von 24 Salven aus 324 Geschützen."

Tatsächlich wird in Floridsdorf noch gekämpft. Die Floridsdorfer Brücke wird von den zurückweichenden deutschen Truppen gesprengt. Sowjetische Offiziere spüren Persönlichkeiten auf, die bei der Wiederherstellung Österreichs mitwirken können. Sie stoßen auf Adolf Schärf und Leopold Figl, die mit Autos zu zentralen Treffpunkten gebracht werden. Sozialdemokratische, christliche und kommunistische Gewerkschafter beschließen die Gründung des Gewerkschaftsbundes.

Nach sowjetischen Angaben fielen in Wien vom 3. bis 13. April 19.000 deutsche und 18.000 sowjetische Soldaten. Wie viele Zivilisten ums Leben kamen, weiß man nicht.

Am 14. April ist die deutsche Gegenwehr zu Ende. Am 15. April plündern Soldaten und Zivilisten. Es kommt zu Vergewaltigungen, Totschlägen und Morden. Im halb zerstörten Direktionsgebäude des Westbahnhofes wird der ÖGB gegründet. In Gloggnitz schreibt Renner an Stalin, dass er bereit wäre, die Bildung der österreichischen Regierung zu übernehmen.

Am 16. April schlägt die SPÖ Theodor Körner als Wiener Bürgermeister vor, ÖVP und KPÖ stimmen zu. Die drei Parteien bilden eine provisorische Stadtverwaltung, die von den Sowjets anerkannt wird. Am 17. April wird im Schottenstift die ÖVP gegründet.

Am 18. April ist die Wasserversorgung im größten Teil Wiens wiederhergestellt. Am nächsten Tag lässt das sowjetische Oberkommando Renner nach Wien bringen und übergibt ihm eine Villa im 13. Bezirk als Amtssitz. In großen Teilen Wiens gibt es wieder Strom.

Aufräumungsarbeiten

Es kommt am 20. April zu einem von den Sowjets arrangierten Zusammentreffen von Schärf und Renner. Sie besprechen die Aufnahme von Parteienverhandlungen über die Bildung einer Regierung in Renners Amtsvilla. Mit sowjetischen Autos werden die Teilnehmer an diesen Verhandlungen nach Hietzing gebracht: Renner, Schärf, Körner, Alois Mentasti, Leopold Kunschak, Josef Kollmann, Johann Koplenig und Ernst Fischer. Im Rathaus kommen die von den Sowjets eingesetzten Bezirksbürgermeister zusammen. Sie amtieren in den Grenzen der 26 Bezirke von 1938.

Am 21. April findet im Gewerkschaftshaus Ebendorferstraße 7 eine Konferenz der SPÖ statt, bei der alle Wiener Bezirke außer 8 und 18 vertreten sind. Sie gilt als die 1. Konferenz der SPÖ. Sowjetische Pioniere beginnen den Bau provisorischer Übergänge über den Donaukanal. Noch im April sind Friedensbrücke, Marienbrücke und Augartenbrücke zu benützen. In der Nacht werfen vereinzelte deutsche Flugzeuge Bomben auf Währing und Döbling.

Am 23. April gibt es wieder eine Zeitung: „Neues Österreich". Sie wird von den drei Parteien herausgegeben. Es kommt zu Plünderungen, Vergewaltigungen und anderen Gewalttaten.

Im Apollo-Kino wird am 24. April wieder ein Film gezeigt: „Iwan der Schreckliche". Die meisten Apotheken sperren auf.

Am 25. April stellen die Sowjets vierzig Lastwagen zur Verfügung. Mit ihnen werden Lebensmittel, vor allem Milch und Gemüse, aus Niederösterreich und Burgenland nach Wien gebracht – für Spitäler und Heime. Alle Feuerwachen arbeiten wieder. Die wenigen Feuerwehrmänner, die sich dem Abmarschbefehl entziehen konnten, werden von Pensionisten und Freiwilligen unterstützt.

Suche nach Brauchbarem

1945

Auf den Friedhöfen liegen an die 5.500 unbeerdigte Tote. Wie viele Tote in Parks, Bombentrichtern oder sonstigen Flächen begraben werden, kann nie mehr genau festgestellt werden. Die Musikschule der Stadt Wien nimmt den Unterricht wieder auf.

Die Verhandlungen über die Regierungsbildung werden am 27. April abgeschlossen. Die drei Parteien beschließen eine Unabhängigkeitserklärung. In Wien spielen wieder acht Kinos. Auf dem Rathausplatz konzertiert ab nun täglich eine sowjetische Militärkapelle.

Renner informiert am 28. April Marschall Tolbuchin über die Bildung einer Staatsregierung. Tolbuchin stimmt zu.

Am 29. April versammelt sich im Roten Salon des Rathauses die Staatsregierung gemeinsam mit der Stadtverwaltung und den Bezirksvorstehern. Nach der konstituierenden Sitzung begibt sich die Provisorische Staatsregierung ins Parlament, das wieder für Österreich in Besitz genommen wird. Im Parlament verkündet Renner die Wiederherstellung der Republik Österreich. Gleichzeitig werden die NS-Gesetze außer Kraft gesetzt, der „Anschluss" für null und nichtig erklärt.

Auf der Ringstraße jubeln Menschen, eine Militärkapelle der Sowjets spielt den Donauwalzer, viele Menschen tanzen, rot-weiß-rote Fahnen werden aufgezogen. Aus dem „Neuen Österreich" erfahren die Wiener, dass die Sowjetarmee eine Maispende für Wien zur Verfügung gestellt hat: 800 Tonnen Mehl, 7.000 Tonnen Getreide, 1.000 Tonnen Bohnen, 1.000 Tonnen Erbsen, 300 Tonnen Fleisch, 200 Tonnen Zucker,

BÜRGERMEISTER UND LANDESHAUPTMANN

Die Stadt Wien nimmt innerhalb Österreichs eine Sonderstellung ein. Sie ist Bundeshauptstadt, ein Bundesland der Republik Österreich und sie ist eine Gemeinde. Als Bundesland hat Wien das Recht einer eigenen Gesetzgebung und einer eigenen Landesvollziehung. Die Gesetzgebung in Wien übt der Wiener Landtag, die Vollziehung die Wiener Landesregierung, an deren Spitze der Landeshauptmann steht, aus. Der Landtag besteht aus 100 Abgeordneten, die Landesregierung wird aus dem Landeshauptmann und derzeit 14 Regierungsmitgliedern, die den Titel „Stadtrat" führen, gebildet. Jede österreichische Gemeinde, sei es eine Millionenstadt oder ein Dorf, hat nach

den Bestimmungen der Bundesverfassung auf jeden Fall einen Gemeinderat, einen Gemeindevorstand, er heißt in Wien Stadtsenat, einen Bürgermeister und als Verwaltungseinrichtung ein Gemeindeamt (in Wien: Magistrat).

Der Bürgermeister wird vom Gemeinderat gewählt, seine Amtszeit entspricht der Dauer der Wahlperiode des Gemeinderats. Der Bürgermeister bleibt bis zur Neuwahl eines Nachfolgers im Amt; er muss nicht dem Gemeinderat angehören, aber zu ihm wählbar sein. Versagt ihm der Gemeinderat ausdrücklich das Vertrauen, so verliert der Bürgermeister seine Funktion. Der Wiener Bürgermeister beruft den Gemeinderat ein und ist Vorsitzender des Stadtsenats, zugleich auch Landeshauptmann und damit Vorsitzender der Landesregierung. Der Wiener Bürgermeister besorgt als Wiener Landeshauptmann die ihm nach der Bundesverfassung zukommenden Aufgaben und wird dabei vom Amt der Wiener Landesregierung, das ist der Wiener Magistrat, unterstützt. Als Bürgermeister ist er für den sogenannten „übertragenen Wirkungsbereich der Gemeinde", das sind Aufgaben, die durch Bundes- oder Landesgesetze der Gemeinde übertragen sind, verantwortlich.

Aufrufe und Zeitung der Sowjets

500 Tonnen Mais, 200 Tonnen Öl und 1.000 Tonnen Sonnenblumenkerne. Das ermöglicht die erste Lebensmittelzuteilung nach vier Wochen. Am Abend gibt es wieder eine Wiener Radiosendung.

Am 30. April spielt das Burgtheater wieder, allerdings im Ronacher: Grillparzers „Sappho". Das Raimundtheater eröffnet mit „Das Dreimäderlhaus". Im Wienerwald finden Führungen zum Sammeln von Wildgemüsen, vor allem Knoblauchspinat, statt. Ohne Führungen wird Holz gesammelt. Es gibt wieder Straßenbahnverkehr, und zwar die Linien 10, 41, 43, 46, 47, 48 und 49. Straßentafeln mit Nazibezeichnungen werden überklebt. Der Adolf Hitler-Platz wird wieder zum Rathausplatz, aus der Schönererstraße die Heinestraße und aus der Straße der Julikämpfer die Siebensterngasse.

Die Staatsregierung setzt am 1. Mai die Verfassung von 1920 in der Fassung von 1929 wieder in Kraft und beschließt ein Verbot der NSDAP und aller ihrer Gliederungen. Die Staatsoper spielt wieder – in der Volksoper: „Figaros Hochzeit".

Post- und Telegraphenbetrieb innerhalb Wiens wird am 2. Mai wieder aufgenommen. Es werden Briefe und Karten zugestellt, die vor der Befreiung aufgegeben wurden, darunter auch Einberufungen zur Wehrmacht.

US-Truppen sind am 3. Mai in Salzburg, am nächsten Tag in Linz.

Am 5. Mai stellt die Rote Armee Wien wieder hundert Lastkraftwagen für Lebensmitteltransporte zur Verfügung. Das erste reguläre Fußballmatch findet am 6. Mai zwischen Vienna und Sportklub statt und endet 3 zu 2.

Am 7. Mai unterzeichnet Generaloberst Jodl in Reims die bedingungslose Kapitulation Deutschlands. Sie tritt in der Nacht vom 8. auf den 9. Mai in Kraft. Der Krieg in Europa ist zu Ende.

Es werden am 11. Mai brachliegende Flächen an Interessenten für den Anbau von Gemüse und Erdäpfeln vergeben. Ansuchen nimmt das Wohnungsamt entgegen.

Am 12. Mai wird eine Verordnung über die Registrierung von Nazis erlassen.

Von 350 Schulgebäuden in Wien sind 200 beschädigt oder zerstört worden. In 90 Schulen wird bereits wieder unterrichtet. Es können wegen der schleppenden Transporte nicht einmal Kleinstkinder mit Milch versorgt werden.

Das Österreichische Freiheitsbataillon, das bei der jugoslawischen Partisanen-Armee gekämpft hat, wird von der Regierung und der Stadt Wien offiziell auf dem Heldenplatz begrüßt. Es ist die einzige bewaffnete Truppe Österreichs.

Es ergeht am 18. Mai der Appell, brennbare Abfälle sofort zu verbrennen, da die Müllabfuhr noch lange nicht funktionieren werde.

Die Bürgermeister der
Stadt Wien seit 1945:

Theodor Körner 1945 bis 1951

Franz Jonas 1951 bis 1965

Bruno Marek 1965 bis 1970

Felix Slavik 1970 bis 1973

Leopold Gratz 1973 bis 1984

Helmut Zilk 1984 bis 1994

Michael Häupl seit 1994

Zu Pfingsten (20./21. Mai) gibt es viele Sportveranstaltungen. In einem großen Handballturnier siegt Sportklub vor Straßenbahn, in einem Favoritner Fußballturnier FC Wien vor Rapid Oberlaa.

Auf der Westbahn gibt es am 24. Mai wieder Zugsverkehr. Der Studienbetrieb an den Hochschulen beginnt wieder mit vereinzelten Vorlesungen.

Stadtkommandant Generalleutnant Blagodatow hebt am 25. Mai die Vorschriften über die Verdunkelung auf. Staatskanzler Renner bekommt einen Brief von Stalin, in dem dieser die Lieferung von Lebensmitteln ankündigt. Am 26. Mai können auf Grund der sowjetischen Lebensmittellieferungen die Zuteilungen ab 1. Juni erhöht werden. Sie ermöglichen es auch, an alle Wiener Schülerinnen und Schüler ein Mittagessen auszugeben. Es ist eine dicke Suppe oder Brei oder Erbsenpüree mit einem Stück Brot.

Aus der Steiermark werden täglich 20.000 Kilowattstunden Strom nach Wien geliefert. Ganz Wien hat am 28. Mai wieder Strom, doch kommt es wegen Überlastung immer wieder zu Ausfällen. Die Stadtbahn verkehrt wieder zwischen Hietzing und Hauptzollamt.

Die „Militärschilling"- Noten, die von den Alliierten ausgegeben werden, sind offizielles Zahlungsmittel. Ein MS ist eine Reichsmark.

Die Alliierten teilen Wien in vier Besatzungszonen: Sowjetisch sind die Bezirke 2, 4, 10, 20 und 21; britisch die Bezirke 3, 5, 11, 12 und 13; französisch die Bezirke 6, 14, 15 und 16; und amerikanisch die Bezirke 7, 8, 9, 17, 18 und 19. Der erste Bezirk steht unter gemeinsamer Besetzung mit einem monatlich wechselnden Vorsitz. Die monatliche Kommandoübergabe mit Militärmusik und Ehrenkompanie wird bald zur Publikumsattraktion.

Eine Gruppe Überlebender aus Dachau trifft am 3. Juni in Wien ein und wird feierlich begrüßt.

Generalleutnant Blagodatow beschränkt ab 6. Juni die nächtliche Ausgangssperre auf die Zeit von 22 bis 4 Uhr. Wien errichtet am 8. Juni ein Amt für Kriegsschädenbehebung an Wohngebäuden. Hauptproblem ist der Mangel an Baumaterial.

Am 9. Juni werden alle Studenten zum Einsatz zur Erbsenernte in Stadlau verpflichtet.

Wegen des Ausfalls der Kehrichtabfuhr liegen Mitte Juni in Wiens Straßen an die 200.000 Kubikmeter Müll, täglich werden es tausend Kubikmeter mehr.

Das Kaufhaus Gerngross ist ab 18. Juni wieder geöffnet. Erstmals seit dem 1. September 1939 gibt es am 22. Juni im Radio wieder einen Wetterbericht. Im Krieg galten Wetterberichte als Militärgeheimnis.

Der ausgebrannte
Stephansdom

Vor Wahlplakaten

Bei seiner Heimkehr am 23. Juni wird Alt-Bürgermeister Seitz, der von den Nazis in ein Konzentrationslager verschleppt worden war, von Tausenden begrüßt. Die Rettung nimmt mit zwei Autos wieder den Betrieb auf.

Die Badner Bahn verkehrt am 25. Juni wieder zwischen Philadelphiabrücke und Wiener Neudorf.

Im Rathaus werden am 3. Juli, nach elf Jahren Unterbrechung, wieder goldene Hochzeiter geehrt. Jedes Jubelpaar bekommt zwei Kilo Mehl, ein Liter Öl, ein Kilo Zucker, zwei Flaschen Wein und eine Torte. In sieben Bezirken gibt es wieder eine geregelte Müllabfuhr.

Im Rathaus beginnt am 10. Juli eine Enquete über den Wiederaufbau Wiens. Es werden 32 Arbeitskreise gebildet, die bis Jänner 1946 tagen. Es wird diskutiert, ob die zerstörten Strukturen wiederhergestellt werden sollen oder ein völlig neues Modell entwickelt werden soll.

Ein Zug mit Kohle aus Fohnsdorf kommt am 11. Juli in Wien an. Am 31. Juli nehmen die Konditoreien wieder den Betrieb auf, da ausreichend Rübenzucker, Malzextrakt, Sirup und Eierersatz verfügbar sind.

Die sowjetische „Österreichische Zeitung" erscheint am 5. August, auch die Zeitungen der drei Parteien: „Arbeiter Zeitung", „Kleines Volksblatt" und „Volksstimme".

Nach dem Abwurf der Atombomben auf Hiroshima und Nagasaki kapituliert Japan am 14. August bedingungslos. Der 2. Weltkrieg ist zu Ende!

Die UNRRA (United Nations Relief and Rehabilitation Administration) beschließt am 22. August, Österreich in ihre Hilfslieferungen einzubeziehen; das bedeutet vor allem UNO-Lebensmittellieferungen aus den USA.

Wer 200 Kilo Glasscherben abliefert, bekommt einen Bezugsschein für einen Quadratmeter Fensterglas. Es werden 100 Millionen Quadratmeter Fensterglas benötigt.

Wien darf ab 25. August eine Arbeitspflicht für Notstandsarbeiten verfügen. Sie gilt für Männer zwischen 15 und 50 Jahren, für Frauen zwischen 16 und 40. Die obere Altersgrenze liegt für Nazis bei 65 beziehungsweise 55 Jahren. Am 1. September wird die erste Verfügung von Notstandsarbeiten zur Freimachung der Straßen von Schutt und zur Gewinnung von Baumaterial aus Schutt ausgesprochen. Wer sich der Arbeitspflicht entzieht, bekommt keine Lebensmittelkarte.

Die westalliierten Truppen ziehen am 1. September in Wien ein. Die Zoneneinteilung tritt in Kraft. Die erste Sitzung des Alliierten Rates (Marschall Konjew für die Sowjetunion, General Clark für die Vereinigten Staaten, Generalleutnant McCreery für Großbritannien, Korpsgeneral Béthouart für Frankreich) findet am 11. September statt. Der Alliierte Rat genehmigt die Tätigkeit der drei demokratischen Parteien (ÖVP, SPÖ, KPÖ).

Das Hotel Imperial wird Sitz des sowjetischen Hochkommissars, das Haus des Stadtschulrates Stadtkommandantur. Das Hauptquartier der Roten Armee bleibt in Baden. Schönbrunn wird Sitz des britischen Hochkommissars und der Stadtkommandantur, weitere Dienststellen kommen im Hotel Sacher und im Parkhotel Hietzing unter. Die Nationalbank wird Sitz des US-Hochkommissars, die Franzosen kommen im Hotel Kummer unter.

Am 17. September können die meisten Wiener Schulen mit dem Unterricht beginnen. Stromsparmaßnahmen müssen am 3. Oktober getroffen werden: Haushalte mit ein oder zwei Personen dürfen pro Tag maximal zwei Kilowattstunden verbrauchen. Pro Raum darf eine Glühbirne mit maximal 40 Watt verwendet werden und es dürfen nur zwei Räume beleuchtet sein.

Der Alliierte Rat verfügt am 8. Oktober die Herstellung viersprachiger Identitätskarten für alle Österreicher. Jeder muss den Ausweis bei sich tragen.

Der Arlberg-Express zwischen Wien und Paris verkehrt ab 12. Oktober wieder. Österreicher dürfen damit nicht fahren.

Auf Schwarzmarkt-Razzien am 7. November werden im Resselpark und am Naschmarkt 83 Personen verhaftet und große Mengen Lebensmittel und Bedarfsgüter beschlagnahmt.

Am 25. November wählt Österreich. Es sind die ersten freien Nationalratswahlen seit 1930. Gleichzeitig finden auch Landtags- und Gemeinderatswahlen statt. Das Ergebnis der Nationalratswahlen ist eine absolute Mehrheit der ÖVP mit 85 Mandaten; die SPÖ erhält 76, die KPÖ vier Mandate. Der Ausgang der Wahlen in Wien: 59 Mandate für die SPÖ, 35 für die ÖVP und sechs für die KPÖ.

Die Bezirke 9 und 14 bis 19 haben am 29. November wieder Gas. Schweden beginnt mit einer großzügigen Hilfsaktion für Wien. Der Umtausch der Reichsmark in den neuen Schilling beginnt am 13. Dezember. Pro Kopf werden 150 Reichsmark in 150 Schilling umgetauscht. Ab 21. Dezember gilt nur mehr der Schilling.

Am 20. Dezember wählt die Bundesversammlung Karl Renner zum Bundespräsidenten.

Die Gemeinde Goisern spendet am 29. Dezember Wien 2.040 Leintücher, 231 Polsterüberzüge und 1.225 Handtücher für Spitäler.

Die Staatsoper spielt am 31. Dezember in der Volksoper „Die Fledermaus"; im Theater an der Wien „Don Pasquale".

Lebensmittel nur mit Lebensmittelkarte

Teppiche für den Verkauf
am Schwarzmarkt

KNAPP VOR DER HUNGERSNOT

Die Versorgung mit Lebensmitteln wird immer schlechter. Diese größte Sorge drückt sich auch in einem Telegramm Bürgermeister Körners im Juni aus. Er schickt einen Hilferuf an den Generalsekretär der UNRRA: „Die Not in Wien und Umgebung hat einen Grad erreicht, der für die Zukunft zu größter Besorgnis Anlass gibt. Wenn nicht Hilfe kommt, bricht die Bevölkerung zusammen. Als Bürgermeister von Wien richte ich die dringende Bitte an Sie: kommen Sie nach Wien und überzeugen Sie sich selbst. Wir können nicht mehr weiter."

1946 konnte also nur mit internationaler Hilfe überstanden werden. Im Jänner gab es etwa aus einer Lebensmittelspende Irlands und des Internationalen Roten Kreuzes für Kinder von ein bis drei Jahren eine Sonderzuteilung von einem Viertel Kilogramm Butter. Aus dieser Spende wurde auch an die Pfleglinge in Krankenhäusern und in Kinder- und Mütterheimen sowie an werdende und stillende Mütter Butter verteilt. Im Februar rief die schwedische Hilfsaktion für Wiener Kinder im Alter zwischen drei und sechs Jahren eine Ausspeisaktion ins Leben. Da es jedoch nicht möglich war, wirklich alle Kinder gleichzeitig auszuspeisen, wurde beschlossen, dass immer ein Drittel der Bezirke Wiens zwei Monate lang in die schwedische Kleinkinder-Ausspeisung einbezogen wird, während ein zweites Drittel der Wiener Bezirke in der gleichen Zeit mit schwedischer Trockenmilch beteilt wird, so dass nur ein Drittel der Wiener Kleinkinder zwei Monate lang pausieren muss. Für die Ausspeisung werden 136 Ausspeisestellen eingerichtet. Es sind dies die Kindergärten der Stadt Wien und eine Reihe von Sommererholungsstätten. Rund 25.000 bis 30.000 Portionen werden täglich verabreicht. Im März werden aus der sogenannten Alliiertenhilfe Trockenkartoffeln in Form von Spalten, Schnitten, Flocken oder Grieß zum Verkauf angeboten. Wobei ein Kilo Trockenkartoffeln etwa fünf Kilo frischen Kartoffeln entspricht. Im April kommt aus Schweden ein Transport an: sieben Lastkraftwagen mit Lebertran. Der Lebertran wird an Kleinkinder sowie an Kinderheime und an öffentliche Spitäler verteilt. Im Mai wird aus einer Spende des Irischen Roten Kreuzes an Kinder Süßwaren ausgegeben. Die Kinder bis zu drei Jahren erhalten 125 g Schokoladepulver und die Kinder von drei bis sechs Jahren 80 g Bonbons. Eine Ausgabe von Süßwaren an Kinder von sechs bis zwölf Jahren wird vorbereitet.

Mit Zürich an der Spitze sammeln Schweizer Städte 1,3 Millionen Kilo Kartoffeln für Wien, das sind 111 Eisenbahnwaggons, die im Juli nach Wien transportiert werden und zur Verteilung kommen. Im Juli trifft die erste Sendung von CARE-Paketen aus den USA ein. Im September wird auf dem Wiener Franz-Josefs-Bahnhof ein Waggon mit 1.275 Lebensmittelpaketen und Kleidern im Gesamtgewicht von 15 Tonnen ausgeladen, die von der Österreichischen Freiheitsfront und von der Gesellschaft Amities Belgo-Autrichiennes in Belgien gesammelt worden sind. Dieser Sendung sollen demnächst noch weitere folgen. Es besteht die Absicht, monatlich 20.000 kg

Ohne internationale Hilfe, ohne die Spenden vieler Hilfsorganisationen wäre das Leben der Wienerinnen und Wiener auf eine noch härtere Probe gestellt worden.

Hilfe für die Wienerinnen und Wiener

Heimkehrende österreichische Soldaten

Auf einem Pferdefuhrwerk zum
Fußballmatch Wacker gegen Rapid

Lebensmittel nach Österreich zu bringen. Die Österreicher in Belgien wollen alles daran setzen, künftig auch Nahrungsmittel für Kinderheime und alte Leute zu schicken.

Im August kann mit Hilfe der amerikanischen Quäker mit einer mehrmonatigen Ausspeise- und Lebensmittelpaketaktion für Personen, die in öffentlicher Dauerfürsorge stehen und über 70 Jahre alt sind, begonnen werden. Das Amerikanische und das Dänische Rote Kreuz, das Internationale Rote Kreuz, die Schwedenhilfe und die Schweizer Spende beteiligen sich auch an dieser Hilfsaktion für alte Leute, so dass auch unbemittelte Personen, die nicht im Bezug einer Dauerfürsorgeunterstützung stehen, jedoch über 70 Jahre alt sind, mit Lebensmitteln versorgt werden können. Im Dezember stellen die Iren über Vermittlung des Internationalen Roten Kreuzes der Wiener Bevölkerung als Weihnachtsgeschenk Zucker in einer so großen Menge zur Verfügung, dass alle beteilt werden können. Es erhalten alle Kinder und Jugendlichen bis zu 18 Jahren 350 g und alle Erwachsenen über 18 Jahre 250 g Zucker.

Vor Weihnachten hat die Aktion „Zürich hilft Wien" zu einer großen Sammelaktion aufgerufen. Nach einem Aufruf an die Bevölkerung wurden an einem Samstagnachmittag die Lebensmittel von der Schuljugend von jedem Haushalt eingesammelt. Dieser Sammeltag für Wien wurde in der „Zürcher Zeitung" als die größte Sammelaktion der Stadt bezeichnet. Rund 200 Tonnen Lebensmittel wurden gespendet. Die ersten fünf Waggons mit 61.000 kg Lebensmitteln, wie Hülsenfrüchten, Trocken- und Kondensmilch, Kakao, Dörrobst, Fett, Sardinen und Seife, treffen Ende Dezember in Wien ein. Die restlichen Waggons werden in den nächsten Tagen in Wien ankommen.

Die Wiener sollen aber auch selbst zur Hilfe greifen und werden aufgefordert, selbst Kartoffeln und Gemüse anzubauen, denn „in dieser Situation ist jede noch so kleine Eigenproduktion der Stadtbevölkerung ein wertvoller Gewinn für die Ernährung", wie es in einem Aufruf des Bürgermeisters heißt. Saatkartoffeln und Gemüsepflänzchen stellt die MA 53 – Siedlungs- und Kleingartenwesen – zur Verfügung.

Das Schweizer Rote Kreuz hilft aber auch dabei, Wiener Kinder sozusagen in die Schweiz auf „Urlaub" zu schicken. Im Jänner reisen 440 Kinder im Alter zwischen sechs und zehn Jahren zu einem dreimonatigen Aufenthalt in die Schweiz. Die Kinder werden auf Schweizer Familien, die sich freiwillig zur Übernahme verpflichtet haben,

in den Kantonen Schaffhausen, St. Gallen, Watt, Wallis, Luzern und Basel aufgeteilt.
Bei den Krankheiten steht die Tuberkulose an erster Stelle. Diese Seuche ist in erster
Linie auf die chronische Unterernährung und die verschlechterten Wohnverhältnisse
zurückzuführen. Die Gesamtzahl an Tuberkulosekranken betrug im Jänner 1946
27.607, im November 1946 30.951. Todesfälle gab es 1938 1.910, im Jahre
1945 4.213. Es ist somit ein dauernder allmählicher Anstieg der Zahl der Erkrankungen festzustellen. Leider gibt es noch immer nur 17 Fürsorgestellen. Zur Spitalsbe-
handlung der Tbc stehen derzeit 1.593 Betten zur Verfügung, weitere 1.000 Betten
sind notwendig. Die Unterernährung wirkt sich auch auf die Säuglingssterblichkeit
aus. Sie erreichte im Sommer 1945 eine ungeahnte Höhe. 71 Todesfällen auf 1.000
Lebendgeborene im Jahre 1944 standen 377 Todesfälle im Monat Juli 1945 gegenüber. Die Kindersterblichkeit war somit in Wien auf 37 Prozent angestiegen.

Es gibt an die 12.000 unreparierte Dachschäden: zur Reparatur werden in der
Hauptsache Dachziegel, Schalungsholz, Dachpappe und Nägel benötigt. Der Mangel
an Dachziegeln hat bisher nur wenige Dachreparaturen ermöglicht. Nicht inbegriffen
in diese Zahl von 12.000 sind Dachschäden an Spitälern, Schulen, Kinderheimen,
anderen öffentlichen Gebäuden und an Industriebauten. Allein für die Wohnhäuser er-
rechnet man einen Bedarf von 16 Millionen Dachziegeln, für deren Produktion im
günstigsten Falle 16 Monate veranschlagt werden. Es ist also aussichtslos, alle beschädigten Wiener Dächer noch in diesem Jahr zu reparieren, und es wird teilweise
wieder zu Notmaßnahmen gegriffen werden müssen. Für provisorische Dacheindeckungen steht nur Dachpappe zur Verfügung, die jedoch von so schlechter Qualität ist, dass sie den Witterungseinflüssen nur kurze Zeit standhält und immer wieder
erneuert werden muss. Auch die Beschaffung des dazu notwendigen Schalholzes,
der Pappe und der erforderlichen Nägel bereitet größte Schwierigkeiten. Wenn nur
mit der provisorischen Eindeckung von 30 Prozent der beschädigten Dächer gerech-

Brückeneröffnungen –
Schwedenbrücke und
Floridsdorfer Brücke

Umleitung wegen
Bombentreffer

net wird, sind dazu rund 30 Tonnen Nägel erforderlich. Die Stadt Wien konnte bisher insgesamt nur sechs Tonnen Nägel beschaffen.

Zwei Drittel aller Kriegsschäden in Österreich fallen auf Wien. Die Zuweisung von Baustoffen erfolgt jedoch nur im Ausmaß von rund 20 Prozent der Produktion. Wien muss also höhere Baustoffkontingente als bisher bekommen, um der Kriegsschäden Herr zu werden.

Die sogenannten Luftschutzbauten werden nach und nach einer neuen Verwendung zugeführt. Der Umbau des Luftschutzbunkers unter dem Friedrich Schmidt-Platz zu einer städtischen Großgarage ist bereits über die Hälfte fertig gestellt. Aus dem Bunker beim Westbahnhof ist eine Notunterkunft für Reisende geworden. Sie kann bereits seit Ende Juni benützt werden. Sieben weitere Luftschutzbunker wurden im Laufe des ersten Halbjahres 1946 an Dienststellen und private Bewerber zur friedensmäßigen Nutzung übergeben.

Infolge weiterer Reduzierungen der Wasserkraftanlieferungen und der Knappheit in der Heizölbelieferung haben sich die bisher durchgeführten Stromabschaltungen als ungenügend erwiesen. Die städtischen Elektrizitätswerke sind daher gezwungen, zeitweise beide Kabelgruppen, die sonst nur abwechslungsweise ausgeschaltet werden sollten, gleichzeitig auszuschalten.

Da infolge der anhaltenden Trockenheit mit einem weiteren Rückgang der Wasserkraftstromlieferungen und mit unregelmäßigen Lieferungen aus dem Verbundnetz gerechnet werden muss, werden weitere Einschränkungen des Stromverbrauches angeordnet, die zum Teil durch eine Stilllegung des Straßenbahnverkehrs erzielt werden müssen. Um vor allem die arbeitende Bevölkerung nicht allzu hart zu treffen, werden in erster Linie die Radiallinien, das sind die vom Ring nach auswärts führenden Linien, aufrechterhalten. Die Linien der Stadtbahn werden nicht eingestellt.

Ab 1. Oktober fährt wieder die 2er Linie der Straßenbahn nach rund eineinhalbjähriger „Pause" über die Lastenstraße. Diese lange Betriebsunterbrechung wurde einerseits durch die schweren Kriegsschäden auf der 2er Linie verursacht, andererseits durch den Mangel an Wagenmaterial bei den Straßenbahnen: Über die Hälfte der Waggons wurden durch den Krieg beschädigt oder zerstört.

Ende August 1946 sind in Wien 18.243 Kraftfahrzeuge zum Verkehr zugelassen. Davon sind 8.053 Lastkraftwagen, 4.019 Personenkraftwagen und 4.747 Motorräder, der Rest sind andere Fahrzeuge verschiedenster Art. In Wien waren 1938 insgesamt 47.220 Kraftfahrzeuge in Betrieb. Die Benzinmenge, die in Wien verfügbar ist, reicht aber nicht aus. Es können daher nur die allerdringendsten Transporte

Die sowjetische Kommandatur bei der Bellaria

durchgeführt werden, das sind in erster Linie die Lebensmitteltransporte, die Verteilung der UNRRA-Waren, der Transport von Baustoffen und sonstige für den Wiederaufbau und für die Ankurbelung der Wirtschaft unumgänglich notwendige Fahrten. Es werden auch nur Kraftfahrzeuge zugelassen, die mit Erdgas, Holzgas oder Dieselöl betrieben werden.

Nach einem Bericht des Wiener Stadtbauamtes wurden 1946 Jahr 6.171 schwerer beschädigte Wohnungen wieder bewohnbar gemacht, wodurch über 18.000 Wiener wieder ein Dach über dem Kopf haben. Außerdem sind 17.719 Wohnungen in beschädigten Gebäuden durch Hausreparaturen vor weiteren Schäden gesichert worden. 379 öffentliche Gebäude wurden wiederhergestellt.

Eine Dreiviertelmillion Kubikmeter Schutt liegt noch in Wien. Täglich werden an die tausend Kubikmeter Schutt zu Lagerungsplätzen am Stadtrand wegbefördert. Das Schuttproblem wird die Wiener Bevölkerung und die Wiener Behörden noch lange beschäftigen. Die Schuttmenge, die 1946 beseitigt wurde, ist enorm. Von den zu Beginn des vorigen Jahres auf Straßen und Plätzen lagernden an die 660.000 Kubikmeter Schutt sind nur noch etwas mehr als 200.000 Kubikmeter übrig geblieben. Ebenso bedeutend ist die Wegbringung von fast 471.000 Kubikmeter Mist, der sich in den Wiener Straßen angesammelt hat.

Trotz aller Widrigkeiten und Not gibt es auch Erfreuliches zu berichten: Ab 7. April ist der Lainzer Tiergarten wieder für alle Wienerinnen und Wiener geöffnet. Und ab 21. Juli kann man mit Wiener Fremdenführern wieder die Sehenswürdigkeiten der Inneren Stadt besichtigen. Die Führungen finden jeden Sonntag um 9 Uhr früh statt.

SCHLEICHHANDEL

Im Resselpark in Wien-Wieden bei der Karlskirche wurde mit allem gehandelt. Er war der Umschlagplatz einer hungernden Stadt, wo Besatzungssoldaten und Schleichhändler nach günstigen Tauschgegenständen fahndeten. Er war der größte Schwarzmarkt Wiens. Zwei Kilogramm Schmalz wurden für eine goldene Uhr mit Kette oder eine Leica angeboten, deutsche Offiziersstiefel für fünf Päckchen Zigaretten. Im Resselpark wurde so manches wertvolle Schmuckstück gegen ein Kilogramm Fett getauscht, oder ein wertvolles Erbstück gegen etwas Fleisch. Erfolgte eine Razzia, war alles vorbei – und ein paar Stunden später ging es weiter. Obwohl man im Resselpark alles bekam, zogen es viele Wiener vor, ihre Hungerration von 1.450 Kalorien außerhalb der Stadt aufzubessern, und versuchten sich auf dem Land mit Lebensmitteln zu versorgen. Bei der Rückkehr nach Wien konnte es passieren, dass falsche Kriminalbeamte sie um die gehamsterten Erdäpfel, Eier und Speck erleichterten, um damit ihrerseits Schleichhandel zu betreiben. Angesichts der allseits herrschenden Not wurden die ersten Güter des „American way of life" besonders geschätzt: Amerikanische Zigaretten, Nylonstrümpfe, Coca-Cola oder Kaugummi waren begehrte Tausch- und Zahlungsmittel. Und selbst wenn man keine Lucky Strike als Ersatzgeld anzubieten hatte, konnte man auch mit Restbeständen österreichischer oder deutscher Zigaretten im Resselpark ins Geschäft kommen.

Heimkehrer am
Südbahnhof

1947

EIN SEHR HARTER UND LANGER WINTER

Der Winter 1947 ist mehr als hart – die Temperaturen sinken an machen Tagen auf minus 20 Grad.

In Wien gibt es Schwierigkeiten bei der Versorgung mit Brennstoffen. Und auch die Stromversorgung Wiens kann kaum mehr gewährleistet werden. Der Unterricht für die Wiener Schülerinnen und Schüler soll nicht vor dem 20. Jänner beginnen, da die entsprechende Beheizung der Schulen nicht garantiert werden kann. Die Schülerausspeisung und die Milchaktion des Amerikanischen Roten Kreuzes werden im vollen Ausmaß fortgeführt. In allen Schulgebäuden, wo die Beheizung einzelner Räume möglich ist, werden Wärmestuben für Schulkinder eingerichtet, die in der Zeit von 8 bis 16 Uhr in Betrieb sind. Am 7. Jänner kommt es am Nachmittag wieder zu einem totalen Zusammenbruch des Wiener Stromnetzes. Infolge der katastrophalen Stromlage entfallen Theater-, Kino- und Konzertveranstaltungen. Die Kälte hat auch Gasleitungen einfrieren lassen. Überall macht sich der Kohlemangel

bemerkbar, da die von der Obersten Bergbehörde gemachten Zusagen für Kohlelieferungen nach Wien nicht eingehalten werden. Dies wirkt sich insbesondere sehr ungünstig auf die Spitäler aus, die bestenfalls einen Kohlevorrat für vier Tage haben. Ab 13. Jänner werden in sieben Wiener Bezirken Wärmestuben für Kinder von sechs bis 14 Jahren, die täglich, mit Ausnahme von Sonntag, von 9 bis 16 Uhr geöffnet sind, in Betrieb genommen. Am 30. Jänner teilt der Wiener Stadtschulrat eine weitere Verlängerung der Kälteferien mit.

Die Brennstofflage in Wien verschärft sich immer mehr. In der Zeit vom 1. bis 12. Februar hat die Stadt Wien nicht einmal die Hälfte der im Kohlenplan für 1946/47 für die Versorgung der Haushalte, Kranken- und Wohlfahrtsanstalten, Industrie und Gewerbe, Behörden usw. an und für sich schon in ungenügendem Ausmaße vorgesehenen Brennstoffmengen erhalten.

„Wien baut auf"-
Ausstellung im Rathaus

Geradezu katastrophal gestaltet sich die Situation bei der Koksversorgung. Für den zivilen Bedarf Wiens stehen im Februar nur 2.350 t Gaskoks zur Verfügung, wobei allein schon der auf das Äußerste beschränkte Februar-Bedarf der Wiener Krankenanstalten, Kinder- und Altenheime 3.200 Tonnen Koks beträgt.

Um die Befriedigung der allerwichtigsten Bedürfnisse Wiens sicherzustellen, sieht sich die Gemeindeverwaltung gezwungen, die Schulen, Bäder und Kuranstalten, nicht meldepflichtige Industrie- und Gewerbebetriebe, Büros und dergleichen sowie die Haushalte mit Gasversorgung von der Belieferung mit Kohle und Koks vorübergehend auszuschließen. Die Gemeindeverwaltung appelliert an die Bevölkerung, den besonderen Schwierigkeiten unserer Zeit Verständnis entgegenzubringen.

Mitte Februar ist die Schneelage so katastrophal, dass auch alle verfügbaren privaten Lastkraftwagen und Fuhrwerke zur Schneeabfuhr herangezogen werden müssen. Auch ist es mit den wenigen Arbeitskräften, die sich bisher zur Schneesäuberung zur Verfügung gestellt haben, unmöglich, der Schneemassen Herr zu werden. Der Bürgermeister richtet daher an die Wiener Bevölkerung einen Aufruf (siehe Kasten Seite 25).

Im Jänner bricht in den Randgemeinden Wiens eine Typhusepidemie aus. Im Jänner und Februar werden 289 Typhuserkrankungen gemeldet, von denen 28 tödlich verlaufen. Die Ursache der Epidemie waren verdorbene Fleischwaren, die in den Randgemeinden und in einigen Teilen Niederösterreichs ausgegeben wurden. Mitte Februar stellen die amerikanischen Quäker als einmalige Hilfsaktion für alle an Typhus erkrankten oder unter Typhusverdacht in einem der Spitäler Wiens beziehungsweise der Randgemeinden liegenden Patienten Lebensmittel — Haferflocken, Trockenmilch und Fett — zur Verfügung.

Mitte Februar werden an die Kinder bis zu 12 Jahren in der amerikanischen Zone, also in den Bezirken 7, 8, 9, 17, 18 und 19, Lebertran verteilt.

Die katastrophalen Schneeverwehungen haben eine derartige Zerstörung am motorischen Teil der Triebwagen vor allem bei den Straßenbahnen hervorgerufen, dass es unmöglich ist, die bisherigen Linien in dem derzeitigen Umfang aufrechtzuerhalten. Am 22. Februar fallen alleine 33 Triebwagen aus. Anfang März entspricht der Wagenstand von 399 Triebwagen dem Stand vom November 1945. Damals wurden mit diesem Wagenpark nur 34 Linien betrieben und 29 Millionen Fahrgäste monatlich befördert, während nun

„Trümmerfrauen" bei der Arbeit

56 Linien in Betrieb stehen und monatlich über 50 Millionen Fahrgäste befördert werden müssen. Es müssen daher Linien eingestellt beziehungsweise verkürzt werden. Die Fahrgäste werden gebeten, kurze Wegstrecken zu Fuß zurückzulegen und besonders während der Zeit des Berufsverkehrs nicht unbedingt notwendige Fahrten zu vermeiden.

Ab 4. März wird an den Wiener Schulen wieder unterrichtet. An 291 Volks- und Hauptschulen, die den Winter über in 180 Schulgebäuden untergebracht sind, wird der Unterricht wieder in vollem Umfang aufgenommen. 41 Schulen in 29 Gebäuden können zunächst nur einen verkürzten Unterricht erteilen. An 89 Schulen wird vorläufig noch der Aufgabenunterricht, meist in Verbindung mit der Benützung der Wärmestuben, weitergeführt. An den Mittelschulen kann im Allgemeinen nur ein reduzierter Unterrichtsbetrieb aufgenommen werden.

Mehr als 70 Prozent der Wiener Schulkinder sind unterernährt. Bürgermeister Körner bittet daher die alliierten Mächte, wenigstens für die Schuljugend einer Erhöhung der Kaloriensätze zuzustimmen und die Zufuhr der entsprechenden Lebensmittelmengen zu erwirken. Der Bürgermeister gibt zu bedenken, dass es sich dabei um eine der ernstesten Angelegenheiten Wiens handelt.

Mitte März wird bekannt gegeben, dass infolge der einschneidenden Kürzung der Treibstoffzuweisung an die Gemeinde Wien nur mehr Personenkraftwagen der Ärzte und des Krankendienstes sowie Lastfahrzeuge, die nachweisbar für die Lebensmittel-, Brennstoff- und Treibstoffversorgung verwendet werden, mit geringen Benzinmengen versorgt werden können. Es kommt auch zum Ausfall des Erdgases, so dass es fast nicht mehr möglich ist, auch nur die Lebensmittel- und Brennstofftransporte und den Sanitätsdienst aufrechtzuerhalten. Auch Taxis müssen eingestellt werden.

Mitte Mai sind alle seit März eingestellten Straßenbahnlinien wieder in Betrieb. Im Juni führt der Mangel an Kleingeld bei der Einhebung des Fahrgeldes auf den städtischen Verkehrsmitteln immer wieder zu Schwierigkeiten. Die Direktion der Wiener Verkehrsbetriebe hat sich deshalb entschlossen, Fünfgroschen-Gutscheine auszugeben. Für die Einhebung des Fahrgeldes gelten von nun an auf Grund der Genehmigung der Aufsichtsbehörde folgende Bestimmungen:

Der Fahrgast hat das Fahrgeld abgezählt bereitzuhalten. Der Schaffner ist nicht verpflichtet, Geldnoten zu wechseln. Ein Fahrgast, der das Fahrgeld nicht abgezählt bereithält, kann verhalten werden, den Wagen zu verlassen, darf jedoch die Fahrt fortsetzen, wenn er als Restgeld Fünfgroschen-Gutscheine bis zu einem Höchstbetrag von einem Schilling entgegennimmt. Diese Gutscheine sind nur zum Lösen von Fahrausweisen bei Schaffnern und Verkaufsstellen bis zu einem Zeitpunkt gültig, der noch verlautbart wird.

Die Schaffner werden aber im Übrigen ohne rechtliche Verpflichtung Restbeträge auch in gesetzlichen Zahlungsmitteln wie bisher auszahlen, solange dies ohne Schwierigkeiten möglich ist. Sie sind jedoch angewiesen, Hundertschillingscheine nicht entgegenzunehmen.

Die Aktion „Helft unseren Alten", die seinerzeit vom Wohlfahrtsamt der Stadt Wien ins Leben gerufen wurde, beteilt jedes Monat bedürftige alte Leute von über 70 Jahren mit Lebensmitteln von verschiedenen ausländischen Hilfsorganisationen. Bei der Ausgabe am 24. Juni gelangt neben anderen Lebensmitteln auch Schweinespeck zur Verteilung, der vom Freistaat Irland gespendet wurde. Insgesamt werden 13.000 Kilo Speck von den Fürsorgeämtern übernommen und ausgegeben.

Am 25. Juni kann das millionste Lebensmittelpaket der amerikanischen Quäker, in Anwesenheit von Vertretern der amerikanischen Quäkerorganisation, an eine Frau für ihre beiden tuberkulosekranken Kinder übergeben werden.

Am 8. April wird im ehemaligen Flakturm im Esterhazypark ein zweites „Bunkerhotel" eröffnet. 38 Zimmer mit 44 Übernachtungsmöglichkeiten sind vorhanden. Die einfachen, aber freundlichen Räume werden durch eine Entlüftungsanlage stets mit temperierter Frischluft versorgt. Ein kleines Buffet ist für die Gäste vorhanden. Die erste von der Gemeinde Wien geschaffene Notunterkunft für Reisende wurde ja 1946 im ehemaligen Luftschutzbunker beim Westbahnhof eröffnet, das sich großen Zuspruchs erfreut. Bis 27. Juni 1947 haben im Nothotel Westbahnbunker rund 95.000 Nächtigungen stattgefunden.

Wien ist wahrscheinlich die einzige Stadt Österreichs, in der ein Fremder nicht in jedem beliebigen Gasthaus eine Mahlzeit einnehmen kann, weil es bisher nicht möglich gewesen ist, den Gaststätten einen Lebensmittelvorrat zu geben, den sie zumindest zur Eröffnung eines solchen Betriebes benötigen. Ab September sind endlich die wesentlichsten Schwierigkeiten, die im Mangel an Frischfleisch gelegen waren, behoben worden, sodass jeder Wiener Wirt, der kochen will, dazu in der Lage sein wird.

Die Gastwirte, die zu kochen beabsichtigen, erhalten vom Landesernährungsamt Wien eine Anweisung auf ein entsprechendes Fleischkontingent. Aufgrund dieser Anweisung können sie bei einem von ihnen frei zu wählenden Fleischhauer das nötige Fleisch beziehen und die weiteren Fleischbezüge jeweils durch die eingenommenen Lebensmittelkartenabschnitte abdecken.

Im November müssen wegen des starken Rückganges der Milchanlieferung die Milchrationen für Kinder gekürzt werden. Der Stadtsenat beschließt, an die verantwortlichen Stellen mit der Forderung heranzutreten, die Ausgabe von Milch an Erwachsene in den Bundesländern so lange einzustellen, bis die Milchversorgung der Wiener Kinder wenigstens im bisherigen Ausmaß gesichert ist.

Das gefährlichste Erbe, das der Krieg unserer Stadt hinterlassen hat, sind die großen Mengen an Sprengkörpern aller Art, die, von den unmittelbaren Kampfhandlungen oder Luftangriffen herrührend, noch immer Unheil anrichten können. Das Personal des Entminungsdienstes der Generaldirektion für die öffentliche Sicherheit hat die gefährliche Aufgabe, diese übrig gebliebenen Sprengkörper zu beseitigen und unschädlich zu machen: 1947 wurden in Wien 338.816 Kilo Bomben, Minen, Flak- und Pakmunition, Handgranaten, Panzerfäuste und andere Sprengkörper entschärft und auf den Sprengplatz im Bombachgraben bei Neuwaldegg gebracht.

Fleisch aus Dänemark

Im November steigt die Zahl der Diphtheriekranken auf 331. Während diese gefährliche Infektionskrankheit im Oktober zehn Todesfälle zur Folge hatte, stieg deren Zahl im November auf 15. Da die herrschenden Witterungsverhältnisse die weitere Ausbreitung der Diphtherie sehr fördern, wird die Bevölkerung noch einmal aufgefordert, ihre Kinder und sich selbst so rasch wie möglich der kostenlosen Schutzimpfung in den Bezirksgesundheitsämtern zu unterziehen.

Die Scharlachfälle haben seit Oktober eine Zunahme von 187 auf 225 erfahren. Diese Krankheit, die im Oktober noch ohne Todesfall verlief, hat im November bereits zwei Opfer gefordert. Erfreulich ist ein weiterer starker Rückgang der Kinderlähmung auf 35 Krankheitsfälle.

Am 3. Dezember wird die Stadionbrücke, die den 3. und 2. Bezirk verbindet, wieder dem allgemeinen Verkehr übergeben. Der jetzige Bau, dessen Vorarbeiten im Herbst 1946 eingeleitet wurden, stellt ein Provisorium dar und benützt verschiedene unversehrt gebliebene Teile der im April 1945 zerstörten Stadionbrücke. Die Stadionbrücke ist die erste Donaukanalbrücke, die aus eigener Kraft, also ohne Mithilfe der Besatzungsmächte erbaut werden konnte. Baustadtrat Novy schloss seine Eröffnungsrede mit den Worten: „Möge der Bau dieser Brücke unseren alliierten Freunden zeigen, dass die Stadt Wien und Österreich wieder imstande sind, aus eigenem den Wiederaufbau durchzuführen".

Im Dezember lädt Generalleutnant Lebedenko, der Wiener sowjetische Stadtkommandant, die Schulkinder der Wiener Bezirke 2 und 4 für den 25. Dezember, die Kinder der Bezirke 10 und 20 für den 26. und die Kinder der Bezirke 21, 22 und 23 für den 27. nach Wahl um 10 Uhr Vormittag oder um 2 Uhr Nachmittag zur russischen Weihnachtsfeier in die Wiener Hofburg (Eingang Heldenplatz) ein.

Der Stadtschulrat für Wien fordert die Eltern der Schüler der genannten Bezirke auf, mit ihren Kindern die Weihnachtsfeier zu besuchen. Gleichzeitig werden die Lehrpersonen der russischen Besatzungszone ersucht, sich entsprechend bei den Weihnachtsfeiern als Ordner zur Verfügung zu stellen.

In einer Radioansprache am 31. Dezember legt der Wiener Vizebürgermeisters Honay Rechenschaft darüber ab, was 1947 alles erreicht werden konnte. Trotz der so fühlbaren Knappheit an Baumaterial konnte 1947 in Wien viel gebaut werden. Es wurden 8.500 zerstörte oder schwer beschädigte Wohnungen wiederhergestellt und bewohnbar gemacht. Im Jahre 1946 waren es 6.171 Wohnungen. Die Gemeindeverwaltung selbst hat 1.100 schwer beschädigte Wohnungen repariert und rund 600 zerstörte Wohnungen wieder aufgebaut. Darüber hinaus hat sie 200 bereits begonnene Wohnungsneubauten fertig gestellt.

Durch Dacheindeckungen und andere Hausreparaturen wurden rund 27.000 Wohnungen instand gesetzt bzw. vor weiterem Verfall gesichert. Im Jahre 1946 waren es nur 17.719 Wohnungen. Auch wurden 224 städtische Gebäude wieder benutzbar gemacht.

Die elektrische Straßenbeleuchtung wurde in einer Länge von 338 Kilometern instand gesetzt. Rund 1.000 Kilometer Straßen können jetzt wieder elektrisch beleuchtet werden. An 28 Brücken wurden die Kriegsschäden vollkommen behoben, an 64 anderen Brücken, wie etwa bei der Stadionbrücke, wurden provisorische Lösungen getroffen. Rund 900.000 Kubikmeter Bombenschutt wurden weggeschafft.

Es konnte auch erreicht werden, dass mehr Steinkohle nach Wien angeliefert wurde, so dass die Gasabgabezeiten von täglich sechs auf zehn Stunden ausgedehnt werden konnten.

AUFRUF DES BÜRGERMEISTERS VOM 15. FEBRUAR 1947

Wiener und Wienerinnen!

Ein Winter von außergewöhnlicher Härte und Dauer ist über uns hereingebrochen. Seit Menschengedenken hat unsere Stadt nicht so viel Schnee in so kurzer Zeit gesehen wie in diesen Wochen. Rund 10 Millionen m³ Schnee liegen in den Straßen unserer Stadt. Es ist nicht möglich, diese Berge von Schnee mit den eigenen Kräften des Städtischen Straßenreinigungsdienstes zu entfernen, da Fuhrwerke fehlen und die mangelhafte Ernährung und Kleidung der Menschen ihre Arbeitsfähigkeit mindert. Trotzdem hat das Personal des Städtischen Straßenreinigungsdienstes und der Wiener Verkehrsbetriebe im Kampfe gegen die Schneemassen bisher geradezu Übermenschliches geleistet. Dagegen haben leider alle anderen Kräfte versagt. In früheren Jahren wurden täglich 10.000 bis 15.000 Schneearbeiter aufgenommen, jetzt haben sich im Höchstfall 2.000 Freiwillige zur Schneesäuberung gemeldet. Die meisten Hausbesorger erfüllen ihre Pflicht. Sie leisten den täglichen Aufrufen der Gemeindeverwaltung, die Gehsteige und Rinnsale vor ihren Wohnhäusern freizumachen, Folge. Die gigantischen Schneemassen erfordern aber die Mitwirkung aller! Die Witterung kann plötzlich umschlagen. Wenn Tauwetter einbricht, besteht die Gefahr einer Katastrophe für unsere Stadt. Es drohen Überschwemmungen der Straßen und Gehsteige und der tiefer gelegenen Wohnungen und Geschäftslokale. Die Gesundheit der Bevölkerung, der gutes Schuhwerk fehlt, steht auf dem Spiel! Die Tages des Frostes müssen genützt werden, um alle Straßenübergänge vom Schnee freizumachen, die Seitengassen, wo die wenigen vorhandenen Schneepflüge nicht hinkommen können, müssen fahrbar gemacht werden, so dass die Lebensmitteltransporte zu den Kleinhändlern gelangen können. Jeder kehre vor seiner eigenen Tür! Und vor seinem Wohnhaus, vor seiner Betriebsstätte, vor seinem Büro! Ich fordere die Arbeiter und Angestellten der stillgelegten Betriebe, die derzeit nicht arbeiten können und aus staatlichen Mitteln ihre Löhne beziehen, auf, wenigstens einen Teil der Freizeit der Allgemeinheit zu widmen. Zum Feiern gezwungene Arbeiter und Angestellte, meldet Euch sofort bei den Schneearbeiteraufnahmestellen der Stadt Wien zur Schneesäuberung gegen die übliche Entlohnung! Wer jetzt zur Schaufel greift, schützt sich und die Seinen vor späterer Krankheit! Wer nicht imstande ist, einen ganzen Arbeitstag Schnee zu schaufeln, unterstütze seinen Hausbesorger und helfe einige Stunden täglich, den Schnee vor seinem Wohnhaus zu beseitigen und aufzuhäufen. Die ehemaligen Nationalsozialisten und andere vom Arbeitsamt zur Schneesäuberung verpflichtete Personen fordere ich auf, in freiwilliger Disziplin ihrer Verpflichtung nachzukommen und sich nicht von der Arbeit zu drücken! Wenn es taut, kann es schon zu spät sein und die Überschwemmung mit ihren gesundheitlichen Gefahren unsere Stadt bedrohen. Wer arbeiten kann, greife daher zur Schaufel!

Wiener und Wienerinnen! Beweist auch auf diese Weise Eure Liebe zu unserer hartgeprüften Stadt!

Theodor Körner
Bürgermeister der Stadt Wien

Für sie ist der Krieg erst jetzt zu
Ende – sie sind daheim

WIEN BAUT AUF

Im Mai legt Bürgermeister Körner den Grundstein zur zweiten großen Wohnhaussiedlung der Stadt Wien seit dem Kriegsende in Wien 22, Hirschstetten. Sie wird 346 Wohnungen umfassen. Die Baustelle ist die rund 105.000 Quadratmeter große Fläche zwischen der Quadenstraße, dem Ostbahndamm, der Krieger-Heimstätten-Siedlung und der Stadtrand-Siedlung.

Es handelt sich um 58 zweistöckige Wohnhäuser mit je vier Wohnungen und 89 Einfamilienhäusern. Jede Wohnung wird ungefähr 60 Quadratmeter groß sein und im Allgemeinen über Wohnküche, Elternschlafzimmer, Kinderschlafzimmer, Wirtschaftsraum, Badezimmer und WC verfügen. Zu jeder Wohnung gehört auch ein Nutzgarten von bis zu 200 Quadratmetern und ein Kleintierstall.

Das Jahr 1948 ist in Wien überhaupt das Jahr der Grundsteinlegungen und Dachgleichen. Das Frühjahr 1948 beschert dem Baugewerbe endlich wieder eine normale Saison. Das von der Stadt Wien beschlossene Bauprogramm großer Siedlungen, vieler anderer Neubauten und Instandsetzungen kann ohne Störungen verlaufen. Tausende im Krieg zerstörte Wohnungen werden wieder aufgebaut, demolierte Brücken neu errichtet oder repariert und viele Kilometer Straße ausgebessert.

Allmählich verschwinden auch die schweren Schäden an den öffentlichen Gebäuden. Der Wiederaufbau der Staatsoper ist so weit fortgeschritten, dass bald mit der Dacheindeckung gerechnet werden kann. Derzeit werden schwere Kräne aufgestellt, die in den nächsten Tagen bei der Montage des stählernen Dachgerippes helfen werden. Im Frühjahr bekommt das Dach der Staatsoper eine Eisenbetonschale und wird dann mit Kupferblech überzogen. Das Bühnenhausdach des Burgtheaters wurde schon im Herbst fertig gestellt, das große Dach über dem Festsaal im Rathaus im Vorjahr. Der Aufbau des Stephansdomes ist so weit fortgeschritten, dass auch hier die Dachdecker bald beginnen können.

Nach 15 Jahren gibt es wieder Gemeindewohnungen. Einen Tag vor Weihnachten werden Zuweisungen für die ersten von der Stadt Wien in der Nachkriegszeit errichteten Wohnungen vergeben. 71 Zuweisungen an die ersten Bewohner der zum Teil fertig gestellten Per-Albin-Hansson-Siedlung in Favoriten wurden von der Wiener Stadtregierung vorgenommen. Die neuen Mieter können bereits in den ersten Jännertagen einziehen. Vier der fertig gestellten Wohnungen sind für eine provisorisch eingerichtete Volksschule bestimmt, die ebenfalls schon im Jänner mit dem Unterricht beginnen wird.

Auch ein Markt wird im Oktober wieder eröffnet: der Floridsdorfer. 1927 entstand auf dem Platz vor dem „Schlingerhof" einer der schönsten und modernsten Detailmärkte Wiens. Während des

Die „Sirk-Ecke" bei der Kärntner Straße

GRÜNDUNG DER WIENER STADTWERKE

Im Dezember beschließt der Wiener Stadtsenat die Errichtung der Wiener Stadtwerke. Die großen städtischen Unternehmen, also die Wiener Elektrizitätswerke, die Wiener Gaswerke und die Wiener Verkehrsbetriebe, werden organisatorisch zu einem Unternehmen, den „Wiener Stadtwerken", zusammengefasst. Durch diese Maßnahme soll ein weitgehend einheitliches Personalmanagement, Vereinheitlichung des Einkaufes sowie eine Vereinheitlichung in der Betriebsführung erreicht werden. Die betriebstechnische und wirtschaftliche Führung der nunmehr in den Stadtwerken zusammengefassten städtischen Elektrizitätswerke, Gaswerke und Verkehrsbetriebe verbleibt weiterhin den betreffenden Direktionen.

Krieges wurden 80 Marktstände vollkommen zerstört und die übrigen mehr oder weniger schwer beschädigt. Die Standinhaber wurden notdürftig, teils in Geschäftslokalen, teils in Kojen der städtischen Marktkelleranlage „Schlingerhof" untergebracht, wo sie, so gut es eben ging, ihr Geschäft weiterführten. Im Herbst 1945 wurde beschlossen, die Marktstände nicht mehr aus Holz herzustellen, sondern in massiver Bauweise. Mit dem Bau wurde im Juli 1946 begonnen. Der Floridsdorfer Markt besteht nun aus 100 stabilen und zwei transportablen Marktständen, die von 64 Marktstandlern benützt werden.

Am Sonntag, den 23. Mai wird mit Beginn der Dunkelheit das Wiener Rathaus wieder festlich beleuchtet. Der Anlass hierzu ist ein großes gemeinsames Konzert der vereinigten Kapellen der Städtischen Unternehmungen auf dem Wiener Rathausplatz als Abschlussveranstaltung des Ersten Kongresses des Österreichischen Gewerkschaftsbundes.

Die erste große Festbeleuchtung des Wiener Rathauses fand am 12. November 1924, anlässlich des Staatsfeiertages und der Arbeitsaufnahme im Kraftwerk Opponitz statt. Durch Bombentreffer, die das Wiener Rathaus erhalten hat, ist auch ein großer Teil der Festbeleuchtungs-Installation zerstört worden. Eine vollständige Wiederinstandsetzung der Anlage konnte wegen wichtigerer Arbeiten noch nicht durchgeführt werden.

Auch ein altes Wiener Wahrzeichen kann ab November wieder in altem Glanz bewundert werden: die „Spinnerin am Kreuz". Sie stammt in ihrer heutigen Gestalt aus den Jahren 1451/52. Vom 14. bis zur Mitte des 19. Jahrhunderts befand sich mit Unterbrechungen auf dem Wienerberg die Richtstätte mit Rad und Galgen. Am 30. Mai 1868 wurde als letzter Delinquent hier ein Mörder, der Tischlergehilfe Georg Ratkay, gehängt.

Da sich die Figuren der „Spinnerin am Kreuz" zum Teil durch frühere unsachgemäß durchgeführte Restaurierungen, vor allem aber durch Kriegseinwirkung in einem sehr schlechten Zustand befanden, wurden sie im Auftrag der Stadt Wien in langwierigen und mühevollen Arbeiten restauriert bzw. fehlende Teile ergänzt.

Die Lebensverhältnisse in Wien bessern sich langsam, aber stetig; trotzdem gehört auch noch 1948 ein CARE-Paket zu den wichtigen Dingen. Allein das Wohlfahrtsamt und das Gesundheitsamt der Stadt Wien erhielten seit Beginn der CARE-Aktion 1946 15.314 Lebensmittelpakete, 596 Pakete mit Stoffen und anderen Textilien und zwei Kisten mit Gebrauchsgegenständen. Davon wurden 7.700 Lebensmittelpakete für die Aktion „Helft unseren Alten", 3.800 Pakete für Kinder- und Erholungsheime und 1.300 Pakete für Tuberkolosekranke verwendet. Die Spenden stammten entweder aus der „Österreich-Hilfe der Vereinten Nationen" oder aus verschiedenen Aktionen und Sammlungen des amerikanischen Volkes, wie aus dem „Silent-Guest-Program", dem „Martha Deane-Program", dem „Special Relief Pro-

Der Stephansdom bekommt ein neues Dach

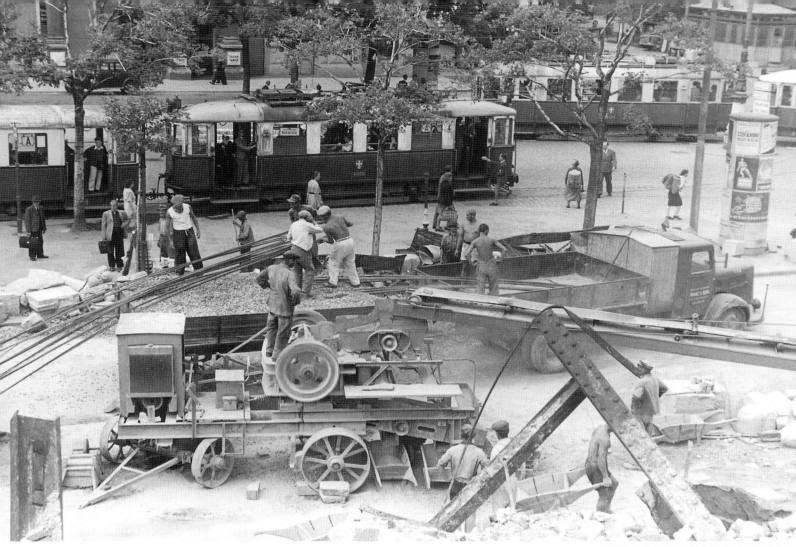

gram", der Aktion „People are funny", aus einer großen Spende der Standard Oil Comp., New York und vielen anderen Organisationen.

Das ist aber nur ein Bruchteil der Pakete, die nach Wien geliefert und an die verschiedenen karitativen Vereinigungen, Organisationen und auch an Einzelpersonen verteilt wurden. Insgesamt kamen bis Ende April 317.082 Lebensmittelpakete und 13.173 Textilpakete mit einem Wert von 3,5 Millionen Dollar nach Wien, davon über 200.000 Pakete allein im Jahre 1947.

Die Zahl der durch die CARE-Mission seit Beginn ihrer Tätigkeit bis Ende April nach ganz Österreich übermittelten Pakete ist aber mehr als eine halbe Million Stück und entspricht einem Gegenwert von rund 5,5 Millionen Dollar.

So wie die Schweiz und Schweden hat nach dem Krieg auch Dänemark mit einer großzügigen Hilfsaktion für Österreich begonnen. In Wien, wo die dänische Hilfe im Mai 1946 einsetzte, wurde während der letzten Jahre abwechselnd in den verschiedenen Bezirken eine Schulausspeisung für durchschnittlich 20.000 bis 25.000 Kinder durchgeführt. Die Zubereitung der Speisen erfolgte durch die WÖK. Weiter wurde die Ausspeiseaktion „Helft unseren Alten" sowie verschiedene Heime und Anstalten mit Lebensmitteln unterstützt. In den Patronatsheimen „Danevang" in Mariazell, „Danmarkus" am Grundlsee und „Dannevirke" in Spital am Semmering wurden bis 1948 mehr als 700 Kinder aufgenommen. Insgesamt wurden durch die dänische Hilfsaktion rund zwei Millionen Kilogramm hochwertige Lebensmittel nach Wien gebracht. Durch die Ausspeiseaktion sind bisher fast 8,5 Millionen Portionen verteilt worden.

Kein Aufbau ohne Ziegeln –
die Ziegelmaschine ist eine
Spende aus Schweden (o.)

Britische Soldaten bewachen
ihr Hauptquartier in
Schönbrunn; rechts: ein Jeep
der Alliierten

Lebensmittelpreise:

· 1 kg Mehl: 1,60 Schilling

· 1 kg Grieß: 1,68 Schilling

· 1 kg Zucker: 1,85 Schilling

· 1 kg Erdäpfeln: 38 Groschen

· 1 kg Trockenmilch: 4,40 Schilling

· 1 kg Butter: 12,20 Schilling

Im April wird der erste Kinderzug nach Holland abgefertigt. 500 erholungsbedürftige Kinder aus Wien, Niederösterreich und Burgenland sind mit einem holländischen Sonderzug vom Franz-Josefs-Bahnhof abgereist.

Es gibt auch wieder die Säuglingswäschepaketaktion der Stadt Wien. Diese Aktion wurde in der Ersten Republik eingeführt: jedes Wiener Neugeborene der Gemeinde Wien wurde mit einem Paket mit Säuglingswäsche beschenkt. Die Aktion wurde von den Nationalsozialisten eingestellt. Nun hat die Stadt Wien wieder die Aufnahme dieser Aktion, trotz großer Schwierigkeiten, beschlossen. Sie ist bereits seit Ende des vergangenen Jahres im Gange. Seit Dezember 1947 wurden schon 1.186 Pakete ausgegeben, die je 10 Windeln, 2 Flanelle, 1 Wolldecke, 4 Hemden, 4 Jäckchen, 1 Strampelanzug, 1 Gummieinlage und Hautpuder enthielten. Die Anzahl der monatlich ausgegebenen Pakete erhöhte sich seit Anfang 1948 von 250 auf 500.

Es gehen aber auch jene Frauen nicht leer aus, die keinen Anspruch auf ein Paket der Stadt Wien haben, weil sie etwa keinen ständigen Wohnsitz in Wien haben oder nicht die österreichische Staatsbürgerschaft. Sie erhalten bei der Entbindung ein kleines Paket aus der amerikanischen Säuglingswäschepaketaktion.

Die von den Wiener Verkehrsbetrieben zur Zeit des Kleingeldmangels ausgegebenen 5-Groschen-Gutscheine werden von den Schaffnern und bei den Vorverkaufsstellen nur noch bis einschließlich 13. März angenommen. Restliche Gutscheine können danach noch bis Ende März bei den Wiener Verkehrsbetrieben (6, Rahlgasse 3) eingelöst werden.

Im Mai empfängt Bürgermeister Körner den berühmten französischen Architekten M. le Corbusier. Er ist zur Eröffnung der französischen Ausstellung „Architektur und Städtebau" nach Wien gekommen.

Im 12. Juni lockt das schöne Frühsommerwetter Zehntausende Wienerinnen und Wiener in den Prater. Zu bestaunen ist der erste Blumenkorso nach 14-jähriger Unterbrechung, der von Bundeskanzler Figl eröffnet wird. An der Spitze des Festzuges marschiert die alte Deutschmeisterkapelle, gefolgt vom blumengeschmückten Fiaker des Präsidenten des Vereines „Wiener Volksprater", Fritz Imhoff, und danach in bunter Reihe viele festlich geschmückte Wagen.

Neuer Stadtrat für Ernährungsangelegenheiten wird der bisherige Bezirksvorsteher von Floridsdorf, Franz Jonas. Der mit seiner Wahl zum Stadtrat den nächsten Schritt in seiner politischen Karriere tut, der nicht sein letzter ist.

Die Ottakringerin Herma Bauma erringt bei den Olympischen Sommerspielen 1948 in London die einzige Goldmedaille für Österreich im Speerwerfen. Sie wird im August bei ihrer Rückkehr gemeinsam mit den anderen Olympia-Teilnehmern gebührend gefeiert.

Am 23. Oktober jährt sich zum 75. Mal der Tag der Eröffnung der I. Wiener Hochquellenleitung. Aus diesem Anlass wurde damals der eigens für diesen Zweck errichtete Hochstrahlbrunnen in Betrieb genommen. Zur Feier dieses Tages werden am 22. und 23. Oktober der Hochstrahlbrunnen und die beiden Rathausbrunnen wieder in Betrieb genommen. Das einmal beim Hochstrahlbrunnen aufgestellt gewesene Denkmal von Eduard Suess, des Schöpfers der Hochquellenleitung, soll vor der Geologischen Bundesanstalt, 3, Rasumofskygasse, nach Behebung der Bombenschäden des Gebäudes, aufgestellt werden.

Im Oktober ist der englische Regisseur Carol Reed beim Bürgermeister zu Gast. Er bittet um Unterstützung für die Dreharbeiten zum Film „The Third Man". Die Außenaufnahmen werden in Wien gedreht. Produziert wird der Film nach einem Roman von Graham Greene von Alexander Corda, jetzt Sir Alexander Corda, der in den zwanziger Jahren eine Reihe von österreichischen Großfilmen in Wien gedreht hat, er wird voraussichtlich selbst nach Wien kommen. Bürgermeister Körner sagt dem englischen Filmteam selbstverständlich die volle Unterstützung durch die Stadt Wien zu.

Der gemeine Hausspatz wurde im Jahr 2001 zum Vogel des Jahres erklärt, weil er besonderen Schutzes bedarf. 1948 wurde in Wien eine Kundmachung erlassen, dass Nester von Sperlingen, ihre Eier und die Jungtiere vernichtet werden müssen. Grund für diese Anordnung: Die Spatzen hatten sich in in einem solchen Maß vermehrt, dass sie besonders in den ländlichen Bezirken Wiens empfindlichen Schaden in Obst- und Gemüsegärten verursachten. Auch die heimischen Singvögel sollten durch sie verdrängt werden.

AMALIENBAD

Im November 1944 musste der Betrieb im Wiener Amalienbad wegen schwerer Bombenschäden eingestellt werden. Das Gebäude war von einigen Bombentreffern in dem in der Buchengasse gelegenen Teil bis zum 1. Stockwerk vollständig zerstört worden. Die übrig gebliebenen Räume wiesen schwerste Schäden auf. Das große Glasdach der Schwimmhalle war vernichtet und fast alle Einrichtungsgegenstände waren zerstört. Im Juni 1945 wurde mit den Aufräumungs- und Wiederaufbauarbeiten begonnen. Am 27. November 1948 wurde das Amalienbad wieder eröffnet, vorerst nur für den Teilbetrieb. In den Jahren darauf wurden dann alle beschädigten Teile des Bades schrittweise wiederhergestellt und das Bad zum Teil auch erweitert. Abgeschlossen war die Wiederherstellung im Frühjahr 1952. 1968 machte man sich daran, die verzogene Dachkonstruktion – eine Spätfolge der Bombentreffer – zu erneuern. In den siebziger Jahren wurde aber klar, dass eine Generalsanierung unumgänglich war. Mit ihr begann man 1980, wobei das Bad nicht geschlossen wurde, sondern ein Teilbereich nach dem anderen saniert wurde. Bei dieser Sanierung wurde sehr sorgfältig ans Werk gegangen und größter Wert darauf gelegt, original Erhaltenes zu bewahren beziehungsweise zu restaurieren und gleichzeitig die Technik auf den letzten Stand zu bringen. Die Wiedereröffnung des generalsanierten Amalien-

bades in seiner ganzen Pracht erfolgte dann am 22. November 1986 mit einem großen Fest. Heute ist das auch international bewunderte Amaliebad – wie zur Zeit seiner Erbauung in den zwanziger Jahren des vorigen Jahrhunderts – eines der schönsten Aushängeschilder der Wiener Bäder.

Sie dürfen noch nicht
wählen, aber dafür
Fußball spielen

1949

WAHLEN IN WIEN

Am 9. Oktober 1949 finden

Wahlen für den Nationalrat

und auch Wahlen für den

Wiener Landtag statt.

Die Alliierten bestehen darauf, dass nach den Grundsätzen des Jahres 1945 gewählt werden muss. Es handelt sich zweifellos um eine Einmengung der Alliierten in österreichische Gesetze. Sie war ein deutlicher Beweis der politischen Unfreiheit. Im fünften Jahr nach Kriegsende bestand noch immer keine Möglichkeit, ein Gesetz, das nach allen Spielregeln der Demokratie behandelt wurde, zu verwirklichen. Es stellte sich die Frage, wozu ein frei gewählter Landtag da ist, der mit Mehrheit das Wahlgesetz beschlossen hat, wenn fremde Eingriffe die Demokratie missachten. Man hoffte daher auf einen Staatsvertrag, der Österreich und Wien bald in die Lage versetzt, wieder sein Haus selbst zu bestellen.

Am 9. Oktober waren 1,195.361 Millionen Wienerinnen und Wiener stimmberechtigt, davon gaben 1,149.444 Millionen ihre Stimme ab. Ungültig wählten 11.838. Von den 1,138.061 gültigen Stimmen entfielen auf die Sozialistische Partei Österreichs 567.050, auf die Österreichische Volkspartei 397.888, auf den Linksblock, also die Kommunistische Partei Österreichs und die Linkssozialisten, 89.294, auf die Wahlpartei der Unabhängigen 77.791, auf die Demokratische Union Dobretsberger 3.180 und auf die 4. Partei 2.858 Stimmen. Dieses Wahlergebnis ergab folgende Mandatsverteilung im

Wiener Gemeinde- und Landtag: 52 Mandate für die SPÖ, 35 für die ÖVP, sieben Mandate für den Linksblock und sechs Mandate für den Verband der Unabhängigen. Die SPÖ gewann also bei den Wahlen 1949 in Wien die absolute Mehrheit der Mandate und verfehlte nur ganz knapp auch die absolute Mehrheit der Stimmen. Das SPÖ konnte also in Wien alleine regieren und war auf keinen Koalitionspartner angewiesen.

Am 5. Dezember fand dann die konstituierende Sitzung des neuen Wiener Gemeinderates statt. Bürgermeister Körner dankte in seiner Wortmeldung für seine Wiederwahl zum Bürgermeister der Stadt Wien. Körner gab weiters das Ausscheiden einiger Mitglieder des Stadtsenates bekannt, darunter auch das von Franz Jonas. Es war aber ein erfreuliches Ausscheiden. Das Ressort Ernährungswesen, das Jonas seit eineinhalb Jahren geleitet hatte, büßte wegen der sich normalisierenden Ernährungslage einen namhaften Teil seiner Agenden ein, so dass sein Weiterbestand als selbständiges Ressort nicht mehr gerechtfertigt war. Franz Jonas übernahm das Bauressort. Endgültig aus dem Amt schied der Kulturstadtrat von der Kommunistischen Partei, Viktor Matejka.

Die Normalisierung der Ernährungslage in Wien führte dazu, dass eine Bewirtschaftung, also eine Kontingentierung der Lebensmittel immer weniger notwendig wurde. Es konnte also immer mehr auf Lebensmittelkarten verzichtet werden. Bewirtschaftung bedeutete zum Beispiel, dass der Landesaufbringungsausschuss für Wien in seiner Sitzung am 23. Februar die Aufteilung der Kontingente für 1949 von 630.000 Eiern und 210.000 Kilo Fleisch auf die einzelnen Bezirke beschloss, also wie viel jeder Bezirk an Eiern und Fleisch aufbringen musste. Im Gegensatz zu den letzten Jahren wurden die Halter von nur einem Schwein zur Fleischablieferung nicht mehr herangezogen. Die Aufbringung der Eier erfolgte unter den gleichen Voraussetzungen wie im Vorjahr. In nichtlandwirtschaftlichen Hühnerhaltungen wurden zwei Legetiere von der Ablieferung freigestellt. Die Ablieferungsmenge für jedes „lieferpflichtige Legetier" wurde mit 35 Stück festgesetzt. Jedes Wiener Huhn musste also mindestens 35 Eier legen.

Ab Mitte Mai gab es eine Erleichterung beim Einkauf von Lebensmitteln: Es wurde der vierzehntägige Wochenaufruf eingeführt. Es konnten also bestimmte Lebensmittel für zwei Wochen gekauft werden und nicht wie bisher nur für eine Woche. Noch-Stadtrat für Ernährungswesen Franz Jonas sagte zu dieser Erleichterung: „Da bereits eine gewisse Stabilität in der Anlieferung der Lebensmittel erreicht wurde, können wir es wagen, weitere Vereinfachungen und Verbesserungen einzuführen. Für die Hausfrauen ergibt der vierzehntägige Aufruf die Möglichkeit, den Einkauf von weniger verderblichen Lebensmitteln gleich für zwei Wochen vorzunehmen. Das erleichtert wieder die Einteilung des Wochenspeisezettels. Für den Lebensmittelhändler besteht die Erleichterung darin, dass er beim Einwiegen, bei der Verrechnung und mit den Marken viel weniger Manipulation hat. Außerdem ergeben sich für den Groß- und Kleinhandel nicht unbedeutende Einsparungen bei den Transportkosten. ... Wir haben seit dem Kriege, seit der totalen Be-

Alliierte Militärpolizei bei einer Razzia und einer Verhaftung

Schwarzhändler wartet
auf Kundschaft

wirtschaftung aller Lebensmittel, trotz ungeheurer Schwierigkeiten einen großen Teil des Weges zur Friedensversorgung bereits zurückgelegt."

Es wurde verfügt, dass in Gaststätten, Werksküchen, Hotels und sonstigen Betrieben, in denen Speisen verabfolgt werden, ab 3. Oktober auch keine Fleischmarken mehr abzugeben sind. Damit war die Markenpflicht in den angeführten Betrieben beendet.

Erfreuliches gab es auch für die Raucher. Ab Mitte April wurde die Aufhebung der Tabakwarenbewirtschaftung bekannt. Es gab also keine Raucherkarte mehr. Die bisher punktepflichtigen Zigaretten der Sorte „Austria 3" sowie sämtliche Zigarrensorten, Rauch- und Kautabak waren ab sofort in den Tabaktrafiken nach Maßgabe der Vorräte frei erhältlich.

Am 24. März wurde im 2. Bezirk einer der schönsten Wiener Märkte, der neu aufgebaute Karmelitermarkt, durch Bürgermeister Körner in Anwesenheit zahlreicher Festgäste eröffnet. Der Karmelitermarkt, der seit dem Jahr 1891 besteht, wurde im Krieg völlig zerstört.

Wie weit sich die Verhältnisse in Wien gegenüber den Vorjahren verbessert haben, beweist auch die Situation bei der Baumaterialbeschaffung. So wurden etwa zum ersten Mal nach vielen Jahren wieder Baumaterial aus dem Ausland an die Wiener Baustellen geliefert, wie beispielsweise zwei Millionen Mauerziegeln aus Ungarn.

Zugleich mit dem Wiederaufbau der städtischen Bäder wurde 1949 auch an der Instandsetzung der zum Teil schwer beschädigten Kinderfreibäder in den Wiener Parkanlagen gearbeitet. Von den 21 Planschbecken der Vorkriegszeit standen wieder 17 Bäder den Kindern zur Verfügung. An der Renovierung der Planschbecken auf dem Arthaberplatz, im Schweizer Garten und auf dem Engelsplatz wurde noch gearbeitet, doch auch sie sollten noch im Laufe der Badesaison fertig gestellt werden. Von den schwer zerstörten Kinderfreibädern blieben nur noch das Bad im Augarten, im Auer-Welsbach-Park, in der Ruckergasse und im Hüblerpark zu renovieren. Die 17 Planschbecken boten Platz für 7.000 Kinder.

1949 wurde bei den Kraftfahrzeugen nicht nur der Vorkriegsstand erreicht, sondern auch überschritten. Bei Kriegsende verfügte die Stadtverwaltung über 11 Kraftfahrzeuge, die Privatwirtschaft über 40, während vor Kriegsausbruch in Wien 37.000 Kraftfahrzeuge im Verkehr standen. Durch die großzügige Unterstützung der alliierten Stellen und der UNRRA wurde das Verkehrswesen wieder in Bewegung gebracht. Im Verkehrsamt der Polizei waren am 30. April 1947 bereits 22.574 Kraftfahrzeuge gemeldet. Am 1. Jänner 1948 schon wieder 27.524, und am 15. April 1949 gab es in Wien 50.016 Kraftfahrzeuge. Das bedeutete pro Woche einen Zuwachs von ungefähr 250 bis 300 Kraftfahrzeugen.

Im März verschickten die Wiener Kriegsgefangenen-Kommission, die Heimkehrerwohlfahrtsstelle, die Amtliche Fürsorgestelle des Ministeriums für Inneres und das Amt der Wiener Landesregierung Wien an die noch in der UdSSR verbliebenen Wiener Pakete mit Lebensmitteln und Wäsche. In jedem Paket waren außer 1 Kilo Zucker noch Fleisch- und Fischkonserven, Bäckerei, Kanditen, Suppenwürfel, Zitronen und Vitamin C. Die Pakete enthielten ferner je 2 Taschentücher, 1 Handtuch, 1 Paar Socken, 1 Leibchen oder Hemd, 2 Stopfgarne, 1 Waschlappen, 1 Stück Kernseife und andere Kleinigkeiten wie Rasiercreme, Zahnbürste und Kamm. Jedes Paket wog 3,5 Kilogramm. Die Textilien mussten vor dem Einpacken desinfiziert und jedes Paket mit der dafür notwendigen Bestätigung versehen werden.

Bürgermeister Körner schickte an jeden einzelnen Paketempfänger einen Brief. In den Briefen versicherte er den Kriegsgefangenen, dass sie in der Heimat nicht vergessen würden und dass man nicht

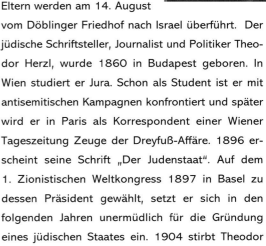

müde werden wolle, die Heimkehr unserer Gefangenen zu fordern und zu fördern, bis auch der letzte wiederum in unserer Gemeinschaft sei. „Dieses Bewusstsein", schrieb der Bürgermeister, „möge Zuversicht und gesteigerte Lebensfreude in Ihr Dasein bringen und auf diese Weise das zermürbende Warten auf Ihre endliche Heimkehr wenigstens etwas erleichtern."

Die ersten 400 Pakete waren bereits auf dem Wege in die russischen Gefangenenlager. In den nächsten Tagen würden weitere 800 Pakete folgen.

Auch der Entminungsdienst, der dem Innenministerium unterstand, erinnerte in einem Bericht an die Schrecknisse des Krieges. So waren seit Kriegsende in ganz Österreich 500.555 kg Bomben, Granaten, Minen, Panzerfäuste etc. geborgen, entschärft und vernichtet worden. Diese Arbeiten hatten sechs Angehörigen des Entminungsdienstes das Leben gekostet, drei hatten schwere Verletzungen erlitten.

Macht der Bau Fortschritte?

Frauen freuen sich auf ihre
aus der Gefangenschaft
kommenden Männer

Von der Zivilbevölkerung verunglückten in der gleichen Zeit 67 Personen tödlich, während 176 schwer und 234 leicht verletzt wurden. Die meisten dieser Unfälle ereigneten sich in den ersten zwei Nachkriegsjahren.

Die Gruppe Wien des Entminungsdienstes arbeitet derzeit mit sieben bis neun Mann. Für den Transport der gefährlichen Kriegsüberbleibsel stehen zwei Fahrzeuge zur Verfügung. Wegen der überaus hohen Unfallsquote in der Zivilbevölkerung ist der Entminungsdienst bemüht, vor allem die frei herumliegende Munition zu beseitigen. Die vergrabene Munition bleibt einer späteren Bergung vorbehalten.

Es laufen täglich noch immer zwölf bis 20 neue Fundmeldungen ein. Es kann also noch nicht abgesehen werden, wann die Arbeit des Entminungsdienstes beendet sein wird. Im Gebiet des ehemaligen Groß-Wien dürfte jedoch schon die Hauptarbeit geleistet sein. Die meisten Unfälle mit alter Munition ereigneten sich durch spielende Kinder, in Schrebergärten und auf Bauplätzen. Die Eltern werden aufgefordert, ihre Kinder immer wieder auf die tödlichen Gefahren aufmerksam zu machen. Verdächtige Funde dürfen auf keinen Fall berührt werden und sind sofort der Polizei zu melden.

Ein Zeichen für die Normalisierung lag darin, dass verschiedene Hilfsaktionen von Hilfsorganisationen für beendet erklärt werden konnten. Das Schwedische Kinderhilfswerk Rädda Barnen übte seine Tätigkeit vom 4. Februar 1946 bis 9. April 1949 aus. Rund 28.000 Kinder wurden zwei Monate lang ausgespeist und rund 40.000 Kinder erhielten jeweils durch vier Monate Trockenmilch. Von einer Ausspeisung für Tbc-Gefährdete und unterernährte Studenten wurden etwa 4.500 Studenten erfasst. Rädda Barnen leitete außerdem vier Patronats-Kinderheime, davon eines in Wien und eines für Wiener Kinder in Spital am Semmering. Über 48.000 Paar Schuhe wurden repariert. 1.100 Kinder in Wien und Niederösterreich erhielten 19.000 Patenschafts-Pakete, Rädda Barnen spendete auch 6.900 Kilo Medikamente und 27.600 Kilo Lebertran.

Das Schweizerische Rote Kreuz (Kinderhilfe) begann mit seiner Tätigkeit im November 1945. 12.747 Kinder waren in der Schweiz auf Erholung. Außerdem wurden an Kinder von vier bis 14 Jahren 11.768 Patenschafts-Pakete ausgegeben. Die COBSRA-Aktion begann im Juli 1947. Durch sie wurden an Kinder von ein bis drei Jahren 20.000 Patenschaftspakete ausgegeben. Daneben widmete sich die COBSRA auch der Flüchtlingsfürsorge.

Rädda Barnen konnte das Helfen jedoch nicht lassen und erklärte sich bereit, das Kindererholungsheim Schloss Wilhelminenberg neu auszustatten beziehungsweise einzurichten. Neue Ganzmetallbetten, Matratzen, Nachtkästchen, Stühle, Bettzeug in reichlicher Auswahl, Handtücher und Schafwolldecken verleihen den Schlaf- und Aufenthaltsräumen ein vollkommen neues Gesicht. Mit den ebenfalls gespendeten Ölfarben wird jetzt der Fensteranstrich erneuert. Für die Küche des Erholungsheimes wurde neues Küchengeschirr gespendet. Und: 1.000 Quadratmeter Linoleum, die das Heim dringend benötigt.

Am 24. November wurden zwei Wienerinnen an die Staatsoper engagiert, deren Auftreten einiges Aufsehen erregte. Die beiden Wienerinnen an der Oper sind ein zwölf Meter hohes und neun Meter breites Plakat, das eine riesenhafte Vergrößerung des Werbeplakates für die Ausstellung „Die Wienerin" im Künstlerhaus darstellt. Es ist das erste Mal, dass auf einem öffentlichen Gebäude eine Reklame angebracht werden darf. Die beiden Damen sind in Öl gemalt und bestehen aus 21 Teilbildern, die in einem kleinen Atelier des Künstlerhauses getrennt voneinander einzeln angefertigt werden mussten. In drei Tagen bewältigte jedoch Paul Meissner die Aufgabe. So laden nun die beiden Wienerinnen am rechten Seitentrakt des Opernhauses zum Besuch der großen Ausstellung im Künstlerhaus ein.

1949 war für die leiblichen Genüsse der Wiener zu Weihnachten zum ersten Mal seit langem reichlich vorgesorgt. Beim Geflügel ist genügend Inlandware an Gänsen, Poularden und Hühnern vorhanden, nur Enten sind etwas knapp. Der Verbraucherpreis beläuft sich bei Gänsen auf 18 bis 25 Schilling, Hühner kommen auf 20 bis 24 Schilling pro Kilogramm. Aus Polen und Ungarn werden noch Lieferungen mit Gänsen und Hühnern erwartet. Aus Rumänien sind bereits Hühner, Gänse und Truthähne eingetroffen. Bisher sind auch 136 Schweine aus Ungarn und zehn Waggons aus der Tschechoslowakei eingetroffen. Auf dem Zentralviehmarkt sind ferner in dieser Woche 513 Rinder aus dem Inland, aus Jugoslawien und Ungarn eingetroffen. Im Kühlhaus St. Marx wurden 190 Tonnen Schweinehälften aus Bulgarien und zwei Waggons Schweinehälften aus der Tschechoslowakei ausgeladen. Ferner wird eine Lieferung von 65.000 Kilo Rindfleisch aus Frankreich, 340.000 Kilo Rindfleisch aus Jugoslawien und Rumänien, 800.000 Kilo Rindfleisch und ca. 80.000 Kilo Lebendschweine aus Bulgarien erwartet. Fische gibt es ebenfalls genug. Gegenwärtig lagern in Wien 170.000 Kilogramm Karpfen. Auch für ausreichend Obst, Gemüse und vor allem Kartoffeln ist vorgesorgt. Wie das Marktamt der Stadt Wien außerdem feststellen konnte, steigen erfreulicherweise die Preise der verschiedenen Lebensmittel auch nicht an.

Der Essenstisch zu Weihnachten ist heuer nach vielen Jahren wieder reichlicher gedeckt.

Der Bauernmarkt
am Naschmarkt

LEBENSMITTEL NICHT
MEHR BEWIRTSCHAFTET

Die Wiener Bevölkerung begrüßte am 9. Jänner auf dem Südbahnhof den 55. Heimkehrertransport aus Russland. Mit dem Sonderzug aus Wiener Neustadt trafen insgesamt 499 Heimkehrer ein, unter ihnen 213 Wiener. Die Begrüßung des ersten Heimkehrertransportes im diesem Jahr war besonders herzlich. Vor dem Südbahnhof hatte sich schon lange vor der Ankunft des Sonderzuges eine große Menschenmenge angesammelt.

Die UNICEF-Mission für Österreich übergibt Anfang Februar dem Jugendamt der Stadt Wien eine Spende von 830.000 Stück Lebertrankapseln. Lebertran ist sowohl bei der Bekämpfung der Rachitis als auch für das Wachstum der Kinder ungemein wichtig. Die Lebertrankapseln werden in allen städtischen Mutter- und Schwangerenberatungsstellen an Kinder von sechs Monaten bis zu zwei Jahren, an stillende Mütter und Schwangere abgegeben.

Ab Mitte März ist die Freibank im Schlachthaus Sankt Marx nach zehnjähriger Unterbrechung wieder in Betrieb. Die Freibank mit dem dazugehörigen Verkaufslokal war im Krieg zusammen mit den Schlachthofobjekten durch Bomben fast völlig vernichtet worden. Nun ist der Wiederaufbau abgeschlossen.

Noch vor Eröffnung des Verkaufslokales versammelten sich in Sankt Marx etwa 150 Einkäufer, von denen jeder bis zu drei Kilogramm Fleisch kaufen konnte. Die Freibänke verkaufen nur solche Fleischwaren, die bei der amtlichen Untersuchung zwar beanstandet, jedoch zum menschlichen Genuss geeignet befunden worden sind. Heute wurden Rindfleisch, Schweinefleisch und eine größere Anzahl von Hühnern abgesetzt. Die Preise bewegen sich zwischen 20 und 40 Prozent unter dem Großhandelspreis. Rindfleisch kostete 5,80 Schilling pro Kilogramm.

Am 5. April findet die Eröffnung des „Forum-Kinos" in der Stadiongasse statt. Unter den Gästen befanden sich u. a. Bundespräsident Dr. Renner, die Vertreter der Alliierten Mächte, Bundeskanzler Ing. Figl, Vizekanzler Dr. Schärf, Bürgermeister Körner sowie zahlreiche Persönlichkeiten des öffentlichen und kulturellen Lebens in Wien. Mit dem Bau des Rathauses und des Parlaments wurde eine Markthalle am Paradeplatz des Glacis errichtet. Nach der Fertigstellung der Markthalle blieb diese bis 1949 unverändert. Der Betrieb schrumpfte allerdings immer mehr ein. Daher entschloss man sich, die Markthalle in ein modernes Kino umzubauen. Das Forum-Kino umfasst 1.147 Sitzplätze. Es wurde großer Wert auf bequeme Sitzgelegenheit und auf gute akustische Wirkung gelegt. Das

Gegen Personen, die in disziplinierter Haltung in den Betrieben streiken, werde keineswegs mit Gewalt vorgegangen, erklärt Bürgermeister Körner .

Kino wurde mit der ersten österreichischen Kino-Klimaanlage ausgestattet.

In Wien herrscht bereits Anfang Juni hochsommerliche Hitze. Die Wasserwerke teilen mit, dass der Wasserverbrauch in den letzten Tagen drastisch gestiegen und die ungestörte Wasserversorgung ernstlich gefährdet sei. Die Hitze hat zu einer maßlosen Wasserverschwendung verleitet. Der Druck in den Leitungen fällt so stark, dass in höher gelegenen Stadtteilen das Wasser stundenlang ausbleibt, obwohl die Reservoirs genügend voll sind. Daher richten die Wasserwerke den Appell an die Bevölkerung, den Wasserverbrauch auf ein vernünftiges Maß einzuschränken.

Durch die Hitzewelle bedingt tritt die schon seit einiger Zeit gefährdete Lage der Wiener Wasserversorgung Ende Juni dann in ein kritisches Stadium. Die Wiener Wasserwerke appellieren daher nochmals dringendst an die Wiener Bevölkerung, den Wasserverbrauch auf das unbedingt notwendige Maß einzuschränken. Vor allem aber muss das Bespritzen von Gartenanlagen sofort eingestellt werden. Die in den nächsten Tagen in Kraft tretende Kundmachung über die Einschränkung des Wasserverbrauches sieht auch entsprechende Strafmaßnahmen bei Wasserverschwendung vor.

Am 3. Juli wird der heißeste Tag seit hundert Jahren gemessen. In Wien wurde ein pro-Kopf-Wasserverbrauch von 312 Litern gezählt. Die Wiener Wasserwerke haben rigorose Wassersparmaßnahmen angeordnet. 66.000 Besucher werden in den Wiener Bädern gezählt.

Ein nettes Geschenk aus den Niederlanden: Ein Flugzeug der Königlich-Niederländischen Luftverkehrsgesellschaft (KLM), die als erste die neue Verbindung Wien mit Holland eröffnet hat, bringt am 21. Juni Bürgermeister Körner einen originellen Gruß aus Holland: ein kleines Heringfass mit einer dazugehörigen Flasche Genever. Es handelt sich um die ersten Heringe des heurigen Fischfanges.

Im Laufe des Jahres wurde die Bewirtschaftung fast aller Lebensmittel aufgehoben, so dass im Herbst nur noch Zucker und Öl bewirtschaftet sind. Der Wiener Stadtsenat hat daher im September die Auflösung des Landesernährungsamtes mit den ihm untergeordneten Karten- und Verrechnungsstellen beschlossen. Die restlichen Agenden des Landesernährungsamtes werden in Hinkunft vom

DER DRITTE MANN

1950 konnte man den Film sehen, in dem das zerstörte Wien die Hauptrolle spielt: „Der dritte Mann". Die Geschichte für diesen Film-Klassiker schrieb Graham Greene. Im Februar 1948 kommt Graham Greene erstmals nach Wien. Greene steigt im Hotel Sacher ab, wo auch später sein Filmheld, der Schriftsteller Martins im „Dritten Mann", logieren soll. Das ehemalige Luxushotel steht zwar zu diesem Zeitpunkt ausschließlich britischen Militärs zur Verfügung, doch für den Schriftsteller wird eine Ausnahme gemacht – in der Realität wie im Film. Der Autor ist offenbar gleich gepackt von der seltsamen, traurigen Stimmung, die ihn in der zerstörten Stadt umgibt, fasziniert aber auch von der politischen Situation, die in Wien herrscht, wo die Weltmächte trotz des „Kalten Krieges" gezwungen sind zusammenzuarbeiten. Er sieht sich in der Stadt um und findet auch bald ein Thema, das eine spannende Geschichte verspricht. Schwarzmarkt und illegaler Penicillinhandel. Das Schiebertum gehört zum Alltag im Wien des Jahres 1948, und das „Wundermittel" Penicillin ist zu dieser Zeit eine im buchstäblichen Sinn lebensnotwendige, aber äußerst rare Kostbarkeit. Nicht alle Wiener waren aber mit diesem Film zufrieden. Die Zeitschrift

„Mein Film" schrieb im Jahr 1953 darüber: „Wiener Lokalpatrioten waren von dem Film ‚Der dritte Mann' nicht sehr erbaut. Sie behaupteten, er gäbe ein falsches Bild von Wien. Das tat er aber gar nicht, er zeigte ein Wien, das die Österreicher bisher nicht gesehen hatten. Ein verzerrendes Bild von Wien gaben die am laufenden Band hergestellten Dull|ioh- und Heurigenfilme, in denen jeder zweite Wiener sein Gwand versauft oder auf dem Klavier herumhackt."

Der Film hat sicher nicht mehr der Wiener Realität des Jahres 1950 entsprochen, doch gerade diese Kritik zeigt, wie sehr „Der dritte Mann" ein Zeitdokument darstellt, wie sehr hier die spezifische Situation Wiens im Winter des Jahres 1948 eingefangen wurde.

Marktamt wahrgenommen. Preisvorschriften und Preisüberwachungen gibt es weiterhin. Und wegen Übertretung der Preisvorschriften werden vom 9. bis 30. November 102 Straffälle mit einer Strafsumme von insgesamt 33.091 Schilling von der Wirtschaftspolizei-Preisüberwachung der Wiener Polizei geahndet.

Der steigende Autoverkehr in Wien führt zu Sondermaßnahmen bei der Verkehrsregelung. In Wien wird in einer stark frequentierten Straße der Inneren Stadt zum ersten Mal das wechselseitige Parkverbot eingeführt. Diese Anordnung gilt vorläufig nur für die Seilergasse im Abschnitt zwischen Graben und Kupferschmiedgasse. Ab dem 3. November dürfen also Fahrzeuge in der Seilergasse an geraden Tagen auf der Seite der geraden Hausnummern und an ungeraden Tagen auf der Seite der ungeraden Hausnummern nicht halten.

Der österreichische Tiefseeforscher Dr. Hans Hass, Autor des Buches „Unter Korallen und Haien", gibt in der Buchhandlung Herzog Mitte November Autogramme.

Am 26. September 1950 billigte der Ministerrat das vierte Lohn-Preis-Abkommen, das die Erhöhung verschiedener Preise, wie etwa Mehl und Zucker, aber auch von Verkehrs- und Stromtarifen sowie Richtlinien für die Abgeltung dieser Teuerung durch Lohn- und Gehaltserhöhungen festlegte. Die österreichischen Kommunisten reagierten mit einem Aufruf zum Streik, dem in Wien 120.000 Arbeiter, davon rund 40.000 aus sowjetisch verwalteten USIA-Betrieben, Folge leisten. Auch in Oberösterreich, Niederösterreich und der Steiermark wurde gestreikt. Kommunistische Rollkommandos versuchten in der sowjetischen Besatzungszone Wiens, Straßenbahn-Betriebsbahnhöfe zu besetzen und Einrichtungen der Stromversorgung stillzulegen. Die Streiks dauerten bis zum 5. Oktober.

Der Präsident des ÖGB, Anton Benya, erinnert sich an den Oktober 1950: „Der Oktober 1950 ist nicht von selbst gekommen: Kriegsende, Not, Elend, Hunger, Kälte, Zerstörungen, fast die Hälfte des Wohnraumes und auch die Eisenbahnanlagen waren zerstört. Über 250 Großbetriebe waren ebenso von den Russen beschlagnahmt wie die DDSG und die Erdölförderung, Geld war wertlos. Tauschhandel und Schwarzhandel waren damals an der Tagesordnung. ... Man musste versuchen, die Wirtschaft wieder in Gang zu bringen. So wurde 1947 ein Preis- und Lohn-Abkommen getroffen – weil Subventionen abgebaut werden mussten – da der Staat ja nicht jedes Kilogramm Brot, jedes Kilogramm Mehl voll stützen konnte. Geld war vorhanden, aber keine Ware. Aus diesem Grund war die Währungsreform 1947 notwendig, bei der 150 Schilling 1:1 umgetauscht wurden. Im Jahr 1948 war das zweite

Gewalt auf der Straße

Bald ist es mit dem Anstellen für
Lebensmittel vorbei

Preis- und Lohn-Abkommen notwendig, 1949 das Dritte. Das vierte Abkommen 1950 war notwendig, weil zusätzliche Subventionen abgebaut werden mussten. ... Die sozialistischen Gewerkschafter sorgten in ihren Betrieben dafür, dass die Produktion aufrecht erhalten blieb. Die Eisenbahner hatten Schwierigkeiten, denn in St. Pölten hatten sich zum Beispiel Demonstranten auf die Schienen gesetzt. In der Gemeinde Wien wurde versucht, das E-Werk Nord stillzulegen, unsere Genossen hielten jedoch stand. Hier in Floridsdorf, wo es in einigen Betrieben starke kommunistische Gruppen gab, haben sich nicht alle Betriebe dem Streik angeschlossen. Das war eine große Leistung."

Ende des Jahres 1947 befanden sich in Wiens Heilanstalten für Geisteskranke 4.493 Pfleglinge. Ende des Jahres 1951 hingegen 6.140. Eine steigende Tendenz zeigen auch die Zahlen der zur Beobachtung des Geisteszustandes Eingelieferten sowie die Psychiatrierungen. Im Jahre 1947 wurden 4.100 Personen untersucht und davon 1.067 für gesund befunden; im Jahre 1951 stieg die Zahl der wegen Verdachtes einer Geistesstörung Angehaltenen auf 5.702, von denen nur 749 wieder freigelassen werden konnten. Die Zahl der wegen Alkoholismus internierten Personen ist von 52 im Jahre 1947 auf 351 im Jahre 1950 gestiegen, also auf mehr als das Siebenfache.

Anlässlich des 80. Geburtstages des Bundespräsidenten hat Bürgermeister Körner folgenden Aufruf erlassen: „Bundespräsident Dr. Karl Renner vollendet am 14. Dezember sein 80. Lebensjahr. Es erscheint mir als Ehrenpflicht, der Achtung und der Verehrung für das Staatsoberhaupt aus diesem Anlasse sichtbar Ausdruck zu geben. Als Bürgermeister ersuche ich daher alle Hausbesitzer, Hausverwalter und Hauswarte, am Donnerstag, dem 14. Dezember, die Häuser zu beflaggen." Völlig überraschend stirbt Bundespräsident Renner am letzten Tag dieses Jahres.

KARL SEITZ

Am 3. Februar stirbt Altbürgermeister Karl Seitz. Er wurde am 4. September 1869 in Wien geboren, wuchs in einem Waisenhaus auf und erlernte das Schneiderhandwerk. Noch während seiner Lehrzeit wurde ihm der Besuch einer Lehrerbildungsanstalt ermöglicht. Seitz wurde Volksschullehrer und schloss sich der sozialdemokratischen Arbeiterbewegung der Monarchie an. Wegen seiner politischen Tätigkeit wurde Karl Seitz aus dem Schuldienst  entfernt. Seitz widmete sich nun völlig der Politik. 1901 wurde er als Abgeordneter in den Reichstag gewählt. Seitdem gehörte er, ausgenommen die Jahre des Faschismus, dem Parlament an. Seitz war viele Jahre hindurch auch Mitglied des Niederösterreichischen Landtages. Nach dem Zusammenbruch der Österreichisch-Ungarischen Monarchie war er kurz Präsident des Parlaments und damit zugleich Staatsoberhaupt Österreichs. Von 1923 bis zu seiner gewaltsamen Entfernung durch das Regime Dollfuß war Seitz Bürgermeister der Stadt Wien. 1934 verbrachte Seitz viele Monate in Haft. 1944 wurde Seitz von der Gestapo verhaftet und verbrachte ein Jahr in einem Konzentrationslager. Seitz war seit 1945 wieder Mitglied des österreichischen Nationalrates.

Mit einer hübschen
Wienerin wird „fraternisiert"

KÖRNER WIRD BUNDESPRÄSIDENT, JONAS BÜRGERMEISTER

Im Wiener Rathaus werden Anfang Jänner die letzten Vorbereitungen für die Trauerfeier für den am 31. Dezember 1950 verstorbenen Bundespräsidenten Dr. Karl Renner getroffen. Der Sarg wird im Rathaus aufgebahrt. Am 3. Jänner um 10 Uhr trat die erste Ehrenwache der Bundespolizei an den Katafalk. Zu diesem Zeitpunkt bildete sich vor dem Eingang des Rathauses in der Lichtenfelsgasse ein langes Spalier der Wiener und Wienerinnen, die auf Einlass in den Festsaal warteten. Das Staatsbegräbnis findet dann am 7. Jänner statt.

Vom 31. Dezember 1950 bis 21. Juni 1951 übte Bundeskanzler Leopold Figl die Funktionen des Bundespräsidenten aus. Die Wahl zum Bundespräsidenten 1951 war eine Art von Premiere. Zum ersten Mal wurde der neue Bundespräsident nach den Bestimmungen des Art. 60 des Bundes-Verfassungsgesetzes in der Fassung von 1929 vom Bundesvolk gewählt. 1951 findet die erste Volkswahl eines Staatsoberhauptes in der Geschichte Österreichs statt. Der erste Wahlgang findet am 6. Mai statt, der zweite Wahlgang am 27. Mai. Im ersten Wahlgang treten fünf Kandidaten und eine Kandidatin an. Es ergab sich folgende Stimmverteilung bei 4,298.347 Millionen abgegebenen gültigen Stimmen: Auf Heinrich Gleißner, den Landeshauptmann von Oberösterreich und Kandidaten der ÖVP, entfielen 1,725.451 Millionen Stimmen, das entspricht 40,1 Prozent, auf den Wiener Bürgermeister Theodor Körner, den SPÖ-Kandidaten, 1,682.881 Millionen Stimmen, das entspricht 39,2 Prozent, auf Burghard Breitner 662.501 Stimmen (15,4 Prozent), auf Gottlieb Fiala 219.969 (5,1 Prozent), auf Johannes Ude 5.413 (0,1 Prozent) und Ludovica Hainisch 2.132 (0,1 Prozent).

Den zweiten Wahlgang konnte dann der Wiener Bürgermeister Theodor Körner für sich entscheiden. Er erhielt 52,1 Prozent der Stimmen, sein Gegenkandidat Heinrich Gleißner 47,9 Prozent. Theodor Körner war damit zum Bundespräsidenten der Republik Österreich gewählt. Seine Wahl musste selbstverständlich Auswirkungen auf die Wiener Landesregierung haben.

Am 18. Juni erklärte Bürgermeister Körner im Stadtsenat, dass er mit Rücksicht auf seine Wahl zum Bundespräsidenten die Funktion des Bürgermeisters der Stadt Wien und sein Mandat als Mitglied des Wiener Gemeinderates zurücklegt. Vizebürgermeister Honay wurde mit der Fortführung der Geschäfte betraut. Am 20. Juni nahm in einer Festsitzung der Wiener Gemeinderat in Anwesenheit von Nationalratspräsident Kunschak Abschied von Theodor Körner.

Heuer kommt es im Frühling – nach sintflutartigen Regenfällen – zu großen Überschwemmungen in Wien.

Bürgermeister Theodor Körner mit seinem späteren Nachfolger, Franz Jonas

In der Sitzung des Wiener Gemeinderates am 22. Juni wurde Franz Jonas mit 76 Stimmen zum Bürgermeister der Stadt Wien gewählt.

Ab und an sind die Besatzungsmächte auch bei bestem Willen nicht zu übersehen. So bleibt am Abend des 11. Jänners in der Wagramer Straße bei der Kreuzung Meißauergasse ein sowjetischer 70-Tonnen-Panzer plötzlich stehen, kann nicht mehr weiter und blockiert die Gleise der Straßenbahn-Linie 25. Nachdem von der russischen Kommandantur kein Abschleppwagen eintraf, wurde vom Bahnhof Vorgarten ein Rüstwagen ausgeschickt. Erst nach zwei Stunden und unter Einsatz von drei Winden gelang es endlich, den Panzer zur Seite zu schieben.

Benzin ist noch immer eine Ware, die kontingentiert ist, also für die man Bezugsmarken braucht. Die Situation bei der Benzinzuteilung für Wien hat sich für Februar wesentlich verbessert. Es stehen diesmal größere Mengen an Inlandbenzin zur Verfügung. Insgesamt stehen Wien für den Monat Februar 4,5 Millionen Liter Benzin zur Verfügung, mit denen rund 45.000 Kraftfahrzeuge und außerdem alle Maschinen mit Benzinmotor versorgt werden.

DIE „BLAUE"

Von Juni an werden die Züge aller Linien der Straßenbahn und die Wagen der Autobuslinien bei der letzten Fahrt als „Blaue" gekennzeichnet. An den Straßenbahnwagen wird der vordere Scheinwerfer durch eine Glasscheibe abgedeckt, die blaue Segmente um ein auf die Spitze gestelltes Viereck zeigt. Am Ende des Zuges ist eine halbkreisförmige blaue Scheibe mit weißem Rand an der Brustwandtafel der hinteren Plattform angebracht. Im Autobusbetrieb wird bei den Wagen der alten Typen die Ziffern-Dachtafel mit einer blauen Scheibe abgedeckt, bei den Wagen der neuen Typen das vordere und hintere Liniensignal blau angestrahlt. Die blaue Kennzeichnung wurde wegen neuer Vorschriften für den Straßenverkehr eingeführt.

Im März finden in Wien die 28. Tischtennisweltmeisterschaften statt, an denen die Spieler aus 31 Staaten teilnehmen. Bürgermeister Körner betont bei einem Empfang im Wiener Rathaus für die Teilnehmer an der Weltmeisterschaft die völkerverbindende Bedeutung des Sports.

Im Mai erreicht in Wien eine heftige Maikäferplage ihren Höhepunkt. In manchen obstreichen Gegenden der Steiermark, Niederösterreichs und des Burgenlands werden Sammelaktionen durchgeführt. Viele Gemeinden haben Bekämpfungsmaßnahmen ergriffen, an denen besonders Schulkinder eifrig teilnehmen. Für ein Kilogramm Käfer, das sind etwa 1.000 bis 1.500 Stück, werden 75 Groschen bis 1 Schilling aus öffentlichen Mitteln bezahlt. Man ist heuer auf die Idee gekommen, die Maikäfer zu Tierfutter zu verarbeiten. Die Städtische Tierkörperverwertungsanstalt hat nun erstmalig in Österreich mit der Produktion des eiweißhältigen Maikäfermehls begonnen. In den letzten Tagen wurden in Simmering schon 70.000 Kilogramm, das sind rund eine Milliarde Maikäfer, zu 20.000 Kilogramm hochwertigem Geflügel- und Schweinefutter verarbeitet. Dadurch konnte die Landwirtschaft Devisen, die sonst für Futtermittel freigegeben werden müssten, sparen.

Am 10. und 11. Mai prasselt ein 24-stündiger Dauerregen auf Wien nieder. In der Folge treten in Wien Überschwemmungen ein, die in wenigen Stunden ein katastrophales Ausmaß annehmen. Die Feuerwehr verzeichnete über 180 Einsätze, meist in den längs des Liesingbaches gelegenen Ortsgemeinden, zwischen Inzersdorf und Unter-Laa. Auch zwischen Atzgersdorf und Rodaun waren die Feuerwehrmannschaften

ununterbrochen in Aktion. Im inneren Stadtgebiet mussten sehr viele baufällige Objekte
gesichert werden.

In Inzersdorf und Unter-Laa waren die Straßen an mehreren Stellen überschwemmt und
unpassierbar. Viele dem Liesingbach nahe-
liegenden Wohnhäuser sind von den Fluten
umschlossen. Der schlammige Wasserspiegel
reicht oft bis zur Decke der Parterrewohnun-
gen. Von Feuerwehr und Polizei werden
zahlreiche Evakuierungen mit Zillen vorgenommen. Der Draschepark in Inzersdorf steht
vollkommen unter Wasser. Die Steinhofbrü-
cke muss abgesperrt werden. Im Zuge der
Rodauner Hauptstraße ist eine ältere Stein-
brücke über den Liesingbach eingestürzt.

Die „Vier im Jeep"
auf Patroullie

Sämtliche in den Nachkriegsjahren von der Stadt Wien durchgeführten Regulierungen
des Liesingbaches haben jedoch dem Hochwasser standgehalten. An einigen Baustellen, so etwa nächst der Triester Straße und im Liesinger Gebiet, verursachte das
Hochwasser wieder beträchtliche Schäden an Baumaschinen und Baumaterialien.

In Ober-Laa wurde in der Volksschule ein Asyl für Evakuierte eingerichtet. Zwischen
Braunschweiggasse und Unter St. Veit wurde die Mauer undicht, so dass das Wasser
den Bahnkörper überschwemmte. Straßenbahn und Stadtbahn sind durch Hochwasser
nicht gefährdet, lediglich zwei Autobuslinien mussten vorübergehend eingestellt
werden.

Durch das im Laufe der Nacht und der Morgenstunden rasch steigende Wasser der
Donau hat sich das Hochwassergefahrengebiet unterhalb von Wien verlagert. Am 12.
Mai wurde die Feuerwehr nach Mannswörth gerufen, wo sie eine besonders schwierige Rettungsaktion durchzuführen hatte. Durch den rasch gestiegenen Wasserspiegel
im Schwechatbach war auch der sogenannte Kalte Gang aus dem Ufer getreten und
drohte eine Wohnbaracke der Firma Nova zu überfluten. Der Feuerwehr gelang es, im
letzten Moment 22 Personen mit Zillen in Sicherheit zu bringen. Es war dies die 260.
Aktion der Feuerwehr seit Beginn des Hochwassers.

Ende Mai wird im Wiener Gemeinderat der Beschluss gefasst, eine der verkehrsreichs-
ten Wiener Kreuzungen umzubauen: Um die Verkehrsschwierigkeiten auf der Kreuzung Matzleinsdorfer Platz – Margaretengürtel zu beheben, ist beabsichtigt, den Verkehr im Zuge des Gürtels unter der Radialstraße Reinprechtsdorfer Straße – Matzleinsdorfer Platz – Triester Straße durchzuführen, also eine Unterfahrung zu errichten.

Werbung für schöne Mädchen aus
den USA

Filme dredimensional zu sehen
war kein reines Vergnügen

Im Juni konnte die Rückkehr eines Wiener Wahrzeichens gefeiert werden. Es war während des Krieges geheimnisvoll verschwundenen: der „Stock im Eisen" am Stephansplatz. Ein Wiener hatte das Wahrzeichen vor der Verschleppung in Sicherheit gebracht. Und er übergab es jetzt wieder in die Obhut der Stadt Wien.

Im Juli kommt es zu Schwierigkeiten bei der Fleischversorgung Wiens. Sie konnten überwunden werden, indem dänische Schweine nach Wien waggonweise importiert wurden. Im August wird mit der Einfuhr von insgesamt einer Million Kilogramm dänischem Schweinefleisch zu rechnen sein. Rindfleisch steht durch die früher getroffenen Maßnahmen bereits ausreichend zur Verfügung.

Und 1951 gibt es auch schon eine Tiergeschichte zu berichten, die sich im Wiener Stadtpark zwischen Enten und Schwänen abspielt. Aus Kärnten trafen im Wiener Stadtpark Entenpaare ein, die sich in Wien rasch akklimatisierten. Die drei Entenmütter haben hinsichtlich des Nachwuchses alle Erwartungen des Stadtgartenamtes übertroffen. Im Laufe der Sommermonate haben auf der Stadtparkinsel insgesamt 26 Entlein das Licht der Welt erblickt. Das Entenvolk erfreute sich im Wiener Stadtpark vom ersten Tag an einer großen Sympathie bei allen Besuchern. Dank der freundlichen Aufnahme und der sprichwörtlichen Wiener Tierliebe fühlen sich die exotischen Vögel hier wie zu Hause und haben mit den Spaziergängern längst engste Freundschaft geschlossen.

Mit den beiden Schwänen, die mit ihnen zugleich in den Stadtpark eingezogen sind, gab es allerdings anfangs täglichen Krach. Seit kurzem herrscht hier aber wieder tiefster Friede. Der ist einem heldenmütigen Enterich zu verdanken, der nach einigen harten Duellen mit dem eifersüchtigen Schwan Hansel die Angriffscourage der stattlichen Schwäne einschränkte. Seit Wochen dürfen sich nun die Entenfamilien ohne Angst vor den gefährlichen Schwanenschnäbeln zu Wasser und zu Lande frei bewegen.

Zurück wieder zum Ernst des Wiener Lebens. Am 27. Oktober wurde ein neuer und ein wieder aufgebauter städtischer Kindergarten durch Bürgermeister Jonas eröffnet. Damit stehen in Wien insgesamt 145 Kindergärten zur Verfügung, während es unmittelbar nach Kriegsende nur 35 verwendbare Kindergärten gab.

Anfang Dezember nehmen Tausende Wiener an der Eröffnung der Aspernbrücke teil. Sogar auf das Dach der Urania waren einige geklettert, um von dort aus die Ereignisse zu verfolgen. Die Belastungsprobe für die neue Brücke fiel also mehr als zufriedenstellend aus. Viele Vertreter der Bundesregierung und Stadtregierung hatten sich zur Eröffnung eingefunden. Stadtrat Thaller erinnerte in einem kurzen historischen Rückblick an die im Jahre 1863 errichtete Kettenbrücke, die im Jahre 1913 einer Bogenbrücke mit bedeutend höherer Leistungsfähigkeit weichen sollte. Durch den Ersten Weltkrieg verzögerte sich die Fertigstellung dieser Brücke bis 1919. Anlässlich der Kampfhandlungen des Jahres 1945 wurde die Bogenbrücke wie die anderen Donaubrücken gesprengt und völlig zerstört. Die nach Kriegsende von der Roten Armee errichtete Hilfsbrücke wurde jetzt durch eine Brücke ersetzt, die eine Spitzenleistung des modernen Brückenbaus darstellt. Die Länge der Brücke beträgt 88,97 Meter, die gesamte Breite ist 27,95 Meter. Gesamtgewicht: 925 Tonnen. Gleichzeitig wurde auf dem Aspernplatz durch Schaffung eines Kreisverkehrs eine bedeutende Verkehrsverbesserung erzielt.

Im Dezember wird in Inzersdorf auch eine neu gebaute Kläranlage durch Bürgermeister Jonas dem Betrieb übergeben. Das Einzugsgebiet dieser Anlage, die „Auf der gelben Haide" errichtet wurde, umfasst 470 Hektar, auf denen rund 16.000 Menschen wohnen. Es wird hier aber bei voller Besiedelung in Zukunft Platz für mehr als 100.000 Menschen sein.

Sechs Jahre nach Beendigung des Krieges gibt es noch immer Heimkehrer aus der Gefangenschaft, und noch immer sind es nicht alle. Die Zahl der 1951 eingelangten Heimkehrertransporte war nur mehr sehr klein. Einer der Transporte kam aus Russland und drei andere aus Jugoslawien. Das Hauptaugenmerk lag in diesem Jahr aber vor allem bei der Betreuung der Heimkehrer, sie bekamen Geldaushilfen, Kleidung, Schuhe und Lebensmittel. In mehreren Fällen wurden kostenlose 14-tägige Landaufenthalte gewährt. An 1.070 noch in Gefangenschaft weilende Wiener wurden Liebesgabenpakete mit hochwertigen Lebensmitteln, Textilien, verschiedenen Gebrauchsartikeln und Zigaretten geschickt. Die in Frankreich zurückgehaltenen Wiener erhielten monatlich Unterstützungen von insgesamt 11.000 Schilling.

FRANZ JONAS

Franz Jonas wurde am 4. Oktober 1899 in Wien geboren. Er besuchte in Wien die Pflichtschulen und erlernte dann den Beruf des Schriftsetzers. 1932 bis 1934 war er Sekretär der Floridsdorfer Sozialdemokraten. Nach den Ereignissen des Februars 1934 durfte Jonas seine Parteiämter nicht mehr ausüben und wurde im Jänner 1935 wegen Teilnahme an der illegalen Brünner Reichskonferenz der revolutionären Sozialisten im sogenannten „Sozialistenprozeß" angeklagt. Trotz Freispruchs musste er bis 1936 14 Monate in Haft verbringen.1945 wurde er in die provisorische Gemeindeverwaltung von Floridsdorf berufen, ab 1946 war er Bezirksvorsteher dieses Wiener Bezirkes. Von 1948 bis 1949 war er Wiener Stadtrat für Ernährungswesen, dann bis 1951 Baustadtrat für Bauwesen. 1951 wurde er als Nachfolger Theodor Körners zum Wiener Bürgermeister gewählt. Dieses Amt bekleidete er bis 1965. 1952 bis 1953 war er auch Bundesrat und 1953 bis 1965 Abgeordneter zum Nationalrat. 1965 wurde er zum Bundespräsidenten gewählt und 1971 wieder gewählt. Er starb am 24. April 1974 in Wien. Er ist nach neun Jahren als bis dahin längst dienender Bundespräsident im Amt gestorben. Nach zwei Jahrzehnten der Großen Koalition in Österreich ermöglichte er 1966 die Bildung einer ÖVP-Alleinregierung und 1970 die Bildung einer Minderheitsregierung der SPÖ unter Bruno Kreisky, die 1971 zu einer SPÖ-Alleinregierung führte. Als Bundespräsident amtierte Jonas zurückhaltend und betonte die Notwendigkeit eines verantwortungsbewussten Interessenausgleichs zwischen den demokratischen Parteien. Als Franz Jonas Ende April 1974 zu Grabe getragen wird, säumen mehr als 50.000 Menschen die Wiener Ringstraße, über die der Trauerzug zum Zentralfriedhof führt. Die Nachkriegsentwicklung Wiens und Österreichs ist untrennbar mit dem Namen Jonas verbunden.

Die Pummerin kommt nach Wien

JEDER VIERTE ÖSTERREICHER IST EIN WIENER

Das Statistische Zentralamt veröffentlicht das Ergebnis der Bevölkerungszählung, die am 1. Juni des Vorjahres durchgeführt worden war.

Sie ergab für Wien eine Einwohnerzahl von 1,766.102, und zwar 769.366 männliche und 996.736 weibliche Personen. Die Zahl der ledigen männlichen Personen betrug 280.063, jene der weiblichen 325.348. Danach ist jeder vierte Österreicher ein Wiener. Es leben also 25,5 Prozent der österreichischen Bevölkerung in Wien. Die Wohnbevölkerung Wiens hat sich von 1934, dem Jahr der letzten Volkszählung, um rund 6 Prozent verringert. Wien bleibt trotzdem das bevölkerungsreichste Bundesland. Die meisten Nicht-Österreicher wohnen in Oberösterreich: 35,5 Prozent der Nicht-Österreicher wohnen in diesem Bundesland. Wien folgt mit 16,5 Prozent an zweiter Stelle. Die dritte Stelle nimmt mit 16,1 Prozent die Steiermark ein. Den geringsten Anteil an Nicht-Österreichern hat mit 1,9 Prozent das Burgenland. Insgesamt wohnen in Öster-reich 5,2 Prozent Nicht-Österreicher, also Ausländer, Staatenlose und Personen mit ungeklärter oder unbekannter Staatsbürgerschaft.

In Wien beträgt der Anteil von Nicht-Österreichern drei Prozent, 1934 betrug er 6,9 Prozent. Die meisten Ausländer sind deutsche Staatsbürger. Sie stellen fast ein Drittel. Dann folgen tschechoslowakische (15 Prozent) und italienische Staatsangehörige (11 Prozent). Ein Rückblick auf das Volkszählungsjahr 1934 ergibt, dass damals die tschechoslowakischen Staatsangehörigen mit einem Anteil von 48 Prozent an der Spitze aller Ausländer in Wien standen und die Deutschen mit 11 Prozent erst an dritter Stelle, während die zweite Stelle die Polen einnahmen. Insgesamt wurden im Juni 1951 in Wien 53.172 Nicht-Österreicher gezählt, darunter sind 13.003 Ausländer. 12.341 von ihnen haben die Staatszugehörigkeit eines europäischen Staates. 329 besitzen die Zuständigkeit eines amerikanischen, 303 die eines asiatischen und 22 die eines afrikanischen Staates. Acht Bewohner Wiens sind australische Staatsbürger.

Die Statistik stellt außerdem noch fest, dass Wien auch die Stadt der Kaninchen sein dürfte. Nicht weniger als 51.927 der kleinen Nager werden in der Bundeshauptstadt gehalten, das sind 22,6 Prozent des gesamtösterreichischen Bestandes. Auch 8,6 Prozent aller Enten, 7,3 Prozent aller Gänse und vier Prozent aller Hühner sind in Wien „beheimatet".

Weiters ist Wien die größte spitalerhaltende Gemeinde Österreichs. Mit einem Stand von 22.800 Spitalsbetten einschließlich der Krankenabteilungen der Altersheime verfügt es über 43 Prozent aller österreichischen Krankenbetten. Auf 77 Einwohner entfällt in Wien ein Spitalsbett, in den Bundesländern erst auf 172 Einwohner. Viele Pfleglinge der Wiener Krankenhäuser kommen allerdings von auswärts. Zehn Prozent der fast 300.000 Patienten im Jahre 1952 waren keine Wiener.

Aus den Silver Hake-Fischkonserven wurde empfohlen Fischlaibchen zu bereiten. Das ging so: Der Inhalt einer Dose wird mit zwei Semmeln faschiert, etwas gewürzt, mit Mehl geformt und in Fett herausgebacken.

In Wien gibt es noch rund 14.000 Kubikmeter Mauerreste und 520.000 Kubikmeter Mauerschutt, für deren Beseitigung rund 11,5 Millionen Schilling erforderlich sein werden. Ein Teil des noch vorhandenen Schuttes im Wiener Stadtgebiet soll noch vor dem Frühjahr beseitigt werden.

Im Februar stießen Bedienstete der Friedhofsverwaltung beim Ausheben eines Grabes im Zentralfriedhof auf eine Fliegerbombe. Der Entminungsdienst wurde sofort verständigt. Bomben solcher Größe wurden im Jahre 1944 vereinzelt auf Wien abgeworfen. Die Mannschaft des Entminungsdienstes konnte die Bombe, die eine Länge von ungefähr drei Metern hatte, in zwei Stunden entschärfen. Der Abtransport wurde von der Feuerwehr durchgeführt.

Im Februar mussten sämtliche Schneeräumgeräte und außerdem ein großes Aufgebot betriebseigener und aufgenommener Arbeiter eingesetzt werden, um die Schneemassen von den Wiener Straßen wegzuschaffen. Außer allen motorisierten Schneepflügen wurden auch 75 pferdebespannte Schneepflüge, über 100 Lastkraftwagen und fünf Traktoren sowie über 5.600 aufgenommene „Schneeschaufler" eingesetzt.

Die großen Schneefälle führten auch zu Engpässen bei der Lebensmittelversorgung Wiens, insbesondere bei Milch und Gemüse. Sie konnten aber rasch beseitigt werden.

Die Versorgung mit Fleisch war aus verschiedenen Gründen nicht immer gesichert. Es mussten fleischlose Tage eingeführt werden und der Verkauf von Kalb- und Rindfleisch wurde streng geregelt. Erst in der Osterwoche konnten dann aufgrund der gut beschickten Schweinemärkte die Einschränkungsmaßnahmen für den Fleischverbrauch aufgehoben werden.

Am 26. April wird das Wiener Wahrzeichen schlechthin, der Wiener Stephansdom, wieder eröffnet. Auch die „Pummerin" wird an diesem Tag festlich eingeholt. Sie kehrt wieder an ihren angestammten Platz zurück. Das Wiener Stadtbauamt warnt die Wienerinnen und Wiener nachdrücklich vor einer Überlastung von Balkonen und Erkern, da diese durch Kriegseinwirkungen möglicherweise ihre Tragfähigkeit eingebüßt haben. Das Besteigen von Baugerüsten wird strengstens untersagt.

Im April wurde auf der Mariahilfer Straße, beim Westbahnhof, das neue Wochenschau-Kino, das „Welt Kamera", eröffnet. Das modernst eingerichtete Kino hat Platz für 249 Besucher. Das Programm der „Welt-Kamera" umfasst Wochenschauen, Kurzfilme und die überaus beliebten Trickfilme.

Ausstellung zum Thema Bildung und Schule im Messepalast

Apropos Kino: Am 22. August findet in Wien im Forum-Kino die Erstaufführung des deutschen Erfolgsfilmes „Die Försterchristl" statt, in
dem die junge Wienerin Hannerl Matz die Titelrolle spielt. Im Foyer des
„Forum" wird auch eine kleine Ausstellung gezeigt. Die Ausstellung
stellt das Theaterstück bei seiner Uraufführung im Jahre 1907 der
Verfilmung im Jahre 1952 gegenüber. Die erste Försterchristl war
1907 die beliebte Wiener Volksschauspielerin Hansi Niese auf der
Bühne des Theaters in der Josefstadt. Zum Gedächtnis an Hansi
Niese sind einige interessante Briefe aus der Wiener Stadtbiblio-
thek in der Ausstellung zu sehen.

Im August dieses Jahres wird der stärkste Wasserverbrauch seit
Bestehen der Hochquellenleitungen festgestellt. Die Wiener
Wasserversorgung ist ernstlich gefährdet. Ein Aufruf der städtischen Wasserwerke an die Wiener Bevölkerung, mit dem Wasser
sparsam umzugehen, nützt leider nichts. Bürgermeister Jonas
genehmigt daher, dass Maßnahmen zur Einschränkung des
Wasserverbrauchs getroffen werden. Wasserverschwender können von
nun an mit Geldstrafen von bis zu 1.000 Schilling oder mit Arrest von
bis zu einer Woche bestraft werden.

Verboten sind vor allem das Begießen von Rasenflächen, Gehsteigen,
Straßen- und Hofflächen, das Bespritzen von Gartenanlagen und Sport-
plätzen. Das Füllen von Schwimmbecken in öffentlichen Badeanlagen
ist nur mit besonderer Bewilligung gestattet. Das Begießen von
Gemüseanbauflächen darf nur in sparsamster Weise erfolgen. Selbstverständlich ist im Allgemeinen jede Wasserverschwendung, vor allem
die Verwendung von Wasser für Kühlzwecke im Haushalt verboten.

Wie notwendig die strenge Einhaltung der vom Wiener Magistrat verfügten Wassersparmaßnahmen ist, geht aus den Verbrauchsziffern der letzten Tage hervor. Wie die Wasserwerke mitteilen, wurden am 13. August 470.000 Kubikmeter Wasser verbraucht
und am 14. August 495.000 Kubikmeter. Dies stellt den absoluten Rekord dar, seitdem
es Hochquellenleitungen gibt. Noch niemals wurde an einem Tag mehr Wasser verbraucht als an diesem Tag. Die Hochquellenleitungen können derzeit nur 410.000 bis
420.000 Kubikmeter Wasser am Tag nach Wien leiten. Die Behälter sind fast leer, so
dass Wien schon in den nächsten Tagen vor einer katastrophalen Situation stehen wird,
wenn die Wassersparmaßnahmen nicht eingehalten werden.

Überlegungen werden über die Zukunft der öffentlichen Uhren in Wien angestellt. Es
wird die Möglichkeit einer raschen Modernisierung der öffentlichen Uhrenanlagen
erwogen, die gegenwärtig ziemlich veraltet sind. Hundert-, achtzig- und sechzigjährige

SOMMERBÄDER

Der Wiederaufbau der durch die Kriegsereignisse
zerstörten und beschädigten Sommerbäder ist in
diesem Jahr abgeschlossen. Es werden 18 Sommerbäder mit 40.000 Kabinen, Kästchen und
sonstigen Umkleidegelegenheiten und einem
Fassungsraum für 55.000 Personen den bade-
lustigen Wienerinnen und Wienern zur Verfügung
stehen.

1952 wurde auch Wiens fünfundzwanzigstes
Kinderfreibad im Hyblerpark feierlich eröffnet.
Das 1927 im Hyblerpark eröffnete Kinderfreibad
fiel den Kriegsereignissen zum Opfer. Das neue
Kinderfreibad wurde nun schöner und größer als
das alte Bad aufgebaut. In dem Bad können nun
gleichzeitig 500 Kinder baden. Die 25 städti-
schen Kinderfreibäder bieten für 10.900 Kinder
Platz. Im letzten Jahr hatten 617.000 Kinder die
Bäder besucht.

EISKUNSTLAUF

Die Eiskunstlauf-Europameisterschaften wurden 1952 in Wien ausgetragen. Das war kein Zufall: Eiskunstläufer aus Wien waren immer wieder für einen Platz auf dem Stockerl bei Olympischen Spielen, Welt- und Europameisterschaften gut. Es ist keine Übertreibung, wenn man sagt: der Wiener Eiskunstlauf war Weltspitze. Erinnert sei etwa nur an Eva Pawlik, an Sissy Schwarz und Kurt Oppelt, dem erfolgreichsten österreichischen Eispaar, Ingrid Wendl, Hanna Walter, Regine Heitzer, Emmerich Danzer und seinem „ewigen" Konkurrenten Wolfgang Schwarz, an Trixi Schuba (Welt- und Europameisterin 1971 und 1972 und Goldmedaille bei den Olympischen Spielen von Sapporo 1972) und an Claudia Kristofics-Binder. Wie stolz man in Wien auf seine Eiskunstläufer war, lässt sich aus dem Glückwunschtelegramm erahnen, das im Jänner 1956 Bürgermeister Jonas dem Meisterpaar Sissy Schwarz und Kurt Oppelt nach Paris schickte: *„Als Bürgermeister der Stadt Wien freue ich mich ganz besonders, Ihnen als europäischen Meistern im Paarlaufen gratulieren zu können. Sie beide können stolz darauf sein, unsere Heimatstadt ehrenvoll vertreten zu haben. Mit freundlichen Grüßen Jonas."*

Uhrenveteranen bilden die Mehrheit unter den öffentlichen Chronometern Wiens. Drei Uhren, die heute noch „öffentliche Zeit" angeben, haben das Alter von hundert Jahren schon überschritten: die von Johann Strauß seinerzeit der Pfarre Rodaun gestiftete mechanische Turmuhr und die handgeschmiedeten Turmuhren auf den Kirchen Migazziplatz und Khleslplatz. Einige moderne Uhren wurden erst im Laufe der letzten vier Jahre errichtet.

In Wien bestehen aber für den Ausbau eines modernen Zentraluhrensystems sehr günstige Voraussetzungen. Die Wiener Feuerwehr besitzt über ganz Wien ein dichtes Kabelnetz für die automatischen Feuermelder. Außerdem verfügt sie über eine täglich (über die Sternwarte) korrigierte Präzisionszentraluhr für ihre Feuerwachenuhren. Beides kann vorteilhaft für ein Wiener Zentraluhrensystem mitbenutzt und damit wirtschaftlich besser ausgenützt werden. In den letzten Jahren sind einige öffentliche Uhren probeweise auf zentralgesteuerte Uhren umgebaut worden. Einige von diesen rund zwanzig Uhren sind schon drei bis vier Jahre in Betrieb. Sie haben die Uhrenprobe in jeder Beziehung bestanden.

Im Oktober wird ein weiterer Abschnitt der umgebauten Ringstraße, nämlich der zwischen Schwarzenbergplatz und Luegerplatz, für den Verkehr freigegeben. Damit ist schon der größte Teil der Ringstraße umgebaut, und spätestens in zwei Jahren soll die repräsentativste Straße Wiens in ihrer gesamten Länge ein dem modernen Straßenverkehr entsprechendes Aussehen haben. Begonnen mit den Arbeiten auf der Ringstraße wurde vor zwei Jahren, nachdem die ärgsten Kriegsschäden im Wiener Straßennetz behoben waren. Es wurde auch eine grundlegende Erneuerung der Geleiseanlagen der Straßenbahn vorgenommen. Schubert- und Parkring wurden in einer Rekordzeit von zwei Monaten umgebaut. In achteinhalb Wochen wurden auf der Baustelle 2.600 Schichten geleistet. An Zement, Betonsand, Schotter, Randsteinen und Asphaltbelag wurden 350 Waggonladungen verbaut.

Die Stadt Wien entwickelt sich rasant. Ein brennendes Problem ist die Verlängerung der Gürtellinie über den Margaretengürtel, ebenso die Verlängerung der Stadtbahn nach Floridsdorf. Auch am direkten Gürtelverkehr Hütteldorf–Heiligenstadt soll festgehalten werden. Bezüglich der Festlegung der U-Bahn-Trassen will man weitere Detailarbeiten bis zur Auswertung der Volkszählung zurückstellen und auch geplante Trassenführungen neu überdenken.

Was den Straßenverkehr anbelangt, werden als sehr dringlich die Regulierung der Gürtelstraße vom Margaretengürtel bis zur Heiligenstädter Straße angesehen, ferner der Ausbau der Wientalstraße, die Verlängerung des Gürtels nach Floridsdorf, die Regulierung der Wiener Straße beim Kahlenbergerdorf und die Verlängerung der Unteren Donaustraße zur Praterhauptallee. Weiters wird der Bau eines Autobusbahnhofes am Karlsplatz ins Auge gefasst, eine Umgestaltung des Pratersterns und der 2er Linie und der Wienzeile beim Naschmarkt. Eine Entlastungsstraße zur Kärntner Straße im Zuge Seilergasse–Riemergasse wird angedacht und eine Verlängerung des Schottenringes zur Leopoldstadt.

Sorgen bereitet auch das wilde Bauen. In besonders krassen Fällen soll mit wirksamen Strafen dagegen vorgegangen werden. Im Falle der wilden Siedlung Biberhaufen inmitten des Überschwemmungsgebietes der Donau stehen die Verantwortlichen auf dem Standpunkt, dass dieses Gebiet nicht für Besiedlungszwecke geeignet ist.

Mehr als 50.000 Straßenlampen gibt es in Wien, genau 50.127. Und es gibt noch immer über 5.000 Gaslaternen. Obwohl Jahr für Jahr eine ganze

Ist ER dabei? Frauen warten auf Heimkehrer

Reihe dieser alten Laternen ausgegraben werden, sind besonders in den westlichen Bezirken noch zahlreiche Gaslaternen aufgestellt und haben trotz ihres Alters noch immer ihre Liebhaber.

In letzter Zeit haben neuerlich drei Uhren beleuchtete Zifferblätter erhalten, so dass es in Wien nunmehr insgesamt 135 öffentliche Uhren mit beleuchteten Zifferblättern gibt. Ende des Jahres ist das letzte Stück des Alsbachkanals umgebaut und damit eine der schwersten Verkehrsbehinderungen der Wiener Straßen beseitigt. Das große Gewölbe, das man damals über den Alsbach errichtete, war aber den modernen Verkehrserfordernissen keineswegs mehr gewachsen. Es war weder möglich, die Straßenbahnen auf der Linie 5 mit einem zweiten Beiwagen zu versehen, noch schwerere Fuhrwerke über die Alserbachstraße zu führen. Beim Umbau des Kanals wurde bereits auf die zukünftigen Verkehrsverhältnisse Rücksicht genommen; die neuen Gewölbe werden jedem Verkehr und auch den stärksten Ansprüchen gewachsen sein.

Dieses große Bauvorhaben erinnert an die meist unsichtbaren Arbeiten im unterirdischen Wien. Im letzten Jahr wurden fast 14 Kilometer neue Kanäle errichtet. Die größten Arbeiten waren der Liesingtal-Sammelkanal, der Siebenhirtner Sammler auf der Triester Straße, der im Bau befindliche Leopoldauer Sammler und eine Reihe großer Kanalanlagen bei den Wiener Gemeindebauten. 1952 waren es neun Kilometer neue Kanäle, die für eine effiziente Abwasserentsorgung Wiens sorgen.

Spielzeug aus den USA muss erst
begutachtet werden

1953

SPRENGSTOFFANSCHLAG IM AKH

Wien hilt der niederländi-

schen Bevölkerung: In den

Niederlanden hatte es eine

Hochwasserkatastrophe

gegeben.

Am 30. September erschütterte die Tat eines jungen Mannes die Wienerinnen und
Wiener. An diesem Tag kam es zu einer Explosion in einem Trakt des AKH. Ein nicht
zurechnungsfähiger Jugendlicher zündete in einem Verwaltungszimmer des Krankenhauses eine Bombe. Es entstand großer Sachschaden. Dieser Schaden steht aber in
keinem Vergleich zum Unglück der 25 Angestellten, die schwere Verletzungen davon-
trugen. Bürgermeister Jonas begab sich kurz nach Mittag ins Allgemeine Krankenhaus,
um sich an Ort und Stelle über den Hergang des Sprengstoffanschlages und seine
furchtbaren Auswirkungen zu informieren. Sein erster Weg führte in die Unfallstation,
wo die Verletzten unmittelbar nach der Schreckenstat Aufnahme gefunden hatten.

Ursprünglich stand das Wiener Denkmal für Wolfgang Amadeus Mozart auf einem Platz hinter der Oper. Die Figur wurde noch im letzten Augenblick vor den großen Bombenangriffen auf Wien in Sicherheit gebracht und überstand die folgenden Nachkriegsjahre unversehrt. Der im Jahre 1945 durch Granatsplitter schwer beschädigte Sockel musste demontiert, restauriert, zum Teil erneuert werden. An eine Wiederaufstellung des Denkmals auf dem angestammten Platz war aber nicht mehr zu denken – des Autoverkehrs wegen. Um den künftigen Standort für das Mozartdenkmal entflammten seit 1947 hitzige Diskussionen, die nur zeigten, wie der Wolferl mittlerweile den Wienern ans Herz gewachsen war. Als neue Aufstellungsorte wurden der Karlsplatz, Schönbrunn und der Burggarten vorgeschlagen. Der Burggarten machte das Rennen. Im Jänner waren die Instandsetzungsarbeiten am demontierten Mozartdenkmal so weit fortgeschritten, dass einer Neuaufstellung nichts mehr im Wege stand. Im Februar wurde mit den Fundamentierungsarbeiten für das Mozartdenkmal auf seinem neuen Standort im Burggarten begonnen. In wenigen Wochen würde sich der steinerne Mozart den Wienern und den Gästen der Wiener Festwochen zum ersten Mal in einem direkt von der Ringstraße zugänglichen Rondeau gegenüber der Eschenbachgasse präsentieren. Und dort steht er noch heute.

In Wien gibt es rund 23.000 Benzinrösser, also Autos, aber auch noch rund 7.000 „echte" Rösser. Sie tun als Arbeitspferde ihren Dienst, aber auch als Reit- und Rennpferde. Da auch Pferde der Pflege bedürfen, geben sie einem alten Gewerbe in Wien Brot und Lohn. Es gibt in Wien 199 selbstständige Hufschmiede, die zugleich auch Wagenschmiede sind.

In der Nacht des 29. Jänners setzte ein heftiger Sturm mit Orkanstärke ein und versetzte sämtliche Feuerwachen der Stadt Wien und den Städtischen Rettungsdienst in einen Daueralarm. Seit Beginn des orkanartigen Sturmes über Wien meldete die Feuerwehrzentrale Am Hof bis Mitternacht 110 Ausrückungen. Die Ausrückungen betrafen zum größten Teil Schäden an Bauten, losgelöste Geschäftsschilder, beschädigte Oberleitungen der Straßenbahn. Auf dem Gaudenzdorfer Gürtel stürzt in einem bombengeschädigten Haus die Mittelmauer auf die Straße. Auch in der Brigittenau kam es zu einem größeren Mauereinsturz. Vier Feuerwehrmänner erlitten Verletzungen und mussten in Spitalspflege gebracht werden. Beim Rettungsdienst wurden 140 Ausfahrten gezählt.

Zu zahlreichen Verkehrsstörungen und Sachschäden kam es bei den Wiener Verkehrsbetrieben. Vom Stadtbahnviadukt Josefstädter Straße löste der Sturm das Regenschutzblech

Der Anschlag im AKH fordert Todesopfer

Es dauerte seine Zeit, bis das Mozart-Denkmal an seinen Platz kam

und durchriss die Oberleitung. In der Schlachthausgasse stürzte ein Mauergerüst auf die Fahrbahn. Zu einem Unfall, der aber glimpflich verlief, kam es bei einer Straßenbahn der Linie E2. Durch einen heftigen Windstoß wurde das Vorderfenster des Triebwagens zerbrochen – der Fahrer und ein Fahrgast erlitten Schnittverletzungen.

In Österreich werden am 22. Februar Nationalratswahlen abgehalten. In Wien kandidieren dafür neun Parteien: die Christlichsoziale Partei und Parteifreie Persönlichkeiten, die Österreichischen Nationalrepublikaner und Parteilosen, die Österreichische Volkspartei (ÖVP), die Sozialistische Partei Österreichs (SPÖ), die Überparteiliche Einigung der Mitte, die Wahlgemeinschaft parteiloser Persönlichkeiten, die Wahlgemeinschaft Österreichische Volksopposition (VO), die Wahlpartei Freie Demokraten, die Wahlpartei der Unabhängigen und die Österreichische Patriotische Union in zwei Wiener Wahlkreisen. Wahlberechtigt sind 1.338.687 Wienerinnen und Wiener, gültig wählten 1.179.571. Davon entfallen auf die SPÖ 50,2 Prozent, die ÖVP 30,7 Prozent, die VO 8,0 Prozent, die WdU 10,6 Prozent und auf Splitterparteien 0,5 Prozent.

Im Jänner suchte mehrere westeuropäische Länder ein Hochwasser heim, vor allem die Niederlande. Bürgermeister Jonas startete eine Hilfsaktion für die Opfer der Naturkatastrophe und erließ einen Aufruf:

„Wienerinnen und Wiener!

Tief erschüttert haben wir von der entsetzlichen Naturkatastrophe Kenntnis erhalten, die über mehrere Länder, vor allem über Holland und sein arbeitsames Volk hereingebrochen ist. Was durch Jahrzehnte mit Fleiß und großen Mitteln aufgebaut wurde, ist in wenigen Stunden vernichtet worden. Das Ausmaß der menschlichen Katastrophe kann heute noch gar nicht übersehen werden, aber schon jetzt ist bekannt, dass tausende Familien ihre Existenz und das Obdach verloren haben.

Wien ist nach dem Ersten und Zweiten Weltkrieg der Hilfsbereitschaft und Kinderliebe des holländischen Volkes im besonderen Maße teilhaftig geworden. Es gibt tausende Bürger in unserer Stadt, die als Kinder die Gastfreundschaft Hollands genossen haben und sich heute noch dankbar an ihren Erholungsaufenthalt in ärgster Zeit erinnern. Es ist daher eine Selbstverständlichkeit, dass wir dem so schwer heimgesuchten Holland helfen wollen, wenn wir auch wissen, dass diese von den besten Absichten getragene Hilfe dem Ausmaß der Katastrophe nicht annähernd gerecht werden kann.

Die Stadtverwaltung fordert die gesamte Bevölkerung auf, sich einer Sammlung anzuschließen. Die Gemeinde Wien hat mit einem Betrag von 500.000 Schilling diese Sammlung eingeleitet.

Wienerinnen und Wiener! Tragt alle dazu bei, dem schwergeprüften holländischen Volk zu helfen, und bezeugt ihm damit auch eure Dankesschuld!"

Wollen Sie am Hühnersteig wohnen? Keine ernsthafte Frage, es geht „nur" um die Benennungen von Straßen, um Straßennamen. Mit dem Bau neuer Wohnsiedlungen am Rande der Stadt und den dazugehörigen Straßen mussten auch neue Namen vergeben werden. Bereits im Jahre 1946 befasste sich der Gemeinderatsausschuss für Kultur und Volksbildung mit diesem Problem und legte bestimmte Richtlinien für die Verkehrsflächenbenennungen fest. Nach diesen sollen für ganz Wien in erster Linie historische und Namen aus dem Volksleben sowie Ried-, Fluss- und überlieferte Ortsnamen verwendet werden. Das Stadtgebiet wurde in einzelne Regionen geteilt. Den Bezirken innerhalb der Gürtellinie bleiben im Allgemeinen die Namen von Persönlichkeiten des öffentlichen Lebens, von Staatsmännern, Politikern und schöpferisch tätigen Menschen vorbehalten. In den Bezirken 13, 14, 17, 18, 19, 24, 25 und 26 will man Künstler, Philosophen, Ärzte und Volksbildner durch Straßennamen ehren. Für mehrere ländliche Bezirksteile und Siedlungen sind besonders Namen aus der Tierwelt, aus dem Pflanzen- und Mineralreich bestimmt. Den Industrievierteln unserer Stadt sind die Namen der Erfinder, Naturwissenschafter und Techniker vorbehalten. Der wohl durchdachte Plan ist gut, aber in der Namensgebungspraxis nicht so einfach durchzuführen. Namen aus der Tierwelt und dem Pflanzenreich können nicht ins Unendliche vermehrt werden. Die geläufigsten sind längst schon verwendet. Auch muss darauf geachtet werden, dass nicht unfreiwillig komische Wirkungen erzielt werden. So gibt es in Wien noch eine Reihe von Gassen, die zu Witzen Anlass geben könnten, wie eine Sumpfgasse, einen Hühnersteig und einen Entensteig.

Ein dringendes Problem bei den Straßennamen wird in naher Zukunft gelöst werden müssen, nämlich das der Doppel- und Mehrfachbezeichnungen. So gibt es in Wien sieben Verkehrsflächen, die den Namen Andreas Hofer tragen, zwölf sind nach Anzengruber benannt, 18 nach Beethoven, 14 nach Schiller und 31 nach Schubert. Daneben gibt es 12 Bachgassen, 24 Feldgassen und 15 Kirchengassen.

Trotz all dieser Schwierigkeiten denkt man aber im Rathaus nicht daran, nach amerikanischem Muster Ziffernbenennungen für bisher unbenannte Gassen vorzunehmen.

Das Krankenhaus Lainz
feiert sein 40-Jahr-Jubiläum

Eines der größten Spitäler Wiens, das „Krankenhaus der Stadt Wien – Lainz" feierte im Mai sein 40-jähriges Bestandsjubiläum. Das im Pavillonsystem erbaute Krankenhaus wurde am 17. Mai 1913 nach dreijähriger Bauzeit eröffnet und führte damals die Bezeichnung „Kaiser-Jubiläums-Spital".

Das Krankenhaus umfasste bei seiner Eröffnung zwei medizinische Abteilungen, eine chirurgische, je eine Abteilung für urologische, für Haut- und Geschlechtskrankheiten,

KONGRESSE

Wien als eine der wichtigsten Kongressstädte Europas zu etablieren – darum bemühte man sich schon in den fünfziger Jahren. Die Anfänge waren noch – verglichen mit heute – bescheiden, aber schon viel versprechend. So fanden während der Wiener Festwochen 1953 (30. Mai bis 21. Juni) in Wien vier internationale Kongresse statt. In der ersten Juniwoche eine Internationale Journalistenkonferenz, weiters eine Konferenz der „International Federation for Documentation" sowie eine Tagung der „International Federation of Library-Association". Der größte und bedeutendste Kongress ist der XI. Internationale Städtekongress. Er ist der erste internationale Kongress dieser Art, der in Wien und überhaupt in Österreich stattfindet. Er wird vom Internationalen Städtebund veranstaltet, der 1913 in Genf gegründet wurde und seit 1948 seinen Sitz in Holland hat. Es handelt sich also um eine weltumspannende Vereinigung, die diesmal ihren Kongress in Wien abhalten wird. Bisher haben solche internationalen Städtekongresse im Jahre 1948 in Paris, 1949 in Genf und 1951 in Brighton in Südengland stattgefunden. Bei dem letzten waren 350 Delegierte aus 20 verschiedenen Ländern vertreten. Nach den bisher vorliegenden Meldungen dürfte aber der Wiener Kongress noch größer werden. Allein aus den Vereinigten Staaten sind 50 Teilnehmer angemeldet. Große Delegationen kommen vor allem aus der westdeutschen Bundesrepublik, England, den skandinavischen Staaten, aber auch aus Italien und vielen überseeischen Ländern. Selbstverständlich sind auch die österreichischen Gemeinden zahlreich vertreten. Im Mittelpunkt der Beratungen steht als Thema „Die Großstadt und die kleine Gemeinde, ihre Kraft und ihre Schwäche".

Körner eröffnet Städtekongress

für Augenkrankheiten, für Frauenkrankheiten und Geburtshilfe sowie für Hals-Nasen-Ohrenkrankheiten. Insgesamt standen 991 Betten mit den dazugehörigen Ambulatorien zur Verfügung. Außerdem gab es in der neuen Anstalt ein Röntgeninstitut für Diagnostik und Therapie, ein Institut für physikalische Therapie, ein pathologisch-anatomisches Institut und eine eigene serodiagnostische Station innerhalb der Abteilung für Haut- und Geschlechtskrankheiten. In den Jahren 1930 und 1931 kamen drei neue Fachabteilungen dazu: für Stoffwechselerkrankungen, für tuberkulöse Erkrankungen und für Strahlentherapie. Die Radiumabteilung verfügte im Jahr 1931 nach dem Muster des Radiuminstitutes in Stockholm über eine Radiummenge von 5.000 Milligramm. 1952 wurden zusätzliche 600 Milligramm Radium angekauft. 1949 erfolgte die Errichtung einer eigenen selbständigen Zahnstation. Gegenwärtig umfasst der gesamte Komplex des Krankenhauses Lainz 1.831 Betten. Der eiskalte Wind, der am Abend des 2. Juni im Arkadenhof des Wiener Rathauses tatsächlich wehte, konnte nicht verhindern, dass ein neuer Wiener Schlager das Licht der Welt erblickte. Der Wiener Volksschauspieler Paul Hörbiger sang in seiner unnachahmlichen Art zum ersten Mal „In Wien da weht ein eigner Wind" zur Musik von Robert Stolz.

Der 30. Juni 1953 ist der Tag, an dem das Einkaufen von Lebensmitteln mit Lebensmittelkarten sein Ende hat. An diesem Tag stellen die Lebensmittelkartenreferate in den Magistratischen Bezirksämtern ihre Tätigkeit ein. Sie werden aufgelöst. Damit schließt eine am ersten Tag des Krieges begonnene Periode der Bewirtschaftung und Kontingentierung von Lebensmitteln, die offiziell nur gegen Abgabe von Lebensmittelmarken bezogen werden konnten, die fast 14 Jahre lang dauerte.

In Wien ist der erste abendfüllende 3D-Farbfilm zu sehen. Das Opernkino ist vorläufig das einzige Kino in Österreich, das solche Filme vorführt. Er heißt „Das Kabinett des

1953

Sporttoto, eine
Wiener Leidenschaft?
Im österreichischen Sporttoto
werden im Spieljahr 1952/53
109 Millionen Schilling einge-
zahlt, davon allein bei den
Wiener Annahmestellen
48 Millionen, das sind
44 Prozent. Die spielfreudigen
Wiener geben im Durchschnitt
27 Schilling für den Sporttoto
aus, die Bewohner der Bundesländer 12 Schilling.

Professor Boni". Um beim Betrachten den 3D-Effekt zu haben, muss eine sogenannte Polarisationsbrille aufgesetzt werden. Ohne sie sieht man nicht dreidimensional, sondern nur unscharfe Bilder.

Ende Juli fand in Meidling die Gleichenfeier für das Theresienbad statt. Der Neubau, der an die Stelle des 1944 kriegszerstörten alten Theresienbades tritt, ist bedeutend größer; er enthält mehr Wannenbäder und Badekabinen, ein Saunabad, ein Heißluftbad sowie je ein großes Warm- und Kaltwasserbecken. Da das Theresienbad, eines der ältesten Bäder Wiens, wegen der schwefelhältigen Mineralquelle immer schon sehr beliebt war, gibt es auch in der neuen Anlage Mineralbäder.

Im September wird das neue, modernisierte Flotten-Kino in der Mariahilfer Straße wieder eröffnet. Nach den Umbauarbeiten hat das Flotten-Kino nun eine zeitgemäße Klimaanlage, Beheizung sowie moderne hygienische Einrichtungen. Auch der Zugang und das Foyer mit dem Buffet wurden modernisiert. Der Kinosaal hat 775 Sitzplätze. Und wie sehr der Alltag acht Jahre nach Ende des Krieges wieder eingekehrt ist, illustriert folgende Geschichte aus dem Flotten-Kino. In einigen Wiener Kinos werden vor Beginn der Vorstellungen Modeschauen gezeigt. Um festzustellen, wie beliebt sie sind, hat sich das Flotten-Kino, in dem auch solche Kurz-Modeschauen stattfinden, eine kleine Publikumsumfrage einfallen lassen. Auf dem Programm stand der Film „Gegenspionage" mit Gary Cooper. Ein Streifen, der vor allem beim jüngeren Publikum großes Interesse fand. Die Vorstellung war restlos ausverkauft. Jeder Besucher bekam einen Zettel mit der höflich formulierten Frage: „Wünschen Sie die Vorführung einer Modeschau?" Die Abstimmung ergab folgendes Ergebnis: von den 775 Besuchern stimmten 606 für die Modeschauen, 103 dagegen, 26 Zettel waren ungültig und 40 Zettel wurden nicht abgegeben.

Im Juni wird die innerösterreichische Grenze, die Zonengrenzensperre, aufgehoben und kann ohne Kontrolle passiert werden. Eine Maßnahme, die dem Wiener Fremdenverkehr einen Höhepunkt im August bescherte. 45.497 Fremde, darunter 29.383 Besucher aus

Baubeginn für das Theresienbad

dem Ausland hielten sich in diesem Monat in Wien auf. Es wurden 127.043 Übernachtungen gemeldet, ein Stand, der in der Nachkriegszeit noch nie erreicht worden war. Die meisten Fremden kamen wieder aus Italien, nämlich 6.798. Die zweite Stelle nimmt Frankreich mit 3.259 Besuchern ein. Es folgen die Vereinigten Staaten mit 2.845, die Schweiz mit 1.970 und Großbritannien mit 1.823 Besuchern. Mehr als 1.000 Besucher kamen noch aus Schweden, Deutschland und Belgien-Luxemburg. Im Jugendgästehaus in Pötzleinsdorf wurden 2.030 Jugendliche einquartiert, darunter 1.700 Ausländer.

Aliierte Soldaten helfen bei
Hochwasserarbeiten.

WIEN HAT 23 BEZIRKE

Wien wird um zwei Drittel kleiner. Es verliert 150.000 Bewohnerinnen und Bewohner und die Hälfte der in der Land- und Forstwirtschaft Tätigen. Niederösterreich wird größer.

„In einer Zeit, in der Zwang regierte, wurde die Bevölkerung von 96 niederösterreichischen Gemeinden zu Wienern gemacht, ohne gefragt zu werden. In der Folgezeit haben sie die ganze Not und das Elend der Kriegsjahre mit den Wienern zusammen durchgemacht und mussten Hunger und Zerstörung mit ihnen teilen. Als nach dem Kriege und dem Ende der nationalsozialistischen Herrschaft der Zwang aufhörte, sollten sie wieder in den Verband ihres früheren Bundeslandes zurückkehren. Das im Jahre 1946 vom Nationalrat beschlossene Gebietsänderungsgesetz und die gleich lautenden Gesetze der Landtage von Niederösterreich und Wien konnten jedoch lange Jahre nicht in Kraft treten. Nun aber ist es soweit. Sie müssen von Wien Abschied nehmen, obwohl viele von ihnen auch gerne weiterhin Wiener bleiben möchten."

So begann Bürgermeister Jonas am 31. August seine Abschiedsrede an die sogenannten Wiener Randgemeinden, die ab 1. September wieder zu selbständigen niederösterreichischen Gemeinden wurden. Wien hatte ab dem 1. September 23 Bezirke, wobei die Grenzen der Bezirke 1, 3 bis 9, 11 bis 13 und 15 bis 20 unverändert blieben.

Einige Randgemeinden verblieben aber bei Wien: Zum 2. Bezirk kommt Albern. In den 10. Bezirk werden Ober-Laa, Rothneusiedl und Unter-Laa eingegliedert. Der 21. Bezirk erhält die nördliche Kuchelau und Stammersdorf und der 22. Bezirk Süßenbrunn, Breitenlee und Eßling sowie das Gebiet der Expositur Kagran. Der 22. Bezirk wird in Zukunft endgültig „Donaustadt" heißen. Alle anderen Randgemeinden dieser beiden Bezirke werden abgetrennt. Der 23. Bezirk (Liesing) wird aus folgenden ehemals selbständigen Gemeinden und Gebietsteilen bestehen: Liesing, Siebenhirten, Inzersdorf, Erlaa, Atzgersdorf, Rodaun, Kalksburg, Mauer mit dem Lainzer Tiergarten sowie Weidlingau-Hadersdorf und ein Teil des Exelberges. Alle übrigen Randgemeinden kommen auf Grund des Gebietsänderungsgesetzes zu Niederösterreich.

Durch die am 1. September 1954 durchgeführte Gebietsabtrennung der sogenannten Randgemeinden ergeben sich Veränderungen in der Struktur der Stadt. Das Stadtgebiet Wiens verkleinerte sich durch die Gebietsänderung um fast zwei Drittel; doch ist Wien immer noch eineinhalbmal so groß wie vor 1938. Der Bevölkerungsverlust beträgt aber nur etwa 150.000 Personen, das sind 8,5 Prozent. Wien verliert die Hälfte seiner in Land- und Forstwirtschaft berufstätigen Einwohner. Vor allem die Angestelltenberufe treten im verkleinerten Stadtgebiet stärker hervor. Es ergeben sich Verschiebungen im Altersaufbau und auch beim Frauenüber-

Der Ringturm ist im Rohbau fast fertig

**Wien bekommt ein Museum
für seine Geschichte**

schuss: auf hundert männliche Einwohner kommen im neuen Stadtgebiet 130, in den abgetretenen Randgebieten nur 120 weibliche Einwohner. Der 22. Bezirk, Donaustadt, ist der Fläche nach der größte, während der 10. Bezirk durch die Einverleibung von Ober-Laa, Rothneusiedl und Unter-Laa seine Stellung als Bezirk mit der höchsten Einwohnerzahl noch „gefestigt" hat und derzeit bereits mehr als 120.000 Einwohner zählt.

Im Juli stehen Oberösterreich, Niederösterreich und Wien unter dem Eindruck der großen Überschwemmungskatastrophe, die die Wasser der Donau verursacht haben.

Die Feuerwehr Wiens ist im Dauereinsatz. Sie musste bei Mannswörth auf dem linken Ufer des Kalten Ganges eine größere Aktion durchführen. Dort führt durch den Damm ein Abflussrohr, so dass sich das rückgestaute Wasser des Kalten Ganges in die tiefer gelegenen Felder in Richtung Albern ergoss. Eine in der Nähe gelegene Siedlung war durch das Wasser gefährdet. Die Feuerwehr, die mit neun Gerätewagen und zwei Zillenwagen ausrückte, dichtete den Ablauf mit Plachen, Pfosten und Sandsäcken ab. Auch an zwei Stellen des Rechten Hochwasserdammes wurden Abdichtungsarbeiten durchgeführt.

Am Handelskai wurde die Feuerwehr aktiv und musste bei einer Kühlschrankerzeugungsfirma Wasser aus den Werkstättenräumen pumpen. Bei einer am Praterspitz gelegenen Firma musste Wasser aus den Anlagen gepumpt werden. In das Hebewerk Stadlau an der Unteren Alten Donau drang Grundwasser vermischt mit Erdreich ein. Der Betonmantel des Kanals barst in einer Länge von drei Metern. Hier führte die Feuerwehr ebenfalls Dichtungsarbeiten durch.

Bürgermeister Jonas hat Landeshauptmann Steinböck die Hilfe der Stadt Wien für die vom Hochwasser bedrohten Gebiete in Niederösterreich angeboten. Heute wurden bereits zwei Motorschiffe der Gemeinde Wien in die Gegend von Pöchlarn entsendet. Beide Schiffe sollen für Evakuierungsmaßnahmen eingesetzt werden. Zehn Zillen der Gemeinde Wien sind nach Korneuburg gebracht worden. Nach Krems wurden städtische Kraftwagen entsendet. Die Feuerwehr der Stadt Wien hat Schläuche, Taucherapparate und Aggregate samt Bedienungsmannschaften der VOEST und der Stickstoffwerke in Linz zur Verfügung gestellt. Nach Ybbs hat die Feuerwehr Pumpen geschickt.

Da durch die Hochwasserkatastrophe das Wasser in den Überschwemmungsgebieten und vieler Brunnen verunreinigt sein kann, darf es nur in abgekochtem Zustand verwendet werden. Die Trinkwasserversorgung der Bevölkerung wird in vielen Teilen mittels Tankwagen vorgenommen. In Lang-Enzersdorf wurden die Brunnen zwischen Prager Straße und Hubertusdamm vom Gesundheitsamt für Trinkwasserzwecke gesperrt. Auch in der Siedlung „Schwarzlackenau" in Floridsdorf, in der 4.000 Menschen leben, mussten die Brunnen gesperrt werden. Auch im Bereich von Kritzendorf und Klosterneuburg zwischen Bahndamm und Donaustrom sind sämtliche Brunnen gesperrt. Das Gesundheitsamt führt in den betroffenen Gebieten vorsichtshalber kostenlose Typhus-Impfungen für die Bevölkerung durch.

Am 20. Jänner tobte über Wien ein heftiger Orkan mit Geschwindigkeiten um 100 Kilometer in der Stunde. Um 7.50 Uhr wurden sogar Sturmböen bis zu 120 Stundenkilometern verzeichnet. Sämtliche Feuerwehren waren in Wien unterwegs, um Sicherungsarbeiten vorzunehmen. Die Ausfahrten galten meist dem Abtragen von losen Dachblechen, beschädigten Fassaden, abbröckelndem Mauerwerk und dergleichen. Bis 17 Uhr verzeichnete die Feuerwehr 140 Ausfahrten. Von der Rettung wurden 20 Personen versorgt, die vom schweren Sturm umgeworfen wurden.

Anfang Februar herrschen tiefste Wintertemperaturen. Die strenge Kälte wird nach Auskunft der Meteorologen auch noch länger als eine Woche andauern. Der Winter 1954 ist damit auf dem besten Weg, den Rekord an lang andauernder strenger Kälte zu brechen.

Ab 15. Mai gilt ein Nachthupverbot für Wien. Im August besichtigt der Wiener Bürgermeister die Bauarbeiten auf dem Schwechater Flugplatz, der unter finanzieller Betei-

MATZLEINSDORFER HOCHHAUS

Auf dem Gelände des ehemaligen Heu- und Strohmarktes beim Matzleinsdorfer Platz, auf dem von der Gemeinde Wien bereits rund tausend neue Wohnungen fertig gestellt worden waren, fand im Oktober der Spatenstich für ein zwanzigstöckiges Hochhaus mit 108 Wohnungen von 42 bis zu 83 Quadratmetern statt. Mit diesem Bau wird die

letzte große Baulücke entlang der Gürtelstraße geschlossen. Im Februar 1956 kann auf der Baustelle des ersten städtischen Wohnhochhauses die Dachgleiche gefeiert werden. Man stellte damals auch die Frage, ob im Wohnungsbau überhaupt der Bau eines Hochhauses gerechtfertigt sei. Die Antwort: Es handelt sich hier nicht um ein willkürlich hingestelltes höheres Bauwerk, sondern um eines, das sich sinngemäß in die Verbauung und das Stadtbild einordnet. Auf dem Gelände des alten Heu- und Strohmarktes, der seinen Sinn verloren hatte, entstand ein neues Stadtviertel. Es fügt sich in den zwischen 1923 und 1934 durchgeführten Ausbau der Gürtelstraße ein.

Die ersten gewählten Bezirksvorsteher der

23 Wiener Bezirke in der 2. Republik:

1. Bezirk: Dipl.-Chem. Dr. Otto Friesinger (ÖVP)

2. Bezirk: Hubert Hladej (SPÖ)

3. Bezirk: Josef Pfeifer (SPÖ)

4. Bezirk: Franz Ramel (ÖVP)

5. Bezirk: Franz Grubeck (SPÖ)

6. Bezirk: Rudolf Krammer (ÖVP)

7. Bezirk: Franz Friedrich Glamm (ÖVP)

8. Bezirk: Reg.-Rat Franz Bartl (ÖVP)

9. Bezirk: Johann Rajnoha (SPÖ)

10. Bezirk: Karl Wrba (SPÖ)

11. Bezirk: Josef Haas (SPÖ)

12. Bezirk: August Fürst (SPÖ)

13. Bezirk: Ernst Florian (ÖVP)

14. Bezirk: Anton Figl (SPÖ)

15. Bezirk: Heinrich Hajek (SPÖ)

16. Bezirk: Augustin Scholz (SPÖ)

17. Bezirk: Karl Panek (SPÖ)

18. Bezirk: Dr. Friedrich Holomek (ÖVP)

19. Bezirk: Karl Schwendner (SPÖ)

20. Bezirk: Franz Koblizka (SPÖ)

21. Bezirk: Ernst Theumer (SPÖ)

22. Bezirk: Leopold Horacek (SPÖ)

23. Bezirk: Johann Radfux (SPÖ)

ligung der Gemeinde Wien erweitert wird. Mit einer Verlängerung der Startbahn von 1.500 auf 2.000 Meter und dem Ausbau der Rollbahnen wird nun der Flughafen allen internationalen Bedingungen des Flugwesens gerecht werden.

Das Wiener Stadion hat sich für Großveranstaltungen internationaler Art in den letzten Jahren als viel zu klein erwiesen. Besonders bei Fußball-Länderkämpfen blüht das Geschäft der sogenannten Agioteure, also der Schwarzhändler mit Eintrittskarten, die meistens völlig überhöhte Preise fordern. Daher soll das Wiener Stadion, das derzeit 58.527 Sitz- und Stehplätze umfasst, auf 92.527 Sitz- und Stehplätze erweitert werden. Diese Erweiterung will man durch Aufsetzen eines Stockwerkes erreichen. Der Österreichische Fußballbund hat sich bereit erklärt, die Hälfte der Kosten zu übernehmen.

Anfang Oktober wird in Anwesenheit des Bundespräsidenten Körner auf dem Karlsplatz von Bürgermeister Jonas der Grundstein zum Museum der Stadt Wien gelegt. Der Wiener Gemeinderat hat in seiner Sitzung am 24. April 1953 – am 80. Geburtstag des Bundespräsidenten – den einstimmigen Beschluss gefasst, das Museum der Stadt Wien zu errichten. Und erfüllte so einen Wunsch Theodor Körners, den er in seiner Zeit als Wiener Bürgermeister nicht in die Tat umsetzen konnte.

Die Geschichte eines Museums der Stadt Wien ging bereits in die Zeiten Otto Wagners zurück. Wagners erstes Projekt sah den Bau des Museums der Stadt Wien an der gleichen Stelle des Karlsplatzes vor, der dadurch seine Ausgestaltung und seinen Abschluss gegen Osten finden sollte. Otto Wagners Projekt wurde von der Jury mit dem ersten Preis gekrönt. Trotzdem gelang es seinen Gegnern mit Hilfe allerhöchster Kreise, die Ausführung des Projektes zu verhindern. Eine Kränkung, die Otto Wagner nie verwunden hat.

Aber auch 55 Jahre später wurden ähnliche Einwände gegen das jetzige Projekt mit der Begründung laut, dass ein Neubau zu einer Verunstaltung des Karlsplatzes führe und die Schönheit der Karlskirche schwer beeinträchtigt würde. In seiner Ansprache zur Grundsteinlegung versicherte der Wiener Bürgermeister, dass der Museumsbau einen bewusst zurückhaltenden Charakter erhalten werde, um die Karlskirche in ihrer Geltung besonders hervorzuheben.

Am 17. Oktober standen die Gemeinderats- und Landtagswahl 1954 in Wien auf der politischen Tagesordnung. Wahlberechtigt waren 1,197.966 Wienerinnen und Wiener, abgegeben wurden 1,114.533

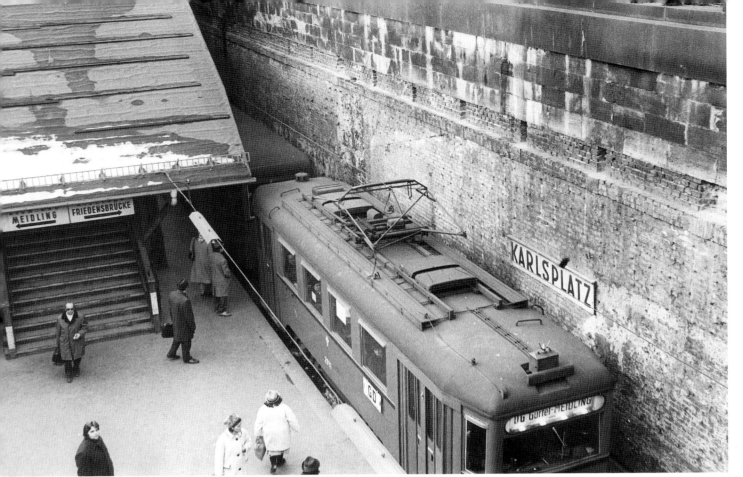

Stadtbahnstation
Karlsplatz 1954

Stimmen, davon waren 1,078.988 gültig. Von den gültigen Stimmen entfielen auf die Sozialistische Partei (SPÖ) 568.266, die Österreichische Volkspartei (ÖVP) 357.944, auf die Wahlgemeinschaft Österreichische Volksopposition (VO) 89.161, die Wahlpartei der Unabhängigen (WdU) 50.002, die national-freiheitliche Wahlgemeinschaft 13.369 und die Radikale Sozialistische Arbeiterbewegung Österreichs (RSA) 246. Von den 100 Sitzen im Wiener Land- und Gemeinderat entfielen 59 auf die SPÖ, 35 auf die ÖVP und sechs auf die VO.

Zum ersten Mal seit 1932 wurden am 17. Oktober auch die Bezirksvertretungen direkt von der Bevölkerung gewählt. Bisher wurden die Bezirksräte und die Bezirksvorsteher auf Grund des Gemeinderatswahlergebnisses vom Bürgermeister bestellt. Den Bezirksvorsteher stellt die im Bezirk stärkste Partei, den Stellvertreter die zweitstärkste Partei. Jede Bezirksvertretung besteht aus 30 Bezirksräten.

In Auswirkung des Gebietsänderungsgesetzes und durch die Neuwahl der Bezirksvertretungen erlischt mit Ende Oktober die Tätigkeit der Ortsvorsteher in den bei Wien verbliebenen Randgemeinden. Bürgermeister Jonas hat allen Ortsvorstehern, die vor allem in der schweren Zeit nach dem Krieg erfolgreich beim Wiederaufbau der Verwaltung mitgewirkt haben, für ihre verdienstvollen Leistungen Dank ausgesprochen.

Vom 17. bis 22. Dezember fand dann in den 23 Wiener Bezirksvertretungen die Konstituierung der neu gewählten Bezirksvertretungen statt. Die Bezirksvertretungen waren zum letzten Mal im Jahre 1932 gewählt worden. Mit dieser Konstituierung geht auch das seit 1945 bestehende Provisorium zu Ende.

Im Dezember gedachte man im Wiener Allgemeinen Krankenhaus des 50-jährigen Bestandes seiner „Blauen Schwestern", der ältesten Institution der Krankenpflegerinnen, die seit ihrer Gründung im Dienste des Wiener Gesundheitswesens steht.

Eröffnung der
Wiener Festwochen

US-Soldaten
verlassen Wien

FREUT EUCH DER FREIHEIT!

Am 5. Jänner wurde in allen städtischen Fürsorgeämtern Wiens mit der Verteilung von insgesamt 27.972 CARE-Paketen begonnen. Jedes Paket ist ca. 6,5 kg schwer und enthält hochwertige Lebensmittel, die als Weihnachtsgeschenk des amerikanischen Volkes für bedürftige Wienerinnen und Wiener wegen Verzögerungen im Schiffsverkehr erst vor kurzem in Triest eingelangt sind.

Unter starker Beteiligung der Landstraßer und Leopoldstädter Bevölkerung wird im Jänner die von der Stadt Wien neugebaute Rotundenbrücke über den Donaukanal durch Bürgermeister Jonas eröffnet und ihrer Bestimmung übergeben.

Die Gemeinde Wien verwaltete bis 1. September 1954 insgesamt 952 Brücken, darunter 48 Bundesstraßenbrücken. Nach der Abtrennung der Randgemeinden verblieben in Wien 319 Brücken, darunter vier Bundesstraßenbrücken. Von den 319 Brücken waren nach Kriegsende 53 zerstört, 45 dieser Brücken wurden inzwischen wiederhergestellt, an fünf wird gegenwärtig gearbeitet, so dass nur mehr drei Brücken verbleiben, die noch wiederhergestellt werden müssen, nämlich die Salztorbrücke, die Heinrichsbachbrücke und eine Brücke nächst dem Alberner Hafen.

Die im April 1945 zerstörte Rotundenbrücke wurde noch im ersten Nachkriegsjahr durch ein Provisorium ersetzt. Im Sommer 1953 fasste der Wiener Gemeinderat den Beschluss, die Rotundenbrücke wegen ihrer Bedeutung als Zufahrtsweg zum Messegelände und zum Praterstadion neu aufzubauen. Die neue Trägerrostbrücke aus hochwertigem Baustahl hat eine Stützweite von 61,70 Metern und wiegt 520 Tonnen.

Landeshauptmann Jonas bringt Mitte April den Mitgliedern des Wiener Landtages das offizielle Kommuniqué über die Moskauer Verhandlungen zur Kenntnis. Es hat folgenden Wortlaut:

„Vom 12. April 1955 bis zum 15. April 1955 fanden in Moskau zwischen einer österreichischen Regierungsdelegation unter der Führung von Bundeskanzler Ing. Julius Raab und Vizekanzler Dr. Adolf Schärf einerseits und einer sowjetischen Regierungsdelegation unter Führung des Stellvertretenden Vorsitzenden des Ministerrates der UdSSR und Ministers für die Auswärtigen Angelegenheiten der UdSSR W. M. Molotow und dem Stellvertretenden Vorsitzenden des Ministerrates der UdSSR A. Mikojan andererseits Besprechungen statt, welche in freundlichem Geiste verliefen.

Als Ergebnis der Besprechungen stellen beide Seiten fest, dass die Regierung der Sowjetunion ebenso wie auch die Regierung der Republik Österreich den schleunigsten Abschluss des Staatsvertrages über die Wiederherstellung eines unabhängigen und demokratischen Österreich für wünschenswert halten, was den nationalen Interessen des österreichischen Volkes und einer Festigung des Friedens in Europa dienen soll.

Die österreichische Delegation versicherte, dass die Republik Österreich gemäß der bereits auf der Berliner Konferenz im Jahre 1954 gemachten Erklärung nicht be-

Telegramm vom 16. Mai
an den Wiener Bürgermeister:

„Der Senat von Berlin übermittelt der Stadt Wien herzliche Grüße und Glückwünsche zur wiedererlangten Freiheit."

Otto Suhr
Regierender Bürgermeister von Berlin

Von erfolgreichen Staatsvertrags-Verhandlungen in Moskau wieder in Österreich zurück

absichtigt, sich irgendwelchen militärischen Bündnissen anzuschließen oder auf ihrem Gebiete militärische Stützpunkte zuzulassen. Österreich wird gegenüber allen Staaten eine Politik der Unabhängigkeit führen, die die Einhaltung der Deklaration gewährleistet. Die sowjetische Seite erklärte sich einverstanden, dass die Truppen der vier Mächte nach Inkrafttreten des Staatsvertrages, spätestens mit 31. Dezember 1955, abgezogen werden. Auf die Erklärung der Regierungen der Vereinigten Staaten, Frankreichs und Englands vom 5. April 1955 über ihr Bestreben nach Abschluss des österreichischen Staatsvertrages drücken die Delegationen Österreichs und der Sowjetunion die Hoffnung aus, dass gegenwärtig günstige Möglichkeiten zur Regelung der österreichischen Frage durch eine Einigung der vier Mächte und Österreichs bestehen.

Die sowjetische Regierung gab weiterhin in Übereinstimmung mit ihrer Erklärung auf der Berliner Konferenz im Jahre 1954 ihr Einverständnis damit bekannt, die im Artikel 35 des Staatsvertrages vorgesehene Summe von 150 Millionen Dollar zur Gänze in österreichischen Warenlieferungen anzunehmen.

Die Sowjetregierung erklärte ihre Bereitschaft, in die bereits vorgesehene Übergabe des deutschen Eigentums in der sowjetischen Besatzungszone Österreichs unverzüglich nach Inkrafttreten des Staatsvertrages gegen eine entsprechende Vergütung auch die Vermögenswerte der DDSG einschließlich der Korneuburger Werft und aller Schiff- und Hafenanlagen einzubeziehen.

Die Sowjetregierung erklärte weiters ihr Einverständnis damit, alle nach Artikel 35 des Staatsvertrages zustehenden Rechte auf die Ölfelder und die ölverarbeitenden Betriebe einschließlich die Aktiengesellschaft für Handel mit Ölprodukten (OROP) gegen Lieferung von Rohöl in einem zwischen beiden Staaten zu vereinbarenden Ausmaß an Österreich abzutreten.

Außerdem wurde Einverständnis darüber erzielt, dass in der nächsten Zeit Verhandlungen, die eine Normalisierung der Handelsbeziehungen zwischen Österreich und der Sowjetunion zum Ziele haben, beginnen sollen.

Die sowjetische Delegation teilte der österreichischen Delegation mit, dass das Präsidium des Obersten Sowjets der UdSSR zugesagt habe, das Ersuchen des Bundespräsidenten Dr. h.c. Theodor Körner um die Heimkehr der Österreicher, die eine Strafe auf Grund von

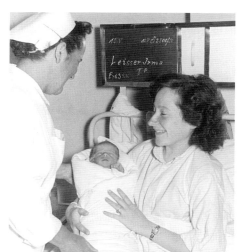

Das Neujahrsbaby 1955

Urteilen sowjetischer Gerichtsorgane verbüßen, wohlwollend zu überprüfen. Nach dem Abzug der sowjetischen Besatzungstruppen aus Österreich werden auf dem Gebiet der Sowjetunion keine Kriegsgefangenen und angehaltene Zivilpersonen österreichischer Staatsbürgerschaft verbleiben."

Nach Verlesung des Kommuniqués gibt der Wiener Bürgermeister folgende Erklärung ab:

„Diese Mitteilungen berechtigen uns zu der Hoffnung, dass das zehnjährige Warten, die zehnjährige Enttäuschung doch zu Ende gehen, dass unsere Freiheit und der Staatsvertrag in greifbare Nähe gerückt sind.

In dieser Stunde gedenken wir als Landtag und Gemeinderat von Wien jener Mitglieder der österreichischen Regierung, die an den schweren Verhandlungen in Moskau teilgenommen haben und deren Geduld und Weisheit es gelungen ist, mit der sowjetischen Regierung zu diesem Übereinkommen zu gelangen. Im Namen der Bundeshauptstadt Wien und im Namen des Landtages und Gemeinderates drücke ich der österreichischen Regierungsdelegation den herzlichsten Dank der Bundeshauptstadt aus.

Da es uns möglicherweise versagt ist, an der Begrüßung teilzunehmen, möchte ich unserer Regierungsdelegation gleichzeitig auch den herzlichsten Willkommgruß in der Heimat entbieten.

Meine Damen und Herren! Das Bemerkenswerte an dem Inhalt dieser Vereinbarungen ist meiner Meinung nach, dass zu der politischen Unabhängigkeit jetzt auch noch Sicherungen für die wirtschaftliche Unabhängigkeit Österreichs kommen sollen. Wenn das Wahrheit wird, was in diesem Kommuniqué enthalten ist, ist einer der schönsten Fortschritte und eine der schönsten Abänderungen des ursprünglichen Staatsvertragsentwurfes, dass nun auch die Donau-Dampfschifffahrtsgesellschaft in den Besitz Österreichs übergehen soll. Ein weiterer schöner Fortschritt ist, dass die Bestimmung des ursprünglichen Entwurfes, wonach sich die sowjetischen Schürfrechte bei Erdöl auf 30 Jahre erstrecken sollten, in eine sechsjährige Lieferung von Rohöl geändert wird.

Ein Wiener Mädl steckt eine österreichische Fahne auf

Wenn also allem Anschein nach der Tag der endgültigen Befreiung Österreichs doch in die Nähe rückt, sollen wir in diesem Augenblick aber nicht vergessen, dass die Verwirklichung des Staatsvertrages von Österreich harte Opfer verlangen wird. Wir müssen uns darüber im Klaren sein, dass unsere Schwierigkeiten noch nicht beendet sind. Aber so wie das österreichische Volk mit seiner Geduld, seinem Fleiß und seiner Tapferkeit in der Vergangenheit unter den schwierigsten Verhältnissen ausgehalten

Jubel vor dem Belvedere

hat, so wird die österreichische Bevölkerung, dessen sind wir gewiss, den Preis der Arbeit, der Geduld und der Tapferkeit für die endgültige Freiheit bezahlen, wenn er mit der Würde des österreichischen Volkes vereinbar ist.

So darf ich der tiefen Genugtuung, die uns an diesem Tag erfüllt, freudig Ausdruck verleihen. Wir wünschen uns und der Wiener Bevölkerung, dass uns nun die Freiheit und die Souveränität und das Recht der Selbstbestimmung in der demokratischen Republik trotz der großen Sorgen, die uns bevorstehen, doch in die eigene, in die österreichische bessere Zukunft führen werden!"

Auf Anordnung von Bürgermeister Jonas sind ab 15. April anlässlich der Rückkehr der österreichischen Delegation aus Moskau alle städtischen Gebäude zu beflaggen.

Zum bevorstehenden Abschluss des Staatsvertrages hielt Bürgermeister Jonas am 15. Mai eine Rede, die über alle österreichischen Radio-Sender übertragen wurde: „Heute ist Wien, die Bundeshauptstadt der österreichischen Republik, Schauplatz einer geschichtlichen Handlung. Das seit zehn Jahren von uns allen erwartete Ereignis wird in einem der schönsten Gebäude unserer Stadt, dem herrlichen Barockschloss des Prinzen Eugen, im Belvedere, stattfinden. Die Außenminister der vier Besatzungsmächte und der österreichische Außenminister werden den Staatsvertrag für Österreich unterzeichnen. … Wenn die Außenminister der vier Mächte ihre Unterschrift unter den Staatsvertrag gesetzt haben, so hat damit die Geburtsstunde unserer endgültigen Freiheit und Unabhängigkeit geschlagen. Frei und unabhängig! Das war der sehnsüchtige Wunsch unseres Landes durch lange zehn Jahre. …"

In der Bundeshauptstadt werden auf Anordnung von Bürgermeister Jonas alle städtischen Gebäude beflaggt. Auch die Straßenbahnen fuhren mit den aus der Messezeit und den Festwochen bekannten Fähnchen. Jonas hat weiters alle Wienerinnen und Wiener aufgefordert, die Häuser und die Fenster mit Fahnen und Blumen zu schmücken.

Auf der Ringstraße, von der der gesamte Verkehr über die 2er Linie abgelenkt wurde, konzertierten zahlreiche Musikkapellen, ebenso an vielen Plätzen in der Inneren Stadt.

Am 15. Mai 1955 wird im Schloss Belvedere der österreichische Staatsvertrag unterzeichnet. Unterzeichnet wurde er für Österreich durch Außenminister Leopold Figl, für Frankreich durch Außenminister Antoine Pinay, für die USA duch Außenminister John

Foster Dulles, für Großbritannien durch Außenminister Harold Macmillan und für die Sowjetunion durch Außenminister Wjatscheslaw Michailowitsch Molotow, außerdem trägt er die Unterschriften der vier Hochkommissäre. Die Unterzeichnung des Staatsvertrages wurde am gleichen Abend im Schloss Schönbrunn mit einem großen Fest gefeiert.

Am 27. Juli trat der Staatsvertrag in Kraft. Am 26. Oktober wird das Neutralitätsgesetz beschlossen.

Nach Abschluss des österreichischen Staatsvertrages gehen am 16. Mai bei Bürgermeister Jonas zahlreiche Glückwunschtelegramme ein. Unter den ersten einlangenden Telegrammen sind folgende:

„Wir freuen uns mit Ihnen über die historische Stunde der Wiederherstellung der Unabhängigkeit Österreichs und wünschen der Stadt Wien und dem ganzen Lande Wohlergehen. Der Gemeinderat der Stadt Biel, Schweiz."

Der Bürgermeister von Rom, Rebecchini, sandte einen Gruß der römischen Bürgerschaft an die Wiener zur wiedererlangten Freiheit und Unabhängigkeit. Ebenso schickte der Präsident des Volksausschusses der Stadt Belgrad, Minic, dem Bürgermeister, dem Magistrat und den Bewohnern der Stadt Wien herzliche Glückwünsche. Erwähnenswert ist auch ein Glückwunschschreiben des Generalsekretärs des Internationalen Gemeindeverbandes, Arkema, der der Hoffnung Ausdruck gibt, dass die Stadt Wien als Hauptstadt eines freien Österreich einen neuen Aufschwung erleben wird.

Der Wiener Gemeinderat trat am 26. Mai zu seiner ersten Sitzung nach Unterzeichnung des Staatsvertrages zusammen. Bürgermeister Jonas eröffnete diese denkwürdige Sitzung mit folgender Ansprache:

„Meine Damen und Herren! Hoher Gemeinderat!

Unsere erste Sitzung nach Unterzeichnung des österreichischen Staatsvertrages will ich benützen, um unserer großen Freude über die Erfüllung unserer jahrelangen Hoffnungen Ausdruck zu geben. Es zeigt sich, dass die Treue und die Festigkeit unseres Volkes in den vergangenen zehn Jahren Früchte getragen haben. Der Weg in die neue Freiheit ist jetzt offen. ... Ich möchte die heutige Sitzung des Gemeinderates auch zum Anlass nehmen, um die Mitglieder des Gemeinderates über die Auswirkungen des Staatsvertrages für Wien zu informieren. ...

DER RINGTURM

Mitte Juni wird das neue Bürohochhaus der Wiener Städtischen Versicherungsanstalt am Schottenring eröffnet. Damit es zu einem Namen kam, wurde ein Wettbewerb veranstaltet. Insgesamt wurden über 6.000 Vorschläge eingesandt. Zuerst wurden zehn Namen, und zwar City-Haus, Gutwill-Haus, Haus der Gegenseitigkeit, Hoch-Eck, Neues Hochhaus, Ringturm, Sonnblick-Haus, Versicherungs-Hochhaus, Vindobona-Haus, Weitblick-Haus, ausgewählt und mit Anerkennungspreisen von je 100 Schilling honoriert. Dann wurde aus diesen zehn als Name des Hochhauses „Ringturm" bestimmt. Der Gewinner erhielt einen Preis von

2.000 Schilling. Unter den Schwierigkeiten des Wiederaufbaues stöhnte die Wiener Städtische unter Raumnot. Im Einvernehmen mit der Stadt wurde der Baugrund auf dem Schottenring für den Bau des Ringturmes ausgewählt. Es ist ein Zufall, dass die Wiener Städtische Versicherungsanstalt mit ihrem neuen Bürohochhaus auf das gleiche Grundstück zurück kam, auf dem sie 1898 ihre Tätigkeit begonnen hatte. Das neue Bürohaus gehörte mit seinen mehr als 70 Metern Höhe 1955 zu den höchsten Bauten Europas. Auf jeden Fall erhielt Wien ein neues Wahrzeichen.

Es ist schön, frei zu sein

Die bedeutendste Folge für Wien ist wohl die, dass der Wiener Landtag seine Gesetzesbeschlüsse nicht mehr einer alliierten Körperschaft zur Genehmigung vorlegen muss. Wenn der Staatsvertrag in Kraft ist, unterliegen die Gesetzesbeschlüsse des Wiener Landtages keiner Vorlagepflicht mehr. Sie treten in Kraft, wie es der Landtag beschließt. Damit ist die volle verfassungsmäßige Freiheit der freigewählten Volksvertretung von Wien hergestellt."

Jonas richtete folgenden Appell an die Freunde Wiens in der Welt: „Wir bitten Sie, mehr als bisher wieder unsere Gäste zu sein. Unsere Stadt beherbergt nicht nur Kunstschätze aller Art, sie ist nicht nur eine bekannte Heimstätte von Musik und Theater, sondern besitzt auch eine Reihe wissenschaftlicher Forschungsstätten und Einrichtungen und wertvollste wissenschaftliche Bibliotheken. Wir würden uns daher sehr freuen, wenn die Vereinten Nationen und andere internationale Körperschaften einige ihrer Einrichtungen oder Nebenorganisationen nach Wien verlegen würden. Wir haben als internationale Kongressstadt viel Erfahrung."

Nach dem Abzug der Besatzungsmächte werden in Wien 2.516 Wohnungen, 282 Untermietwohnräume, 119 Villen, 4 Hotels, 19 Café-Restaurants, 24 Geschäftslokale, 31 Garagen, 2 Schulen, 3 Büros, 58 andere Objekte und 24 Wohnhäuser frei. Von diesen 3.082 Objekten entfallen 16 auf das englische, 197 auf das französische, 494 auf das amerikanische und 2.375 auf das russische Element. Es ist selbstverständlich, dass alle Objekte, die von den Besatzungsmächten geräumt werden, von jenen bezogen werden, die von früher her einen rechtmäßigen Eigentumstitel oder einen rechtmäßigen Mietvertragstitel nachweisen. Sie werden in die Objekte mit ihren alten Rechten zurückkehren. In diesem Zusammenhang teilte der Bürgermeister mit, dass er am 13. Mai in einem Brief die Bundesregierung ersucht hat, das Gebäude an der Bellaria wieder für die Unterbringung des Wiener Stadtschulrates zur Verfügung zu stellen.

Am 27. Juli stattete der stellvertretende französische Stadtkommandant von Wien, Oberstleutnant George Nicoloff, Bürgermeister Jonas im Wiener Rathaus einen Besuch ab und überreichte ihm ein Schreiben des Hauptkommandanten der Interalliierten Kommandantur der Stadt Wien, Oberst Olle-Laprune. Mit dem Dokument wird offiziell die Einflussnahme der Alliierten Kommission auf die Verwaltung der Stadt Wien beendet. In dem Schreiben heißt es:

„Ich beehre mich, Ihnen zur Kenntnis zu bringen, dass mit dem Inkrafttreten des Staatsvertrages, das die Auflösung der Alliierten Kommission zur Folge hat, die Kom-

Bürgermeister Jonas erlässt am 19. Oktober an die Wiener Bevölkerung folgenden Aufruf:

mandanten der Interalliierten Kommandantur der Stadt Wien mit heutigem Tage die Ausübung aller auf die Verwaltung der Stadt bezüglichen Funktionen einstellen."

Am 5. September gab Bürgermeister Jonas im Wiener Rathaus einen Abschieds-empfang für die vier alliierten Stadtkommandanten. Am Empfang nahmen teil: der amerikanische Stadtkommandant Brigadegeneral W. H. Nutter, der französische Stadtkommandant Oberst Olle-Laprune, der britische Stadtkommandant Brigadier E. A. Howard, der russische Stadtkommandant Generalmajor Molotkow, ferner die stellvertretenden Stadtkommandanten Oberstleutnant Day (USA), Oberst Nikoloff (Frankreich), Oberstleutnant Cranstoun (Großbritannien) und Oberst Moroschkin (UdSSR).

Bürgermeister Jonas sagte in seiner Ansprache an die vier Stadtkommandanten, dass die Stadt Wien mit diesem Abend offiziellen Abschied von den Besatzungsmächten nehmen wolle. „Ich glaube", führte Jonas aus, „dass Sie unsere Situation verstehen, wenn ich sage, dass wir auf diesen Abend zehn Jahre lang gewartet haben." Jonas meinte, dass er alle Besatzungsangehörigen gerne wieder in Wien herzlich willkommen heißen werde, aber nicht in Uniform, sondern als Touristen und Urlauber.

Im September findet ein internationales Vespa-Treffen statt. Unter den Teilnehmern aus Belgien, Deutschland, Frankreich, Holland, Italien und der Schweiz befindet sich auch „Miss Vespa 1955" aus dem Saarland.

Am 9. Oktober stirbt der Wiener Erzbischof Kardinal Theodor Innitzer. Theodor Innitzer wurde am 25. 12. 1875 in Weipert/Böhmen geboren. Ursprünglich Universitätslehrer, war Innitzer 1929/30 im Kabinett Schober als Bundesminister für soziale Verwaltung politisch tätig. 1932 wurde er Erzbischof von Wien. 1938 erkannte er zunächst den Nationalsozialismus an, wurde aber noch vor 1945 Wortführer der Kirche gegen

„Wienerinnen und Wiener! Am Samstag feiern wir in der Bundeshauptstadt den Tag der endgültigen Befreiung. Die große Freude darüber, dass die letzten fremden Soldaten Wien und Österreich verlassen haben, soll auch nach außen hin zum Ausdruck kommen. Ich ersuche die Wiener Bevölkerung, jedes Haus und jedes Fenster in der Zeit vom 22. Oktober bis einschließlich 25. Oktober zu beflaggen. Die Stadtverwaltung veranstaltet am 22. Oktober eine große Befreiungsfeier rund um das Rathaus, wozu ich alle Wienerinnen und Wiener herzlich einlade!"

Die Aliierten verabschieden sich mit einer letzten Wachablöse

Die „Helden" des Staatsvertrags – Kreisky, Figl, Schärf und Raab (v. l. n. r.)

diesen. Bürgermeister Jonas richtete an das Metropolitankapitel zu St. Stephan ein Schreiben, in welchem er im Namen der Stadt Wien das Beileid zum Ableben des Erzbischofs zum Ausdruck brachte.

Mit der Aufführung von Grillparzers Drama „König Ottokars Glück und Ende" (mit Attila Hörbiger und Ewald Balser in den Hauptrollen) wird am 15. Oktober das Burgtheater wieder eröffnet. Der Vorstellung ging ein feierlicher Staatsakt voraus. Der Zuschauerraum des Burgtheaters war am 12. 3. 1945 durch einen Bombentreffer und am 12. 4. 1945 durch Brand nach einem Artillerietreffer weitgehend zerstört worden. Zehn Jahre lang spielte man im Ausweichquartier des „Ronacher". Anlässlich der Wiedereröffnung des Burgtheaters war das Rathaus festlich beleuchtet. Ferner wurden der Ring von Bellaria bis Schottentor, der Rathausplatz, das Rathaus und die Zufahrtsstraßen zum Burgtheater mit Fahnen geschmückt.

Am 22. Oktober findet das Volksfest „Freut Euch der Freiheit" auf dem Rathausplatz statt. Ab 18 Uhr wurden zahlreiche Wiener Denkmäler und Gebäude beleuchtet. Auf dem Rathausplatz spielten die Wiener Symphoniker. Ab 21 Uhr spielte vor dem Rathaus die Polizeimusik Wien. Zur gleichen Stunde setzten Konzerte von Blaskapellen vor dem Republikdenkmal, auf dem Maria Theresien-Platz, auf dem Schillerplatz usw. ein. Als Höhepunkt fand auf dem Heldenplatz ein riesiges Feuerwerk statt. Das Fest der Wiener Tschechen begann um 20 Uhr vor dem Messepalast. Im Rahmen dieser Veranstaltungen wurden Volkstänze von Trachtengruppen vorgeführt.

An Bord des ersten Passagierflugzeuges der Anfang November von der PAA eingeführten direkten Fluglinie New York – Wien war auch ein Geschenk des New Yorker Stadtoberhauptes für Bürgermeister Jonas. Das Geschenk, eine silberne Tasse, wurde mit einem persönlichen Schreiben des New Yorker Bürgermeisters Robert Wagner an „Franz Jonas, den Bürgermeister der Musikstadt Wien" durch den prominenten weiblichen Passagier des ersten Fluges, der ehemaligen Ballerina der Wiener Staatsoper, Frau Tilly Losch, im Wiener Rathaus überreicht.

Die nun eingeführte direkte Flugverbindung zwischen New York und Wien wird ab April kommenden Jahres täglich in Betrieb sein.

Ab November ist unter der meistfrequentierten Kreuzung Wiens eine ovale Halle, in der Richtung Kärntner Straße 56 Meter, in der Richtung Ringstraße 51 Meter lang, für alle zu benützen. Sieben Stiegenanlagen mit je einer festen Treppe und zwei Rolltreppen stehen den Fußgängern zur Verfügung. Es ist die Opernpassage. Die Höhe der Passage beträgt 2,90 Meter, die Breite des Durchganges zwischen den tragenden Säulen ist rund sieben Meter. 19 Geschäftslokale sind in der Passage untergebracht.

Am 5. November wird die Wiener Staatsoper wieder eröffnet. Zur feierlichen Eröffnung der wieder aufgebauten Staatsoper dirigiert Karl Böhm Beethovens Oper „Fidelio". Das 1869 eröffnete Haus am Ring war nach einem Bombenangriff am 12. März 1945 fast völlig niedergebrannt. 1948 wurde ein Architekturwettbewerb für den Wiederaufbau ausgeschrieben. Der Bau wurde in seiner ursprünglichen Gestalt renoviert und im Inneren behutsam modernisiert. Die aus Steuermitteln und privaten Spenden bestrittenen Kosten für den Wiederaufbau waren gewaltig: Sie entsprachen fast einem Jahresbudget für den gesamten Wohnungswiederaufbau.

Bei Weichselboden am Fuße des Hochschwab, im Ursprungsgebiet der II. Wiener Hochquellenleitung, wird im Dezember eine Wasserstrahlpumpe in Betrieb genommen, mit deren Hilfe bisher ungenützte Quellen dem Wiener Wasserleitungsnetz zugeführt werden.

Im November wurde in der Josefstädter Straße, Ecke Skodagasse, die erste öffentliche Springzifferuhr montiert. Das rechteckige Uhrwerk ohne Zifferblatt und ohne Uhrzeiger wurde probeweise aufgestellt. Man will vorerst das Funktionieren der Uhr und auch die Reaktion der Bevölkerung auf diese Neuerung abwarten.

Der Leiter der Spanischen Reitschule, Oberst Podhajsky, stattet Anfang Dezember dem Wiener Vizebürgermeister einen Besuch ab, um sich für die begeisterte Aufnahme der Lipizzaner durch die Wiener Bevölkerung anlässlich ihrer Heimkehr in die Bundeshauptstadt zu bedanken. Die Wiener bekundeten ihre Sympathien für die 54 weißen Hengste vor allem durch ausverkaufte Vorstellungen. Ein besonderes Ereignis für die Reitschule wird die Mitwirkung bei den Wiener Festwochen im kommenden Jahr sein.

Im abgelaufenen Jahr verbrauchten die 630.000 mit Gas versorgten Wiener Haushalte und Betriebe 445 Millionen Kubikmeter Gas, das sind um 43 Millionen Kubikmeter mehr als 1954 und um 100 Millionen Kubikmeter mehr als 1953. Die Tagesabgabe erreichte am 23. Dezember die Rekordhöhe von 1,836.340 Kubikmeter, was vergleichsweise einer Monatsabgabe des Grazer Gaswerkes entspricht.

Sowjetische Soldaten transportieren ab

Der Identitätsausweis
hat ausgedient

WIEN IST WIEDER WIEN

Damit möglichst viele Wienerinnen und Wiener die Olympischen Winterspiele vom 26. Jänner bis zum 5. Februar 1956 in Cortina d'Ampezzo im Fernsehen anschauen können, gibt es im Kolosseum-Kino erstmals Großbild-Fernsehübertragungen.

Am 2. März musste die Feuerwehr an die 300-mal ausrücken, um Hilfe nach den Sturmschäden zu leisten. Über Wien brauste ein Sturm mit Spitzengeschwindigkeiten bis zu 125 Stundenkilometern hinweg. Die meisten Hilfeleistungen, zu denen die Feuerwehr gerufen wurde, betrafen herabgefallene Dachziegel und Dachbleche, zertrümmerte Rauchfanggruppen, entwurzelte Bäume und schwere Äste, die auf die Straßenbahnschienen gefallen waren, geknickte Telefonmaste, Oberleitungsmaste der Straßenbahn und Lichtleitungsmaste. Größere Sturmschäden waren im 9. Bezirk, auf dem Julius-Tandler-Platz stürzte eine Feuermauer ein, und im 11. Bezirk, Dorfgasse, zu verzeichnen. Die Kuppel der Universitätssternwarte wurde „verdreht" und schwer beschädigt. In Floridsdorf, in der Brabbéegasse, wurde ein Dachstuhl abgetragen. Vom neuen städtischen Pumpwerk am Schirlinggrund im 22. Bezirk wurde das Dach abgetragen.

Der Sturm forderte auch zahlreiche Verletzte unter der Bevölkerung. Auch die Wiener Rettung verzeichnete verstärkte Einsätze.

Die Wiener Verkehrsbetriebe waren ebenfalls vom Sturm schwer betroffen. Viele Linien mussten zeitweise ihren Betrieb einstellen. Schwer verletzt wurde übrigens ein Fahrgast der Linie G2, der durch den Sturm aus dem Wagen geschleudert wurde.

1953 hat das Stadtgartenamt mit der Aufforstung einiger steppengefährdeter Gebiete am Südrand – Laaer Berg – und am Ostrand von Wien begonnen. Die Erwartungen der Fachleute haben sich aber leider nicht erfüllt. Der dort ständig herrschende Wind, vor allem aber der karge Boden mit seiner äußerst geringen Fähigkeit, in den Sommermonaten Wasser festzuhalten, haben die jungen Kulturen nicht richtig wachsen lassen. Aber die Stadtgärtner geben nicht auf, es werden neue Methoden der Aufforstungstechnik angewendet.

Im April wurde im Wiener Gemeinderat ein Übereinkommen zwischen der Republik Österreich und der Gemeinde Wien beschlossen, nach welchem in Hinkunft der Sachaufwand und die Kosten für die Wiederherstellung des Stadtschulrates bei der Bellaria zwischen den beiden Körperschaften geteilt werden soll. Der Anlass für dieses Übereinkommen ist der Entschluss, den Stadtschulrat wieder in seinem angestammten Haus unterzubringen.

Ein schweizerisches Reisebüro wirbt heuer für Urlaubsreisen nach Österreich mit der Devise „Wien ist wieder Wien". Eine besondere Attraktion bietet das Reiseunternehmen bereits auf der Fahrt nach Wien. Die Reise wird ab Linz bis Wien mittels Schiff vorgenommen. Das Eilschiff vom Linzer Hafen nach Wien befördert seit Beginn der Wiener Festwochen täglich eine Anzahl von Reisegesellschaften aus der Schweiz und anderen westlichen Ländern. Der große Fremdenzustrom nach Wien hat mit Beginn

Aus Stalinplatz wird
wieder Schwarzenbergplatz

WIENER HOCHSTRAHLBRUNNEN

Am 23. Juni 1906, also vor fünfzig Jahren, bestaunten die Wiener zum ersten Male das prächtige Farbenspiel des beleuchteten Hochstrahlbrunnens. Die „Fontaine lumineuse", wie das technische Wunderwerk auf dem Schwarzenbergplatz damals genannt wurde, verdankten die Wiener der Spende eines Bauunternehmers. Der Hochstrahlbrunnen auf dem Schwarzenbergplatz wurde bereits im Jahre 1873 zur Erinnerung an den Bau der Hochquellenleitung errichtet, allerdings nur als Provisorium. Erst 1905 gingen dann die komplizierten unterirdischen Anlagen in Betrieb. Die Premiere des beleuchteten Hochstrahlbrunnens war eine aufregende Angelegenheit für die Wiener Bevölkerung. 144 Lichtkombinationen mit den Farben Rot, Gelb, Grün, Blau, Violett und Weiß, versetzten die aus allen Teilen Wiens herbeigeströmten Menschenmassen „fast in Ekstase". Der Brunnen war an drei Tagen in der Woche in Betrieb. Am 30. April 1951, dem Vorabend des Staatsfeiertages, wurde der Hochstrahlbrunnen auf dem Stalinplatz, wie der Schwarzenbergplatz damals noch hieß, wieder in Betrieb gesetzt. Die technische Anlage war stark beschädigt und seit Jahren außer Betrieb. So konnte der Brunnen bisher nur mit weißem Licht angestrahlt werden. Hinter dem Hochstrahlbrunnen erhebt sich das „Russendenkmal", wie es in Wien genannt wird.

der Wiener Festwochen bereits eingesetzt. Wie zu erwarten war, macht sich auch der durch Krieg und Besatzungszeit verursachte Mangel an Hotelbetten bereits bemerkbar. Bürgermeister Jonas richtete daher an die Wiener Bevölkerung den Appell, Privatquartiere vorübergehend zur Verfügung zu stellen.

Der Zentralfriedhof und die Friedhöfe in Hütteldorf, Hernals, Dornbach und Grinzing werden erweitert. Die vorgesehenen Erweiterungen umfassen bei diesen fünf Friedhöfen insgesamt 408.000 Quadratmeter. Davon entfallen etwa 350.000 auf den Zentralfriedhof. Auf dem Zentralfriedhof ist auch die Errichtung einer neuen Aufbahrungshalle vorgesehen.

Im zuständigen Gemeinderatsausschuss wurden am 18. Juli die Rückbenennungen folgender Verkehrsflächen beschlossen: Stalinplatz in Schwarzenbergplatz, Tolbuchinstraße in Laxenburger Straße, Straße der Roten Armee in Industriestraße, Brücke der Roten Armee in Reichsbrücke und Malinowskijbrücke in Floridsdorfer Brücke. Die neuen Straßentafeln wurden schon in Auftrag gegeben.

Am 23. Juli wurde im Wiener Rathaus unter großer internationaler Beteiligung der 23. Internationale Städtekongress für Wohnungswesen und Städtebau eröffnet.

Wien hatte Ende 1945 in 23 Lagern 23.450 Flüchtlinge aufgenommen. Ein großer Teil der Flüchtlinge wurde in Schulen untergebracht. In Simmering und in Hütteldorf wurden eigene Baracken errichtet. Die aus ihrer Heimat vertriebenen Frauen und Männer haben in schwerster Zeit ihre Arbeitskraft in den Dienst des Wiederaufbaus Wiens gestellt. Abwanderung und Unterbringung in Wohnungen hat seit 1945 die Zahl der in den städtischen Lagern befindlichen Flüchtlinge stark verringert. 1956 sind nur mehr vier städtische Flüchtlingslager mit 1.648 Menschen, davon 324 Kindern, vorhanden. Nicht weniger als 1.233 haben bereits die österreichische Staatsbürgerschaft erworben.

Im September wird auf dem Gallitzinberg in Ottakring das neue Restaurant und die neue Jubiläumswarte eröffnet. Der 1898 im Freigelände der großen Jubiläumsausstellung im Prater aufgestellte Eisenturm wurde nach Beendigung der Ausstellung

Zum ersten Mal wird der „Tag der österreichischen Fahne" begangen. Alle öffentlichen Gebäude werden beflaggt. Bürgermeister Jonas fordert auch die Bevölkerung auf, die Häuser Rot-Weiß-Rot zu beflaggen.

durch eine Initiative des Verschönerungsvereines Ottakring auf dem Gallitzinberg als Aussichtswarte aufgestellt. Die 27 Meter hohe Warte, die den Namen „Kaiser Jubiläumswarte in Ottakring" bekam, wurde im Sommer 1899 der Benützung übergeben. Ein Jahr später wurde neben dem Aussichtsturm ein Unterkunftshaus errichtet. Im Laufe der Jahrzehnte wurde die Eisenkonstruktion durch Rost so schadhaft, dass die Baupolizei im Sommer 1952 die Warte für die Benützung sperren musste. An Stelle der alten Warte wurde nun eine moderne Aussichtswarte aus Stahlbeton errichtet. Auch das alte baufällige Restaurant am Fuße der Warte wurde durch ein neues ersetzt. Im Oktober streiken die Kohlentransportarbeiter. Von diesem Streik sind auch einige städtische Bäder betroffen. Das Thaliabad in der Friedrich Kaiser-Gasse in Ottakring und das Volksbad in der Hermanngasse mussten bereits ihren Betrieb einstellen. Einige Volksbäder können nur mehr Samstag und Sonntag geöffnet bleiben. Beim Amalienbad hat sich die Streikleitung bereit erklärt, die Belieferung des Bades mit Kohle nicht zu behindern.

Zum ersten Mal wird heuer der 26. Oktober als „Tag der österreichischen Fahne" begangen. Er ist zum Gedenktag an die endgültige Befreiung Österreichs, an die Proklamation der Unabhängigkeit unserer Republik, an die Unterzeichnung des Staatsvertrages, an die Erklärung der immerwährenden Neutralität, an die Aufnahme in die Vereinten Nationen und des Beitrittes zum Europarat bestimmt worden. Bürgermeister Jonas hat die Beflaggung aller städtischen Gebäude angeordnet. Er fordert auch die Bevölkerung auf, ihre Häuser mit rot-weiß-roten Fahnen zu schmücken.

Gegen die Auswüchse des kommunistischen Regimes und die wirtschaftliche Überforderung kommt es, ausgehend von Studentenkundgebungen, zum Aufstand in Ungarn (23. Oktober bis 11. November), der durch intervenierende sowjetische Truppen blutig niedergeschlagen wird. In der Folge flüchten Tausende Ungarn (an man-

Der sowjetische Panzer kommt vom Schwarzenbergplatz ins Arsenal chen Tagen sind es bis zu 8.000) auf österreichisches Staatsgebiet, bis Weihnachten 1956 kommen über 155.000 Menschen. Die Hilfsbereitschaft der Wiener Bevölkerung und zahlreiche aus dem Ausland eintreffende Hilfsangebote bekunden das Mitgefühl mit den Flüchtlingen. Im Dezember treffen US-Vizepräsident Nixon und der Hochkommissar der Vereinten Nationen für Flüchtlingswesen Lindt in Wien ein und leiten ein UN-Hilfsprogramm in die Wege. Ein Großteil der Flüchtlinge reist in der Folge in andere Asylländer weiter, 1958 lebten nur noch etwa 15.000 Ungarn in Österreich, 6.000 davon in Lagern.

Am 5. November appellierte Bürgermeister Jonas an die Wiener Bevölkerung, den Flüchtlingen aus Ungarn zu helfen:

„Als in der Mitte der vorvergangenen Woche die ersten Nachrichten über die Ereignisse in Budapest eintrafen, hielten nicht nur wir, sondern die ganze Welt, den Atem an. Die Wiener Bevölkerung überwand sehr schnell die erste Überraschung und tat das einzig Richtige: sie mobilisierten ihre Herzen. Binnen weniger Stunden wurden in allen Kreisen der Bevölkerung Hilfsaktionen organisiert, die einen ungeahnten Widerhall fanden. In wenigen Tagen türmten sich die Liebesgaben zu Bergen, und schon konnten die ersten Transporte an die ungarische Grenze abgehen. Die Wiener Bevölkerung übertraf sich selbst in ihrer Hilfsbereitschaft und gab damit der übrigen Welt ein leuchtendes Beispiel. Aus vollem Herzen danke ich allen, die zu dem großartigen Erfolg der Wiener Hilfsaktionen beigetragen haben, vor allem aber jenen, die aus einem schmalen Beutel zur Ungarnhilfe so begeistert beitrugen.

Leider kommen seit heute früh Nachrichten aus Ungarn, die uns alle tief bestürzen. Die Kampfhandlungen haben wieder begonnen, die sowjetischen Truppen haben aktiv eingegriffen, alle wichtigen Punkte bereits besetzt und eine neue ungarische Regierung gebildet. Im Augenblick ist nicht daran zu denken, weitere Hilfssendungen nach Ungarn abgehen zu lassen, da alle Grenzstellen gesperrt sind, aber auch niemand die Garantie hätte, dass die Hilfssendungen in die richtigen Hände kommen.

In diesen Stunden sind unser aller Gedanken bei den heldenhaften Kämpfern der ungarischen Freiheitsbewegung. Ihre Opfer werden trotz allem nicht vergeblich sein. Wir stehen nun vor der Aufgabe, den vielen Flüchtlingen zu helfen, die seit heute früh bereits zu Tausenden auf österreichisches Gebiet gekommen sind. Sie mussten plötzlich ihre Heimat verlassen und ein ungewisses Schicksal auf sich nehmen.

Es ist wohl in erster Linie Aufgabe des Staates, für die Flüchtlinge zu sorgen. Im Namen der Menschlichkeit bitte ich aber alle Wienerinnen und Wiener, wenn der Ruf an sie ergeht, auch den Flüchtlingen zu helfen!"

Die Gemeinde Wien hat bereits vor einigen Tagen mit umfangreichen Vorbereitungen für die Versorgung und Unterbringung der Flüchtlinge aus Ungarn begonnen. Das Jugendamt hat sich zuallererst der kleineren Kinder angenommen. Städtische Autobusse

Eröffnung der Wiener Festwochen

Am Opernball

Auf einer Parkbank lässt sich die Frühlingssonne genießen

sind unterwegs, um vor allem Säuglinge und Kleinkinder von der Auffangstelle Traiskirchen in die städtischen Kinderheime in Gaaden, Eichbühel und Emmersdorf und zu bringen.

Dr. Arnäus von der schwedischen Hilfsorganisation „Rädda Barnen", der sich gegenwärtig in Wien (Hotel Sacher) aufhält, steht mit dem Wohlfahrtsamt der Stadt Wien in engem Kontakt. Er hat zugesagt, dass die schwedische Regierung schon in kurzer Zeit einen Kindertransport nach Schweden organisieren wird.

Das Hochwasser der Donau des Jahres 1954 hatte für längere Zeit auch die Verbindung zwischen Nußdorf und dem Kahlenberger Dorf unterbrochen. Ein etwa 200 Meter langes Stück der Heiligenstädter Straße war vor dem Kahlenberger Dorf etwa 1,20 Meter hoch überflutet. Der gesamte Fuhrwerksverkehr musste damals über die Höhenstraße umgeleitet werden. Die eheste Beseitigung dieser Gefahrenstelle ist daher dringend erforderlich. Die Gemeinde Wien wird nun gemeinsam mit den Österreichischen Bundesbahnen Maßnahmen treffen, um einem künftigen Hochwasser einen Riegel vorzuschieben. So wird bei der Unterführung zur Kuchelau die bestehende, bereits stark beschädigte Stützmauer aus Ziegeln abgetragen und durch eine 77 Meter lange Stahlbetonmauer ersetzt werden.

Am 7. Dezember wurde die Wiener Feuerwehr zu ihrem 7.000sten Einsatz dieses Jahres nach 1, Singerstraße 30, zum Löschen eines Rauchfangfeuers gerufen. Noch in keinem Jahr wurden die Dienste der Feuerwehr in Wien so häufig in Anspruch genommen wie im Jahre 1956, das mit Recht als Katastrophenjahr bezeichnet werden kann. Die 5.000ste Ausrückung, die in normalen Zeiten erst gegen das Jahresende fällig ist, war heuer bereits Mitte August. Im vergangenen Jahr gab es in Wien 5.500 Ausrückungen, vor zehn Jahren gar nur 3.400.

Der diesjährige Rekord ist vor allem der strengen und lang anhaltenden Frostperiode im Februar mit ihren vielen Wasserrohrbrüchen zuzuschreiben. Der abnormalen Kältewelle folgten im März heftige Stürme, die ähnlich wie in den ersten Dezembertagen sämtliche Feuerwachen in dauerndem Alarmzustand versetzten. Es gab Tage mit 200 bis 300 Ausrückungen. Die Trockenperiode im Sommer war wiederum die Ursache vieler Grasbrände.

Wien wurde in diesem Jahr auch einige Male von Brandkatastrophen heimgesucht. Dem Riesenbrand in der Börse am 13. April folgten noch einige Großbrände in Fabriksanlagen.

3-D-Raumbildbücher   Brille umdrehen!

Durch die 3D-Brille gesehen

DIE 50.000STE WOHNUNG

Am 4. Jänner stirbt Bundespräsident Theodor Körner und Wien trauert. Alle städtischen Gebäuden werden schwarz beflaggt. Am 5. Jänner wird der Leichnam von Bundespräsident Körner im Großen Festsaal des Wiener Rathauses aufgebahrt. Die Wienerinnen und Wiener haben drei Tage lang die Möglichkeit, von dem Toten Abschied zu nehmen. Und sie stehen in Viererreihen Schlange, um vom Bundespräsidenten Abschied zu nehmen. 7.000 Wiener ziehen stündlich an Körners Sarg vorbei.

Seit 11. September 1955 fährt in Wien der Nachtautobus jede Nacht. Neun Linien stehen ab Jänner zur Verfügung, die vom Stephansplatz aus in alle Richtungen fahren. Der Autobusnachtverkehr hat sich überaus gut eingelebt. Besonders in der Faschingszeit ist er bei den „Spätheimkehrern" äußerst beliebt geworden.

Aus Fünfhaus wird Rudolfsheim-Fünfhaus. 1890 wurden die Ortsgemeinden Rudolfsheim und Sechshaus vereinigt und kamen unter dem Namen „Rudolfsheim" als 14. Bezirk zu Wien. Fünfhaus behielt seinen Namen und wurde der 15. Wiener Gemeindebezirk. Im Jahre 1938 wurden der 14. Bezirk (Rudolfsheim) und der 15. Bezirk (Fünfhaus) zum 15. Bezirk mit der Bezeichnung „Fünfhaus" vereinigt. Rudolfsheim hatte nach der Volkszählung vom Jahre 1934 69.470 Einwohner, Fünfhaus 54.440. Von vielen Bewohnern des ehemaligen Bezirkes Rudolfsheim wurde oft der Wunsch ausgesprochen, die historische Bezeichnung „Rudolfsheim" wieder einzuführen. Nun soll die ehemalige Bezirksbezeichnung Rudolfsheim in die Bezeichnung des 15. Bezirkes aufgenommen werden. Dazu ist eine Änderung des § 2 der Verfassung der Bundeshauptstadt Wien in der Fassung der Bezirkseinteilungsnovelle 1955 notwendig.

Die Gemeinde Wien verwaltet 14 Lager, in denen insgesamt 4.360 ungarische Flüchtlinge untergebracht sind. Bei ihnen handelt es sich um 205 Kinder bis sechs Jahre, um 315 Kinder zwischen sechs und 14 Jahren und um 3.840 Erwachsene. Darüber hinaus werden aber 3.556 Flüchtlinge, die privat untergebracht sind und nicht selbst in der Lage sind, sich zu erhalten, durch die städtischen Fürsorgeämter aller 23 Wiener Bezirke betreut.

Das Innenministerium ist dabei, die Karlskaserne in Kagran und die Albrechtskaserne in der Leopoldstadt als Flüchtlingslager instandzusetzen. Wenn es so weit ist, sollen alle anderen Flüchtlingslager – ausgenommen Rothschildspital, Brigittaspital und Kaiser-Ebersdorf, für deren Verpflegung das Rote Kreuz sorgt – aufgelöst werden.

Im Wiener Rathaus ehrte im März die Stadt Wien den weltberühmten Zoologen Univ.-Prof. DDr. h.c. Karl von Frisch. In Anerkennung seiner großen Verdienste als Wissenschaftler und anlässlich seines 70. Geburtstages wurde Frisch der Ehrenring der Stadt Wien überreicht.

Am 28. April landet die erste Maschine der Deutschen Lufthansa in Wien-Schwechat. Unter den Reiseteilnehmern befinden sich auch der Verkehrsminister der Deutschen Bundesrepublik, Dr. Ing. Seebohm.

Am 4. Jänner wird auf dem Margaretengürtel in der Nähe der Fendigasse der erste druckknopfgesteuerte Fußgängerübergang in Betrieb genommen.

CHRISTKINDLMARKT

Also, wenn es stimmt, dann gab es den ersten Jahrmarkt im Dezember in Wien 1298. 1600 gibt es dann einen Krippenmarkt auf dem Graben, 1772 auf der Freyung, 1842 auf dem Platz Am Hof. Aus dem Krippenmarkt wird ein Christkindlmarkt, der 1923 auf der Freyung, 1924 bis 1928 auf dem Stephansplatz, ab 1929 auf dem Neubaugürtel, ab 1939 Am Hof und 1943 wieder am Stephansplatz abgehalten wird. Dann gibt es eine Pause von zwei Jahren. 1946 gibt es wieder einen sehr bescheidenen Christkindl-markt vor dem Messepalast (heute Museumsquartier), 1949 bis 1957 auf dem Neubaugürtel, 1958 bis 1962 wieder vor dem Messepalast, 1963 bis 1966 in der Kalvarienberggasse, 1967 bis 1974 vor dem Messepalast und seit 1975 vor dem Rathaus.

Am 5. Mai wird Adolf Schärf zum Nachfolger Theodor Körners zum Bundespräsidenten gewählt. Dr. Adolf Schärf wurde am 20. April 1890 als Sohn eines Glasperlenbläsers in Nikolsburg (Mähren) geboren. Mit seinen Eltern kam er 1899 nach Wien, wo er 1901 in das Hernalser Gymnasium eintrat. Anschließend be-suchte er die Universität Wien, wo er am 6. Juli 1914 zum Dr. iur. promovierte. Bereits in den Apriltagen 1945 gehörte Schärf zu jenen Österreichern, die sich im Roten Salon des Wiener Rathauses zusammenfanden, um die Wiedergründung der Republik Österreich in die Wege zu leiten. Vom 15. Dezember 1945 bis zum 8. Mai 1957 war Schärf Vorsitzender der Sozialistischen Partei Österreichs und Abgeordneter zum Nationalrat, vom April bis zum Dezember 1945 war er Staatssekretär, anschlie-ßend bis 1957 Vizekanzler.

Geburtsanzeige im Mai aus dem Türkenschanzpark: „Das Rehgehege im Türkenschanzpark meldet den ersten Zuwachs in diesem Jahr. Vor drei Tagen erblickten dort zwei Rehbabys das Licht der Welt. Noch stehen die Bambizwillinge nicht allzu sicher auf ihren zarten Beinen und die Wärter erwarten stündlich den Eintritt eines zweiten und wahrscheinlich bald auch eines dritten freudigen Ereignisses. Die Zahl der Jungen der aus vier Geißen und einem Bock bestehenden Rehgemeinschaft des Türkenschanzparkes wird sich allem An-schein nach auf ein halbes Dutzend erhöhen."

Der „Tramwayschienenritzenkratzer" ist im Wiener Sprachgebrauch ein beliebtes Wort. Und es gibt ihn tatsächlich. Der Bahnwärter, wie er offiziell heißt, hat die Aufgabe, mit einem Kratzer und einem besonders flach und steif gebundenen Rutenbesen die Weichen zu reinigen und mit in Wasser aufgeschwemmtem Graphit zu schmieren. Die moderne Technik ist aber auch am Schienenritzenkratzer nicht spurlos vorüber-gegangen. Er hat sich in ein 1,5-Tonnen-Auto verwandelt, das von den Verkehrs-betrieben probeweise in Dienst gestellt wurde. Der Weichenreinigungswagen trägt einen tausend Liter Wasser fassenden Kessel, und eine aufgebaute Pumpe gibt dem Wasser einen Überdruck von drei bis acht Atmosphären. Mit Hilfe des Druckwassers kann die Weiche bis in ihre letzten Winkel rasch und mühelos gereinigt werden. Außerdem besitzt jeder Wagen zum gleichen Zweck eine entsprechende Druckluftaus-rüstung.

Am Abend des 1. Juni brach im Warenhaus Herzmansky auf der Mariahilfer Straße ein Brand aus. Bei Eintreffen der Feuerwehr drang bereits Rauch aus den mit Holz und Teerpapier verschalten Fensteröffnungen des 2. und 3. Stockwerkes des Hauses Mariahilfer Straße 30. Dieses Haus war bombenbeschädigt und derzeit im Umbau begriffen. Der Brand breitete sich über einen Aufzugsschacht über alle Geschosse aus. Die Feuerwehr stand im Großeinsatz.

Am 5. Juni fand für die städtische Wohnhausanlage an der Grenze des 17. und 18. Bezirkes, Czartoryskigasse–Schöffelgasse, die Gleichenfeier statt. Es handelt sich dabei um eine Wohnanlage, die 193 Wohnungen umfassen soll. Die Baukosten werden 18,5 Millionen Schilling betragen. Als künstlerische Ausschmückung sind keramische Mosaike projektiert, die Josef Schöffel, dem Retter des Wienerwaldes, gewidmet sind. In dieser Anlage wird die 50.000ste Wohnung nach dem Zweiten Weltkrieg gebaut.

Am 14. Juni stattete der deutsche Bundeskanzler Dr. Konrad Adenauer Bürgermeister Jonas im Wiener Rathaus einen Besuch ab. Adenauer meinte in seiner Rede, dass sein Herz noch immer für die Kommunalverwaltung schlage: „Ich denke mit Freude und auch mit einer gewissen Trauer an die Zeit zurück, in der ich in der Kommunalverwaltung tätig war." Adenauer war ja lange Zeit Oberbürgermeister von Köln gewesen. Der deutsche Bundeskanzler trägt sich in das Goldene Buch der Stadt Wien ein.

In Hietzing, in der Schloßberggasse, entsteht das zweite Jugendgästehaus der Stadt Wien. Ende Juni konnte auf dieser Baustelle die Dachgleichenfeier begangen werden.

Eine Hitzewelle senkt sich Ende Juni über die Stadt. Anfang Juli sinkt der Wasserspiegel in den Wiener Wasserbehältern von Stunde zu Stunde. Nach einem Rekordverbrauch von 507 Millionen Litern am 1. Juli, das sind 327 Liter pro Kopf, sind die Reserven auf ein Viertel der Behälterkapazität zusammengeschrumpft. Auf Grund der andauernden Hitzewelle ist auch mit einem Auffüllen der Behälter in den nächsten Tagen nicht zu rechnen. Die Wiener Wasserwerke richten daher an die Wiener Bevölkerung

Der Trauerkondukt für den verstorbenen Bundespräsidenten vor der Staatsoper

wieder die dringende Mahnung, Wasser zu sparen, weil sonst die in Aussicht gestellten Wasserdrosselungen durchgeführt werden müssen. Beim gegenwärtigen Wasserverbrauch kann Wien nur mehr zwei Tage mit Wasser versorgt werden.

Der heißeste Tag ist der 8. Juli. Mit 38,3 Grad Celsius stellte dieser Tag einen Hitzerekord auf. Die Wassersparmaßnahmen müssen weiterhin aufrechterhalten werden.

Feuerwehr bei Bekämpfung
eines Brandes

Hitzeerleichterungen wurden den Bediensteten der Wiener Verkehrsbetriebe, sie dürfen die Uniformblusen ablegen, gestattet. In den geschlossenen Werkstätten der Verkehrsbetriebe wird die Arbeitszeit um eine Stunde vorverlegt. Das Gleiche gilt auch bei der Müllabfuhr, wo außerdem noch bei den Abladestellen für Erfrischungsgetränke vorgesorgt sein wird.

Am 10. Juli kommt es zum Rückgang der Temperaturen und zu starken Regenfällen sowie zu einer Verbesserung der Wasserversorgung. Daher können die Wiener Wasserwerke die Maßnahmen zur Einschränkung des Wasserverbrauches aufheben.

Die größte Straßenbaustelle in Wien ist in der Nähe der Stadthalle auf dem Urban-Loritz-Platz. Nicht weniger als 48.000 Quadratmeter Verkehrsfläche werden auf dem Gürtel selbst und in den Straßen rund um die Stadthalle umgebaut: 18.000 Quadratmeter Kleinsteinpflaster, 4.000 Quadratmeter Großwürfelpflaster, 7.000 Quadratmeter Betonstraßen, 4.000 Quadratmeter Mischbeläge und 15.000 Quadratmeter Asphaltbelag für Gehsteige.

Der erste Gelenkzug der Wiener Verkehrsbetriebe ist fertig. Der Gelenkzug, der aus zwei alten Stadtbahnwagen umgebaut wurde, ähnelt einem riesigen Großraumtriebwagen. Besonders interessant ist die Verbindung zwischen den beiden Wagen, die nicht durch Bälge erfolgt, sondern nach einem italienischen Patent, durch sogenannte Teleskopwände. Insgesamt sollen nach und nach 76 alte Straßenbahnwagen zu Gelenkzügen umgebaut werden.

Im August finden im Palais Pallavicini die Bridge-Europameisterschaften 1957 statt.

Wegen der oft beklagten Überfüllung der Straßenbahnzüge knapp vor 8 Uhr früh hat sich der Stadtschulrat für Wien im Einvernehmen mit der Wiener Straßenbahndirektion entschlossen, versuchsweise den Unterrichtsbeginn zu Schulbeginn ab September an den mittleren Lehranstalten der Bezirke Josefstadt und Döbling, die von den stärkstfrequentierten Straßenbahnlinien durchquert werden, gestaffelt anzusetzen. Der Unterricht an diesen Schulen beginnt seit einigen Tagen nicht mehr einheitlich um 8 Uhr, sondern an einzelnen Schulen schon um 7.45 Uhr, an anderen um 8 Uhr und an einzelnen erst um 8.15 Uhr. Nach Mitteilung der Straßenbahndirektion ist durch diese Maßnahme eine fühlbare Erleichterung eingetreten.

Wien steht ab 30. September im Zeichen der ersten Generalkonferenz der Internationalen Atombehörde. Ein Ereignis, das die Aufmerksamkeit der ganzen Welt auf sich lenkt. 2.000 Delegierte, Diplomaten, UN-Beamte, Dolmetscher und Journalisten sind bei dieser Konferenz – es handelt sich um eine der größten Konferenzen, die je in Wien stattgefunden haben.

Die Wienerinnen und Wiener seien sich der Ehre voll bewusst, so Bürgermeister Franz Jonas, die ihnen durch den Entschluss, Wien zum Kongressort zu bestimmen, zuteil wurde. Sie seien sich aber auch über die geschichtliche Bedeutung der nun beginnenden Beratungen im Klaren und hegen mit der gesamten Weltöffentlichkeit den Wunsch, sie mögen erfolgreich sein. Der ersten Generalkonferenz der Atombehörde möge es gelingen, die Verwendung der Atomenergie zu ausschließlich friedlichen Zwecken und somit zum Nutzen der Menschheit zu sichern!

In einem Wohnhaus in der Enenkelstraße in Ottakring wurde vom Wiener E-Werk der 900.000ste Zähler an das Stromnetz angeschlossen. Der neue Stromabnehmer erhielt aus diesem Anlass als Geschenk der E-Werke einen modernen Kühlschrank.

Seit dem Jahre 1916 wurden in Wien 780.000 Stromzähler angeschlossen, wobei der Zuwachs in den Jahren 1950 bis 1957 mehr als hunderttausend Zähler betrug. Der Stromverbrauch ist von 939,447.000 Kilowattstunden im Jahre 1950 auf 1,472.593.000 Kilowattstunden gestiegen. Er wird in diesem Jahr zum ersten Mal die Eineinhalb-Milliarden-Grenze überschreiten.

„Spätheimkehrer" Walter Gugenberger trifft nach einer Odyssee von 14 Jahren am 19. Dezember aus der Sowjetunion ein

Der Siegeszug des
Fernsehens beginnt

ERÖFFNUNG DER WIENER STADTHALLE

Am 21. Juni wird am Vogelweidplatz im 15. Bezirk von Bundespräsident Dr. Schärf die Wiener Stadthalle nach fünfjähriger Bauzeit eröffnet. Elftausend Menschen fasst der weite Raum der neuen Wiener Stadthalle: neuntausend Gäste und zweitausend Mitwirkende.

In den einzelnen Hallen werden verschiedene Sportarten vorgeführt. Den größten Zulauf fand die Eishalle. Die Gymnastikhalle zeigte Stemmer und Boxer bei der Arbeit; eine feinere Klinge führten Gruppen von Fechtern, und auch Judokämpfer zeigten ihr Können. Hochbetrieb gab es in der Ballspielhalle, der Tennis-, Tischtennis- und Ruderhalle. Zum Abschluss der feierlichen Eröffnung tanzte das Wiener Staatsopernballett „Rosen aus dem Süden" von Johann Strauß nach einer Choreographie von Willy Fränzl.

Im Marmorsaal des Oberen Belvedere wird im Februar von Bürgermeister Jonas die Ausstellung „Vincent van Gogh" eröffnet. Die rund hundert Meisterwerke aus Holland, die nun in Wien bis Ende März zu sehen sein werden, wurden noch durch Leihgaben der Bayrischen Staatsgemäldesammlungen in München, des Kunsthistorischen Museums in Wien und durch Grafiken aus dem Besitz der Albertina Wien ergänzt. Bereits ein paar Tage nach der Eröffnung kann der 10.000ste Besucher in dieser Ausstellung begrüßt werden – eine 22-jährige Wienerin. Der erste Gelenkwagen der Straßenbahnlinie 71 nimmt Mitte Februar seinen Betrieb auf, der aus zwei alten Stadtbahnwagen umgebaut wurde. Insgesamt sollen von der Firma Gräf & Stift 76 alte Stadtbahnwagen zu 38 Gelenkwagen umgebaut werden. Ein Gelenkwagen besteht aus drei Teilen, dem Bugwagen, dem Mittelteil und dem Heckwagen. Diese drei Wagenteile werden an den Trennstellen durch Teleskopwände miteinander verbunden.

Seit Jahrzehnten wurden in Wien die Straßen- und Hausnummern in zwei Ausführungen hergestellt; die ovalen und runden waren für die Ringstraßen, die eckigen für die Radialstraßen bestimmt. Die Randstreifen der Tafeln waren farbig, jeder Wiener Gemeindebezirk wurde mit seiner eigenen Bezirksfarbe gekennzeichnet. Diese 1894 erfolgte Regelung galt als eine Wiener Erfindung und wurde anfangs allgemein gelobt.

Die Dachkonstruktion der Stadthalle ist wegweisend. Ein riesige Fläche von hundert mal hundert Meter wird nicht mit einer Kuppel, sondern einer innovativen Hängekonstruktion überspannt. Über das begehbare Dach kann der gesamte Hallenraum mit Beleuchtung und anderen technischen Elementen versorgt werden.

Wiener Stadthalle

Mit der Ausbreitung des Stadtgebietes wurde aber die Unterscheidung der Ringstraßen von den Radialstraßen immer schwieriger. Im Jahre 1923 ist man von dieser Praxis abgegangen, um sie drei Jahre später wieder aufzunehmen. Seit 20 Jahren werden verschiedene Formen von Straßentafeln verwendet. Oft auch nur aus dem Grunde, dass die Materialbeschaffung es anders nicht erlaubte. Der zuständige Gemeinderatsausschuss beschloss im Februar eine einheitliche Form: die Straßen- und Hausnummerntafeln werden von nun an nur rechteckig mit abgerundeten Ecken ausgeführt. Man schätzt, dass es in Wien rund 70.000 Straßentafeln gibt. Jährlich kommen mit dem Zuwachs von Dutzenden neu gebauten Verkehrsflächen etwa 1.000 neue Straßentafeln dazu.

20. 2. 1958: Großbrand in Penzing.

Der Wiener Gemeinderat genehmigte Ende März die Stiftung der „Josef Kainz-Medaille der Stadt Wien" anlässlich des 100. Geburtstages des berühmten Wiener Schauspielers. Mit der Medaille werden alljährlich am 20. September, dem Todestag von Kainz, ein Schauspieler und eine Schauspielerin für die beste schauspielerische Darstellung und ein Regisseur für die beste Regieleistung des Jahres an einer Wiener Bühne ausgezeichnet. Die Kainz-Medaille wird vom Bürgermeister verliehen. Auch ausländische Künstler können sie erhalten, doch ist die Verleihung nur einmal möglich.

Im Oktober wird die Josef-Kainz-Medaille der Stadt Wien zum ersten Mal verliehen. Die ersten Preisträger sind Rosa Albach-Retty und Günther Haenel für die beste schauspielerische Leistung, Leopold Lindtberg für die beste Regieleistung des Jahres. Rosa Albach-Retty wurde für die Darstellung der Mrs. Edna Savage in John Patricks Komödie „Eine sonderbare Dame" im Akademietheater geehrt, Günther Haenel für die Rolle des Rubaschow in Sidney Kingsleys Schauspiel „Sonnenfinsternis" nach dem Roman von Arthur Koestler im Volkstheater und Leopold Lindtberg für die Inszenierung von Grillparzers Lustspiel „Weh dem der lügt" im Burgtheater.

In Wien gibt es nur noch drei Personen, die eine Werkelmann-Lizenz haben. Wer im Frühling 1958 vielleicht zum letzten Male die wehmütige Werkelmusik hören will, dem wird es wahrscheinlich am ehesten in Mariahilf oder Währing gelingen. Im 6. Bezirk wohnen nämlich noch zwei und im 18. Bezirk ein Besitzer der sogenannten Bettelmusik-Lizenz, die nach dem Theatergesetz aus dem Jahre 1930 nicht mehr erworben werden kann. Noch vor 20 Jahren gab es in Wien 40 befugte Werkelmänner. Der Werkelmann aus der „guten alten Zeit" ist ein Überbleibsel einer sozialen Gesinnung. Er hat fast zwei Jahrhunderte überlebt. Die ersten Werkelmänner waren

Bei der Augartenbrücke kann der Verkehr jetzt fließen

Europaplatz beim
Westbahnhof

invalide Kriegsveteranen aus der theresianischen Zeit, die aus kaiserlicher Gnade die
Lizenz des Berufes eines Bettelmusikanten bekommen haben. In den späteren Jahrzehnten hat auch der Magistrat solche Lizenzen anstatt einer Unterstützung an
invalide Personen übergeben.

Ende April treten die Ärzte von mehreren großen Krankenhäusern in den Streik. Die
Forderungen der Spitalsärzte betreffen alle Krankenhäuser Österreichs. Das Angebot
an die Spitalsärzte, die Nachtzulage an Wochentagen von 30 auf 45 Schilling und an
Sonntagen von 40 auf 60 Schilling zu erhöhen, wurde abgelehnt. Die Arbeit sollte auf
den sogenannten Sonntagsdienst reduziert werden, das heißt, dass auf den Ambulanzen nicht behandelt wird.

Bürgermeister Jonas übergab Ende Mai das 29. Städtische Kinderfreibad, errichtet am
Hang der Hohen Warte im 19. Bezirk, seiner Bestimmung. Die ersten Kinderfreibäder
wurden 1919 am Wiener Neustädter Kanal in Simmering und im Schönbrunner Vor-
park errichtet. Die ersten Freibäder waren einfache, zerlegbare Holzbaracken. Von den
23 Kinderfreibädern wurden neun im Krieg zerstört. Seit 1945 wurden alle zerstörten
Kinderfreibäder bis auf zwei wieder aufgebaut und außerdem sieben neue errichtet.

Im Juni wurde der Wiener Hochschulprofessor und Architekt der Stadthalle, Roland
Rainer, zum Stadtplaner von Wien bestellt.

Tausende von Menschen waren am 21. Juni gekommen, um der Benennung des
Platzes vor dem Westbahnhof in „Europaplatz" beizuwohnen. Ende Oktober 1957 hat
der Europarat eine Resolution beschlossen, in der den europäischen Gemeinden nahe
gelegt wurde, ein öffentliches Gebäude oder eine Verkehrsfläche nach „Europa" zu
benennen, um dadurch ihren Willen, die Einheit unseres Kontinents zu fördern, zu bekunden.

Eröffnung der Kreuzung am
Südtiroler Platz

Bürgermeister Jonas übersandte am 30. Juni der Wienerin Hanni Ehrenstrasser nach Istanbul telegrafisch herzliche Glückwünsche anlässlich ihrer Wahl zur Miss Europa 1958.

Auf der Großbaustelle am Südtiroler Platz geht ein entscheidender Bauabschnitt zu Ende: 70 Prozent der Decke sind fertig gestellt, die die Halle des unterirdischen Verkehrsbauwerks von insgesamt fast 5.000 Quadratmeter Grundfläche überspannt. Über diesen Teil der Decke werden schon in den nächsten Tagen die Straßenbahnlinien 66, 67 und 0 auf ihren endgültigen Gleisen fahren.

Seit dem Baubeginn am 3. Februar dieses Jahres wurde eine gigantische Arbeitsleistung erbracht. Für das Bauwerk, an das sich noch an der Südseite des Platzes der lange Tunnel der Schnellbahn mit den Bahnsteigen ihrer Haltestelle Südtiroler Platz anschließt, mussten bisher etwa 68.000 Kubikmeter Erdmaterial ausgehoben und weggeführt werden. Die riesigen Aushubmengen lieferten für

die Arbeiten der Stadt Wien im Freudenauer Hafengebiet willkommenes Schüttmaterial. Die tiefsten Fundamente reichen bis etwa 13 Meter unter das Straßenniveau. Ungefähr auf gleicher Höhe liegt der große Sammelkanal, mit dessen Umbau zwischen der Favoritenstraße im 10. Bezirk und dem Südtiroler Platz bereits im abgelaufenen Winter begonnen wurde.

Mitte Oktober hielt eine Kommission im Rathaus ihre erste Sitzung ab, um sich mit dem Problem der Einschränkung des Dauerparkens zu beschäftigen. In der Sitzung wurde die Auffassung vertreten, dass eine sogenannte „Blaue Zone" im Kern der Inneren Stadt geschaffen werden müsse. In diesem Bereich soll das Parken in der Zeit von 8 bis 18 Uhr nur ungefähr eine Stunde gestattet sein. Die Kontrolle erfolgt durch Parkscheiben, die jeder Kraftfahrer deutlich sichtbar in seinem Wagen anzubringen hat. Die Zone wird voraussichtlich von folgenden Verkehrsflächen begrenzt sein: Tiefer Graben, Strauchgasse, Herrengasse, Michaelergasse, Augustinerstraße, Führichgasse, Annagasse, Seilerstätte, Stubenbastei, Postgasse, Bäckerstraße, Lugeck, Hoher Markt und Wipplingerstraße.

Der Christkindlmarkt findet vom 29. November an nicht mehr am Neubaugürtel statt, sondern auf dem soeben fertig gestellten Parkplatz vor dem Messepalast. Die älteste Nachricht über diesen Markt geht auf das Jahr 1298 zurück. In diesem Jahr erteilte Albrecht I. den Wiener Bürgern das Privilegium zur Abhaltung eines „Dezember-Marktes" oder „Krippenmarktes".

An dem von der Gemeinde Wien ausgeschriebenen Wettbewerb für die Bebauung des Gebietes nördlich der Per-Albin-Hansson-Siedlung in Favoriten haben sich außergewöhnlich viele österreichische Architekten beteiligt. 88 Bebauungsvorschläge und Modelle sind eingereicht worden, die in nächster Zeit von der Jury begutachtet werden müssen. Es ist dies in Wien seit vielen Jahren die größte Beteiligung an einem Wettbewerb dieser Art.

Im Jahre 1958 überschritten die Nächtigungsergebnisse des Wiener Fremdenverkehrs erstmals seit dem Krieg die Zweimillionengrenze. 703.000 Besucher, davon 455.000 Ausländer, übernachteten 2,122.000 Mal. Gegenüber 1957 stieg die Zahl der Besucher um 74.000, die der Übernachtungen um 161.000. Die größte Steigerung der Übernachtungszahlen sind bei den Besuchern aus der Deutschen Bundesrepublik und aus den Vereinigten Staaten zu verzeichnen.

Moderne Stahlrohrmöbel
für die Stadtpark-Besucher

LISE MEITNER

Im Oktober 1958 beschließt der Gemeinderat einstimmig, Lise Meitner anlässlich ihres 80. Geburtstags zum Bürger der Stadt Wien zu ernennen. Lise Meitner gehört zu den führenden WissenschafterInnen auf dem Gebiet der frühen Radioaktivitätsforschung und der Kernphysik. Von Albert Einstein stammt die Bezeichnung „unsere Madame Curie". Sie wurde am 7. November 1878 in Wien geboren. Meitner besuchte vorerst die Lehrerinnenbildungsanstalt. Nach zwei Jahren Privatunterricht legte sie 1901 als Externe die Reifeprüfung am k.k. Akademischen Gymnasium in Wien 1 ab. Anschließend studierte sie an der Universität Wien bis zum Sommersemester 1905 und promovierte 1906 als zweite Frau im Studienfach Physik. 1907 ging Meitner mit dem Wunsch nach Berlin, bei Max Planck ihre Kenntnisse der Physik zu vertiefen. Schon bald kam es zu einer Zusammenarbeit mit dem Chemiker Otto Hahn.

1933 wurde ihr von den Nationalsozialisten die Lehrbefugnis und der Professorentitel, der ihr 1926 zuerkannt worden war, entzogen. Meitner lieferte die physikalische Deutung und energetische Erklärung der experimentellen Ergebnisse der Kernspaltung. Obwohl Meitner ab dem Jahr 1907 im Ausland tätig war, legte sie nie ihre österreichische Staatsbürgerschaft ab. Sie kam regelmäßig auf Besuch nach Wien und war sehr mit ihrer Heimatstadt verbunden. 1948 wurde sie als erste Frau zum Mitglied der Naturwissenschaftlichen Klasse der Österreichischen Akademie der Wissenschaften gewählt. Bei ihrem letzten Besuch in Wien 1963 hielt Meitner ihren berühmten Vortrag „Looking back" in der Urania, in dem sie ausführlich auf ihren Lebensweg, aber auch auf die Stellung der Frau in der Wissenschaft einging. Lise Meitner, die nach ihrer Emigration in Schweden arbeitete, verbrachte ihre letzten Jahre in Cambridge, wo sie am 27. Oktober 1968 starb.

high fashion
Exi
skirts
MADE IN AUSTRIA

NUR *in führenden* **MODEHÄUSERN**

Das ist in diesem
Jahr der letzte Schrei

DIE SÜDTIROLER PASSAGE

Die „älteste" Wienerin des Jahrganges 1959 ist ein zartes Mädchen, das in der Frauenklinik Gersthof am 1. Jänner, eine Minute nach Mitternacht, zur Welt kam. Gersthof erreichte außerdem auch den Geburtenrekord der Silvesternacht: jede Stunde eine Geburt, insgesamt zehn Babys! Den ersten Buben meldete die Ignaz-Semmelweis-Klinik. Er war um 00.02 Uhr da und wog 4.200 Gramm. Im Laufe der Nacht, bis 3.25 Uhr, wurden in dieser Klinik sieben Kinder entbunden. Dann war „Pause" bis zum späten Nachmittag. In der 1. Frauenklinik des Allgemeinen Krankenhauses ließ sich das erste Neugeborene bis 4.20 Uhr Zeit, in der II. Frauenklinik gar bis 10 Uhr Vormittag.

Mit 16. März wird in Wien in Teilen des 1. Bezirks eine Kurzparkzone eingeführt. In Teilen des 1. Bezirks haben die Lenker eines Kraftwagens an der Windschutzscheibe eine Parkscheibe anzubringen und die Ankunftszeit richtig einzustellen. Die Wiener Parkscheibe wird nicht nach dem Vorbild von Paris und Salzburg ausgeführt werden, vielmehr hat Wiens Baudirektor eine eigene Scheibe entworfen, die von den Mitgliedern der Parkkommission einstimmig als besser geeignet bezeichnet worden ist. Die „Pecht-Scheibe" besteht im Wesentlichen aus einem Zifferblatt und zwei beweglichen, aber miteinander starr verbundenen Zeigern, deren Winkel genau eine Stunde umfasst.

Mit Beginn der schönen Jahreszeit wird auf dem Laaer Berg, und zwar angrenzend an das neue städtische Sommerbad, der erste Teil eines Volksparkes entstehen. Er wird dem gesamten Gebiet um den Laaer Berg ein völlig neues Aussehen geben. An der Laxenburger Straße wird die gärtnerische Ausgestaltung der ehemaligen Müllablagerungsstätte fortgesetzt. Auch auf dem Bruckhaufen entlang dem Hubertusdamm in Floridsdorf werden die bereits bestehenden Grünflächen wieder um einige tausend Quadratmeter vergrößert. Bis zum Sommer wird auch das Dragonerhäufel den Badenden als Lagerwiese zur Verfügung stehen. An der Unteren Alten Donau, und zwar östlich von der Lagerwiese „Rehlacke", wird die Sanierung und gärtnerische Gestaltung der Ufer fortgesetzt. In Kaisermühlen wird der „Laberlsteg" umgebaut.

Auslage in der Südtiroler Passage

Die städtischen Wohnhausanlagen in Wien 6, Damböckgasse 3–5, und 19, Hutweidengasse 23–27, Scherpegasse 1A und Krottenbachstraße 42–46, wurden im April ihrer Bestimmung übergeben. Es handelt sich dabei um neue Gemeindebauten mit zusammen 320 Wohnungen. Die drei neuen Döblinger Wohnhausbauten stehen am Nordrand des Krottenbachtales, in der sogenannten „Krim", und sind ein Bestandteil der in den vergangenen Jahren von der Gemeinde Wien errichteten großen zusammenhängenden Wohnhausanlage. Die

DAS ESPRESSO

In den fünfziger Jahren war die Nachkriegsnot überwunden, es gibt genug zu essen, in den Geschäften etwas zu kaufen. Am Graben gibt es die erste Neonbeleuchtung, der Konsum eröffnet die ersten Selbstbedienungsgeschäfte. Und es gibt Espressos, die mit Espressomaschinen den Kaffee zubereiten – für damalige Zeiten eben nüchtern und modern. Es gibt immer mehr von ihnen. Es gibt etwa das „Arabia" am Kohlmarkt, das „Basar" in der Wollzeile, das „Stambul" am Fleischmarkt, das Espresso am Stephansplatz oder das Opern-Espresso. Das erste Espresso Wiens war aber – aller Wahrscheinlichkeit nach – das „Baby Splendid" neben dem Café Splendid in der Jasomirgottstraße. „Baby Splendid" gab es seit der Mitte der dreißiger Jahre und es hatte schon richtige Espressomaschinen. Aber wir wollen nicht die „Aida" vergessen, die die Wiener Espressokultur wie kaum ein anderes Espresso geprägt hat.

„Krim", die ihren Namen angeblich von einem dort ansässig gewesenen Gastwirt namens Grimmer ableitet, galt lange Zeit als öde, verlassene, unbewohnbare Gegend. In den Jahren 1952 bis 1958 wurden in der „Krim" 41 mehrstöckige Wohnhäuser mit 704 Wohnungen gebaut.

In Anwesenheit von Bundespräsident Dr. Schärf, Bürgermeister Jonas und zahlreicher Vertreter der Bundes- und Stadtregierung findet am 23. April die Eröffnung des Historischen Museums der Stadt Wien auf dem Karlsplatz statt. Gegenwärtig ist im Museum die Grundaufstellung des Museums zu sehen, sowie die beiden großen Sonderausstellungen „Hieronymus Löschenkohl" und „Neuerwerbungen 1949 bis 1959". Die Sammlungen des Historischen Museums der Stadt Wien wurden im Rathaus erstmals 1888 der allgemeinen Öffentlichkeit zugänglich gemacht.

Wien wird ein Internationales Studentenhaus errichten. Der Ideenwettbewerb, den die Stadt Wien unter dem Motto „Studenten planen für Studenten" ausgeschrieben hat, richtet sich an alle österreichischen Staatsbürger, die Architektur an der Technischen Hochschule in Wien oder Graz bzw. an den Meisterschulen für Architektur an der Akademie der bildenden Künste und der Akademie für angewandte Kunst in Wien inskribiert haben. Das Studentenhaus soll im 19. Bezirk, Ecke Billrothstraße – Peter-Jordan-Straße errichtet werden.

Ende Juni wurde der Autotunnel unter dem Südtiroler Platz in Betrieb genommen. Nach der Begehung des Autotunnels setzten sich die ersten Fahrzeuge in Bewegung. Ein grauer Puch-500er kann den Ruhm, als erster durch den Autotunnel gefahren zu sein, für sich in Anspruch nehmen. Durch die Freigabe des Autotunnels kann die sehr unangenehme Umleitung des Gürtelverkehrs durch die Parallelstraßen des 4. Bezirkes wieder aufgehoben werden. Der Autotunnel hat vier Fahrspuren, die durch weiße Leitlinien gekennzeichnet sind. Der Tunnel ist der erste in Wien, dessen Wände mit schallschluckenden Lochsteinen und Herakustikplatten verkleidet sind.

25 Millionen Schilling werden die beiden neuen unterirdischen Fußgängerdurchgänge kosten, die Wien bei den Kreuzungen Babenbergerstraße–Ring und Bellariastraße–Ring im nächsten Jahr bauen wird. Mit den Vorarbeiten wird noch heuer begonnen. Der Wiener Stadtsenat genehmigte im Juli für die Vorarbeiten 200.000 Schilling. Ferner genehmigte der Stadtsenat die Vorarbeiten für den Umbau des Schottentores. Dafür ist ebenfalls ein Betrag von 200.000 Schilling vorgesehen.

Die schon seit Tagen andauernde Hitzewelle Mitte Juli führte zu einem wahren Besucherrekord in den städtischen Sommerbädern. In der letzten Woche wurden in den 13 Sommerbädern der Gemeinde Wien mehr als 200.000 Badegäste gezählt.

Anfang Juli wurde nach dreijähriger Bauzeit mit der Betonierung der letzten Tribünenplatte der Ausbau des Wiener Stadions mit einer traditionellen Gleichenfeier abgeschlossen. Durch den Ausbau konnte der Fassungsraum des Wiener Stadions von 51.462 Plätzen auf 92.708 Plätze erweitert werden.

Mehr als 450 Ausrückungen hatte die Feuerwehr in der Nacht vom 12. auf den 13. August zu bewältigen. Der Grund sind sintflutartige Niederschläge. Die Messgeräte des Wiener Stadtbauamtes registrierten im Verlauf dieses Unwetters an mehreren Stellen Wiens im Durchschnitt 60 bis 85 Millimeter Niederschlagsmengen, das sind 60 bis 85 Liter auf einen Quadratmeter oder rund 70.000 Kubikmeter auf einen Quadratkilometer. Aus den Aufzeichnungen der Meteorologen geht hervor, dass Wolkenbrüche von solcher Intensität im Wiener Gebiet nur einmal in 20 Jahren auftreten. Der Wienfluss erreichte in rasender Geschwindigkeit die Höchstgrenze, es traten jedoch nur kleinere Schäden auf. Auch der Liesingbach konnte die riesigen Wassermengen aufnehmen und abführen. Dafür tobte sich diesmal der Erbsenbach in Sievering mit unvorstellbarer Wucht aus. Es stauten sich riesige Mengen von Schwemmgut an, sodass sich die Wassermassen den Weg über die Sieveringer Straße bahnten. Großer Schaden entstand auch an den Einrichtungen der Wiener E-Werke, und zwar insbesondere im 19. Bezirk. Durch Überflutung der Station entstand ein Transformato-

Die Südtiroler-Passage ist eröffnet

Pallas Athene wird renoviert

renbrand im Sommerbad Krapfenwaldl. Die Instandsetzungsarbeiten wurden jedoch dadurch erschwert, dass die Zufahrtswege vermurt waren. Insgesamt erfolgten durch das Unwetter 14 Wassereinbrüche in Trafostationen. Die öffentliche Beleuchtung und die Stromversorgung vieler Häuser war längere Zeit unterbrochen. Auch einige Straßenbahnlinien mussten auf Grund des Unwetters vorübergehend eingestellt werden. Die Gleisanlagen der Linie D und 36 wurden bis zu Kniehöhe überschwemmt und vermurt. Ein Zug der Linie D entgleiste am Nußdorfer Platz. Feuerwehr und Verkehrsbetriebe sind nach wie vor im Einsatz, um die Schäden zu beheben.

Wolkenbrüche haben auch in den Quellgebieten der Wiener Wasserwerke große Schäden verursacht. Im Quellgebiet der I. Hochquellenleitung wurden Uferschutzbauten auf hunderte Meter Länge weggerissen oder schwer beschädigt, Straßen weggerissen oder tief ausgeschwemmt. Einige Verbindungsstraßen wurden sogar vollständig zerstört und müssen auf einer Länge von 1,5 Kilometer auf einer neuen Trasse errichtet werden. Im Quellgebiet der II. Hochquellenleitung wurden elf Brücken oder Stege schwer beschädigt oder gänzlich weggerissen. An der Außenstrecke sind Uferschutzbauten stark in Mitleidenschaft gezogen worden.

Nach nur knapp dreijähriger Bauzeit konnte am 14. August das neue Laaer Berg-Bad eröffnet werden. Die Gesamtfläche des Bades beträgt 57.800 Quadratmeter, wovon 33.352 Quadratmeter als Grün- und Erholungsfläche zur Verfügung stehen.

Wiens Kraftfahrzeugbestand erreichte über die Sommermonate die 230.000-Grenze. Dies bedeutet, dass auf jeden dritten Wiener Haushalt oder auf fast jeden siebenten Wiener ein Fahrzeug kommt.

Bürgermeister Jonas hat im September der Wienerin Christl Spazier die herzlichsten Glückwünsche zu ihrer Wahl zur schönsten Europäerin übermittelt.

1959 hatte den nassesten Sommer seit 109 Jahren. Bei der Zentralanstalt für Meteorologie und Geodynamik auf der Hohen Warte wurden in den Monaten Juni, Juli und August 406 Millimeter Niederschläge gemessen. Dieses Ergebnis übertrifft das bisherige Maximum um 35 Millimeter. In den höher liegenden Teilen des 17., 18. und 19. Bezirkes sind sogar bis 500 Millimeter Niederschläge gefallen.

Die fünf nassesten Sommer seit 1851 waren: 1959 (406 Millimeter), 1920 (371 Millimeter), 1918 (358 Millimeter), 1903 (346 Millimeter), 1916 (339 Millimeter). Der 100-jährige Durchschnitt beträgt 215 Millimeter (das sind 215 Liter pro Quadratmeter) auf der Hohen Warte, 250 Millimeter am Nord-West-Rand und 190 Millimeter im Süd-Osten und Osten Wiens.

Bürgermeister Jonas eröffnet am 26. September die neue Hauptfeuerwache Döbling. Der Schlussstein zur Behebung der Kriegsschäden bei der Feuerwehr ist damit gesetzt. Als in den Vormittagsstunden des 10. September 1944 im Verlaufe eines schweren Luftangriffes die Hauptfeuerwache Döbling schwerstens beschädigt wurde, musste, um die Aufrechterhaltung des Dienstbetriebes zu ermöglichen, die Feuerwache zunächst von den Feuerwehrangehörigen selbst provisorisch instand gesetzt werden. Nach Kriegsende wurden dann einige der zerstörten Objekte durch behelfsmäßige Neubauten ersetzt. Nach Bereitstellung der erforderlichen Geldmittel, 1956, konnte mit dem Aufbau der Feuerwache begonnen werden.

Ab 20 Uhr des 24. Oktobers werden keine alkoholischen Getränke mehr ausgeschenkt. Denn am 25. Oktober sind Gemeinderats- und Landtagswahlen in Wien. Und der Ausschank von alkoholischen Getränken am Tag vor der Wahl ab 20 Uhr und am Wahltag selbst ist allgemein verboten. Übertretungen werden mit Geldstrafen bis 1.000 Schilling, im Falle der Uneinbringlichkeit mit bis zu vier Wochen Arrest geahndet.

Abbruch des baufälligen
Freihauses auf der Wieden

Bei der Wahl ergab sich folgende Mandatsverteilung: SPÖ 60 Mandate, ÖVP 33 Mandate, FPÖ vier Mandate und KLS drei Mandate. Am 11. Dezember war dann die konstituierende Sitzung des neu gewählten Wiener Gemeinderates. Zu Beginn der Sitzung erfolgte die Wahl des Bürgermeisters: Auf Franz Jonas entfielen 90 der 100 abgegebenen Stimmen.

Ende November wird in der Ignaz Semmelweis-Frauenklinik an eine junge Mutter das erste Säuglingswäschepaket der Gemeinde Wien in einer neuen Plastiktasche überreicht, wie sie ab 1. Jänner 1960 jede Mutter bei der Geburt ihres Kindes erhält.

Vorbereitungen für
Ringstraße neu

FREIE FAHRT ÜBER DIE RINGSTRASSE

1960 ist Weltflüchtlingsjahr. Der Zweck des Weltflüchtlingsjahres besteht in erster Linie darin, die Öffentlichkeit aufzurütteln und auch noch jene Länder, die bisher abseits gestanden sind, für die vorhandenen Flüchtlingsprobleme zu interessieren. Nicht weniger als 72 Staaten in allen fünf Erdteilen beteiligen sich am Weltflüchtlingsjahr. Auch in Wien wird ein Landeskomitee im Rahmen dieses Weltflüchtlingsjahres gebildet. Österreich und vor allem Wien haben durch die Aufnahme von Hunderttausenden Flüchtlingen nach 1945 und im Jahre 1956 zu jenen Ländern Europas gehört, die am aktivsten die Flüchtlingsnot gelindert und den Flüchtlingen eine neue Heimat geboten haben. Mehr als 140.000 Personen haben seit 1945 in Wien die Staatsbürgerschaft erworben. Aber nicht nur die Stadtverwaltung, sondern jede einzelne der Hilfsorganisationen wie Caritas, Evangelisches Hilfswerk und Volkshilfe haben maßgeblich dazu beigetragen, Flüchtlingsnot zu lindern.

Im Karosseriewerk der Gräf & Stift Automobilfabrik wird an der Fertigstellung des ersten Doppeldecker-Autobusses der Wiener Verkehrsbetriebe gearbeitet. Mit dem elfeinhalb Meter langen und rund zwölf Tonnen schweren Fahrzeug werden Ende Februar die ersten Probefahrten unternommen.

Durch ein Patent Maria Theresias wurde am 10. März 1770, also vor 190 Jahren, in Wien die Häusernummerierung eingeführt. Sämtliche 1.343 Häuser der Inneren Stadt erhielten ein Jahr später Konskriptionsnummern, die in den meisten Fällen bis heute erhalten geblieben sind. Seit dieser Zeit führt die Burg die Konskriptionsnummer 1. Damals erhielten auch Kirchen und Kapellen eigene Hausnummern.

Im Laufe der 190 Jahre wurde in der Nummerierung der Wohnhäuser im Stadtzentrum viel geändert. Allein unter den ersten 100 Häusern wurde ein Fünftel der Konskriptionsnummern gelöscht. Weitere Hausnummern sind im Laufe der Jahrzehnte beim Entstehen von größeren Bauten, meist Geschäfts- und Bürohäusern, ausgefallen.

Die Orientierungsnummern der Straßen, Gassen und Plätze, um die Wien wegen ihrer Zweckmäßigkeit von vielen Großstädten beneidet wird, erfolgte auf Anordnung der Stadtverwaltung im Jahre 1862.

Wie die meisten Donaukanalbrücken ist auch die Salztorbrücke den Kampfhandlungen des Jahres 1945 zum Opfer gefallen. Das Tragwerk, das während der Kampfhandlungen einstürzte, ist später entfernt worden. Nur die Uferpfeiler, die Widerlager und die Seitenwände der Gegengewichtskammern sind erhalten geblieben. 50 Meter stromabwärts der ehemaligen Brücke besteht derzeit ein

Am 11. Jänner kommt es zu einem schweren Straßenbahnunfall. Auf dem Landstraßer Gürtel beim Südbahnhof stößt eine Straßenbahn der Linie 118 mit einem O-Wagen zusammen. Der Unfall fordert 13 Verletzte.

Das „Theater an der Wien" wird renoviert

Im Lainzer Tierpark

provisorischer Fußgängersteg. Nach-dem der Wiener Gemeinderat den Wiederaufbau der Brücke beschlos-sen hat, ist heuer im Frühjahr Baube-ginn.

Gebaut wird eine vorgespannte Stahl-betonbrücke von 90 Meter Länge. Sie wird den Donaukanal mit einer Öffnung von etwa 53 Meter über-spannen. Die beiden Seitenöffnungen werden je 18 Meter breit sein. Die Durchfahrtshöhe des Mittelteiles wird interna-tionalen Maßen entsprechend 6,40 Meter über dem höchsten schiffbaren Wasser-stand liegen. Die zwölf Meter breite Fahrbahn wird vier Fahrspuren haben. Die Gesamtkosten der neuen Brücke werden mit 12,750.000 Schilling angenommen.

Am 18. März bricht in einer Werksbaracke der Automobilfabrik Gräf & Stift in der Carl-bergergasse im 23. Bezirk ein Brand aus, der in kürzester Zeit auch die benach-barten, zum Teil als Lagerräume verwendeten Holzobjekte ergriff. Vier verstärkte Be-reitschaftszüge der Feuerwehr konnten nach über einer Stunde „Brand aus" melden. Es entstand beträchtlicher Sachschaden.

Im April kauft die Stadt das Theater an der Wien. Nach mehrmonatigen Verhandlungen ist es zwischen der Wiener Stadtverwaltung und den Inhabern des Theaters an der Wien, der Familie Marischka, zu einer Einigung über den Verkauf dieses Theaters ge-kommen. Die Stadt beabsichtigt das Gebäude in erster Linie als Festspielhaus zu führen und in den Sommermonaten zur Ergänzung der Wiener Festwochen im Theater an der Wien Aufführungen zu veranstalten. Es soll auch für Gastspiele ver-wendet werden und vornehmlich dem Theater der Jugend zur Verfügung stehen. Der Kaufpreis für das Theater beträgt 14,284.000 Schilling.

Anlässlich der fünften Wiederkehr des Tages der Unterzeichnung des Staatsvertrages werden am 14. Mai auf Anordnung von Bürgermeister Jonas sämtliche städtischen Gebäude beflaggt. Auch die Straßenbahnen und Autobusse sind mit Fähnchen ge-schmückt.

Über den Besuch des persischen Schahs am 18. Mai beim Bürgermeister wird Folgendes berichtet: „Zum Abschluss des eine knappe halbe Stunde dauernden Be-suches wurde von Kommerzialrat Kaserer ein Grinzinger Wein aus dem Jahre 1936 kredenzt, von dem nur mehr 24 Flaschen vorhanden waren. Der Wein hatte, im Keller des Rathauses vergraben, alle Fährnisse unbeschadet überstanden. Dazu wurde ira-nischer Kaviar serviert. Seine Majestät der Schah begnügte sich allerdings damit, das Glas auf das Wohl der Stadt Wien zu erheben, ohne davon zu kosten."

Im Mai legt Bürgermeister Jonas den Grundstein zur großen Müllverbrennungsanlage am Flötzersteig, der ersten Anlage dieser Art in Österreich.

In Wien ist die Sterblichkeit an Tuberkulose sehr gesunken, jedoch die Zahl der an Tuberkulose Erkrankten hat sich nicht wesentlich verringert. Im Jahre 1959 wurden 18.800 aktive Fälle von Tuberkulose, davon 4.700 offene Fälle, gemeldet. Vom Wiener Gesundheitsamt wurde ein Programm zur weiteren Bekämpfung der Tuberkulose ausgearbeitet. Die wichtigste Vorbeugungsmaßnahme gegen diese Erkrankung ist die Schutzimpfung, die schon in den ersten Lebenstagen noch in der Entbindungsanstalt durchgeführt wird. In den Schulen werden Tuberkulinproben und Schutzimpfungen vorgenommen. Das Gesundheitsamt wird ab Ende Mai auch Reihenuntersuchungen mit einem fahrbaren Röntgengerät in den Berufsschulen durchführen, diese Aktion soll auch auf die Mittelschulen ausgedehnt werden.

Da auf Grund der Statistik Tuberkuloseerkrankungen bei Männern von über 40 Jahren gehäuft auftreten, veranlasst das Gesundheitsamt Röntgen-Reihenuntersuchungen mit Schirmbild auch in Betrieben und Ämtern.

Im Juli ist der sowjetische Ministerpräsident Nikita Sergejewitsch Chruschtschow mit Frau Nina und Tochter auf Staatsbesuch in Wien.

Ende Juli wird ein „Wettbewerb zur Erlangung von Entwürfen für den Neubau des Wiener Allgemeinen Krankenhauses" offiziell ausgeschrieben. Teilnahmeberechtigt sind außer einigen namentlich eingeladenen Architekten alle befugten freischaffenden Architekten und Zivilingenieure für Hochbau, die österreichische Staatsbürger sind und ihren ständigen Wohnsitz in Wien haben. Namentlich eingeladene Architekten sind: Architekt Hermann Baur (Basel); Kay Boeck-Hansen & Jorgen Staermose (Odense, Dänemark); Architekt Georg Köhler (Frankfurt/Main); Prof. Elmar Lohk (Göteborg, Schweden); Prof. Dipl.-Ing. Richard Marasovic (Zagreb); Architects and

Eröffnung der Ringstraße nach dem Umbau

ZENTRALFRIEDHOF

Er ist mit rund 330.000 Gräbern einer der größten Friedhöfe der Welt. Immerhin sind hier mehr Personen begraben als Wien Einwohner hat. Er ist die letzte Ruhestätte für mehr als zwei Millionen Wienerinnen und Wiener. Eingeweiht wurde der Friedhof 1874 und genau genommen sind es mehrere Friedhöfe, die in dieser Anlage zusammengefasst wurden, wobei naturgemäß der katholische den größten Anteil hat. Weltweit bekannt ist der alte israelitische Friedhof (Tor 1). Weniger bekannt ist vielleicht, dass sich daneben auch eine islamische, eine russisch- und eine griechisch-orthodoxe Abteilung befinden.

Der Zentralfriedhof ist aber auch Wiens größte Gedenkstätte für Persönlichkeiten aus der Wiener und österreichischen Geschichte. Viele Grabstätten sind als Ehrengräber berühmten Musikern, Politikern, Literaten etc. gewidmet. Nicht nur Persönlichkeiten aus allen Bereichen des Geisteslebens finden am Zentralfriedhof ihre letzte Ruhestätte, sondern auch die Bundespräsidenten der Zweiten Republik werden seit 1951 mit allen Ehren in der eigens geschaffenen Bundespräsidentengruft unmittelbar vor der Friedhofskirche bestattet.

Engineers Sherlock, Smith & Adams (Montgomery) in Zusammenarbeit mit Gordon A. Friesen (Washington, USA).

Anlässlich des offiziellen Eröffnungsfluges der Austrian Airlines auf der Strecke Kairo – Wien Anfang August gibt Bürgermeister Jonas einen Empfang für die Teilnehmer: ägyptische Journalisten und Fremdenverkehrsfachleute.

Die Hirsche des Lainzer Tiergartens wurden 1945 durch die Besatzungstruppen gänzlich ausgerottet. 70 kapitale Edelhirsche wurden die letzten Opfer des zweiten Weltkrieges. Nun hat sich das Stadtforstamt entschlossen, um den Besuchern des Lainzer Tiergartens eine neue Attraktion zu bieten, diese edlen Tiere wieder einzuführen. Rehe, Wildschweine, Mufflonschafe usw. gibt es ja schon seit einiger Zeit wieder im Tiergarten. Der Stand an Hirschen ist einstweilig noch recht bescheiden; es handelt sich um insgesamt zehn Tiere: drei Hirsche, die aus Jugoslawien importiert wurden, drei Hirschkühe, ebenfalls aus Jugoslawien, und je eine Hirschkuh aus niederösterreichischen und steirischen Gebirgsforsten. Zwei Hirschkälber haben bereits im Lainzer Tiergarten das Licht der Welt erblickt. Nun aber werden die Besucher des Lainzer Tiergartens zum ersten Male wieder röhrende Hirsche erleben können. Das Stadtforstamt hofft, in absehbarer Zeit wieder auf 45 Hirsche zu kommen.

In Wien wird im Oktober ein Schwangerenpass für werdende Mütter eingeführt. Diese Neueinführung ist ein wichtiger Beitrag zur Bekämpfung der Säuglingssterblichkeit. In Österreich beträgt die Säuglingssterblichkeit vier Prozent. In Wien betrug sie im Jahre 1957 noch 4,8 Prozent und im Jahre 1959 3,7 Prozent. Vergleicht man jedoch diese Zahl von 3,7 Prozent mit den Zahlen der Säuglingssterblichkeit in den anderen westeuropäischen Ländern, vor allem mit den Zahlen der Großstädte in Schweden, in den Niederlanden, in England und Norddeutschland, so sieht man, dass in diesen Städten die Säuglingssterblichkeit durchwegs unter zwei Prozent, in manchen Großstädten sogar unter einem Prozent liegt.

Vom 13. bis zum 19. Oktober findet in Wien eine Berlin-Woche unter dem Titel „Berlin grüßt Wien" statt. Anlass genug für den Regierenden Bürgermeister von Berlin, Willy Brandt, Wien zu besuchen. Am 15. Oktober nimmt Bürgermeister Jonas im Beisein des Berliner Bürgermeisters Brandt und dessen Gattin die Benennung der städtischen Wohnhausanlage in Ottakring, Possingergasse, in „Berliner Hof" vor.

Zu Weihnachten wird die umgebaute Ringstraße für den Verkehr freigegeben. Der Ring ist durchgehend nach beiden Seiten befahrbar.

Die Benennung der Wohnhausanlage soll ein Gruß der Stadt Wien an die Stadt Berlin sein. Die Gedenktafel, die Jonas enthüllte, trägt die Inschrift: „Diese Wohnhausanlage der Gemeinde Wien wurde zu Ehren der Bevölkerung Berlins, die das schwere Los eines Lebens in einer zweigeteilten Stadt so tapfer erträgt, ‚Berliner Hof' benannt."

Der Hauskomplex Rathausplatz–Felderstraße– Ebendorfer Straße 2 (Rieder-Haus) ist, selbst 15 Jahre nach dem Krieg, teilweise noch immer eine hässliche Ruine. Die Wiener Städtische Versicherung will diese in Privatbesitz befindliche Liegenschaft kaufen, um dort ein Bürohaus zu errichten.

Im Zeichen der Verwaltungs- und Betriebsreform begannen bei die Wiener Stadtverwaltung 1960 die ersten Elektronenrechner zu arbeiten. Die Wiener Elektronenrechner-Anlage ist nach Ansicht von Experten die zurzeit modernste in Europa, die bei einer Stadtverwaltung in Betrieb ist. Ähnliche Einrichtungen, aber in kleinerem Umfang, gibt es nur in München und Saarbrücken.

Am Weihnachtstag werden die umgebauten Teile der Ringstraße bei den Kreuzungen Babenbergerstraße, Bellaria und Schottentor für den Verkehr freigegeben. Damit ist die entscheidende Phase dieser Unterführungen für den Straßenverkehr abgeschlossen und die Ringstraße durchgehend nach beiden Seiten befahrbar. Während des Winters wird am Innenausbau weiter gearbeitet. Die beiden Unterführungen Babenbergerstraße und Bellaria sollen im Frühjahr 1961 betriebsfertig sein. Mit der Freigabe des Baues am Schottentor ist im Sommer 1961 zu rechnen.

In den Abendstunden des 27. Dezember setzt aus dem Nordosten kommend eine feuchte Luftströmung über Wien ein, die innerhalb weniger Stunden im ganzen Stadtgebiet zu starker Glatteisbildung führt. Über 500 Mann und über 70 Fahrzeuge der Straßenpflege sind mit Streuarbeiten beschäftigt. Die Mannschaften des Streudienstes werden in der Früh des 28. Dezember auf rund 1.000 aufgestockt.

Im Espresso des Rondells der Karlsplatz-Passage

Der mächtigste Mann der UdSSR
in der Opernpassage

1961
KENNEDY UND CHRUSCHTSCHOW IN WIEN

Am Wochenende des 3. bis 4. Juni stand Wien im Blickpunkt des Interesses der Welt.
Der sowjetische Ministerpräsident Nikita Sergejewitsch Chruschtschow und der amerikanische Präsident John F. Kennedy trafen einander in Wien. Für die Wienerinnen und
Wiener ist dieses Gipfeltreffen ein Ereignis ersten Ranges. Besonders stürmisch begrüßt wurden die Ehefrauen der Politiker, Nina Chruschtschowa und Jackie Kennedy.
Verhandelt wurde über den künftigen Status Berlins, das noch von allen vier Sieger-
mächten besetzt war, über Atombombenversuche und über Abrüstung. Für den neu
gewählten US-Präsidenten war es das erste Zusammentreffen mit dem großen Gegner aus der Sowjetunion. Für Österreich war es der erste Besuch eines amtierenden
Präsidenten der Vereinigten Staaten und der erste Besuch des wichtigsten Politikers
der UdSSR.

Chruschtschow überreicht Kennedy in Wien ein Memorandum zur Deutschlandpolitik, das sogenannte Berlin-Memorandum. Darin schlägt er die Umwandlung West-Berlins in eine entmilitarisierte und neutrale Stadt vor und fordert den Abschluss eines Friedensvertrages. Das Memorandum wird erst am 11. Juni veröffentlicht. Politische Annäherung sollte es also keine geben. Für die Wiener war es aber ein Ereignis allerersten Ranges, die Chefs der Supermächte zu Besuch zu haben. Irgendwie gab einem dieses Gipfeltreffen das Gefühl, dass man wieder wer in der Welt sei, dass Wien wieder eine Weltstadt ist.

Den Auftakt des Kulturprogramms bildete ein gemeinsames Gala-Abendessen im Schloss Schönbrunn, anschließend gingen die Präsidenten getrennte Wege. Für Chruschtschow war ein Besuch des „Russendenkmals" am Schwarzenbergplatz obligat. Die Kennedys wiederum nahmen an einem von Kardinal König zelebrierten, von den Wiener Sängerknaben musikalisch begleiteten Gottesdienst im Stephansdom teil.

Das Galadiner im Schloss Schönbrunn war der einzige gemeinsame Auftritt von Chruschtschow und Kennedy in Begleitung ihrer Frauen. Die Straßen waren dicht gesäumt, als der Konvoi mit den Repräsentationslimousinen vorbeizog, begleitet von einem Riesenaufgebot an Polizei und Leibwächtern. Nikita Chruschtschow war in einem russischen ZIL unterwegs, Bundespräsident Adolf Schärf in einem Mercedes 600, US-Präsident John F. Kennedy wahlweise im Lincoln oder im Cadillac. Gepanzert war keines der Fahrzeuge.

Während die beiden Männer erst in der amerikanischen, dann in der russischen Botschaft verhandelten, gingen die Damen getrennte Wege. Nina Chruschtschowa ließ sich durch die Cézanne-Ausstellung im Belvedere führen, Jackie Kennedy besuchte die Spanische Hofreitschule. Nahm John F. Kennedy den Lincoln, war Jackie mit dem Cadillac unterwegs.

Im Jänner beschließt das „Kuratorium Wiener Pensionistenheime", das erste Wiener Pensionistenheim in der Viktor-Kaplan-Straße im 22. Bezirk zu errichten. Das erste vom Kuratorium gebaute Pensionistenheim wird etwa 150 Frauen und Männer aufnehmen können.

Im Februar wird der Beschluss gefasst, eine fast hundert Hektar große Parkanlage in dem Gebiet zwischen Hubertusdamm und Arbeiterstrandbadgasse einerseits und Bruckhaufen und dem

Ob JFK Chruschtschow zuhört?

ehemaligen Bretteldorf andererseits zu errichten. Damit wird auf den ehemaligen Müllablagerungsflächen und der ehemaligen Schießstätte eine große Erholungsanlage entstehen, die vorläufig den Arbeitstitel „Donaupark" tragen soll. Es ist beabsichtigt auf diesem Gelände in den Jahren 1963 bis 1965 eine Internationale Gartenschau abzuhalten.

WIENER WEIN

Wien hat ein eigenes Weinbaugebiet und nicht einmal das kleinste. Nur wenig kleiner als das Weinbaugebiet Traisental, aber deutlich größer als die Weinbaugebiete Südburgenland oder Weststeiermark. Mit rund 680 Hektar Anbaufläche ist also Wien die einzige Großstadt weltweit, die über einen beachtlichen Weinbau verfügt.

Der Wiener Wein wird in den sechziger Jahren noch mit dem Heurigen – sowohl als junger Wein wie auch als Buschenschank – identifiziert. Erst in den neunziger Jahren wird er zu einer internationalen Rarität und Spezialität avancieren. Der Grund: die erfolgreiche Entwicklung vom Massenwein zum Qualitätswein. Die mittlerweile zweite Generation von „Jungen Wilden" unter den Wiener Winzern wird internationale Erfahrung gesammelt haben, ihre Weine großteils in Bouteillen abfüllen und eher zu wenig als zu viel Wein produzieren. Ein ähnlicher Wandel wird sich auch in der Gastronomie vollziehen. Noch überlässt man den Wiener Wein ausschließlich den Heurigenwirten, noch hat nicht fast jedes renommierte Restaurant eine Auswahl an Wiener Flaschenweinen auf der Karte. Das wiederum erhöht das Ansehen des Wiener Weines, welches auch dem „Heurigen" nicht schadet. Ein attraktiver Teil des Wien-Klischees wird damit auch an Qualität gewonnen haben.

In der Nacht vom 8. auf den 9. Februar wird der kostbare, unter Denkmalschutz stehende, Festsaal der Alten Universität am Dr.-Ignaz-Seipel-Platz ein Raub der Flammen. Als die Feuerwehr eintraf, musste der Brand schon längere Zeit unter der Blech- und Eterniteindeckung des Dachstuhles unbemerkt gewütet haben. Die Flammen schlugen bereits aus dem Dachstuhl empor. Während der Löschaktion, die mit insgesamt 15 Rohrleitungen und mehreren Drehleitern aus der Bäckerstraße und Sonnenfelsgasse in Angriff genommen wurde, stürzte ungefähr ein Drittel der Dachkonstruktion in den Festsaal ab. Nach etwa zwei Stunden konnte die Feuerwehr „Brand aus" melden. Insgesamt waren 112 Feuerwehrmänner und 23 Löschfahrzeuge im Einsatz. Ein Löschmeister erlitt Brandwunden zweiten Grades. Der 600 Quadratmeter große und etwa 14 Meter hohe Festsaal der in den Jahren 1753 bis 1755 erbauten Alten Universität zählte zu den schönsten Baudenkmälern des barocken Wien. Er besaß eine reich stukkatierte, mit kostbaren Deckengemälden geschmückte Decke.

Im April wird das neue Pädagogische Institut eröffnet. Das Institut besitzt eine Pädagogische Zentralbücherei mit 190.000 Bänden, einen Lesesaal für 42 Personen, einen Direktionsraum, Arbeitsräume für die Angestellten und einen Büchersilo. Der Große Hörsaal ist mit 300 Sitzplätzen für Lichtbild- und Filmvorführungen eingerichtet. Auch der Schulpsychologische Dienst verfügt über geeignete Räume.

König Gustav VI. Adolf von Schweden stattet am 26. April Bürgermeister Jonas im Wiener Rathaus einen Besuch ab und trägt sich in das Goldene Buch der Stadt Wien ein. Der schwedische König besichtigt bei seinem Wien-Aufenthalt die Per-Albin-Hansson-Siedlung sowie viele neue Wohnhausanlagen.

Die Alte Universität brannte am 8. Februar

Anfang März wurde für die Durchführung der Wiener Internationalen Gartenschau 1964 auf dem Gelände des zukünftigen „Donauparkes" ein Ideenwettbewerb ausgeschrieben. Für den Ideenwettbewerb wurden insgesamt 17 Projekte eingereicht. Unter Berücksichtigung der prämierten Projekte wird nun ein Ausführungsprojekt ausgearbeitet. Gleichzeitig mit der gärtnerischen Ausgestaltung des rund 100 Hektar großen Areals am linken Donauufer, die bereits in Angriff genommen wurde, soll nach Vorliegen des gärtnerischen Ausführungsprojektes auch mit der Planung der verschiedenen Hochbauten begonnen werden. Für diese Planungen sollen freischaffende Architekten herangezogen werden.

Das Stadtgartenamt hat auch einen grafischen Wettbewerb für die Erlangung eines Signets der Internationalen Gartenschau ausgeschrieben. Die Jury hat insgesamt 34 Entwürfe von 11 Grafikern zu beurteilen.

In der Cumberlandstraße in Penzing eröffnet am 27. Mai Bürgermeister Jonas das St.-Rochus-Heim, eine neue Krankenabteilung des Altersheimes Baumgarten. Es handelt sich dabei um das völlig neu gestaltete ehemalige Rochusspital, in dem sich die „Pensionäre" – wie der Bürgermeister die Bewohner nannte – wohl fühlen können.

Bei dem Umbau wurden die letzten Erkenntnisse der Geriatrie berücksichtigt. In dem neu geschaffenen Haus befinden sich 110 Betten in durchwegs kleineren Räumen. Es gibt zahlreiche Zwei- und Dreibettzimmer, aber auch Einbettzimmer. Der größte Raum enthält acht Betten.

Im Juni feiert der Wiener Bürgermeister Franz Jonas sein zehnjähriges Amtsjubiläum. Aus diesem Anlass finden zahlreiche Sympathiekundgebungen auf dem Rathausplatz und im Rathaus statt. Die unmittelbaren Mitarbeiter des Bürgermeisters überreichen ihm zwei Medaillen aus dem Jahre 1883. Die eine wurde anlässlich der Eröffnung des Wiener Rathauses ausgegeben, die andere zur 200-Jahr-Feier des Sieges über die Türken. Jonas ist ein begeisterter Münzen- und Medaillensammler.

Die nächste Passage wird
eröffnet

Seit fast 700 Jahren hat es erst zwölf Bürgermeister gegeben, die eine zehnjährige
Amtszeit erreicht haben: Konrad Poll (1282 bis 1305), Michael Geukramer (1386 bis
1395), Daniel Moser (1626 bis 1637), Dr. Peter Josef Edler von Kofler (1751 bis
1763), Josef Georg Hörl (1773 bis 1804), Stephan Edler von Wohlleben (1805 bis
1823), Anton Lumpert (1824 bis 1834), Ignaz Czapka (1838 bis 1848), Dr. Johann
Caspar Freiherr von Seiller (1851 bis 1861), Dr. Cajetan Felder (1868 bis 1878),
Dr. Karl Lueger (1897 bis 1910) und Karl Seitz (1923 bis 1934).

Anlässlich seiner zehnjährigen Amtstätigkeit wurde Bürgermeister Jonas zum Ehrenbürger der Stadt Wien ernannt.

Anfang Juli eröffnet Bürgermeister Jonas das neu aufgebaute und modern gestaltete
städtische Strandbad „Alte Donau".

Das städtische Strandbad „Alte Donau" wurde bereits kurz nach dem Ersten Weltkrieg
geschaffen. Die Umkleide- und sonstigen Gebäude waren damals noch aus Holz, wobei auch Bauteile verwendet wurden, die aus älteren, aufgelassenen Bädern, zum Beispiel vom Kommunalbad bei der Reichsbrücke, stammten. Am Ende des Zweiten Weltkrieges entstanden durch Bomben starke Schäden.

Nach der erfolgten Renovierung gehört das Strandbad „Alte Donau" zu den schönsten
Bädern Wiens. Der alte Baumbestand konnte erhalten werden und es wurden zahlreiche Baumpflanzungen vorgenommen. In den zwei großen Umkleidegebäuden befinden sich 1.424 Kästchen für Männer, 1.208 Kästchen für Frauen und außerdem
500 Kabinen. Die alte Anlage hatte insgesamt nur 2.300 Kästchen und 107 Kabinen.
Die Trinkwasserversorgung, die Warmwasserbrausen und das Restaurant sind an die
Hochquellenleitung angeschlossen. Zusätzlich wurde ein Brunnen errichtet, der die
übrigen Brausen speist und der vor allem das Wasser für das Gießen der Grünflächen
liefert. Zur Verbesserung der Stromversorgung für die Brunnenpumpen, die Küchen-

maschinen, die Kühlanlage im Restaurant und für die 300 Beleuchtungskörper wurde eine eigene Trafostation im Kassengebäude installiert.

Das 150 Meter lange Ufer wurde ausgebaggert. Dort wurde jetzt ein schöner Sand- und Kiesstrand angelegt.

In Anwesenheit Tausender begeisterter Wiener und Wienerinnen eröffnet im Juli Bürgermeister Jonas die Passagen Babenbergerstraße und Bellaria.

Seit Anfang Juni fahren zehn Züge der Linie 42 mit neuen Strombügeln, die durch ihre ungewohnte Linienführung auffallen. Die neuen Bügel führen die etwas umständliche technische Bezeichnung Halbscherenstromabnehmer. Sie haben gegenüber den bei den Verkehrsbetrieben gebräuchlichen Bügeln den Vorteil, dass sie leichter sind und sich auch der verschiedenen Höhe des Fahrdrahtes leichter anpassen. Dadurch wird der vorzeitige Verschleiß der Fahrleitungen vermieden. Als erste Serie wurden 70 Stück in Auftrag gegeben.

Der älteste unter den vier derzeit in Wien im Alter von mehr als 100 Jahren lebenden Männern, Johann Schimmer, feierte am 11. September seinen 101. Geburtstag.

Anfang Dezember wird in der Viktor-Kaplan-Straße im 22. Bezirk der Grundstein für das erste „Wiener Pensionistenheim" gelegt. Die Gemeinde Wien hat schon vor Jahren begonnen, „Heimstätten für alte Leute" neu zu planen und im Flachbau oder höchstens einstöckig zu errichten. Die Nachfrage nach solchen Wohnungen ist auch weiterhin sehr groß, und aus diesem Grund wird der Bau solcher Heimstätten auch weiterhin fortgesetzt.

Etwa 20 Prozent aller Wiener sind über 65 Jahre alt, die Hälfte dieser Wiener ist sogar schon zwischen 70 und 100 Jahre alt. Viele sind nicht mehr rüstig genug, einen eigenen Haushalt zu führen. Viele benötigen oder wünschen betreuende Hilfe. Aber sie wollen auch möglichst wenig oder nichts von ihrer Unabhängigkeit einbüßen. Diese neue Situation wurde vor allem im Wohlfahrtswesen der Stadt Wien erkannt, und aus dieser Erkenntnis wurde ein Kuratorium ins Leben gerufen, das für Planung, Errichtung und Führung von Altersheimen neuer Art zu sorgen hat. Diese Heime sollen jenen alten Menschen zur Verfügung gestellt werden, die geistig und körperlich so rüstig sind, dass sie keine ständige Pflege brauchen.

Die Gemeinde Wien stellte dem Kuratorium für diesen Zweck 15 Millionen zur Verfügung. Die Heime werden kostendeckend geführt. In jenen Fällen, in denen die Pension oder die Rente zur Deckung der Pflegekosten nicht ausreichen, wird von der Fürsorge der Differenzbetrag übernommen. Diese Heime sollen „Wiener Pensionistenheime" heißen.

In dem ersten „Wiener Pensionistenheim" wird es 145 Einzelräume und zwölf Wohnungen für Ehepaare geben.

Die Unterführung beim Schottentor heißt korrekt Schottenpassage, aber nachdem die Wienerinnen und Wiener einen Hang zum – liebevollen – Spott haben, wurde daraus das „Jonasreindl".

Das „Jonasreindl"

Beim „kleinen
Opernball" im 7. Bezirk

1962

MODERNISIERUNG DER SCHULEN

Die Stadt Wien führt in 22 städtischen Schulhäusern umfangreiche Modernisierungs-
arbeiten durch. In zehn weiteren Schulen sollen noch heuer entsprechende Adaptie-
rungen vorgenommen werden. Seit 1945 hat die Stadt Wien 19 Neu- oder Zubauten
von Schulen mit insgesamt 190 Klassenzimmern und allen Nebenräumen und außerdem noch acht Pavillons mit 16 Klassen und zwei Turnsälen errichtet. In den ersten
Jahren nach Kriegsende wurden ein Schulgebäude und sechs Pavillons mit zusammen
33 Klassen in jenen Randgebieten Wiens errichtet, die später an Niederösterreich
abgetreten worden sind. Ende dieses Jahres werden von den 283 Volks-, Haupt-,
Sonder- und Berufsschulen Wiens 201 Schulgebäude vollkommen modernisiert sein.
Am 6. März ist es vierzig Jahren her, dass der Stadtschulrat für Wien ins Leben gerufen wurde. In einem historischen Rückblick verwies Bürgermeister Jonas auf die jahr-
zehntelangen Bemühungen Wiens um die Erlangung der Selbstverwaltung, die erst mit
der Konstituierung des Landes Wien nach dem Ersten Weltkrieg verwirklicht wurde.
Der 40-jährige Bestand des Stadtschulrates für Wien, sagte er, erinnerte an die Ereignisse, die uns nach der Gründung der Republik bewegten, an die Zeit, in der es um

die Entscheidung der Frage ging, ob Österreich als ein zentralistischer Staat oder auf der Grundlage der selbständigen Länder aufgebaut werden sollte. Als am 1. Jänner 1922 Wien ein selbständiges Bundesland wurde, vollzog sich die Trennung von Niederösterreich in guter Freundschaft. Mit der Errichtung des Stadtschulrates für Wien wurde dann auch eine Neuordnung im Schulwesen eingeleitet.

Anfang Mai beginnt in Kagran die Industrialisierung des Wiener Wohnungsbaues.

In der Montagefabrik in Kagran wird die erste Betonplatte mit Hilfe eines Kranes aus ihrer Form gehoben. Nur einige hundert Meter von der Wohnungsfabrik entfernt beginnt man bereits mit dem Aushub für die erste Wohnhausanlage aus Fertigbauteilen. Bis Jahresende sollen die ersten 60 Wohnungen aus der Wohnungsfabrik fertig sein. Insgesamt sollen 5.000 Wohnungen errichtet werden, die durch ein Fernheizwerk mit Wärme versorgt werden. Sämtliche Bauelemente werden in der Fabrik vorgefertigt, gehärtet, mit Spezialfahrzeugen auf die Baustelle gebracht und dann mit Hilfe von schweren Kränen montiert.

Mit goldenem Lorbeer und einem transparenten „Hunderttausender" hatten am 8. Mai die Arbeiter der Öffentlichen Beleuchtung die Jubiläumslampe geschmückt, die Bürgermeister Jonas auf dem Kopalplatz unmittelbar am Stubenring einschaltete. Es ist dies die 100.000. Straßenlampe in Wien.

Königin Juliana der Niederlande und Prinz Bernhard besuchten am 22. Mai, das dänische Königspaar Frederik IX. und Königin Ingrid am 7. Juni Bürgermeister Jonas im Wiener Rathaus und trugen sich in das Goldene Buch der Stadt Wien ein.

Bürgermeister Jonas legte Mitte Juni den Grundstein zum Wiener Planetarium. Jonas führte in seiner Rede u. a. aus: „... Der Neubau des Planetariums, dessen äußerer Rahmen eine würdige Hülle für das technische Meisterwerk sein wird, ist ein Teil eines größeren Planes für die Volksbildung in Wien. Das Instrument des Planetariums enthält

Beim großen Opernball im 1. Bezirk: Kronprinzessin Beatrix

insgesamt 29.000 Einzelteile von 2.000 verschiedenen Arten, darunter allein 152 Projektoren zur Projektion von über 8.900 Fixsternen ..." Das Bauwerk soll im Juni 1964 fertig sein.

Die Schule Per-Albin-Hansson-Siedlung führt einen interessanten Wettbewerb für 12-jährige Buben durch. Es soll jener Bub ermittelt werden, der die besten Kenntnisse über Schweden besitzt. Den Anlass zu diesem Preisausschreiben gab die Fertigstellung eines schwedischen Märchenfilmes nach dem berühmten Jugendbuch der Schriftstellerin Selma Lagerlöf „Nils Holgerssons wunderbare Reise mit den Wildgänsen".

Der Gewinner wird am Beginn des kommenden Schuljahres zusammen mit zwanzig anderen 12-jährigen Buben aus verschiedenen Ländern Europas nach Schweden eingeladen und eine zehntägige Reise durch ganz Schweden unternehmen. Die Route folgt den Spuren, die der 12-jährige Nils Holgersson in dem Film auf dem Rücken seiner Märchen-Gans zurückgelegt hat. Die Veranstalter dieser Märchenfahrt sind das Schwedische Rote Kreuz, der Schwedische Fremdenverkehrsverband, das Schwedische Institut für kulturellen Austausch mit dem Ausland, die Fluggesellschaft SAS, die „Nordisk Tonefilm"-Gesellschaft und die Kenne Fant & Co.

Der Preisträger des Wettbewerbs „Nils Holgersson" ist der 12-jährige Sohn eines Wiener Polizeibeamten aus der Per-Albin-Hansson-Siedlung, Erwin Pulka. Er gewann den Wettbewerb und überraschte die Jury mit seinen umfangreichen Kenntnissen über Schweden. Von der Fluggesellschaft SAS erhielt Erwin die Flugkarte nach Stockholm.

Bürgermeister Jonas legte im Oktober den Grundstein zum 260 Meter hohen „Donauturm". Das Bauwerk soll im künftigen Donaupark entstehen, als Mittelpunkt der für 1964 geplanten großen Internationalen Gartenschau. Mit den Bauarbeiten wurde am 31. Juli begonnen. Der fertige Turm wird 17.000 Tonnen schwer sein. Innerhalb von zwei Monaten konnte das komplizierte Fundament fertig gestellt werden. Der Turm, der auf dem 31 Meter im Durchmesser großen Fundament ruhen wird, soll aus einem sich nach oben hin verjüngenden 180 Meter hohen Stahlbetonschaft bestehen. Der untere Durchmesser beträgt zwölf Meter, der obere sechs Meter. Hergestellt wird der Turm in einem Verfahren, nach dem auch die beiden größten Pfeiler der Europabrücke in Tirol gebaut wurden. 500.000 Kilogramm Betonstahl und 3.000 Kubikmeter Beton wird der Turm verschlingen. Dazu kommen noch 100.000 Kilogramm Profilstahl und 32.000 Kilogramm Alu-

Nach der Renovierung erstrahlt das Theater an der Wien im neuen Glanz

minium für die Turmkopfkonstruktion sowie schließlich 50.000 Kilogramm Stahl für den 81 Meter hohen Stahlrohrmast, der dem Bauwerk zu seiner Höhe von 260 Meter verhelfen wird. Die Grundsteinurkunde lautet:

„Es wird hiermit beurkundet, dass am heutigen Tage der Grundstein für den ‚Donauturm' gelegt wurde. Im Rahmen der Wiener Internationalen Gartenschau 1964 wird der Turm seiner Bestimmung übergeben werden, um den Besuchern Wien in einer neuen Perspektive zu zeigen. …"

Beim Kommando der Verkehrsabteilung der Bundespolizeidirektion Wien in der Rossauer Kaserne wurde von der Stadt Wien eine zentrale Überwachungs- und Bedienungsstelle für automatische Verkehrslichtsignalanlagen eingerichtet. In Verbindung mit Fernsehkontrollstellen an wichtigen Verkehrsknoten soll sie dazu dienen, von einer

Es gibt noch einen
Fischmarkt am Donaukanal

zentralen Stelle aus die Mehrzahl der bestehenden und noch zu errichtenden koordinierten Signalkreuzungsstellen (besonders die künftigen „Grünen Wellen") zu überwachen und auch zu regeln.

Der Umbau der Floridsdorfer Hauptstraße und der Verkehrsflächen Am Spitz von der Jedleseer Straße bis zur Schloßhofer Straße wurde Mitte November fertig gestellt. Die Floridsdorfer Fahrbahnen werden dem Verkehr übergeben.

Anfang November kommt es zu einer Krise in der Wiener Staatsoper. Der Streit um einen italienischen Souffleur führt zu einem Streik des Personals. Eine Opernpremiere musste abgesagt werden. Beim Streit ging es um das Berufsbild eines Souffleurs in Österreich beziehungsweise eines Maestro suggeritore in Italien. Er gehört in Italien zum künstlerischen Personal, über dessen Einsatz ausschließlich der künstlerische Leiter eine Oper entscheidet.

Das Ergebnis der Nationalratswahl vom 8. November in Wien: In Wien waren 1,264.397 Wahlberechtigte, davon haben 1,146.055 Personen ihre Stimme abgegeben, das waren 90,64 Prozent. Ungültige Stimmen: 10.431, gültige Stimmen: 1,135.624. Davon entfielen auf die ÖVP: 391.985 = 34,52 Prozent, auf die SPÖ: 595.265 = 52,42 Prozent, auf die FPÖ: 74.855 = 6,59 Prozent, auf die KLS: 57.287 = 5,04 Prozent und auf die EFP: 16.232 = 1,43 Prozent.

Am 27. November 1962, um 16.10 Uhr MEZ, verlosch in Wien die letzte Gaslaterne. Ein Hebel wurde betätigt und eine Epoche war beendet. Schauplatz dieses lokalhistorischen Ereignisses war die Sauraugasse im 13. Bezirk. Die letzte Gaslaterne wird dem Hietzinger Heimatmuseum übergeben.

Ein verirrter Reiter auf der
Reichsbrücke.

1953

DAS LETZTE „BRETTELDORF"

Am 8. Jänner muss ein Großbrand im Hietzinger Parkhotel gelöscht werden. Im Feuerwehrbericht heißt es: In den Dachräumen des Hietzinger Parkhotels haben seit einigen Tagen Arbeiter einer Installationsfirma Schweißarbeiten durchgeführt.

Am 7. Jänner endete die Arbeitszeit um 18 Uhr. Es besteht daher die Möglichkeit, dass Funken vom Schweißbrenner die Brandursache waren. Zum Zeitpunkt der Alarmierung der Feuerwehr waren schätzungsweise 300 Quadratmeter der Dachhaut des rund 150 Meter langen über vier Trakte führenden Daches durchgebrannt. Die Flammen schlugen aus dem rechten Eckturm bereits auf den rechten Seitentrakt. Im ersten Löschangriff wurden drei Schlauchleitungen eingesetzt, nach Eintreffen der Bereitschaftszüge weitere 14 Schlauchleitungen. Durch den umfassenden Einsatz auf das Dach im Vordertrakt des Hotels und die beiden Seitentrakte gelang es, den Brand einzuschränken. Es gelang somit, das Dach des Hintertraktes und etwa die Hälfte der Räume im fünften Stock zu erhalten. Die Brandbekämpfung war durch starke Rauchentwicklung sowie durch das Vorhandensein von Dissousgas- und Sauerstoff-Flaschen im Brandbereich stark erschwert ... Durch herabstürzende Deckenteile wurden sechs Feuerwehrmänner verletzt ... bei den Löscharbeiten am Dach trugen drei weitere Feuerwehrmänner Verletzungen davon.

In London findet vom 24. Jänner bis 7. Februar das Vienna Culinary Festival 1963 statt. Hauptakteure des Feinschmeckerfestes an der Themse sind acht österreichische Meisterköche, darunter fünf Wiener. Vom Fleisch bis zu den Semmelbröseln werden die Lebensmittel täglich von Wien aus mit Flugzeugen nach London geliefert. Und täglich frisch aus Wien kommt auch das Wasser für die Zubereitung des Kaffees.

Am 16. Februar früh folgten 5.000 Gemeindebedienstete dem Aufruf von Bürgermeister Jonas zur freiwilligen Schneearbeit. Die Aktion erstreckte sich über alle Wiener Bezirke. Unter der 300 Mann starken Gruppe, die beim Rathaus arbeitete, sah man auch Wiener Stadträte, den Magistratsdirektor sowie viele höhere Beamte. In allen Wiener Bezirken hatten sich auch Gemeinderäte und Bezirksräte der Schneeräumung der Wiener Gemeindebediensteten angeschlossen.

Am 4. März erringt die Wiener Eiskunstläuferin Regine Heitzer in Cortina d'Ampezzo eine Silbermedaille bei der Weltmeisterschaft.

Das neueste und eigenartigste städtische Spezialfahrzeug, ein „Toiletten-Wagen", wird bei der Eröffnung der Wiener Frühjahrsmesse im Wiener Pratergelände zum ersten Mal in Wien zum Einsatz kommen. Es handelt sich um einen siebensitzigen „Klo-Bus", der als fahrende Bedürfnisanstalt bei größeren Veranstaltungen im Freien eingesetzt werden kann. Die Kapazität der Behälter reicht für 350 „Sitzungen". Der Betrieb ist auch ohne Kanalanschluss möglich. Die Stadt Wien hat noch zwei weitere fahrende WC-Anlagen für die nächstes Jahr stattfindende Wiener Internationale Gartenausstellung bestellt.

Das Parkhotel brennt

MORD IN DER STAATSOPER

1963 wird einer der Aufsehen erregendsten Morde in Wien verübt. Am 12. März stand auf dem Programm der Wiener Staatsoper Wagners „Walküre". Nach Beginn der Vorstellung wurde in einer Dusche die blutüberströmte Leiche eines Mädchens entdeckt. Es war eine 11-jährige Ballettschülerin, die eine Probe am Vormittag besuchen wollte. Sie war erstochen worden.

Nach dem Ende der Vorstellung setzten umfangreiche Ermittlungen ein. 14.000 Personen wurden von einem Großaufgebot an Kriminalisten als mögliche Täter überprüft. Am 6. August 1963 konnte Josef Weinwurm festgenommen werden. Er hatte in der Zwischenzeit drei junge Frauen mit seinem Messer attackiert – in einem Kino, im Stadtpark und in einem Gotteshaus in der Innenstadt. Und er hatte mit einer, an eine Zeitung gerichteten Ansichtskarte, in der er sich „der Mörder von der Oper" nannte, die Öffentlichkeit provoziert. Am 10. April 1964 wurde Josef Weinwurm nach einem Aufsehen erregenden Prozess im Wiener Landesgericht zu lebenslanger Haft für den Mord und dreifachen Mordversuch verurteilt.
Im Alter von 74 Jahren starb Weinwurm 2004 im Gefängnis.

Das neue Verkehrsbauwerk unter der Kreuzung Opernring–Operngasse wird die offizielle Bezeichnung „Albertina-Passage" erhalten.

Im Juni wird mit dem Bau der Westautobahn auf Wiener Boden begonnen werden. Die Vorarbeiten für das 2,8 Kilometer lange Baulos, die seit drei Jahren laufen, wurden nun abgeschlossen. Hochspannungsleitungen mussten verlegt werden und auch die Lainzer Tiergartenmauer „musste sich eine Verschiebung gefallen lassen". Damit ist der Start frei für den Autobahnbau von der Wiener Stadtgrenze bis zur Anschlussstelle Auhof. Die städtische Straßenbauabteilung führt diese Arbeiten als Bundes-Straßenverwaltung für das Land Wien durch. Die Baukosten trägt das Handelsministerium. Für die Arbeiten im Baulos Lainzer Tiergarten einschließlich der Autobahn-Anschlussstelle Auhof werden voraussichtlich 24 Millionen Schilling erforderlich sein. Im Jahre 1965 soll die Wiener Westautobahn provisorisch fertig sein.

Im Juli wird der Grundstein zur 3. Zentralberufsschule der Stadt Wien im 12. Bezirk, Malfattigasse 6 – größter Schulbau Wiens seit 1945 – gelegt. Dieses gigantische Projekt, für dessen Verwirklichung eine Baukostensumme von ca. 100 Millionen Schilling veranschlagt ist, wird auf einem 27.490 Quadratmeter großen Gelände in Meidling errichtet werden; das verbaute Areal wird 5.589 Quadratmeter umfassen. Der gesamte Bau wird aus drei großen Trakten bestehen, einem Klassen-, einem Saal- und einem Verwaltungstrakt. Auch die Errichtung einer eigenen Sportanlage und eines Pausenhofgartens ist vorgesehen. Die 3. Zentralberufsschule wird dem textilverarbeitenden Gewerbe als zentrale Ausbildungsstätte zur Verfügung stehen.

Im Juli wird das letzte der „Bretteldörfer" abgesiedelt – damit haben die Bretteldörfer zu bestehen aufgehört. Auf dem Gelände, wo das letzte Bretteldorf stand, werden im nächsten Jahr die Besucher der Wiener Internationalen Gartenschau (WIG 64) promenieren.

Das letzte Bretteldorf im 22. Bezirk lag zwischen der Wagramer Straße, der Schießstattgasse, der Warhanekgasse und dem Hubertusdamm. Das ganze etwa 1,2 Millionen Quadratmeter große Gebiet gehörte seinerzeit dem Stift Klosterneuburg. Nach dem Ersten Weltkrieg teilte das Stift dieses Gelände in viele kleine Parzellen auf und verpachtete diese. Durch die Not in den Jahren nach dem Ersten Weltkrieg wurden die kleinen Grundstücke von den Pächtern nicht nur gärtnerisch und landwirtschaftlich genützt, sondern unter dem Druck der damaligen Verhältnisse entgegen dem Wortlaut der Pachtverträge und ohne baubehördliche Genehmigung auch mit mehr oder weniger schönen Hütten und Häuschen versehen.

Dieses Gebiet war aber nicht hochwassersicher und es wurde bei jedem Katastrophen-hochwasser durch Aufsteigen des Grundwassers überflutet. Es wurde deshalb zum Schutze des Hubertusdammes und des Gebietes des Bretteldorfes zwischen dem Chorherrenstift und der Gemeinde Wien im Jahre 1935 ein Übereinkommen getroffen, nach dem unter anderem das Gebiet des sogenannten Bretteldorfes mit Ausnahme eines schmalen Baulandstreifens an der nordwestlichen Straßenseite der Wagramer Straße in das Eigentum der Stadt Wien übertragen wurde. Das Gelände wurde als „Anschüttungsgebiet – Zukünftiges Gründland" gewidmet und bestimmt, dass die Flächen anzuschütten sind. Diese Anschüttung wurde 1936 durch Müllablagerung der Magistratsabteilung 48 begonnen.

Zur Freimachung der Parzellen für Zwecke der Müllanschüttung wurde 1937 zunächst gegen eine Anzahl von Pächtern die Kündigung eingeleitet, die jedoch vom Bezirksge-richt Leopoldstadt auf Grund eines für die Stadt Wien ungünstigen Sachverständigen-gutachtens für rechtsunwirksam erklärt wurde. Die seitens der Gemeindeverwaltung gegen dieses Urteil ergriffene Berufung wurde unter dem Einfluss des inzwischen be-gonnenen NS-Regimes zurückgezogen, womit das Urteil rechtskräftig war. Ab diesem Zeitpunkt war die Stadtverwaltung gezwungen, die Räumung der Parzellen durch müh-same Verhandlungen zu erreichen, wobei die Stadt Wien namhafte Abfindungen in ver-schiedenster Form zugestehen musste, wie Barbeträge, Ersatz, Siedlungshaus, Wohnungen usw.

Nach Ende des Zweiten Weltkrieges wurden die Absied-lungen weiter betrieben, in den letzten fünf Jahren mit verstärkter Intensität. Seit 1945 bis zum heutigen Tag hat die Gemeinde Wien für die Absiedlung von 246 Pacht-stellen mit 628 Personen nicht weniger als 7,340.000 Schilling in bar ausgegeben und außerdem 179 Wohnungen durch das Wohnungsamt zur Verfügung ge-stellt.

In Skopje, der Hauptstadt der jugoslawischen Teilrepublik Mazedonien, kommt es am 26. Juli zu einem starken Erdbeben. Es sterben 1.100 Menschen, Tausende wer-den verletzt. Am 27. 7. schickt der Bürgermeister ein Telegramm an die Stadtverwaltung von Skoplje: „Durch die Nachrichten über Rundfunk und Presse von der furchtbaren Erdbebenkatastrophe, die Ihre so schöne Stadt heimgesucht hat, tief erschüttert, spreche ich Ihnen im Namen der Bevölkerung der Bundeshauptstadt Wien und im eigenen Namen tief gefühlte Anteilnahme aus. Die

Unser Eislaufstar
Regine Heitzer

Der Sessellift funktioniert schon

Am 31. August nimmt der Sessellift im Donaupark, auf dem Gelände der WIG 1964, seinen Betrieb auf. Der Sessellift, im Dreieckkurs errichtet, befördert in drei Meter Höhe bei einer Fahrzeit von 30 Minuten dreimal 300 Personen in der Stunde und kostete zweimal drei Millionen Schilling. Eine Fahrt mit dem neuen Sessellift kostet nicht 30 – sondern 10 Schilling.

Bundeshauptstadt Wien wird sich selbstverständlich an der Hilfsaktion für Ihre so schwer getroffene Stadt beteiligen." Der jugoslawischen Botschaft in Wien wird das Anerbieten gestellt, Kinder aus Skopje auf Kosten der Gemeinde Wien zu einem Erholungsaufenthalt nach Wien zu nehmen.

Der Verein „Kultur und Mode" wirbt im September für geziemende Kleidung bei Kulturveranstaltungen und stellt fest: „Aufmerksamen Beobachtern der Wiener Plakatwände und Litfasssäulen wird sicherlich schon aufgefallen sein, dass die Theater- und Konzertprogramme seit einiger Zeit mit einem Aufdruck versehen sind, in dem die Theater- und Konzertbesucher gebeten werden: ‚Erweisen Sie den Heimstätten der Kunst und den Künstlern durch eine geziemende Kleidung die gebührende Achtung.'

Also vergessen Sie nicht, verehrter Kunstfreund: Geziemende Kleidung im Theater und Konzertsaal gehört nicht nur wie die Pünktlichkeit zur Höflichkeit der Könige, sondern sie erhöht auch den Kunstgenuss und wird nicht zuletzt künftigen Generationen zur Beurteilung dafür dienen, ob wir Kultur gehabt haben – oder nicht."

Im September finden in Wien wieder zahlreiche Kongresse und Großveranstaltungen statt, wie etwa die Ordentliche Tagung der Generalkonferenz der Internationalen Atomenergie-Organisation.

Unter „großem Trara" – schmetternder Marschmusik der Wiener Feuerwehrkapelle – eröffnete Bürgermeister Jonas im Oktober die neue Feuerwache Donaustadt in Stadlau.

Am 23. November treten die ersten Verkehrsablenkungsmaßnahmen in Kraft, die für den Beginn eines der größten Verkehrsbauwerke der Gemeinde Wien notwendig sind:

die Verlegung der Straßenbahnlinie 2 von der Secession bis zur Alser Straße unter die Erde. Zur Aufrechterhaltung des Verkehrs soll in Tag- und Nachtarbeit voraussichtlich in zwei Schichten gearbeitet werden.

Zum tragischen Tod des Präsidenten der Vereinigten Staaten von Amerika, John F. Kennedy, sandte Bürgermeister Jonas am 23. November ein Beileidstelegramm an die Witwe des Verstorbenen, Jacqueline Kennedy: „Tief erschüttert durch die Nachricht vom tragischen Ableben Ihres von mir hoch geschätzten Gatten, Präsident John F. Kennedy, spreche ich Ihnen in meinem eigenen und im Namen der Bevölkerung der österreichischen Bundeshauptstadt Wien meine aufrichtige Anteilnahme aus."

Im Dezember wird beschlossen, die neue Brücke über den Wienfluss in Hietzing „Kennedy-Brücke" nennen. Mit dieser Benennung wird auch in Wien das Andenken an John Fitzgerald Kennedy geehrt.

ANNIE ROSAR

In Wien stirbt in diesem Jahr die beliebte Wiener Schauspielerin Annie Rosar im 76. Lebensjahr. Annie Rosar wurde am 17. Mai 1888 in Wien

geboren. Sie war von 1917 bis 1923 am Wiener Burgtheater und von 1925 bis 1938 am Theater in der Josefstadt; 1939 bis 1944 und 1947 bis 1951

am Deutschen Volkstheater, vorwiegend in komischen Rollen, zu sehen. Rosar wirkte in zahlreichen Lustspielen, auch in sehr volkstümlichen Rollen, mit. Große Erfolge feierte sie in Filmen.

Im Freudenauer Hafen wurde ein großes Modell der Donau im Raum von Wien errichtet, mit 300 Meter Länge das größte hydraulische Modell in Europa. Im Maßstab 1:100 plätschert dort die Donau zwischen Stromkilometer 1.941 bei Klosterneuburg und Stromkilometer 1.910 bei Mannswörth dahin. Es ist aber nicht mehr die Donau, sondern eine zweigeteilte Donau, wie sie nach dem Hochwasserschutzprojekt aussehen soll, das von der Stadtplanungskommission im Prinzip genehmigt wurde. Die Zukunft sieht ungefähr so aus: Bei Lang-Enzersdorf teilt sich der Donaustrom in das alte Strombett und in einen Hochwasserentlastungskanal, der entlang dem Hubertusdamm im heutigen Überschwemmungsgebiet ausgehoben werden soll. Das Aushubmaterial wird gleich dazu verwendet, einen ungefähr 230 Meter breiten hochwassersicheren Mittelstreifen zwischen Kanal und Strom anzulegen. Dieser Streifen soll Erholungszwecken dienen. Kurz vor der Einmündung des Donaukanals wird auch der Entlastungskanal wieder in den Strom münden.

Im Sommer 1964 sollen die Versuchsreihen abgeschlossen sein, bei denen alle hydraulischen Probleme untersucht werden sollen, ebenso die Probleme der Flussbettbildung, der Schifffahrt und der zukünftigen Kraftwerksstufen Klosterneuburg und Freudenau.

Der Tagesbedarf an elektrischer Energie im Wiener Versorgungsgebiet überschritt am 19. Dezember erstmalig seit dem Bestehen der Wiener E-Werke die Höhe von zehn Millionen Kilowattstunden bei einer ebenfalls bisher nicht erreichten Spitzenleistung von 538.000 Kilowatt.

1964
WIENER INTERNATIONALE
GARTENAUSSTELLUNG – DIE WIG

Am 16. April 1964 wird die Wiener Internationale Gartenschau 1964 (WIG 64) von Bundespräsident Dr. Adolf Schärf in Anwesenheit von Bürgermeister Jonas, zahlreicher Mitglieder der Bundes- und Landesregierung und von über 2.500 Ehrengästen aus aller Welt eröffnet. Sie wird vom 16. April bis 11. Oktober 1964 auf dem rund 100 Hektar großen Gelände des von der Gemeinde Wien in den Jahren 1961 bis 1964 geschaffenen Donauparks – ehemals eine Mistabladestätte – abgehalten. Bei der Eröffnungsschau sind 168 Gartenbaubetriebe aus 28 Ländern mit ihren Erzeugnissen vertreten. Aus Österreich sind gegenwärtig 62 Aussteller beteiligt. Mehr als 50 Sonderveranstaltungen und Fachausstellungen folgen im Laufe des Jahres. Wahrzeichen der WIG ist der Donauturm.

Die drei wesentlichsten Gebiete der Gartenschau sind einmal der Bereich beim Haupt-eingang Reichsbrücke – Wagramer Straße mit der Haupthalle, den Pavillons, der Indus-trieschau mit den Zelthallen sowie den Kalt- und Warmwasserbecken und der Sonder-schau „Plastik und Blume". Dem Donauturm vorgelagert, sozusagen als optischer An-lauf, ist eine 18 Hektar große Rasenschüssel, um die sich gärtnerische Sonderschauen wie die Sommerblumenschau, die Staudenschau, die Kleingartenmusterschau, Baum-schulenschau, Dahlienschau sowie der Lesegarten, der Heidegarten mit der Wetterstati-on, die Milchbar, der Filmpavillon, der Paracelsusgarten, das Turmglashaus, der Mini-golfplatz, ein Kinderspielplatz und der Heilquellenpavillon gruppieren. Und schließlich der rund drei Hektar große künstliche See, der von der Seebühne und Tribüne, Azaleen- und Rhododendrenschau, Alpenpflanzenschau, Irisschau und Rosenschau um-schlossen wird. In diesem Bereich befinden sich auch die Gärten der Nationen, das „Mondzelt", der Musterfriedhof und ein weiterer Kinderspielplatz.

Auf dem Gelände der WIG befinden sich natürlich auch zahlreiche gastronomische Be-triebe. Folgende Verkehrsmittel werden auf dem WIG-Gelände eingesetzt: ein Sessellift mit einer Gesamtlänge von 2,2 Kilometer und einer Beförderungskapazität von rund 1.000 Personen pro Stunde, eine Ausstellungsbahn mit einer Schienenlänge von ca. 3,3 Kilometer und 20 Stück Rikscha mit der Beförderungsmöglichkeit für je zwei Per-sonen.

Einige Zahlen zur WIG: Gepflanzt wurden rund 200.000 Rosen, 2,000.000 Stauden, 40.000 Nadelbäume, 1,500.000 Sommerblumen, 1,200.000 Blumenzwiebeln und drei Tonnen Narzissen zum Verwildern.

Mitte Jänner teilen die Wiener Wasserwerke mit, dass der Wasserverbrauch seit Wochen die Zuflüsse aus den Quellen und Grundwasserwerken, die infolge des an-haltenden Frostes dauernd zurückgehen, übersteige.

Am 23. Jänner sind die städtischen Wasserwerke gezwungen, amtlich Maßnahmen zur Einschränkung des Wasserverbrauches anzuordnen. Jede Wasserverschwendung wird verboten und der Wasserverbrauch muss auf das unumgänglich notwendige Maß eingeschränkt werden. Übertretungen werden mit Geldstrafen bis zu 3.000 Schilling, im Nichteinbringungsfall mit Arrest bis zu zwei Wochen geahndet. Außerdem kann den Wassersündern sofort das Wasser abgesperrt werden.

Am 24. Jänner geben die Wiener Wasserwerke die Fahrtrouten der Wassertankwagen durch die Bezirke bekannt. Um die rasche Wasserversorgung der Bevölkerung mit Hilfe von Tankwagen zu gewährleisten, appellieren die Wasserwerke an die Kraftfahrer, ihre Wagen nicht neben Hydranten zu parken.

Der sowjetische Kosmonaut Oberstleutnant Popowitsch traf am 6. Februar zu einem Besuch im Wiener Rathaus ein, wo er von Bürgermeister Jonas empfangen wurde. Popowitsch betonte, dass sich die Weltraumfahrt durchaus noch im Stadium des Ex-

HANS MOSER

Das Markenzeichen des Wiener Volksschauspielers und Vollblutkomikers Hans Moser war das Nuscheln. Als Filmschauspieler gab er den Typ des Wiener Grantlers und Raunzers mit letztlich doch weichem Herz. Mit dem Film „Hallo Dienstmann" schuf er ein Wiener Original. Meisterhaft verkörperte er den Wiener Typ – egal ob im Film oder auf der Bühne. Er feierte mit ebenso differenzierten Darstellungen volkstümlicher Nestroy- und Raimund-Figuren, wie etwa dem Hausdiener Melchior in Nestroys „Einen Jux will er sich machen", rauschende Erfolge. Hans Moser wurde am 6. August 1880 als Jean Julier in Wien geboren. Er nahm bei einem weitschichtigen Verwandten, dem Burgschauspieler Joseph Moser, Unterricht, nannte sich aus Verehrung für seinen Lehrer Hans Moser und begann 1897 harte Lehrjahre in der Provinz. Auch die Jahre nach dem Ersten Weltkrieg brachten ihm noch nicht den Durchbruch. Erst 1926 kam die Wende. Moser trat nun mit Sondernummern in Wiener Kabaretts auf und wurde für komische Rollen in Operetten verpflichtet. Max Reinhardt holte ihn an das Deutsche Theater in Berlin und gab ihm die Möglichkeit, sich zum Charakterdarsteller zu entwickeln. Reinhardt nahm ihn auch nach Amerika mit, wo er in dessen Inszenierung des „Sommernachtstraums" am Broadway Weltgeltung erlangte. Die ungeheure Popularität des Schauspielers ist vor allem dem Film zu danken, zu dem er gleichfalls erst verhältnismäßig spät kam. Seit 1954 war Moser Mitglied des Burgtheaters. Auch an das Theater in der Josefstadt wurde er engagiert. 1964 starb Hans Moser in Wien.

perimentes befinde. Immerhin, meinte er aber, wäre man technisch schon so weit, dass er – selbstverständlich nur mit Erlaubnis des Wiener Bürgermeisters – in jedem beliebigen Wiener Bezirk landen könne.

In den letzten fünf Jahren gab es in Wien 1.995 Gasunfälle, von denen 778 tödlich ausgingen. Die Zahl der Selbstmordversuche ist dabei nicht mitgerechnet. Im Jahre 1963 betrug die Zahl der Gasunfälle 362 mit 135 Toten. Bürgermeister Jonas gab nun den Auftrag, einen Projektsentwurf für eine Gasentgiftungsanlage dem Wiener Gemeinderat in kürzester Zeit vorzulegen, aus dem sowohl die technischen Daten als auch die Kosten hervorgehen. Die Wiener Gaswerke machen in Leopoldau bereits seit dem Jahre 1958 Versuche zur Herabsetzung der Giftigkeit des Wiener Stadtgases. In München zum Beispiel ist eine solche Entgiftungsanlage bereits seit Mitte 1962 in Betrieb. Die Zahl der tödlichen Unfälle ist dort im vergangenen Jahr von bisher durchschnittlich 40 bis 80 Menschen auf drei zurückgegangen.

Am 28. Februar um 10.41 Uhr langte in der Hauptfeuerwache Am Hof eine Meldung über einen Kabelbrand im Kühlhaus der Vereinigten Eisfabriken in der Brigittenau, Pasettistraße 76, ein. Zunächst fuhr ein Bereitschaftszug mit fünf Fahrzeugen aus. Wegen der Stärke des Brandes fuhren weitere drei Bereitschaftszüge und Tanklöschwagen zur Brandstelle. Die ersten Meldungen sprachen auch von zwei vermissten Personen. Bei der Brandbekämpfung waren schließlich vier komplette Bereitschaftszüge der Feuerwehr am Brandort vertreten. In den frühen Nachmittagsstunden stand fest, dass es sich um das ärgste Schadenfeuer in Wien seit dem Brand der Börse handelt.

Widerspenstige Gänse bei der WIG

Der Bürgermeister eröffnet
die Kennedybrücke

Erst in den frühen Morgenstunden wurden die Leichen der beiden vermissten Personen im 4. Stock des Gebäudes gefunden. Beide waren Arbeiter in den Vereinigten Eisfabriken. Bei den Löscharbeiten zogen sich mehrere Feuerwehrleute Verletzungen und Rauchgasvergiftungen zu.

Die Wassersparmaßnahmen, die am 24. Jänner verfügt werden mussten, werden am 3. März aufgehoben.

Die Müllverbrennungsanlage der Stadt Wien am Flötzersteig hat Anfang März den vollen Betrieb aufgenommen.

Bürgermeister Jonas legte im Mai den Grundstein zum modernsten Hallenbad Wiens in Floridsdorf. Der Komplex, für den mit einer Bauzeit von 36 Monaten gerechnet wird, gliedert sich in vier Teile: einen dreigeschossigen Hauptbau, eine Schwimmhalle, mehrere niedrige Verbindungsbauten und eine Dienstwohnung.

Im Zweiten Weltkrieg war die Secession an der Nordwestseite von Bomben getroffen worden. Unmittelbar nach Kriegsende wurde das Gebäude von Schülern der Bundesgewerbeschule Schellinggasse und der Berufsschule unter der Leitung ihrer Lehrer wieder instandgesetzt und für Ausstellungszwecke zugänglich gemacht. Bei dieser durch Materialmangel stark behinderten Aktion konnte naturgemäß auf die Pläne Olbrichs im Einzelnen nicht Rücksicht genommen werden. So erhielt die Secession eine den Zeitumständen entsprechende, aber auf die Dauer ungenügende Dachkonstruktion, stilwidrige Lichtöffnungen wurden aus den Mauern gebrochen, tragende Wände aufgeführt und dergleichen mehr. In den folgenden Jahren machte sich die fortschreitende Abnützung des Objektes immer stärker bemerkbar.

Die Renovierung der Wiener Secession wurde von der Stadtverwaltung als Eigentümerin des Hauses im Frühjahr 1963 begonnen. Bei den Arbeiten wurde der Absicht Rechnung getragen, einerseits die von Joseph Olbrich gewählte Form wiederherzustellen und andererseits das Gebäude allen Erfordernissen eines modernen Ausstellungszentrums anzupassen

Anstecker eines
Autofahrer-Klubs

Der Donauturm ist 252 Meter hoch, die Aussichtsterrassen liegen auf einer Höhe von 150 und 155 Meter. Er hat zwei Aufzüge für je 15 Personen, die 6,2 Meter pro Sekunde schnell fahren. Die beiden Restaurants drehen sich und brauchen mindestens 26 Minuten für eine Umdrehung. Im Jahr hat der Donauturm rund 450.00 Besucher.

Die Fassade mit ihren Bildhauerarbeiten musste ganz abgeschlagen und neu hergestellt werden. Der Ausstellungsraum im Souterrain wird ebenfalls neu adaptiert und mit einer Vorführkabine für Lichtbilder ausgestattet. Über dem Haus erhebt sich wieder die charakteristische goldene Laubkuppel, die an ihrer Innenseite in hellem Grün gehalten ist und die von den Wienern den Spitznamen „Goldenes Krauthappl" bekam.

Im Juni wird im Prater, in der Nähe des Riesenrades, das neue Wiener Planetarium und das darin untergebrachte Pratermuseum eröffnet. Am 1. Juli die neue Tiefgarage Am Hof. Mit ihrem Bau wurde im August 1962 begonnen. Der Baugrund wurde von der Gemeinde Wien zur Verfügung gestellt. Die Garage bietet Platz für 500 Kraftfahrzeuge; die Hälfte der Einstellplätze sind für Dauerparker reserviert. Kurzzeitiges Parken kostet pro Stunde drei Schilling. Ende Juli wird die fünfte Fußgängerpassage im Zuge der Ringstraße eröffnet: die Albertina-Passage.

Zu einem Volksfest gestaltete sich am 11. September die Eröffnung der neuen Hietzinger Brücke, die gleichzeitig den Namen „Kennedy-Brücke" erhielt. Tausende Zuschauer waren zur Eröffnung gekommen. Mit der Benennung der Brücke nach dem ermordeten Präsidenten Kennedy ist es nun das vierte Mal, dass Wien berühmte amerikanische Staatsmänner ehrt. In Favoriten gibt es den Washington-Hof, vor der Votivkirche befindet sich der Rooseveltplatz, erst vor zwei Jahren wurde in der Donaustadt eine neue Wohnhausanlage nach George Marshall in „Marshall-Hof" benannt.

Die Häuserblocks im sogenannten Blutgassen-Viertel im

Die 1,400.000ste Besucherin der WIG bekommt einen Blumenstrauß von Filmstar Rudolf Prack

1. Bezirk, zwischen Singerstraße, Blutgasse, Grünangergasse und Domgasse, gehören zu den ältesten von Wien. Einer von ihnen wurde durch einen Bombentreffer völlig zerstört, die anderen schwer beschädigt und boten das Bild eines verfallenden, abbruchreifen Althausbestandes. Wien hat es sich zur Aufgabe gemacht, diesen romantischen Winkel der Altstadt zu erhalten. Nach sorgfältiger Prüfung aller Möglichkeiten wurde mit Beginn des Jahres 1963 mit der stilgetreuen Restaurierung begonnen. Eines der Häuser ist ein besonders schönes Beispiel eines Alt-Wiener „Pawlatschenhauses" mit Wandelgängen im Innenhof. Das Innere der Häuser wird nach

Möglichkeit in aller Ursprünglichkeit wiedererstehen, aber in Belichtung, Beheizung und sanitären Einrichtungen jeden modernen Komfort erhalten. Die 29 hier entstehenden Wohnungen in der Größe von 40 bis mehr als 300 Quadratmeter Wohnfläche sowie die zehn geplanten Geschäftslokale werden an Interessenten vermietet, die 50 Prozent der effektiven Renovierungskosten als Mietvorauszahlung leisten müssen und den Rest in monatlichen Teilbeträgen zurückzahlen.

Im Rahmen der Sanierung des Blutgassen-Viertels ist auch geplant, eine Fußgeherpassage zu errichten, die

Die Wiener Frühjahrsmesse im Messepalast

vom Stephansplatz durch das Deutsche Haus hindurch die Blutgasse überquerend durch das Pawlatschenhaus bis zur Kumpfgasse und von dort bis zum Parkring führen soll. Entlang dieses Fußgängerdurchganges werden Lokale für Geschäfte und Boutiquen errichtet.

König Bhumibol von Thailand und seine Gattin Königin Sirikit statteten am 30. September dem Wiener Rathaus einen offiziellen Besuch ab.

Auf dem Donauturm wurden drei Xenon-Drehfeuer angebracht, die im Oktober zum ersten Mal probeweise in Betrieb genommen wurden. Die Drehfeuer dienen der Flugsicherung und werden mittels Fernsteuerung vom Flugplatz Aspern aus bei schlechten Sichtverhältnissen eingeschaltet, um Flugzeugen eine sichere Orientierung zu ermöglichen.

Bürgermeister Jonas übergab im Oktober das „Haus der Jugend" im 5. Bezirk, Grünwaldgasse 5, seiner Bestimmung.

Am 25. Oktober finden Gemeinderats- und Landtagswahlen statt. Die neue Mandatsverteilung: SPÖ 60, ÖVP 35, FPÖ 3 und KLS 2.

Bürgermeister Jonas eröffnete Mitte November das neue Hietzinger Einkaufszentrum „EKAZENT". Mit 1. Dezember wird ein längerer Probebetrieb mit einem schaffnerlosen Beiwagen auf der Linie 43 eingeführt. Die Linie 43 wurde deshalb gewählt, weil sie entsprechend den unterschiedlichen Fahrgastfrequenzen in den Hauptverkehrszeiten mit Dreiwagenzügen betrieben wird, während in der verkehrsschwächeren Zeit der zweite Beiwagen der Züge abgehängt wird; Gleiches soll auch mit dem schaffnerlosen Beiwagen geschehen. Alle Fahrgäste der Linie 43 werden in den nächsten Tagen mit Flugblättern über die wichtigsten Angaben bezüglich des schaffnerlosen Wagens informiert.

Der Verein „Wiener Hauskrankenpflege", der für die Stadt Wien die Heimpflege und Heimhilfedienste leistet, hat im Dezember seine millionste Arbeitsstunde geleistet.

Ein Jägerball in Wien

1965

JONAS BUNDESPRÄSIDENT, MAREK BÜRGERMEISTER

Die italienische Polizei in Innichen in Südtirol übergab am Silvestertag dem Gendarmeriepostenkommando Sillian ein Messer und eine Gabel mit dem Wiener Stadtwappen. Das Besteck befand sich in einem kleinen Packerl, das an „Franz Jonas. Bürgermeister der Bundeshauptstadt Wien" adressiert war. Die italienische Polizei teilte dazu mit, dass das Packerl in Bruneck in Südtirol gefunden worden war. Die österreichische Gendarmerie schickte nun das Packerl, in dem sich auch eine Einladung zu einem Empfang am 19. August 1964 befand, an die Bundespolizeidirektion Wien fand, die ihrerseits den „Akt" dem Präsidialbüro abtrat. Somit hatte der Rathauskeller sein Besteck wieder – und der „Souvenirentwender" ein gutes Gewissen.

1934 wurde von der European Gas- und Elecktric-Company auf einem Grundstück in Ober-Laa eine Ölversuchsbohrung durchgeführt, die zwar kein Öl, aber in einer Tiefe von 328 Meter eine Schwefeltherme zutage förderte. Ein Gehalt von vier Gramm Schwefelsalzen pro Liter ließ die Quelle auch medizinisch interessant erscheinen. Die Bohrung ist im Jahre 1934 wieder zugeschüttet worden, da man das Kapital zur Aufschließung nicht aufbringen konnte. Leider enthalten die seinerzeitigen Berichte nur unsichere Angaben über die exakte Lage der Bohrstelle. Deshalb hat das Stadtbauamt im April 1964 ein Gutachten angefordert, der die alte Bohrstelle genau im heutigen Hochwasserbett der Liesing lokalisiert hat. Auf Grund dieser Anhaltspunkte hofft man, ziemlich präzise an die fündige Stelle herankommen zu können. Vorgesehen sind ein Pumpversuch, Messungen und Beobachtungen von Druck und Temperatur des Wassers sowie die Entnahme von Wasser- und Bodenproben. Diese Unterlagen werden die Erstellung eines balneologischen Gutachtens ermöglichen, das für eine zukünftige Nutzung der Quelle als Heilbad ausschlaggebend sein wird.

Das 1. Adolf-Schärf-Studentenheim (Ecke Lorenz-Müller-Gasse – Brigittenauer Lände), in dem 200 Studenten Wohnplätze bekommen, wird Ende Jänner seiner Bestimmung übergeben.

Bürgermeister Jonas gratuliert am 16. Februar den erfolgreichen österreichischen Eiskunstläufern: bei den Europameisterschaften in Moskau wurden Regine Heitzer und Emmerich Danzer Europameister und Peter Jonas dritter.

Ende Februar wird Österreich von der erschütternden Nachricht überrascht, dass Bundespräsident Dr. Adolf Schärf verschieden ist. Mit Wien hat sich Bundespräsident Dr. Schärf immer verbunden gefühlt. Am Wiederaufbau und am Aufstieg unserer Stadt zu internationaler Geltung nahm er immer herzlichen Anteil und verabsäumte es nicht, die Leistungen der Wiener Bevölkerung zu würdigen.

Im Wiener Rathaus trifft Anfang März ein Spezialtransporter mit einer elektronischen Datenverarbeitungsanlage der Firma Bull General Electric vom Typ „Gamma 10" ein. Es ist dies die erste derartige Anlage, die nach Österreich geliefert wurde. Aus diesem Grunde plante die Firma, ihre „Gamma 10" zunächst auf der Wiener Frühjahrsmesse

Aufgrund der seit einigen Tagen anhaltenden starken Schneefälle im Wiener Stadtgebiet wurden am 4. Jänner alle Schneearbeiter der Straßenpflege und die Lenker des Fuhrparks durch Polizei, Rundfunk und Fernsehen alarmiert. Nun schaltete sich auch die Straßenbahn mit einem Großeinsatz in die Schneeräumung ein. Es wurde eine „allgemeine Hauptreinigung" angeordnet. Dabei setzte die Straßenbahn 89 Triebwagen mit Schneeräumgeräten, 84 Anhängepflüge und 17 Lkws sowie 881 Schneearbeiter ein. Bei der Hauptreinigung werden nicht nur die Gleise, sondern auch die Fahrbahnen in ihrer gesamten Breite gereinigt.

Die Donau tritt im März
aus ihren Ufern

der Fachwelt vorzustellen. Dann erst sollte sie die konventionelle Bull-Anlage ablösen, die bereits seit geraumer Zeit von der Wiener Stadtverwaltung verwendet wird.

Auf die „Gamma 10" warten große Aufgaben: Die Wählerverzeichnisse für die bevorstehende Präsidentenwahl für rund 1,25 Millionen Wahlberechtigte müssen angelegt werden. Ein einziges Wählerverzeichnis umfasst 50.000 Seiten. Die neue Datenverarbeitungsanlage kann in einem Arbeitsgang zehn bis zwölf Exemplare des Wählerverzeichnisses gleichzeitig herstellen und hat eine Nennleistung von 18.000 Zeilen pro Stunde. Nicht nur die Wählerverzeichnisse, sondern auch die Hauskundmachungen für die Präsidentenwahl sowie die sogenannten Hausstreifen für alle Wiener Haushalte, die gleichzeitig auch für eine eventuell notwendige Stichwahl Verwendung finden können, werden von der „Gamma 10" produziert.

Der Datenverarbeiter, der aus einer zentralen Recheneinheit und einer Anlage zum Drucken und Vervielfältigen besteht, wiegt rund 1.400 Kilogramm und ist so raumsparend gebaut, dass er nur 20 Quadratmeter Bodenfläche des „Elektronenzentrums" im Parterre des Wiener Rathauses einnimmt.

Von der Elektronenanlage werden 17.000 Pensionistenbezüge, 5.500 Aktivbezüge, die Wassergebühren für 80.000 Verbraucher sowie die Pflege- und Transportkosten für die drei größten Wiener Spitäler verrechnet. Die neue Anlage wird es ermöglichen, die Bezüge aller 34.000 aktiven Bediensteten der Hoheitsverwaltung auf elektronischem Wege zu berechnen. Ferner soll die „Gamma 10" als neues Aufgabengebiet die Berechnung der Mietzinse für die rund 160.000 Mieter der Gemeindewohnungen übernehmen. Außerdem sollen mit Hilfe dieser Anlage die Wählerevidenz auf dem Laufenden gehalten, die Volks-, Häuser- und Wohnungszählungen ausgewertet und verschiedene geodätische Angaben für die Wiener Stadtvermessung verarbeitet werden. Die „Gamma 10" verspricht also ein äußerst vielseitiger „Gemeindebediensteter" zu werden.

Stephansplatz mit modernster Beleuchtung

Anfang April wurde die erste direkte Flugverbindung zwischen Sydney und Wien auf-genommen; Anfang Mai die neue Flugverbindung der AUA, Wien–München, offiziell er-öffnet.

Der niederösterreichische Landeshauptmann, Altbundeskanzler Dipl.-Ing. Dr. h.c. Leo-pold Figl, ist am 9. Mai in Wien gestorben. Bürgermeister Jonas kondolierte der Witwe Figls und teilte mit, dass für den Verstorbenen ein Ehrengrab der Stadt Wien im Zen-tralfriedhof gewidmet wird.

Am 23. Mai findet die Wahl zum Bundespräsidenten statt. Von den 4,585.324 abge-gebenen gültigen Stimmen entfielen 2,260.888, das sind 49,3 Prozent, auf Dr. Alfons Gorbach und 2,324.436, das sind 50,7 Prozent, auf Franz Jonas. Von den in Wien abgegebenen 1,149.293 gültigen Stimmen entfielen 474.380, also 41,28 Prozent, auf Alfons Gorbach und 674.913 (58,72 Prozent) auf Franz Jonas.

Seit gestern laufen im Wiener Rathaus und in der Präsidentschaftskanzlei ununter-brochen Glückwunschtelegramme ein, in denen Bürgermeister Jonas zu seiner Wahl zum Bundespräsidenten gratuliert wird. Bis heute Nachmittag wurden über 400 Tele-gramme gezählt, unter anderem von Papst Paul VI., vom Präsidenten der Vereinigten Staaten Lyndon B. Johnson und vom sowjetischen Staatspräsidenten Mikojan.

Nach vierzehn Jahren Tätigkeit für die Stadt Wien hat Bürgermeister Jonas am 8. Juni vom Wiener Rathaus Abschied genommen. Der Wiener Gemeinderat trat zu einer Fest-sitzung zusammen, um den zum Bundespräsidenten gewählten Bürgermeister Franz Jonas aus seinem Amt zu verabschieden. Am 10. Juni wird in der Sitzung des Wiener Gemeinderates mit 91 von 97 Stimmen Bruno Marek zum neuen Bürgermeister gewählt.

In Oberlaa wird nach einer schwefelhaltigen Quelle gebohrt und man wird fündig. Es ist die Geburts-stunde der Heilquelle Oberlaa.

Bürgermeister Marek eröffnet am 24. Juni die neue Schwimmhalle des Theresienbades im 12. Bezirk, Hufelandgasse 3. In 26-monatiger Bauzeit und mit einem Kostenaufwand von 21,5 Millionen Schilling wurde das schon bestehende 33 1/3 Meter-Schwimmbecken, das bisher nur im Sommer benützt werden konnte, hallenartig überdacht, so dass nun der Betrieb auch in den Wintermonaten aufrechterhalten werden kann. Eine der Attraktio-nen der neuen Schwimmhalle ist ein im Schwimm-becken eingebauter Unterwasser-Lichtfluter.

Anfang September herrscht viel Freude an der Bohrstelle in Ober-Laa unter den Wissenschaftlern, Ingenieuren und Arbeitern, die sich seit Monaten um die Erschließung einer schwefelhältigen Heil-

Die Mariahilfer Straße
im Weihnachtstrubel

quelle bemühen. Mühen und Kosten haben sich gelohnt, denn seit heute, 14.25 Uhr, weiß man, dass auf Wiener Boden eine heiße, schwefelhältige Therme sprudelt, die sich als wertvolle Heilquelle erweisen dürfte.

Die Bohrung war in eine entscheidende Phase getreten, als man eine Tiefe von 373 Meter erreicht hatte. In der Schichte zwischen 350 und 370 Meter Tiefe vermuteten die Geologen nämlich das begehrte Wasser. Um 14.25 Uhr begannen durch das Spülwasser des Bohrgerätes hindurch zischend Gase zu entweichen, dann wurde das Spülwasser herausgedrückt und danach kam die Schwefelquelle, zuerst lauwarm, dann rasch immer heißer werdend. Eineinhalb Stunden ließ man die neu entdeckte Therme, die über einen starken Eigendruck verfügt, durch die Bohrrohre an die Oberfläche sprudeln. Am Ende dieser Zeit wurde eine Temperatur von 45 Grad Celsius gemessen. Nach Meinung der Fachleute wird sie sich jedoch bei längerem Strömen des Wassers, das ja erst die Umgebung der Durchflussöffnung erwärmen muss, noch weiter erhöhen. Das Wasser zeigt somit eine für Heilzwecke durchaus beachtliche Temperatur.

Um 16 Uhr wurde die Quelle wieder „zugestöpselt". Darauf holte man die Bohrköpfe aus der Tiefe herauf. Die dort eingebauten Messinstrumente werden genauen Aufschluss über den Druck und den Wärmegrad der Quelle geben. Noch in derselben Nacht wird man diese Aufzeichnungen auswerten und die ersten Wasserproben analysieren.

Trotz des Erfolges will man noch bis auf die Schichte des Grundgesteins weiterbohren, das in einer Tiefe von etwa 390 Meter vermutet wird. Möglicherweise reichen die heilkräftigen Wasservorkommen nämlich bis in diese Zone, durch deren Aufschließung die Quellschüttung noch ergiebiger werden könnte. Ergeben die Analysen und die über eine längere Zeit geplante Versuchsentnahme, dass sich die Quelle nutzen lässt, besteht die Absicht, ein Heilbad in Oberlaa zu bauen.

Das Ausmaß der Unwetterkatastrophe, die Anfang September mehrere Gebiete unseres Landes verwüstet hat, veranlasst Wien zu spontaner Hilfeleistung, die so rasch wie möglich anlaufen wird. Auf Grund einer Anordnung des Bürgermeisters wird den vom Hochwasser betroffenen Gebieten technische Hilfe geleistet. Vorgesehen ist die Entsendung einer größeren Anzahl von Lastkraftwagen, eines Kranfahrzeuges, mehre-

rer Pumpen mit den dazugehörigen Aggregaten für die Schlamm- und Wasserbeseiti-
gung sowie zahlreicher Brückenbauelemente, die es ermöglichen, provisorische Übergänge zu errichten. Das zur Bedienung aller dieser Geräte und Fahrzeuge notwendige
Personal wird gleichfalls beigestellt.

Der erste Schulverkehrsgarten der Stadt Wien an der Prater
Hauptallee wurde am 1. Oktober seiner Bestimmung übergeben.
Die Verkehrszeichen, Kreuzungen, Ampelanlagen, Fußgänger-
und Radwege en miniature im Verkehrsgarten repräsentieren
nahezu alle Verkehrssituationen einer Großstadt.

Durch Gesetzesbeschluss des Nationalrates wird der 26. Oktober
zum österreichischen Nationalfeiertag. Prompt reagiert hat Bürgermeister Marek auf den Vorschlag der Gewerkschaft der Gemeindebediensteten, am 26. Oktober dienstfrei zu geben. Er verfügte, dass der 26. Oktober für die städtischen Bediensteten als
dienstfreier Tag gilt.

Das dritte Zentralberufsschulgebäude der Stadt Wien in Meidling,
Malfattigasse–Längenfeldgasse, wurde am 21. Oktober eröffnet.
Der größte und modernste Schulneubau der Zweiten Republik
wurde auf einem zentral gelegenen 27.000 Quadratmeter großen
Grundstück auf dem Gelände der ehemaligen Heizwerkstätte errichtet. Der Haupttrakt umfasst 25 Klassenzimmer für den theoretischen Unterricht, 17 Lehrwerkstätten, die Direktions- und
Lehrerzimmer sowie die notwendigen Lehrmittel- und Materialräu-
me. Bemerkenswert ist die Ausstattung der Lehrwerkstätten. Hier
werden Weber, Schneider, Hutmacher, Schuhmacher, Wäschenä-
her, Posamentierer und verwandte Berufe ausgebildet.

Einen „großen Flughafen" gab es am 9. November in Schwechat
für 20 indonesische Krankenschwestern, die aus Rom kommend
in Wien eintrafen. Den Wiener Spitälern mangelt es bereits an
500 Krankenschwestern. Es ist das erste Mal, dass ausländische
Krankenschwestern nach Wien kommen und den Personalmangel
in den Krankenhäusern lindern helfen.

Die indonesischen Krankenschwestern werden hier unter den
gleichen Bedingungen arbeiten wie ihre österreichischen Kolle-
ginnen. Sie erhalten die gleichen Bezüge und werden in Schwes-
ternwohnheimen untergebracht sein. Sie haben sich verpflichtet,
mindestens zwei Jahre an Wiener Spitälern tätig zu sein. Für die
Fahrtkosten – Hin- und Rückfahrt – kommt die Stadt Wien auf.

BRUNO MAREK

Bruno Marek wurde am 23. Jänner 1900 in Wien
geboren. Nach dem Besuch der Pflicht- und
Handelsschule ergriff er den Beruf eines kaufmän-
nischen Angestellten. 1918 trat Bruno Marek der
Sozialdemokratischen Partei bei. 1924 wurde
Bruno Marek Angestellter der Wiener Messe-AG. Im
Februar 1934 wurde er aus politischen Gründen
fristlos entlassen. Trotz Verfolgungen durch die
Polizei gelang es ihm, sich eine neue Existenz auf-
zubauen; er arbeitete bei einer Wiener
Schokoladefabrik, die ihn 1938 zum Prokuristen

bestellte. Während der folgenden Zeit nahm Bruno
Marek als Mitglied einer Widerstandsgruppe aktiv
am Untergrundkampf gegen das Terrorregime teil.
1945 wurde Bruno Marek mit der Leitung der
Wiener Messe-AG betraut. Bei den Wahlen im
November 1945 wurde Bruno Marek in den
Wiener Gemeinderat und Landtag entsandt und
zum Vorsitzenden des Gemeinderatsausschusses
für Finanzen bestellt. 1949 wurde er zum 1.
Präsidenten des Wiener Landtages gewählt. Bei
den konstituierenden Sitzungen des Wiener
Landtages in den Jahren 1954, 1959 und 1964
wurde er stets zum Ersten Präsidenten wiedergewählt. 1965 wird er Wiener Bürgermeister.
Dieses Amt bekleidet er bis 1970. Bruno Marek
stirbt am 29. Jänner 1991 in Wien.

„Ustraba"-Station Friedrich Schmidt-Platz

USTRABA – UNTERSTRASSENBAHN

Am 20. August richtet ein Sprengstoffanschlag auf das Büro der italienischen Fluglinie Alitalia am Ring großen Sachschaden an. Nur der Tatsache, dass Samstag früh ein heftiger Wolkenbruch über Wien niederging, ist es zu verdanken, dass der Bombenanschlag auf das Büro der Alitalia am Kärntner Ring keine Toten oder Verletzte forderte. Wären nämlich zum Zeitpunkt der Detonation die Straßen nicht menschenleer gewesen, so hätte die Sprengkraft der Bombe sicher ausgereicht, um zu einer Katastrophe zu führen. Der Täter hatte die Bombe am Eingang des Büros auf eine Metallleiste gelegt. Die Explosion war so heftig, dass dadurch nicht nur die Außenfront des Alitalia-Büros völlig zerstört wurde, sondern auch das danebenliegende Geschäft. In der Opernpassage wurden Rolltreppen beschädigt, und die dicken Glaswände der Stiegenabgänge zerbarsten. Die Täter wurden ein paar Tage später verhaftet. Es waren zwei Wiener aus dem Milieu der Rechtsextremen. Bürgermeister Bruno Marek verurteilt den Bombenanschlag, dem nur durch einen glücklichen Zufall keine Menschenleben zum Opfer fielen, schärfstens.

Der Bau der Unterpflasterstraßenbahn-Strecken sowohl am Gürtel als auch im Bereich Kliebergasse – Wiedner Hauptstraße macht große Fortschritte. Am Gürtel ist die Tunnelröhre bis zur Einfahrt zum Frachtenbahnhof – bei der Mündung der Ristergasse – bereits fertig gestellt. Nun wird mit dem neuen Abschnitt begonnen, der bis zur Kreuzung Flurschützstraße – Gürtel reicht, wo die Auffahrtsrampe entstehen soll, die die Straßenbahn wieder an die Oberfläche führt. Das größte Bauwerk des neuen „Ustraba"-Abschnittes ist die unterirdische Station Fendigasse. Sie wird zwei Geschosse unter dem Straßenniveau haben, eines für die Straßenbahn, das andere für die zukünftige Stadtbahnverlängerung. Außerdem wird eine Umsteigemöglichkeit zur Schnellbahn geschaffen.

Da die Wienerinnen und Wiener sehr neugierig sind, wollten sie auch wissen, was denn da im Wiener Untergrund passiert. Das Wiener Stadtbauamt startete daher auf der Zweierlinie mit der Aktion „Das Betreten der Baustelle ist erwünscht". Mit dem sogenannten „Heller-Express" werden die schaulustigen Wienerinnen und Wiener durch den Zweierlinien-Tunnel gefahren. Diese Aktion fand bei den Wienerinnen und Wienern großen Anklang. Nach den ersten Stunden hatten schon rund 1.000 Personen eine Fahrt mit dem „Heller-Express" unternommen.

Beim Alitalia-Büro auf der Ringstraße

Viennale in der Urania

Im Februar wird in Inzersdorf, 23, Putzendopplergasse 10 der 200. städtische Kindergarten der Stadt Wien eröffnet.

Im Februar kommt es zu einer Demonstration gegen den Opernball und den Krieg in Vietnam unter den Arkaden des Operneingangs. Im März halten zwei Studenten vor der US-Botschaft eine Mahnwache für die Opfer des Vietnamkrieges ab.

Beim Bau der Fußgängerunterführung auf dem Praterstern, die von der Endstation der Linie 2 unter dem Kreisverkehr hindurchführen und die Fußgänger gefahrlos in das Zentrum zur Schnellbahnstation bringen wird, werden Fertigbauteile aus Stahlbeton verwendet. Dadurch wird es möglich sein, die gesamte 80 Meter lange Unterführung in der halben Bauzeit fertigzustellen, also statt in zwölf Monaten in sechs Monaten.

Am 6. März fanden Nationalratswahlen statt. Das Wiener Ergebnis: SPÖ 49,4 Prozent, ÖVP 37,9 Prozent, FPÖ 4,0 Prozent und DFP 7,0 Prozent. Die Wahlbeteilung lag in Wien bei 90,1 Prozent. Das Österreich-Ergebnis: ÖVP 48,4 Prozent, SPÖ 42,6 Prozent, FPÖ 5,4 Prozent und DFP 3,3 Prozent. Die Wahlbeteiligung lag bei über 93 Prozent. Die ÖVP gewinnt drei Mandate im Nationalrat hinzu, hat damit die absolute Mehrheit und bildet eine Alleinregierung. Die SPÖ geht in Opposition.

Bürgermeister Marek gibt am 28. März anlässlich der Viennale 1966, der Internationalen Festwoche des heiteren Filmes, einen Empfang im Wiener Rathaus. Unter den mehr als 200 Gästen befindet sich auch Amerikas Starkomiker Groucho Marx.

Im April kehren zwei legendäre Pater-Figuren wieder zurück. Zur 200-Jahr-Feier des Praters werden der „Calafatti", die überlebensgroße Gestalt eines Chinesen, und die „Fortuna", eine ebenso große echt wienerische Glücksgöttin, im Prater aufgestellt. Der neue „Calafatti" und die neue „Fortuna" sind je vier Meter groß, aus Styropor hergestellt und mit einem wetterfesten Lack färbig bemalt. Jede der Figuren kommt auf ein meterhohes Podest: der Calafatti natürlich beim Calafatti-Platz, das ist das erste Praterrondeau bei der Lindwurmgrottenbahn, während die Fortuna das zweite Rondeau beim Trudelrad schmücken wird.

Der Calafatti hat seinen Namen von einem Praterunternehmen. Basileo Calafatti betrieb im ersten Drittel des 19. Jahrhunderts im Wurstelprater ein „Kunstkabinett", in dem er erstaunliche Taschenspielerkünste und Geistererscheinungen zeigte. Er stellte auch ein Karussell auf, dessen Wahrzeichen eine riesige, sich um die eigene Achse drehende Chinesenfigur war. Sie ist den Kriegsereignissen des Jahres 1945 zum Opfer gefallen. Auch die Fortuna, eine mehr als drei Meter hohe Frauengestalt, war Mittelpunkt eines Ringelspiels, das an der Straße des 1. Mai lag.

Die Weltpremiere des im Auftrag der Vereinten Nationen gedrehten Farbfilmes „Mohn ist auch eine Blume" über den internationalen Rauschgifthandel, für den die Wiener Stadthalle den Weltvertrieb übernommen hat, fand am 7. Mai im Wiener Gartenbau-Kino stattfinden.

Bundespräsident Franz Jonas übergab Anfang Juni das Grundwasserwerk „Untere Lobau" seiner Bestimmung. Durch dieses Grundwasserwerk hat sich die Wiener Wasserversorgung sprunghaft verbessert, denn 50 bis 60 Millionen Liter bestes Trinkwasser täglich stehen damit den Wienerinnen und Wienern zusätzlich zur Verfügung.

Im Juli verlangt die Wiener Landesregierung ein eigenes Rundfunkstudio für Wien: Wien, obwohl es das volksreichste österreichische Bundesland ist, besitzt nämlich zum Unterschied von den meisten anderen Bundesländern kein eigenes Rundfunkstudio.

Im Sommer langte in der Rechtsabteilung der Wiener Verkehrsbetriebe eine Postanweisung über 900 Schilling ein, aufgegeben von einem zunächst unbekannten Spender. Man war bei den Wiener Verkehrsbetrieben verblüfft und ratlos, da es bisher noch nie vorgekommen war, dass irgendjemand den Wiener

Fest im Prater

Verkehrsbetrieben spendet. Der Unbekannte hatte weder einen Zweck der Spende angegeben noch seine genaue Anschrift hinterlassen. Da die Leute bei den Verkehrsbetrieben aber schon von Amts wegen sehr genau sind, bemühten sie sich, das „Geheimnis der 900 Schilling" zu lüften. Und es gelang ihnen. Ein ehemaliger Student

WIENER SCHNITZEL

Das wohl bekannteste Gericht der Wiener Küche ist und bleibt das „Wiener Schnitzel". Es unterscheidet sich dennoch vom außerhalb Österreichs gängigen Schnitzel, nämlich schon allein durch die Art der Zubereitung: Es wird weder in der Fritteuse noch in Öl gebacken, sondern in Butterschmalz. Man kann das Schnitzel sowohl als Schweineschnitzel als auch als Kalbsschnitzel bestellen – es ist und bleibt ein echtes „Wiener Schnitzel". Wobei manche meinen, dass das „Schweinswiener" eigentlich in Schweineschmalz herausgebacken werden sollte. Außerhalb Wiens darf es sich aber nur „Wiener" Schnitzel nennen, wenn es aus Kalbfleisch hergestellt wurde, ansonsten müsste es eigentlich „Schnitzel Wiener Art" heißen.

hatte während seines Studiums mit einer nicht ihm gehörenden Streckenkarte die Straßenbahn benützt. Nach dem Ende des Studiums beschloss er, für sein Schwarzfahren tätige Reue zu tun, und überwies 900 Schilling. Übrigens: Schwarzfahren wurde damals mit 30 Schilling bestraft.

Mit 1. Oktober tritt eine Verordnung des Wiener Magistrats über die Erlassung eines ganztägigen Hupverbotes für Wien in Kraft. Dieses totale Hupverbot, das nun das Nachthupverbot ablöst, soll Wien zu einer „stilleren" Stadt machen. Die neue Verordnung nennt allerdings einige Einschränkungen. Das Hupverbot gilt selbstverständlich nicht für Einsatzfahrzeuge, wie etwa der Polizei und der Feuerwehr und der Rettung.

Im „Heller-Express" durch einen Ustraba-Tunnel.

Es gilt auch nicht für Schienenfahrzeuge, also für die Straßenbahn, da die Straßenbahn als Eisenbahn gilt und damit der Signalordnung aufgrund des Eisenbahngesetzes unterliegt. Schließlich gilt das Verbot auch dann nicht, wenn, wie es in der Kundmachung heißt, „ein solches Zeichen das einzige Mittel ist, um Gefahren von Personen abzuwenden". Am 8. Oktober wird Wiens erste Straßenbahntunnelstrecke eröffnet. Der unterirdische Betrieb auf der „Lastenstraßen"-Trasse der Ustraba wird aufgenommen. Und das zum 65. Geburtstag der Zweierlinie: Am 16. November 1901 fuhr die Wiener Tramwaygesellschaft zum ersten Mal den 2,3 Kilometer langen Abschnitt zwischen Schwarzspanierstraße und Getreidemarkt.

Die diversen Zweierlinien haben natürlich auch ihre Geschichten. So kamen etwa die Hernalser zu ihrer Linie nur dadurch, dass sie zäh und hartnäckig ihren Standpunkt vertraten: Wir brauchen ein öffentliches Verkehrsmittel in die Innenstadt. Als sich 1863 eine Schweizer Baufirma bereit erklärte, eine Pferdetramway zu errichten, war die damalige Gemeindeverwaltung dem Konzessionsansuchen gegenüber reichlich negativ eingestellt. Aber die Ausdauer der Hernalser führte zum Ziel. Es gelang ihnen nach zweijährigem „Raunzen" eine Bewilligung für die Probelinie zu

Die Ustraba auf der 2er Linie ist eröffnet

erreichen. Es war dies die erste „Straßenbahn" Wiens, die Kaiser-Franz-Joseph-Pferdeeisenbahn.

Nach Behebung der Kriegsschäden kam es am 2. Oktober 1946 zur Wiederaufnahme der Strecke über die Lastenstraße. Die Betriebsaufnahme der Linie „G2" erfolgte erst im Jahre 1953.

Im Oktober demonstrieren Studentinnen und Studenten vor der Oper gegen den Freispruch Franz Novaks. Franz Novak war angeklagt, als Gehilfe Adolf Eichmanns an Kriegsverbrechen beteiligt gewesen zu sein. Auf ihren Plakaten steht: „SS wieder modern?", „Quo vadis Justitia?", „Wie wird man Gehilfe Eichmanns. Befehlsnotstand?" und „Novak freigesprochen – wird Österreich schweigen?".

Mitte November wird in einer außerordentlichen Gemeinderatssitzung das U-Bahn-Konzept für Wien diskutiert.

Am 25. November wird die Nußdorfer Schleuse ihrer Bestimmung übergeben. Die Anlage ist vollständig mechanisiert und so heben und senken sich die beiden Hubschwenktore der Schleuse, von denen jedes 98 Tonnen wiegt, auf Knopfdruck.

Bei der Verwendung der von der VOEST gelieferten Hubschwenktore handelt es sich um eine „österreichische Premiere". Solche Schleusentore wurden nämlich in Österreich noch niemals verwendet.

Auf der Weltausstellung in Montreal, die am 28. April 1967 eröffnet wird, wird Wien nicht nur in den zahlreichen Sonderschauen seinen Auftritt haben. Als besonderer Beitrag der österreichischen Bundeshauptstadt wird auch ein kompletter Wiener Kindergarten in dem Ausstellungsgelände errichtet werden.

Fischer am Donaukanal

DIE UNIDO KOMMT NACH WIEN

Zu Wien gehört der Donauwalzer wie die Melange zum Kaffeehaus. Er ist hundert Jahre jung und wird gefeiert.

Eine ranghohe Delegation von Beamten der neuen UN-Organisation UNIDO (United Nations Industrial Development Organization) ist im Jänner in Wien, um Verhandlungen über die Unterbringung der UNIDO zu führen. Die Delegation besichtigt eine Reihe von Gebäuden und Grundstücken, die eventuell für die Unterbringung der UNIDO-Beamten in Frage kämen. Zunächst müssen Büro- und Wohnräume für rund 400 bis 500 Beamte und Hilfspersonal gefunden werden, ehe sich entscheidet, wo sich der endgültige Sitz der Organisation mit insgesamt etwa 900 Beamten befinden wird.

Ende Jänner einigt sich die Republik mit den Bundesländern Wien und Niederösterreich über den Bau eines internationalen Konferenzzentrums im Zusammenhang mit der Errichtung von Amtssitzen für die UNIDO (Organisation für industrielle Entwicklung) und für die IAEO (Internationale Atomenergieorganisation). Diese Einigung ist die Voraussetzung dafür, die Bedeutung Wiens als internationale Konferenzstadt weiter zu verstärken und die Bemühungen Österreichs zu erleichtern, noch weitere internationale Organisationen nach Wien zu bringen.

Zwischen dem Bund und der Gemeinde Wien konnte in folgenden Punkten Übereinstimmung erzielt werden: Das vom Bund geplante internationale Konferenzzentrum wird im Bereich der Gemeinde Wien errichtet. Die Gemeinde Wien erklärt sich bereit, für die Errichtung der sogenannten UNO-City einen wesentlichen Beitrag zu leisten.

Die Gemeinde Wien wird außer der Bereitstellung des Grundes 35 Prozent der Kosten übernehmen. Die Planung des künftigen internationalen Konferenzzentrums wird so erfolgen, dass dadurch die Voraussetzungen für die Etablierung weiterer internationaler Organisationen in Wien gegeben sind. Das Zentrum für Internationale Organisationen soll zwischen der Kagraner Straße und dem Donaupark errichtet werden.

Im Februar feiert die inoffizielle österreichische Bundeshymne, der Johann-Strauß-Walzer „An der schönen blauen Donau", seinen 100. Geburtstag. Die Wiener Symphoniker und der Wiener Männergesang-Verein geben im Großen Musikvereinssaal ein Festkonzert unter dem Motto „100 Jahre Donauwalzer".

Eiskunstlaufstar Emmerich Danzer stoppt ab

Bei der Eröffnung der Wiener
Festwochen am Rathausplatz

Am 3. Februar feiern Wiens Polizistinnen Premiere. Ab acht Uhr werden sie auf sieben Kreuzungen in der Inneren Stadt den Verkehr regeln – aber noch unter Aufsicht erfahrener männlicher Kollegen. Für viele Wiener waren die Polizistinnen auf Wiens Straßen eine echte Gaudi, bei der es etwas zu sehen gab. In Wien war schon zu lange vom Auftritt der ersten Gesetzeshüterinnen gesprochen worden, als dass ihr Erstauftritt in der Öffentlichkeit nicht eine richtige Attraktion gewesen wäre.

Anfang März finden in Wien am Heumarkt die Weltmeisterschaften im Eiskunstlaufen statt. Sie stehen ganz im Zeichen des Kampfes der beiden Wiener Lokalmatadore Emmerich Danzer und Wolfgang Schwarz um den Titel bei den Herren. Nach der Pflicht ist der Vorsprung von Wolfgang Schwarz hauchdünn. Die Entscheidung wird daher in der Kür fallen. Die Kunstlaufarena am Heumarkt ist am Tag der Entscheidung bis zum letzten Platz besetzt. Schwarz hat die Startnummer 15, Danzer 16. Und mit einer höchst eleganten Kür wird Emmerich Danzer Weltmeister, Schwarz zweiter. Wolfgang Schwarz wird ein Jahr später Olympiasieger, Danzer Zweiter.

Am 24. Juni gibt es in Wien mit 32 Grad im Schatten eine Hitzerekord. Die Rettung muss über hundertmal ausfahren und die Bäder sind restlos ausverkauft.

Im Juli fand das erste Arkadenhofkonzert im Wiener Rathaus statt. Es spielten die Wiener Symphoniker unter Hans Swarowski. Im Juli und August fanden dann an jedem Dienstag und Freitag bei Schönwetter um 20 Uhr Arkadenhofkonzerte statt. Der Eintritt kostete 15 Schilling.

Am Naschmarkt wird
eingepackt

Ein Go-Kart-Rennen vor dem Rathaus

Im August eröffnet das erste Autokino in Österreich in Großenzersdorf bei Wien seine Pforten. Im September finden in Wien nicht weniger als 20 Kongresse statt, davon sind sechs medizinischen Themen gewidmet.

Am 25. Oktober demonstrieren an die 5.000 Studenten für die Demokratisierung der Universitäten und für ein höheres Bildungsbudget. Sie ziehen zum Parlament, wo allerdings nur Vertreter der Oppositionsparteien, allen voran Kreisky und Androsch, sich den Demonstranten zur Diskussion stellen. Die Transparente lassen an Deutlichkeit nichts zu wünschen übrig: „Österreich – Entwicklungsland", „Man zwingt uns zum Auswandern!", „Bildungsinvestitionen statt geistiger Landesverteidigung", „Kulturstaat – wie lange noch?", „Geld für Bildung – Geld für Österreich".

WIENER EISREVUE

Im Winter 1945/46 begann die eigentliche „Wiener Eisrevue", gemanagt von Adolf Eder, dem Generalsekretär des Wiener Eislaufvereins. Ab 1952 komponierte Robert Stolz eigene Eisrevue-Melodien. In den 60er Jahren war die „Wiener Eisrevue" auf ihrem Höhepunkt, dann begannen die finanziellen Schwierigkeiten, und die Revue wurde 1970 verkauft. Die amerikanischen Eigentümer ließen die Revue noch bis 1973 unter „Wiener Eisrevue" auftreten. Seit 1. 1. 1974 gibt es nur mehr „Holiday on Ice". Zu ihren Hochzeiten war die „Wiener Eisrevue" der Inbegriff Wiener Charmes und des Könnens der Wiener Schule des Eislaufens.

1968 wird Wien mehr Mittel für den Wohnbau zur Verfügung stellen. 1,3 Milliarden Schilling sollen ermöglichen, dass mehr Wohnungen gebaut werden. Die inhaltlichen Hauptpunkte der Sozialen Wohnbauförderung der Stadt Wien, wie das neue Wohnbau-Programm genannt wird, sind die Gründung eines Wiener Wohnbaufonds, die Schaffung einer Wohnbauhilfe und die Schaffung einer Mietenbeihilfe.

Die Wiener gewöhnen sich langsam aber sicher an die Blauen, wie die schaffnerlosen Beiwagen der Straßenbahn genannt werden. In den Waggons, die mit blauen Hinweistafeln gekennzeichnet sind, darf nur mit gültigen Fahrausweisen eingestiegen werden. Wer eine Erstmarkierung benötigt oder erst einen Fahrschein lösen will, muss die anderen Waggons benützen. Solche Blauen gibt es bei den Linien G2, H2, E2, 43, 48, 62 und 132.

Vor fast 20 Jahren kaufte Wien von New York Straßenbahn-Triebwagen zum Stückpreis von 5.000 Dollar. New York stellte sich damals auf Autobuslinien um und brauchte daher keine Straßenbahnwaggons mehr. Insgesamt 45 Triebwagen kamen via Rotterdam nach Wien. Diese „Amerikaner" brachten die ersten pneumatischen Falttüren in den Wiener Straßenbahnbetrieb. Sie hatten Klapplehnen und konnten daher als Zweirichtungsfahrzeuge, die man nicht erst über eine Schleife in die

Am Matzleinsdorfer Platz wird umgebaut

Gegenrichtung führen musste, eingesetzt werden. Sie verkehrten hauptsächlich zwischen Schottenring und Stammersdorf. Zugelassen waren sie für 93 Personen. Für die damaligen Verhältnisse war das enorm und es war geradezu schick, im „Ami" zu fahren. Was die Wiener an ihnen noch faszinierte, waren die gepolsterten Quersitze. Dieser Komfort wurde sonst auf keiner Linie erreicht. Die zum Großteil im Jahr 1939 erbauten Fahrzeuge sind nun auch schon langsam in die Jahre gekommen. Da sie sehr breit sind, konnten sie nur auf den ehemaligen Dampftramway-Strecken fahren. Und so fuhr der „Ami" nur mehr auf die 11er-Linie, die zwischen Friedrich-Engels-Platz und der Stadionbrücke entlang der Engerthstraße verkehrt. Gelenktriebwagen und Großraumzüge beraubten ihn seiner Beliebtheit, die technischen Neuerungen und die Verkehrsverhältnisse seiner Attraktion. Der „Ami" ging ins Ausgedinge. Nun wird einer als Geschenk in die USA exportiert. Das Museum von Shortbeach in Connecticut wollte ihn haben, damit ihre Sammlung von New Yorker Straßenbahnwaggons komplett ist.

Ende November wird die neu gestaltete Triester Straße dem Verkehr übergeben. Damit ist die Südausfahrt Wiens wieder ohne einschneidende Verkehrsbehinderungen befahrbar. Der Umbau der Triester Straße erfolgte in einer Rekordzeit von drei Monaten.

Ende November hissen die Wiener Volkshochschulen schwarze Fahnen. Der Grund: Am 30. November wurde in der Budgetdebatte des Nationalrats das Kapitel Unterricht behandelt, das radikale Kürzungen für die Erwachsenenbildung vorsah.

In Österreich wird die Sommerzeit nicht eingeführt. Der zuständige Bautenminister stellte Mitte Dezember aus wirtschaftlichen beziehungsweise verkehrstechnischen Gründen keinen Antrag zur Einführung.

1967 brachte für Wien einen Babyrekord. Mit 20.507 Lebendgeborenen erreichte Wien den höchsten Geburtenstand seit 20 Jahren. Mindestens ebenso erfreulich ist die Verringerung der Säuglingssterblichkeit. Sie fiel von 2,81 im letzten Jahr auf 2,65 Prozent.

Schneller geht es kaum: Die Triesterstraße wird in ein paar Monaten umgebaut und dem Verkehr übergeben.

Eine Kundgebung gegen
Otto Habsburg

IN WIEN WIRD DEMONSTRIERT

Marktamt und Stadtplanung streiten über die Markthalle Ecke Nußdorfer Straße und Alserbachstraße. Für die Experten der Stadtplanung steht sie dem Verkehr im Wege. Und der Plan, die Markthalle auf Säulen zu stellen, um darunter den Platz für den Ausbau der Straßen und einer Straßenbahnhaltestelle zu gewinnen, scheitert an den Kosten. Das Marktamt will die Markthalle, weil man dort billiger einkaufen kann und sie also preisdämpfend wirkt. Übrigens: Die Markthalle steht noch heute!

In Wien gibt es noch sechs Rodelstraßen, vor ein paar Jahren waren es noch 15. Im Studentenheim Döbling wird eine Ausstellung des Malers Hundertwasser eröffnet. Bei der Eröffnung schleudert Hundertwasser schwarze und rote Farbe gegen die Decke und zieht sich nackt aus.

Am 19. Jänner fasste der Bauausschuss des Wiener Gemeinderats den Grundsatzbeschluss über die Trassenführung der U1, U2 und U4. Der Grundsatzbeschluss des Gemeinderates für den Bau der Wiener U-Bahn fiel dann am 26. Jänner. Nicht beschlossen wurde die U3, da die Linienführung noch nicht endgültig festgelegt worden war.

Am 21. Jänner wird der berühmte Modesalon Adlmüller in der Kärntnerstraße ein Raub der Flammen.

In einer Sonntagssendung auf Radio Wien stellt Bürgermeister Marek Pläne zur Verbesserung des Wiener Hochwasserschutzes vor. Durch die Errichtung eines Umfluters längs des Hubertusdammes sowie durch Erdanschüttungen im Überschwemmungsgebiet soll eine 20 Kilometer lange und 200 Meter breite Donauinsel entstehen.

Im Jänner begannen Probebohrungen für eine Tiefgarage unter dem Rathausplatz.

Im Februar eröffnete das Wiener Wohnungsamt in der Bartensteingasse eine Informationsstelle für Wohnungssuchende. Bereits eine Stunde vor der Eröffnung standen Hunderte Leute auf der Straße und begehrten Einlass. Bis zur Mittagsstunde hatten sich bereits zweitausend Wienerinnen und Wiener eingefunden.

Zum zweiten Mal veranstaltet Wien einen öffentlichen Walzertanzwettbewerb in der Wiener Stadthalle. Mitten im Winter werden am Wiener Naschmarkt Ananas angeboten. Sie kommen per Luftfracht aus Israel und Mexiko. Der Preis: 10 Dekagramm kosten 15 Schilling.

Brand im Modehaus Adlmüller auf der Kärntner Straße

Die Wiener Nachtautobuslinien leiden unter einem akuten Fahrgastschwund. Die Zahl der Nachtautobuspassagiere ging von 358.000 im Jahr 1966 auf 206.000 im Jahr 1967 zurück. Vom wirtschaftlichen Standpunkt aus gesehen wäre nur noch der Betrieb von Samstag auf Sonntag zu vertreten.

Der älteste Baum Wiens ist eine Eibe, die am Rennweg in einem Hof steht. Der Baum ist mehr als 1.000 Jahre alt. Er ist eines von rund 400 Naturdenkmälern in Wien. Naturdenkmäler gibt es in Wien seit dem Inkrafttreten des Naturschutzgesetzes 1935. Erstes Naturdenkmal wurde eine Pyramidenpappel, die in Nußdorf steht.

Ende März brach die A. T. A. (Artisten, Tiere, Attraktionen), ein internationales Zirkusfestival, in der Wiener Stadthalle ihre Zelte ab. Kaum war der Zirkus weg, musste die Stadthalle auch schon umgebaut werden. Und zwar für den „Goldenen Schuss", einer sehr erfolgreichen Fernsehshow, von Vico Torriani moderiert und dieses Mal aus Wien übertragen. Selbstverständlich war diese Show ganz auf Wien eingestellt. Ehrengast war Robert Stolz. Er kommt mit einer Kutsche, die von zwei Schimmeln gezogen wird, auf die Bühne und dirigiert dann einige seiner Operettenerfolge. Peter Alexander singt Wiener Lieder und einige seiner Schlager.

Im Frühjahr wurde mit dem Bau des neuen Radstadions am Ende der Engerthstraße im Wiener Prater begonnen. Auf der Tribüne des neuen Stadions werden 8.000 Zuschauer Platz haben.

Am 12. April demonstrieren sozialistische Studenten. Anlass ist das Attentat auf den deutschen Studentenführer Rudi Dutschke. Am Nachmittag des 1. Mai kommt es zu Störaktionen von etwa dreihundert Personen eines „Aktionskomitees der Arbeiter und Studenten" beim Konzert der Bundesländer am Rathausplatz. Die Störenfriede, sie wollten die Zuhörer des Konzerts in Diskussionen verwickeln,

Die 68er demonstrieren gegen den Krieg in Vietnam und gegen den Springer-Verlag

räumten trotz wiederholter Aufforderung nicht den Platz. Sie wurden dann von der Polizei vom Platz gedrängt, wobei es zu einen Handgemenge kam. Dabei wurden einige Demonstranten und eine Anzahl von Polizisten verletzt. Es kam zu fünf Festnahmen. Das Platzkonzert konnte erst mit einer Verspätung von einer halben Stunde beginnen.

Am 6. Juni kam es zu einem folgenreichen Unfall am Donauturm im Donaupark. Vor den Augen Hunderter entsetzter Menschen stürzte die Gondel eines Fesselballons, der gegen den Donauturm geflogen war, in die Tiefe und schlug neben einer Gruppe von Kindern auf dem Boden auf. Für die drei Insassen der Gondel kam jede Hilfe zu spät. Sie waren auf der Stelle tot. Der Fesselballon beförderte Sonderpost für die Österreichische Pro-Juventute-Stiftung im Rahmen der Internationalen Flugpost-Ausstellung. Nach dem Start wurde der Fesselballon von einer Windböe erfasst und in der Höhe der Besucherplattform gegen den Donauturm gedrückt – die Haltetaue der Gondel rissen.

Am 7. Juni kommt es im Hörsaal 1 des Neuen Institutsgebäudes der Uni Wien zu einem der großen Wiener Skandale des Jahres 1968, wenn nicht zum größten, zur sogenannten Uniferkelei. Mitglieder eines österreichischen Studentenbundes veranstalten ein Happening. Es beginnt mit einer wüsten Beschimpfung des vor ein paar Tagen ermordeten Robert Kennedy und endet in einem Exzess mit öffentlicher Selbstbefriedigung, Auspeitschung und Verrichtung der Notdurft. Linksradikaler Extremismus oder extremer Auftritt der Wiener Aktionisten oder sogar beides? Die drei Hauptdarsteller des Spektakels werden verhaftet und zwei davon Anfang August zu fünf Monaten Gefängnis verurteilt. Linksgerichtete Studenten bekamen am Telefon Morddrohungen, wie auch der Zukunftsforscher Robert Jungk, der am 7. Juni eigentlich einen Vortrag über „Kunst und Revolution" erwartet hatte.

Artisten, Tiere, Attraktionen – kurz ATA

Tschechische Touristen vor
der Botschaft in Wien

Die große Picasso-Ausstellung in Wien kann Ende Juni ihren 60.000. Besucher begrüßen.

Im August wird die Straßenbahnlinie 48 auf Autobusbetrieb umgestellt. Gleichzeitig wird die Burggasse zur Einbahn stadteinwärts.

In der Nacht vom 20. zum 21. August 1968 überschreiten Truppen des Warschauer Paktes (außer Rumänien) die Grenze zur CSSR. Das tschechoslowakische Volk übt einen gewaltlosen Widerstand aus. Sitzblockaden verzögern den Marsch über die Karpaten. In den Ortschaften werden die Schilder, die nach Prag weisen, falsch aufgehängt, so dass große Truppenteile sich im Kreis bewegen oder auf im Wald endende Wege geleitet werden. All dies kann jedoch den Einmarsch in Prag nicht verhindern.

Dort geht der passive Widerstand gegen die Besatzer noch einige Tage weiter. Straßenschilder werden vertauscht, Hausnummern übermalt und an Tausenden von Haustüren sind die Namen von Dubcek und den Reformern zu lesen, um die Suche nach diesen zu erschweren. Die Menschen diskutieren mit den Soldaten über die Begeisterung für die Reformen des Prager Frühlings. Mit seinen Mitarbeitern wird der Parteichef Dubcek, der politische Träger des Prager Fühlings, schon kurz nach dem Einmarsch nach Moskau gebracht. Sie werden voneinander isoliert und mit Drohungen und Falschinformationen dazu gebracht, ihre Unterschriften unter ein Kapitulationspapier, das „Moskauer Protokoll", zu setzen. Dubcek liest dieses Protokoll als gebrochener Mann nach seiner Rückkehr im Fernsehen öffentlich vor. Dies ist auch das Ende des Widerstandes in der Bevölkerung.

Mehr als 100 Menschen finden durch die Besatzung den Tod. Viele Intellektuelle und Reformer werden verhaftet. Die Reformen werden Schritt für Schritt wieder rückgängig gemacht. Im Herbst 1968 wird die Breschnew-Doktrin verkündet, die besagt, dass kommunistisch regierte Gesellschaften nur eine begrenzte Souveränität besitzen. Bis Ende August fliehen 15.000 Tschechen nach Österreich. Wien wird ein wichtiges

Das Jahr 1968 wird in die Geschichtsbücher als Jahr des Umbruchs eingehen. Studentinnen und Studenten demonstrieren in Westeuropa für politische Veränderungen.

Zentrum des tschechischen Exils: Exponenten des Prager Frühlings von 1968, aber auch die Unterzeichner der Charta von 1977 finden in Wien Asyl. Wien entwickelte sich zu einem Zentrum tschechischoslowakischer Exilliteratur und -kunst.

Am Mittwoch, den 21. August kommt es in Wien zu zahlreichen Protestaktionen und Demonstrationen gegen den Einfall in die Tschechoslowakei. Um 13 Uhr wurde auf die sowjetische Botschaft ein Anschlag versucht: ein junger Mann wirft zwei Molotowcocktails gegen das Eisengitter der Botschaft. Es entstand geringfügiger Schaden, Menschen wurden keine in Mitleidenschaft gezogen. Der Mann wurde sofort festgenommen. Beim Maria-Theresien-Denkmal versammelten sich einige hundert Studenten und Jugendliche und über zweihundert Tschechen, um gegen den Einmarsch zu protestieren. In einem Demonstrationszug, dem sich immer mehr Passanten anschlossen, marschierten die Studenten zum Bundeskanzleramt. Eine Studentendelegation überreichte einem Vertreter des Bundeskanzlers eine Resolution.

Der Hörndlwald in Wien verwandelte sich über Nacht in einen großen Campingplatz. Über 200 Tschechoslowaken, die sich nicht in ihre Heimat zurückwagten, wurde er zum Quartier. Betreut werden die Frauen, Männer und Kinder vom Aktionskomitee CSSR – Hilfe und Essen bekommen sie von der WÖK.

Österreich erhält durch einen Vertrag mit der OMV und der UdSSR am 1. September 1968 zum ersten Mal Erdgas aus Russland. Man traf erste Vorkehrungen für die Umstellung auf Erdgas.

Die Stadt Wien sorgt für die Beseitigung herrenloser Autos. Mitarbeiter des städtischen Fuhrparks und der Straßenreinigung bergen Autowracks, die an Fahrbahnrändern abgestellt sind und den Verkehr behindern, und bringen sie zu einem Autoverschrottungsplatz. Diese Aktion begann bereits 1959. Doch wurde von der Möglichkeit des kostenlosen und unkomplizierten Abtransports bis jetzt wenig Gebrauch gemacht. Heuer stieg jedoch das Interesse. Es wurden bereits 1.290 Autowracks von den Wiener Straßen entfernt.

Im Dezember wird auf die Hietzinger Villa des iranischen Botschafters ein Anschlag verübt. Unbekannte Täter warfen einen Molotowcocktail gegen die Haustür. Es entstand geringer Sachschaden.

An erster Stelle bei der Wiener Kriminalbilanz dieses Jahrs stehen die Einbruchsdiebstähle, wobei sich vor allem die Autodiebstähle zu Buche schlagen. Wobei es manche Autofahrer den Dieben leicht machen, da sie oft die Autos nicht versperren. Es gab 17 Kapitalverbrechen in Wien, davon konnten 16 geklärt werden. Mit der Verhaftung des Mörders eines Wiener Taxichauffeurs, der 1965 erschossen worden war, konnte der letzte noch ungeklärte Mordfall aus dem Jahr 1965 geklärt werden. Sorgen bereitet der Polizei, dass es immer mehr Rauschgiftdelikte gibt, in die vor allem Jugendliche verstrickt sind.

Auch Pensionistinnen gehen auf die Straße

Anschlag auf die Kanadische
Botschaft im August

WIEN BAUT U-BAHN

Am 3. November ist es so weit: Es fällt der Startschuss für das größte kommunale Bauprojekt in Wien am Karlsplatz. Dieser zentrale Wiener Platz wird auf Jahre hinaus zu einer riesigen Baustelle. Manche sprachen sogar davon, dass es Europas größte Baustelle sei.

Die heutige Wiener U-Bahn basiert auf drei Strecken: Otto Wagners zwischen 1894 und 1901 gebaute Stadtbahn (Linien U4 und U6), umgebaute, in den sechziger Jahren errichtete Straßenbahntunnels (Linie U2) und neue, seit 1969 gebaute Strecken (Linien U1, U2, U3, U6).

Die ersten Pläne, ein vom Straßenverkehr getrenntes Verkehrsmittel zu errichten, gehen bis ins Jahr 1843 zurück, als der Stadtregierung Pläne für eine „atmosphärische Eisenbahn" präsentiert wurden. Es sollte aber noch fast fünfzig Jahre dauern, bis mit dem Bau eines städtischen Eisenbahnsystems begonnen werden würde. Das Verkehrsproblem hatte sich inzwischen allerdings derartig ausgeweitet, dass 1968 nach langen Diskussionen der Bau eines U-Bahn-Systems beschlossen wurde.

Der U-Bahn-Bau Wiens, der in diesem Jahr beginnt, ist das größte kommunale Vorhaben in der Geschichte Wiens. In der ersten Ausbauphase der U-Bahn (1969 bis 1982) werden die U1 (10 km), die U2 (3,6 km) und die U4 (16,4 km) realisiert. In der zweiten – von 1982 bis 2000 – werden die U3 (13,5 km) und die U6 (17,5 km) realisiert. In der dritten Ausbauphase der U-Bahn (2000 bis 2009) wird die Linie U1 von Kagran nach Leopoldau (2006) und die U2 vom Schottenring über das Stadion (2008) zur Aspernstraße (2009) verlängert. Am Ende der dritten Ausbauphase wird das U-Bahn-Netz Wiens auf 74,6 km anwachsen. Eine vierte Ausbauphase der U-Bahn wird bei der Erstellung des Wiener Masterplans Verkehr 2003 vorgeschlagen. Folgende Vorhaben sollen in dieser vierten Ausbauphase der U-Bahn realisiert werden: die U1-Süd in den Raum Rothneusiedl, die U2-Nord in Richtung Flugfeld Aspern, die U2-Verlängerung vom Karlsplatz nach Süden, die U6-Nord zum Rendezvousberg und die U6-Süd Verlängerung. Nach diesem „Ausflug" in die kommenden Jahre und Jahrzehnte des U-Bahn-Baus kehren wir wieder zurück in das Jahr 1969.

Im Jänner demonstrieren Studenten gegen den Vietnamkrieg vor dem Arsenal und gegen den Besuch des iranischen Schahs vor der Oper. Die Demonstranten setzen sich auch auf die Opernkreuzung und blockieren den Verkehr. Einige dringen auch in die Zuschauerraum der Oper vor

Der Botschaftsattentäter stellt sich

Hilfe für einen Verletzten des Anschlags auf die Botschaft

Die Ustraba am Gürtel

und verlangen lautstark statt einer Aufführung der Verdi-Oper „Aida"
eine politische Diskussion. Das Auditorium Maximum der Universität
Wien wird besetzt und ein „Schah-in" abgehalten. Während der Demons-
trationen kommt es zu handgreiflichen Auseinandersetzungen zwischen
Demonstranten und Polizisten und es gibt Verletzte auf beiden Seiten.
Ein paar Tage später endet eine Demonstration vor der Oper in einer
Massenschlägerei.

Am 24. Jänner kommt es zu einem Schweigemarsch der Wiener
Studenten für Jan Palach. Eine Delegation der Studenten überreicht auch
eine Resolution in der Botschaft der CSSR, in der sie ihre Solidarität mit
den Forderungen der tschechoslowakischen Studenten zum Ausdruck bringt.

Die Heizbetriebe Wien Gesellschaft m.b.H. wird gegründet. Das Werk Spittelau, die
Blockheizwerke Großfeldsiedlung, Hütteldorfer Straße, Dirmhirngasse, Mitterweg und
das Fernwärmewerk Kagran werden zu den Heizbetrieben Wien zusammengefasst.

Große Erwartungen knüpfen Wiens Archäologen an den Bau der U-Bahn. Auf dem
Stephansplatz und auf dem Karlsplatz wird so tief gegraben, dass die Möglichkeit des
Auffindens und Bergens von Gegenständen und Gebäudeteilen vergangener Epochen
sehr wahrscheinlich ist.

Es besteht die Absicht, auf dem Laaerberg 1974 eine der WIG ähnliche Gartenausstellung zu veranstalten.

Die AUA nimmt Anfang Februar mit einem vierstrahligen Düsenverkehrsflugzeug den
Transatlantikflugverkehr nach New York auf.

Mitte Februar wird bei extrem schlechtem Wetter das Verlegen der Geleise am Karls-platz abgeschlossen. Damit ist die erste Etappe der Vorarbeiten für den U-Bahn-Bau abgeschlossen.

Wien entscheidet sich Mitte März für den Bau eines zweiten Bettes für die Donau. Durch die Errichtung eines fast 20 Kilometer langen Entlastungskanals soll der optimale Hochwasserschutz für Wien verwirklicht werden. Dabei wird eine Insel ent-stehen, die zu einem Erholungsgebiet ausgebaut werden wird.

Im April finden Gemeinderats- und Landtagswahlen statt. Die SPÖ kommt auf 56,9 Prozent, die ÖVP auf 27,8 und die FPÖ auf 7,2. Zum ersten Mal kandidiert auch die „Demokratische Fortschrittspartei", die vom früheren Gewerkschaftspräsidenten und Innenminister Franz Olah gegründet wurde. Sie erhält 5,2 Prozent und drei Man-date. Die SPÖ gewinnt drei Mandate hinzu und hat 63, die ÖVP 30 und die FPÖ vier. Architekturstudenten demonstrieren im April gegen den in Aussicht genommenen Ab-riss der Stadtbahnstation Karlsplatz. Auf einem Transparent ist zu lesen: „Wir schützen Otto Wagner."

Anfang Mai ist Königin Elisabeth II. mit Prinz Philipp auf Staatsbesuch in Österreich. Sie folgt damit einer Einladung von Bundespräsident Franz Jonas, die er bei seinem Staats-besuch in London vor drei Jahren aussprach. Königliche Residenz während des Staats-besuches ist das Hotel Imperial, wo tausende Wienerinnen und Wiener es sich nicht nehmen ließen, die Queen zu begrüßen.

Mehr als 850.000 Österreicherinnen und Österreicher unterschreiben im März ein Volksbegehren der SPÖ, in der ein schrittweises Einführen der 40-Stunden-Woche gefordert wird.

Auf dem Stephansplatz „tobt" ein „Ross-knödelkrieg". Anrainer beschweren sich über die zunehmende Geruchsbelästi-gung durch Pferde-Exkremente und wol-len, dass der Fiakerstandplatz verlegt wird. Die Fiaker erklären sich aber bereit, für mehr Sauberkeit zu sorgen und die Rossknödel zu entsorgen. Der Standplatz darf bleiben.

Am 20. Juli landen die ersten Menschen – Neil Armstrong und Edwin Aldrin – auf dem Mond.

Es gibt den Plan, den Flakturm im Esterhazypark in Mariahilf zu ummanteln und zu einer Hochgarage mit Platz für

Die Ustraba am Gürtel
ist fertig

Bürgermeister Marek
in einer Ustraba-Station
am Gürtel

U5?

Eine U5 fand sich bis in die siebziger Jahre in vielen Entwürfen eines „möglichen Endnetzes" der U-Bahn. Die erste U5 war 1966 als eine Linie Hernals – Schottenring – Stadion geplant. Bei allen Netzplanungen wurde diese Linie als nicht ausbauwürdig erkannt und zurückgestellt. Heute handelt es sich bei der Linie U5 um eine langfristige Netzerweiterung, die gemeinsam mit einem weiteren Ausbau beziehungsweise Verknüpfung mit der Linie U2 in einer möglichen fünften Ausbauphase realisiert werden könnte.

Die Linie U5 würde von Hernals kommend bei der Station Rathaus auf der derzeitigen Stammstrecke der U2 bis Karlsplatz und anschließend in den Bereich Aspanggründe und Arsenal geführt werden. Die U2 würde von der zukünftigen Endstelle Aspernstraße (2009) bis zum Rathaus und anschließend in einem Neuabschnitt über die Neubaugasse, Pilgramgasse, Matzleinsdorfer Platz und Wienerberg bis zur Gutheil-Schoder-Gasse geführt werden.

fünfhundert Personenautos auszubauen. Das soll aber nur eine der Maßnahmen sein, um die Parkmisere zu beseitigen. In den Bezirken innerhalb des Gürtels sollen zunächst zwölf Hoch- oder Tiefgaragen gebaut werden.

Ein Attentäter brachte am 26. August in den Räumen der Kanadischen Botschaft im vierten Stock des Bürogebäudes in der Oberen Donaustraße eine Gasflasche und mehrere Molotowcocktails zur Explosion und steckte die Räume der Botschaft in Flammen. Zwei Menschen wurden getötet. Viele Angestellte der Botschaft konnten über Magirusleitern von der Feuerwehr gerettet werden.

32 Personen, unter ihnen neun Feuerwehrmänner, erlitten Verletzungen und Brandwunden. Noch während der Löscharbeiten stellte sich am Brandplatz ein Mann mit den Worten „I have set the fire!" einem Polizeioffizier.

Ende August ehrt Bürgermeister Marek zwei Angestellte der Wiener Städtischen Versicherung, die während des Brandes in der Kanadischen Botschaft zwei Menschen durch ihre Geistesgegenwart das Leben retteten.

1965 wurden Pläne für ein Haus des Buches ausgearbeitet, 1967 wurde das Projekt im Wiener Gemeinderat beschlossen. Gebaut wird Ecke Skodagasse und Laudongasse im 8. Bezirk. Im Sommer 1969 hatte Wien sein Haus des Buches.

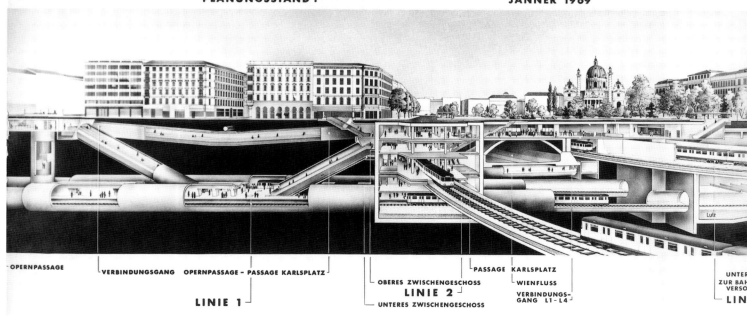

U-BAHN-KNOTEN KARLSPLATZ

PLANUNGSSTAND: JÄNNER 1969

OPERNPASSAGE — VERBINDUNGSGANG OPERNPASSAGE - PASSAGE KARLSPLATZ — LINIE 1 — OBERES ZWISCHENGESCHOSS — LINIE 2 — UNTERES ZWISCHENGESCHOSS — PASSAGE KARLSPLATZ — WIENFLUSS — VERBINDUNGSGANG L1-L4 — UNTER ZUR BAH VERSO LIN

Das wird am Karlsplatz für die U-Bahn gebaut

Kärntner Straße bei Nacht

Im Oktober demonstrieren Jugendliche mit Schildern „Stop the Killing" für die Beendigung des Krieges in Vietnam.

Seit Sonntag Mittag, den 2. November, ist der Karlsplatz für den gesamten Autoverkehr gesperrt. Und ab Montag beginnt wegen des U-Bahn-Baues ein großer Umleitungszirkus. Für die neugierigen Wiener und die Fußgeher wird es im Bereich des Karlsplatzes besondere Übergänge geben und auch eine Aussichtsplattform. So kann man einen Blick in die 25 Meter tiefe Baugrube riskieren.

Zwei polnische Burschen entführen am 20. November ein polnisches Verkehrsflugzeug, das auf einem Kursflug nach Warschau unterwegs war, nach Wien-Schwechat. Die Entführer hatten den Piloten mit vorgehaltener Pistole und mit der Drohung, es befände sich eine Bombe an Bord, zum Kurswechsel gezwungen. Neben den Entführern nutzt ein Priester die Gunst der Stunde und bittet um Asyl.

Mit Maschinenpistolen bewaffnet überfallen Räuber Anfang Dezember einen Supermarkt in Favoriten und erschießen zwei Angestellte. Die Mörder entkommen mit einer Beute von 120.000 Schilling.

Zu Silvester findet am Rathausplatz um 18 Uhr das traditionelle Turmblasen des Trompeterchors der Stadt Wien statt, um 18.30 Uhr wird die Neujahrsansprache des Bürgermeisters übertragen. Um 23.30 Uhr gibt es Schallplattenmusik, um 24 Uhr verkünden zwölf Glockenschläge denn Beginn des neuen Jahres und dann folgt der Donauwalzer. Zahlreiche Straßenbahnlinien verkehren die ganze Nacht; der Fahrpreis beträgt zehn Schilling.

KONGRESS
ZENTRUM
HOFBURG

Andrang beim Kongress-Zentrum
in der Hofburg

FELIX SLAVIK WIRD BÜRGERMEISTER

Bei den Wiener Verkehrsbetrieben ist das Personal knapp. Daher wird daran gedacht, dass Frauen auch als Straßenbahnfahrerinnen eingesetzt werden. Es gibt 150 Schaffnerinnen, die bereit sind, sich zu Fahrerinnen ausbilden zu lassen.

Ende Jänner zerstört ein Großfeuer eine Lagerhalle in Favoriten. Das Feuer war nach einer Explosion in einem Zentralheizungsofen ausgebrochen. Bei den Löscharbeiten wurden vier Feuerwehrleute verletzt.

Im Februar wird der Plan vorgestellt, die Favoritenstraße vom Gürtel bis zum Reumannplatz zu einer Fußgängerzone auszubauen. Damit soll eine der wichtigsten Geschäftsstraßen Wiens zur ersten großen Fußgängerzone Wiens werden – über einen Kilometer lang. Die Fußgängerzone soll zugleich mit dem Bau der U-Bahn in der Favoritenstraße verwirklicht werden.

Ebenfalls im Februar vorgestellt werden Pläne für die Verbauung des Südens Wiens, darunter der Wohnpark Alt-Erlaa.

Die Nationalratswahlen am 1. März 1970 bringen zum ersten Mal in der Geschichte der Republik Österreich eine Mehrheit an Stimmen und Mandaten für die SPÖ unter Bruno Kreisky. Er wird nach diesem Sieg österreichischer Bundeskanzler und bildet eine SPÖ-Minderheitsregierung.

Am 14. und 15. März war die Stadthalle Schauplatz der ersten Hallenleichtathletik-Europameisterschaften.

Am 14. April trafen in Wien die beiden Delegationen der Supermächte USA und UdSSR ein, die einander in den nächsten Wochen und Jahren, aber das konnte man damals noch nicht wissen, bei den SALT-Gesprächen gegenübersitzen werden. Die Amerikaner kamen mit dem Flugzeug, die Russen mit der Eisenbahn. Beide Supermächte besaßen schon so viele Atomwaffen, um einander und die übrige Welt mehrere Male zu zerstören. Beide Delegationen umfassten je ungefähr 70 Personen. Eröffnet wurden dann die SALT-Gespräche feierlich am 16. April im Belvedere.

In dieser Phase der Ost-West-Entspannung rückten die Verhandlungen zur Begrenzung der strategischen Rüstungen (Strategie Arms Limitation Talks = SALT) in den Mittelpunkt des Interesses. Die Aufnahme von SALT-Gesprächen war bereits bei der Unterzeichnung des Nichtverbreitungsvertrages am 1. Juli 1968 zwischen Präsident Johnson und Ministerpräsident Kossygin vereinbart worden. Wegen des Einmarsches von Warschauer-Pakt-Truppen in die Tschechoslowakei im August 1968 waren diese Verhandlungen damals jedoch ebenso wenig zustande gekommen wie eine geplante Reise von Präsident Lyndon B. Johnson in die Sowjetunion in der zweiten Jahreshälfte 1968.

Bruno Marek wird am 22. Jänner zum Ehrenbürger der Stadt Wien ernannt. Er feiert am 23. Jänner seinen 70. Geburtstag.

Dahinter wird für die U-Bahn gebaut

Die SALT-Gespräche begannen somit erst unter Präsident Nixon und Außenminister Kissinger. Ziel der angestrebten Vereinbarung war in erster Linie die Stabilisierung des Rüstungswettlaufs. Das weitgehende Verbot ballistischer Raketenabwehrsysteme sollte dazu dienen, eine Verteidigung gegen einen Nuklearangriff praktisch unmöglich zu machen. Denn nur wenn eine Abwehr gegen einen vernichtenden Atomschlag unmöglich war – so die bizarre Logik der Rüstungsstrategen –, bleibe die beiderseitige Furcht vor einem vernichtenden Gegenschlag nach einem Atomangriff („Zweitschlagsfähigkeit") und damit das „Gleichgewicht des Schreckens" erhalten. Nur dann könne man sich hinlänglich „sicher" fühlen.

Die Begrenzung der Offensivraketen sollte dagegen dem Rüstungswettlauf zahlenmäßig einen Rahmen setzen. In Wirklichkeit bewegte sich die Diskussion in einem irrealen Rahmen, weil das vorhandene Potential bereits ausreichte, die gesamte Menschheit vielfach zu vernichten. Die Festsetzung von Obergrenzen für die Rüstungsentwicklung begrenzte also lediglich „Übertötungskapazitäten", ohne einen Zugewinn an wirklicher Sicherheit zu erzielen. Wie dringlich dies war, zeigt schon die Tatsache, dass die USA und die Sowjetunion zum Zeitpunkt der SALT-I-Vereinbarungen zusammen über ein nukleares Potential verfügten, das ausgereicht hätte, um jede Person auf der Erde der Explosivkraft von fünf Tonnen TNT auszusetzen. Die Summe der Militärausgaben in der Welt betrug zu dieser Zeit bereits über 200 Milliarden Dollar jährlich – mehr als das Bruttosozialprodukt aller Länder Afrikas und Südasiens zusammengenommen. Jedoch geriet die Rüstungskontrollpolitik nach dem Erfolg von SALT-I auf Grund der Probleme der amerikanischen Regierung angesichts der Watergate-Affäre und der traumatischen Erfahrung der sich quälend hinziehenden

Sommer-Stoßverkehr
auf der Reichsbrücke

Hier wird für das „Juridicum"
Platz geschaffen

Beendigung des Vietnam-Krieges bald in eine Krise, so dass der SALT-II-Vertrag nach großen Schwierigkeiten erst fünfeinhalb Jahre später, am 18. Juni 1979, von Präsident Jimmy Carter und Generalsekretär Leonid Breschnew, in Wien unterzeichnet werden konnte.

Nach diesen Ausflug in die internationale Politik zurück nach Wien des Jahres 1970: Mitte Mai kommt es zu Besetzungen von Universitätsinstituten, Teach-Ins und Demonstrationen von Studenten gegen den Einmarsch der USA in Kambodscha. Studenten der Akademie der Bildenden Künste hielten auf dem Dach der Akademie die FLN-Fahne hoch und erklärten in einer Demonstration auf dem Schillerplatz ihre Solidarität mit den oppositionellen US-Studenten und den gegen die US-Truppen kämpfenden Vietnamesen und Kambodschanern. Es kam auch zu einer Studentendemonstration gegen die Intervention der USA auf dem Ballhausplatz. Eine Delegation der Studenten wurde von Bundeskanzler Kreisky empfangen, der sich dafür einsetzte, im Rahmen der UNO auf eine friedliche Entwicklung hinzuwirken.

Im Juli gibt es ein Jubiläum in der Wiener Stadthalle. Man erwartet den 100.000sten Besucher des Musicals „Hair". Eigentlich wollte man „Hair" nur bis Ende Juni spielen, aber des großen Erfolgs wegen wurde bis Ende Juli verlängert.

Im September beginnt in Wien die Umstellung auf Erdgas. Die erste Erdgaskundin wohnt in Kaisermühlen

Die erste Nummer des Nachrichten-Magazins „Profil" erscheint am 7. September.

Im September werden zwanzig neue Messstellen zur Prüfung des Staubs in der Wiener Luft in Betrieb genommen. Bereits im Vorjahr wurden zur Kontrolle der Luftverschmutzung 28 Messstellen zur Messung des Schwefeldioxydgehalts der Luft eingerichtet.

„Hair", das Musical der Hippies, der Freiheit, des Protests gegen den Vietnamkrieg und die Beschwörung des Zeitalters des Wassermanns ist in Wien ein riesiger Erfolg: Die Stadthalle ist immer ausverkauft.

Die Mariahilfer Straße wird umgebaut

Am 18. September demonstrieren rund tausend Bauern aus Niederösterreich, Oberösterreich, dem Burgenland und Salzburg mit 157 Traktoren am Ring und vor dem Bundeskanzleramt gegen die Erhöhung des Milchkrisengroschens, gegen eine 10-prozentige Alkoholsondersteuer bei Wein und gegen die geplante Preiserhöhung bei Dieseltreibstoffen.

Am 27. Oktober kam es zu großen Verkehrsstaus, als Fuhrwerksunternehmer mit einer Demonstrationsfahrt von etwa 1.000 Fahrzeugen gegen die geplante Erhöhung der Dieselsteuer protestierten. 500 Lastwagen, 100 Autobusse und einige hundert Taxis waren um 9 Uhr Vormittag vom Stadionparkplatz über die Praterstraße und den Ring zum Schottentor gefahren. 30 Fahrzeuge fuhren weiter zum Ballhausplatz. Ein Delegation der Fuhrwerksunternehmer sprach dann bei Bundeskanzler Kreisky vor.

Von Anfang Oktober bis November wird die größte Haushaltsbefragung, die es in Wien je gab, durchgeführt. Es werden 70.000 Haushalte besucht und jedes einzelne Haushaltsmitglied über seine Fahrten, die es in Wien am Vortag unternommen hat, befragt. Im Rahmen dieser Verkehrserhebung 1970 geht es um eine Analyse der Verkehrsströme in Wien und ein daraus zu entwickelndes Verkehrskonzept.

Anfang November wird bekannt, dass Bürgermeister Marek zurücktreten wird. Sein Nachfolger wird Vizebürgermeister Felix Slavik. Abschied vom Amt des Wiener Bürgermeisters und Landeshauptmanns nimmt Marek am 17. Dezember. In seiner Abschiedsrede ermahnt der populäre Bürgermeister die Gemeinderäte mit den Worten: „Sorgt dafür, dass alles das, was hier beschlossen wird, immer darauf Bedacht nimmt, dass es die Menschen sind, für die hier gearbeitet werden muss."

Im November findet die „Intim 70", die erste Sexmesse Österreichs, im Wiener Künstlerhaus statt und wird – wie nicht anders zu erwarten – ein Publikumsrenner. Sie wird von mehr als 30.000 Menschen besucht.

Am 9. Dezember besetzen 40 persische Studenten die Botschaft des Irans am Schwarzenbergplatz. Sie protestieren gegen die Verhaftung eines Dolmetschers von Amnesty International in Teheran. Nachdem sich die Studenten in der Botschaft verbarrikadiert hatten, öffnete die Feuerwehr gewaltsam die Eingangstür. Danach wurden die Demonstranten von der Polizei mit Gewalt aus dem Botschaftsgebäude entfernt und festgenommen. Am nächsten Tag protestieren Wiener Studenten mit einem Hungerstreik gegen die Festnahme der iranischen Studenten.

Am 21. Dezember wurde Felix Slavik mit 88 von 99 Stimmen zum Bürgermeister und Landeshauptmann von Wien gewählt. In seiner Antrittsrede sagte er, dass es sein Wunsch und Bestreben sei, alle Erwartungen zu erfüllen und das Vertrauen der Wiener Bevölkerung über alle Parteigrenzen hinweg zu gewinnen. Am 22. Dezember eröffnet der neue Bürgermeister eine neue Donaubrücke und die neue Praterautobahn.

FELIX SLAVIK

Felix Slavik, der am 3. Mai 1912 in Wien geboren wurde, erlernte das Handwerk eines Feinmechanikers. Von Februar bis Mai 1935 und von November 1939 bis Dezember 1943 war er aus politischen Gründen inhaftiert. 1945 wurde er Amtsführender Stadtrat für das Wohnungswesen in Wien.

In dieser Funktion führte er oft sehr schwierige Verhandlungen mit den Besatzungsmächten. 1946 wurde er Mitglied des Bundesrates und gleichzeitig erster Sekretär des Österreichischen Städtebundes. In Ausübung dieser Funktion wurde er mit dem Neuaufbau des Städtebundes betraut. Als Vertreter des Städtebundes nahm er auch an allen Verhandlungen über Finanzprobleme zwischen Bund, Ländern und Gemeinden teil. Beim Zustandekommen des ersten Finanzausgleiches hat er maßgeblich mitgewirkt. 1949 wurde Felix Slavik in den Nationalrat entsandt. 1957 wird er Wiener Finanzstadtrat, 1959 auch Vizebürgermeister. 1970 wird er zum Bürgermeister und Landeshauptmann von Wien gewählt. 1973 tritt er nach dem negativen Ausgang einer Volksbefragung über die Verbauung des Sternwarteparks zurück. Felix Slavik stirbt am 6. Oktober 1980 in Wien.

Motorboote in der Kuchelau
beim Kahlenbergerdörfl

Treffpunkt Theseustempel
im Volksgarten

DAS JAHR DES BRUNO KREISKY

Ab Jänner gibt es für die Wienerinnen und Wiener Gesundheitspässe, zu denen auch Notfallskarten gehören. Es wird auch mit einer Impfaktion gegen Röteln begonnen. Gesundheitspass und Notfallskarte sollen die ärztliche Hilfe sowohl bei Routinebehandlungen als auch bei Unfällen verbessern helfen. Die Rötelimpfung soll verhindern, dass es zu Missbildungen bei Kindern im Mutterleib kommt.

Im Jänner stellt Bürgermeister Slavik fest, dass der Rathausplatz auch weiterhin nicht als Parkplatz dienen soll. Der Rathausplatz sei nie ein Parkplatz gewesen, sondern wurde zum Parkplatz degradiert, meinte der Bürgermeister in einer Radioansprache. Die Wiener Stadtverwaltung habe daher das Parken auf dem Rathausplatz verboten. Dies führte zu Protesten der Autofahrer. Bei allem Verständnis für die Autofahrer müsse ein Grundsatz für Wien sein, die Stadt nicht dem Verkehr zu opfern, sondern der Verkehr habe sich vielmehr den Möglichkeiten der Stadt anzupassen. Dieser Grundsatz gelte auch für den Rathausplatz, der vor allem den Kindern und Jugendlichen zum Radfahren und Rollschuhfahren und den Parkbesuchern zur Verfügung stehe.

Im Jänner bewilligt der Gemeinderat 130 Millionen Schilling für den Bau des Stadthallenbades. Das Bad soll bis zu den Europameisterschaften im Schwimmen 1974 fertig gestellt werden.

Die neue Hochgarage in der Stiftgasse in Wien-Neubau wird im Februar fertig gestellt. Im März nimmt das Parkhaus Stiftgasse dann seinen Vollbetrieb auf. In den sechs

Aus der Minderheitsregierung des Jahres 1970 wird in diesem eine Mehrheitsregierung mit Bundeskanzler Bruno Kreisky an der Spitze

Bürgerversammlung im Rathaus zur U-Bahn

KARL FARKAS

Karl Farkas wurde am 28. Oktober 1893 in Wien geboren. Er absolvierte die Akademie für Musik und darstellende Kunst in Wien und hatte nach dem Ersten Weltkrieg Engagements in Olmütz, Mährisch-Ostrau und Linz, wo er auch als Opern- und Operettenregisseur tätig war. 1921 kam er als Schauspieler und Regisseur nach Wien, wurde als „Blitzdichter" im „Simpl" engagiert und etablierte dort gemeinsam mit Fritz Grünbaum die aus Budapest kommende Doppelconférence. Beide traten gemeinsam oder solo in vielen Wiener Klein- und Kaffeehausbühnen auf, verfassten Revuen, leiteten Theater. Farkas war auch einer der Pioniere des Radiosenders RAVAG und spielte ebenso in Filmen. 1924 heiratete er die Schauspielerin Anny Hán; 1928 Geburt des einzigen Sohnes Robert. 1938 musste Farkas fliehen. Am 17. März verließ er Österreich in Richtung Tschechoslowakei. Von dort gelangte er über Paris — wo er 1939 interniert und ins Lager Meslay du Maine gebracht auf Leo Aschkenasy traf — sowie über Spanien und Portugal in die USA. In New York trat er in Exilantencafés auf, conférierte und spielte in Kabaretts, gastierte bald in Operetten, schrieb, inszenierte. Zusammenarbeiten ergaben sich v. a. mit Kurt Robitschek, Armin Berg, Hans Kolischer, Hermann Leopoldi, Oskar Karlweis und Robert Stolz. 1946 Rückkehr nach Wien, allerdings noch nicht ins „Simpl". Er trat in anderen Vergnügungsetablissements auf, inszenierte, spielte und schrieb wiederum. 1950, nach der Übernahme des „Simpl" durch Baruch Picker, wurde Farkas ebendort Darsteller, Regisseur, Autor und künstlerischer Leiter. Bis 1965 verfasste er sämtliche Revuen mit Hugo Wiener, der nunmehr die Doppelconférencen für Farkas und dessen neuen Partner Ernst Waldbrunn schrieb. Daneben arbeitete Farkas als Drehbuchautor, im Rundfunk und ab 1955 im neuen Medium Fernsehen. Die „Bilanzen" gestaltete er bis zu seinem Tod am 16. Mai 1971.

Garagen können 770 Autos parken. Das Parken kostet für die ersten zwei Stunden 14 und für jede weitere Stunde acht Schilling. Im Bereich Mariahilfer Straße sind noch zwei weitere Parkhäuser vorgesehen. Ende März wird mit Bauarbeiten für eine neue Tiefgarage unter dem Morzinplatz begonnen.

Überhaupt erwägt die Stadt Wien die Einhebung von Parkgebühren. Die Wiener Autofahrer müssen damit rechnen, dass sie noch im Laufe dieses Jahres zur Kasse gebeten werden, wenn sie ihre Fahrzeuge in den Teilen der Stadt parken wollen, wo es einen Mangel an Parkplätzen gibt. Die Mittel, die durch die Parkgebühr eingehoben werden, sollen zweckgebunden für den Bau von Parkflächen oder Parkgaragen verwendet werden. Die Höhe der Parkgebühren soll zwischen zwei und 20 Schilling in der Stunde liegen. Es soll keine Parkometer geben, sondern Parkscheine, die in Trafiken gekauft werden können und die der Autofahrer selbst entwerten muss.

Nach Ansicht des Stadtschulratspräsidenten besteht wenig Hoffnung für die Einführung der Fünftagewoche im Schulbetrieb.

Vom Landstraßer Gürtel treten Ahornbäume ihre Wanderschaft auf das künftige Ausstellungsgelände der WIG 74 an. Wegen der Verbreiterung der Fahrbahn muss eine große Anzahl dieser Bäume weichen. Soweit die Bäume transportfähig sind, werden sie auf Tiefladern auf den Laaer Berg transportiert und dort wieder eingepflanzt.

Im März eröffnet Bürgermeister Slavik das neueste Pensionistenheim „Erdberg". Bei der Eröffnung betont er, wie wichtig der Bau von Pensionistenheimen sei. Das neue Heim ist das fünfte in Wien. In Favoriten wird im Herbst noch ein sechstes Heim eröffnet, im Bau sind zwei weitere Heime.

Im März beginnen die Bauarbeiten für die U-Bahn in der inneren Favoritenstraße.

Im April begann in Wien-Schwechat das Jumbo-Zeitalter. Bei strahlendem Osterwetter setzte am 10. April vor den Augen Tausender Schaulustiger erstmals ein Jumbojet, eine Boeing 747 der niederländischen Fluglinie KLM, auf der Landepiste des Flughafens Wien-Schwechat auf. Sie wurde hier vom Komponisten Robert Stolz auf den Namen „Donau" getauft.

Die Fischtanks im
Donaukanal werden wegen
Salmonellengefahr versiegelt

Im April wird Franz Jonas zum Bundespräsidenten wiedergewählt. Er erhält 52,8 Prozent der Stimmen, sein Gegenkandidat ist Kurt Waldheim. Dieser wird im Dezember
zum Generalsekretär der Vereinten Nationen gewählt.

Im Juni feierte ein Wiener Wahrzeichen seinen 75. Geburtstag: das Riesenrad.

Am 15. Juni wird das Sigmund-Freud-Museum in der Berggasse 19 eröffnet. Prof. Dr.
Freud 3–4 steht ganz sachlich auf der Türtafel von Nummer 6 im Haus Berggase 19
im 9. Bezirk. Mit der alten Türtafel von Sigmund Freuds Wohnung ist auch ein Teil der
ehemaligen Einrichtung in diese zurückgekehrt.

Kommentar aus der Tageszeitung AZ vom 5. August
zum Thema „Wien und die Ausländer": „Die Wiener
gelten als kontaktfreudig. So beurteilen sie sich
selber. Und wenn man sie beim Heurigen sieht,
könnte man das auch glauben."

Nicht ganz können sich dieser Meinung die Ausländer anschließen. Erhebungen unter den in Wien
tätigen Mitarbeitern der UN-Organisationen IAEO und
Unido haben nämlich ergeben, dass viele der
ausländischen Diplomaten und Beamten darüber
klagen, dass es ihnen nicht gelinge, mit Wiener

Am 25. Februar gibt es eine
partielle Sonnenfinsternis

Ende Juli: 27. Internationaler

psychoanalytischer Kongress;

er tagt zum ersten Mal in Wien

und Anna Freud, die Tochter

Sigmund Freuds, ist anwesend

Familien Bekanntschaften zu schließen. Vizebürgermeisterin Gertrude Fröhlich-Sandner hat deshalb schon vor längerer Zeit begonnen, im Rahmen ihres Kulturressorts mit speziellen Veranstaltungen diesen Kontaktschwierigkeiten zu begegnen. Die gesellschaftliche und kulturelle Betreuung der Mitglieder der internationalen Organisationen in Wien findet die volle Anerkennung unserer ausländischen Stammgäste. Im Unido Staff Journal schreibt Bob Hillhouse, „man muss in der Geschichte der Vereinten Nationen lange suchen, bis man auf eine Stadt stößt, die als Gastgeber so viel für die internationalen Organisationen tut wie Wien".

Was die Stadt Wien hier leistete, sollte jedoch nur ein Anfang sein. Denn Ausländer, die in Wien arbeiten, gibt es nicht nur in der IAEO und in der Unido. Die Zahl der weniger prominenten Gastarbeiter wird auf 100.000 geschätzt.

Am 1. Oktober wird der Grundstein für die „Stadt des Kindes" gelegt, die bis 1973 in der Weidlingau entstehen wird. Rund dreihundert Pflegekinder zwischen drei und 19 Jahren können in der Anlage in familienähnlichen Verhältnissen leben. In der Stadt des Kindes wird es keine Zäune geben.

Am 10. Oktober erringt die SPÖ ihren größten Wahlerfolg bisher. Sie erhält 50,04 der Stimmen und damit die absolute Mehrheit. In Österreich beginnt die Ära Kreisky, die bis 1983 dauern soll. Aus der Minderheitsregierung Kreisky I wird am 21. Oktober die Mehrheitsregierung Kreisky II. Kreisky kann sich auf eine breite Zustimmung stützen

**Am Kohlmarkt wird
aufgegraben**

CHICKEN SIE
IHREN FUSS
WIEDER ZUR
SCHULE

Fuß- und Gehschule
in der Innenstadt

und unterzieht Österreich einer umfassenden Modernisierung und Liberalisierung. Er verleiht Österreich internationales Ansehen.

Ende November wurde der Weihnachtskorso 71, eine Fußgängerzone in der Wiener Innenstadt eröffnet. Tausende Wiener füllten Graben, Stephansplatz und den unteren Teil der Kärntner Straße. Der Erfolg der Fußgängerzone war durchschlagend. Es war aber nur eine provisorische. Aber auf jeden Fall war die Fußgängerzone ein Riesenerfolg und könnte vielleicht den Anstoß geben, einen ständigen Fußgängerbereich in der Wiener Innenstadt zu schaffen.

Beim Weihnachtskorso 1971
gibt es eine Fußgängerzone
– versuchsweise

Frühjahrsputz im Wurstelprater

1972

SICHERES WIEN

Zu Jahresbeginn standen die Wiener Schlange. Sie stürmten regelrecht die Vor-verkaufsstellen für Straßenbahnfahrscheine, um die alten Vorverkaufsscheine gegen Aufzahlung für neue einzutauschen. Zum Andrang kam es sicher auch, weil sich viele Trafikanten weigerten die Vorverkaufsscheine zuzüglich Aufzahlung gegen neue in Tausch zu nehmen.

Die Zukunft des Karlsplatzes interessiert die Wiener mehr als erwartet. Die Ausstellung im Künstlerhaus, in der die preisgekrönten Entwürfe für eine mögliche Gestaltung ge-zeigt werden, ist so gut besucht, dass sie verlängert wird.

Der Bezirk Liesing wächst atemberaubend: Von 1961 bis 1971 stieg die Einwohner-zahl von 41.762 auf 64.362. Dieses Wachstumstempo erfordert besondere Maßnah-men. So wird 1972 mit dem Bau von drei Wohnhausanlagen begonnen, der Grund-stein für ein neues Haus der Begegnung wird am 1. Februar gelegt, im Sommer be-ginnt die Errichtung des neuen Höpflerbades und es beginnt der Bau für eine Allge-mein Bildende Höhere Schule, in Mauer wird eine neue Jugendherberge errichtet und das Altersheim Liesing wird modernisiert.

Im Krankenhaus Lainz wurde die achte Wiener Gesundenuntersuchungsstelle eröffnet. Mit dem Ausbau der Vorsorgemedizin will Wien einen wichtigen gesundheitspoliti-schen Schritt setzen. Jährlich lassen sich rund 7.000 Wienerinnen und Wiener pro-phylaktisch untersuchen. Bei zwanzig Prozent werden Gesundheitsschäden festgestellt – in erster Linie Bluthochdruck und Diabetes.

Das Rathaus ist unter der Telefonnummer 43 44 44 nun Tag und Nacht zu erreichen. Es soll mit diesem neuen Kundendienst den Wienern so einfach wie möglich gemacht werden, mit der Stadtverwaltung Kontakt aufzunehmen.

Ab 1. März können sich Wiener Mütter aussuchen, ob sie ein Wäschepaket für Neuge-borene oder eines für ein einjähriges Kind haben wollen. Der Inhalt des Zweitpakets besteht aus zwölf Windeln, zwei Windelhosen, zwei Latzhosen, einem Jäckchen, einem Pullover, einer Strumpfhose, einem Nachthemd, einem Badetuch und einem Wasch-handschuh.

Wien richtet einen Altstadterhaltungsfonds ein. Er soll helfen, die Restaurierungs- und Erhaltungsarbeiten an kulturgeschichtlich oder für das Stadtbild wertvollen Objekten zu unterstützen.

Eine Pensionistin aus Favoriten erhielt im Februar den 500.000sten Telefonanschluss in Wien.

Am 8. Februar bereiten an die Hunderttausend Menschen dem vom Präsidenten des Internationalen Olympischen Komitees, Avery Brundage, von der Teilnahme an den Olympischen Spielen in Sapporo ausgeschlossenen Karl Schranz in Wien einen be-geisterten Empfang. Wien, nein, ganz Österreich, empfindet diese Ausschluss-Ent-scheidung als eine große Demütigung.

Ende April gibt es eine große Studenten- und Schülerdemonstration gegen den „Maturanten-erlass" des Verteidigungs-ministeriums. Im Mai wird mitgeteilt, dass Maturanten den Präsenzdienst beim Bundesheer in zwei Teilen abdienen können.

DER FALL SCHRANZ

Österreich liegt im nationalen Taumel, als der Skifahrer Karl Schranz im Februar 1972 von der Teilnahme an den Olympischen Spielen in Sapporo ausgeschlossen wird. Seit Toni Sailers Olympia- und Weltmeisterschaftssiegen in Serie hatte sich Österreich zur Skination Nr. 1 deklariert. Fernsehübertragungen von internationalen Skirennen, die meist von Österreichern gewonnen wurden, waren Straßenfeger. Der neue Ski-Held hieß Karl Schranz, der „einsame Wolf vom Arlberg", wie ihn die Zeitungen beschwörend tauften. Es nahten die Olympischen Spiele in Sapporo, Februar 1972. Karl Schranz war haushoher Favorit für den olympischen Abfahrtslauf. Avery Brundage, der Präsident an der Spitze des IOC (Internationalen Olympischen Komitees), ließ wissen, dass er Schranz von den Olympischen Spielen ausschließen würde. „Wegen Nichtbeachtung der Amateur-Bestimmungen". Und man schloss Schranz aus. Durch Österreich ging ein Wutschrei, die Massenpsychologen hatten Hochsaison, schnell war der Befund erstellt: Ein kleines Land will sich nicht demütigen lassen – schon gar nicht, wenn es um den Skisport und um Karl Schranz, den „sicheren Olympiasieger", ging. Die Zeitungen und der ORF legten jeden Tag ein Schäuferl nach, Hauptthema waren plötzlich nicht mehr die Olympischen Spiele, sondern „der Fall Schranz". Und man bereitete sich auf die Rückkehr des Helden vor. Der ORF meldete tagelang die Ankunftszeit der Maschine mit Schranz auf dem Wiener Flughafen und die Route, die die Wagenkolonne zum Bundeskanzleramt nahm, wo Kreisky für Schranz einen Empfang gab. Vom Flughafen über den Ring bis zum Ballhausplatz säumten viele Zehntausende die Straßen, auf dem Ballhausplatz war kein Quadratmeter unbesetzt, in den Gemächern des Bundeskanzlers drängte sich eine noch nie gesehene Menge von hohen und höchsten Adabeis, der Bundeskanzler und Karl Schranz grüßten immer wieder vom Balkon des Hauses das jubelnde Volk. Karl Schranz und Bruno Kreisky wurden sehr gute Freunde.

Schranz-Fans am Ballhausplatz

Wien begrüßt den größten Clown der Zirkusgeschichte. Charles Rivel ist der absolute Star der „ATA 72", die Zirkusschau der „Artisten, Tiere, Attraktionen". Die ATA ist von Mitte Februar bis Mitte März in der Wiener Stadthalle zu sehen.

Am 1. März beginnen die Arbeiten für die „zweite Donau", das Entlastungsgerinne, mit dessen Erdaushub die 20 Kilometer lange Donauinsel aufgeschüttet wird.

Wegen des Baus der Fernheizleitung zum Dianabad müssen auf der Rossauer Lände und bei der Salztorbrücke 28 Bäume entfernt werden. Sie werden nicht gefällt, sondern auf das WIG-Gelände verpflanzt.

Zwischen dem 10. und 17. Juli findet ein internationaler Jugendblasmusikwettbewerb statt. An die 6.000 junge Musiker aus aller Welt werden aufmarschieren und zeigen, was sie können. Aus den USA werden 27 Bands anreisen. Ihr Motto ist: Our Band goes to Vienna. Eine große Marschparade vom Wiener Stadion durch die Prater Hauptallee zum Wurstelprater bildet den feierlichen Abschluss dieses Riesenwettbewerbes.

Rund 72 Prozent der Wohnbevölkerung im ersten Bezirk sind für eine Erweiterung der Fußgängerzone in der Innenstadt. Das ist das Ergebnis einer Umfrage. Die Fußgängerzone in der City soll nach dem Abschluss der U-Bahn-Bauten umgestaltet und erweitert werden.

Der 19. Bezirk bekommt ein Radfahrwegenetz, um das Radfahren in Wien wieder populär zu machen. Wenn es sich bewährt, soll ein Radwegkonzept für ganz Wien erstellt werden. Die Radwege in Döbling sollen zum Teil so angelegt werden, dass sie im Winter auch als Langlaufloipen verwendet werden können.

Das US-Wochenmagazin „Newsweek" schreibt in einem Artikel Lobeshymnen über Wien: Die Straßen sind sicher, die Luft ist rein und es gibt keine Slums. Die Coloniakübel haben zur Lärmbekämpfung Gummideckel. Die Bevölkerung geht zurück. Im vergangenen Jahr wurden 20.000 Rosenstöcke und 18.000 Bäume gepflanzt. Diese Traumstadt jedes Planers sei die majestätische, alte Hauptstadt Wien, eine verwitwete Königin, deren 1,6 Millionen Einwohner fest entschlossen sind, jeden Versuch der Modernisierung zu bekämpfen, welche die alte Dame ihrer Reize berauben könnte. Die Verbrecher halten sich zurück. Im vergangenen Jahr gab es nur 28 Morde und 301 Raubüberfälle. Gegenüber zum Beispiel 690 und 20.952 in Detroit. Das einzige ernste Problem für Wien sei der Straßenverkehr. Die Verkehrsstauungen würden jedoch durch Einschränkungen des Autoverkehrs in der alten Inneren Stadt und durch den Bau der Untergrundbahn bekämpft. Es ist vielleicht keine Überraschung, dass die einzigen Wiener, die mit dem Gang der Dinge unzufrieden sind, die unruhigen Jugendlichen sind. So „Newsweek" im Jahr 1972.

In diesem Jahr ist die Vollautomatisierung des österreichischen Telefonnetzes abgeschlossen.

Eisschollen im Jänner
auf dem Donaukanal

Bürgermeister Slavik vor
der Begehung eines
U-Bahn-Schachtes

Aus Belgrad werden im März Pockenerkrankungen gemeldet, davon über ein Dutzend mit tödlichem Ausgang. In Wien stürmten Tausende Gastarbeiter, aber auch Wiener, das Gesundheitsamt, um gegen Pocken geimpft zu werden. Der Andrang war so groß, dass die Polizei Ordnungsdienst leisten musste. Außerdem mussten zusätzliche Impfstellen eröffnet werden.

Eine Schnapsidee nennt Bürgermeister Felix Slavik den Vorschlag, zwischen dem Kunsthistorischen und dem Naturhistorischen Museum beim Maria Theresien-Denkmal einen Parkplatz der Unido-Beamten zu errichten. „Die schönsten Plätze Wiens müssen für die Wiener Bevölkerung und ihre Gäste zur Verfügung stehen", erklärt der Bürgermeister.

Das Kurzentrum Oberlaa erhält bis zum Beginn der Wiener Internationalen Gartenschau im April 1974 ein Thermalhallenschwimmbad. Das Becken wird gefüllt mit verdünntem, gekühlten Thermalwasser aus der 51 Grad Celsius warmen Schwefelquelle in Oberlaa.

Friedensreich Regentag Hundertwasser stellte für die Fernsehsendung „Wünsch dir was" eine Fensterverschönerung her und verlangte gleichzeitig Fensterfreiheit. Die Fensterverschönerung wird nun als Mosaik an der Fassade eines Wohnhauses der Gemeinde verlegt.

Ab Mitte Mai verkehren zum ersten Mal ganz schaffnerlose Straßenbahnen. Sie sind mit Funk, Totmanneinrichtungen und neuen Fahrscheinentwertern ausgerüstet. Schaffnerlos werden zuerst die Linie 26, dann die Linie 25 zu den Verkehrsspitzen, dann die Linien O und 167 geführt. Man hofft, dass die Wiener den schaffnerlosen Straßenbahnzug ebenso rasch akzeptieren werden, wie sie die schaffnerlosen Beiwagen angenommen haben.

Wien schafft es zu den drei beliebtesten Kongressstädten der Welt zu gehören.

Bürgermeister Slavik eröffnet Ende Juni das 33. Kinderfreibad – es ist zugleich das 70. städtische Bad überhaupt – in Wien-Hirschstetten. Der Ursprung der Kinderfreibäder geht auf das Jahr 1917 zurück, als im Staubecken des Wienflusses erstmals ein Kinderfreibad geschaffen wurde. Im Wien der Ersten Republik wurden 23 Kinderfreibäder errichtet, davon gab es 1945 noch vier.

Im Herbst haben zwei neue Wiener Großmärkte offizielle Premiere: das Fleischzentrum St. Marx und der Großmarkt für Obst, Gemüse und Lebensmittel in Wien-Inzersdorf.

Niemand weiß, warum es dazu kam, dass sich Gastarbeiter an Sonn- und Feiertagen im Augarten trafen. Ess- und Trinkbuden wurden aufgestellt, Musikkapellen spielten zum Tanz auf und Hunderte Gastarbeiter verkürzten sich mit ihren Freunden und Familien im Augarten den Sonntag. Da die Wiese aber verbaut wurde, mussten die Gastarbeiter umziehen – ihnen wurde ein Gelände im Überschwemmungsgebiet bei der Wiener Reichsbrücke zur Verfügung gestellt.

Am 30. September, dem „Tag der offenen Türe", haben die Wiener zum ersten Mal Gelegenheit, einen im Rohbau fertig gestellten U-Bahn-Tunnel zu besichtigen.

Auf der Mariahilfer Straße findet am 2. Dezember ein Experiment statt. Die beliebte Einkaufsstraße wird zur Fußgängerzone auf Zeit.

Großmarkt Inzersdorf

Und wenn die Premiere gut ausgeht, dann wird die Fußgängerzone Mariahilfer Straße auch an den Weihnachtssamstagen der nächsten Jahre stattfinden.

Am 30. Dezember explodierten hunderte Feuerwerkskörper in einem Scherzartikelgeschäft am Naschmarkt. Hunderte Menschen rannten in panischer Angst schreiend über den Markt. Aus dem Geschäft drang durch die geborstenen Scheiben dicker Rauch und es drängten sich an die 50 Menschen, Käufer und Verkäufer, in Todesfurcht ins Freie. Aber niemand erlitt ernsthaften Schaden. Ob man es glauben will oder nicht: Es gab bei dieser Explosion nur eine leicht Verletzte.

Die mutmaßlich größte Baustelle
Europas – der Karlsplatz

LEOPOLD GRATZ WIRD BÜRGERMEISTER

Ab 1. Juni tritt das Wiener Baulärmgesetz in Kraft. Die wesentlichen Bestimmungen dieses Gesetzes sind die Festlegung für Obergrenzen für den Schallpegel, die Vor-schreibung von Abschirmungsmaßnahmen sowie die Durchsetzung des elektrischen Antriebes von Baumaschinen an Stelle von Dieselmotoren. Kurz und gut. Das Gesetz soll dafür sorgen, dass jeder unnötige Baulärm vermieden wird.

Wiens teuerste Bäume stehen vor dem Landesgericht. Als vor mehr als zehn Jahren die Ustraba gebaut wurde, führte man die Straße um zwei herrliche, unter Naturschutz stehende und mehr als hundert Jahre alte Platanen herum. Nun wären sie fast der U2 zum Opfer gefallen. Aber: Der U-Bahn-Tunnel, der beim Landesgericht in den schon bestehenden Straßenbahntunnel mündet, wird so verlegt, dass die Platanen unver-sehrt bleiben. Platanen wachsen sehr langsam und werden sehr alt, sind also praktisch nicht zu ersetzen.

Die Lobau wird nicht angetastet. Darauf legt sich Wien fest. Die Industrie darf sich nicht ausbreiten. Eine Bahnverbindung durch die Lobau wird nicht gebaut. Und es wird auch keine Autobahn A 21 durch die Lobau geben. Hingegen wird man die zum Teil schon vorhandenen Flussläufe ausbaggern, Radfahrwege anlegen und die Zu-gänglichkeit der Lobau für die Bevölkerung erhöhen.

Am 31. Jänner beginnen in der Wiener Hofburg Vorbereitungsgespräche zwischen den Staaten des Warschauer Pakts und der NATO über die Abhaltung einer Konferenz. Die Konferenz soll der beiderseitigen ausgewogenen Verminderung der Streitkräfte in Europa, kurz MBFR genannt, gewidmet sein. Über die Dauer der Vorgespräche gibt es keine Voraussagen, man rechnet aber mit Monaten.

Die Wiener Verkehrsbetriebe haben zu wenig Per-sonal. Vor allem fehlen Fahrer und Schaffner. Seit ein paar Monaten werden auch Studenten für den Fahrerdienst angeworben. Und das Interesse an diesem Nebenjob ist größer als man erwartet hatte. Rund 30 Studenten haben sich gemeldet. Sechs von ihnen sind schon zum Fahrer ausgebildet worden.

Eine Wiener Tageszeitung ersuchte um Zuschriften für die Benennung des beim Bau des Hochwasser-schutzes an der Donau entstehenden Entlastungs-gerinnes. Dabei wurden immer wieder vorgeschla-gen: „Neue Donau" und „Donauzwilling". Vorge-schlagen wurden aber auch Rote Donau, Slavik-rinne, Oststrom, Neue Donauschleife, Jungdonau, aber auch überflüssige Donau.

Ein „Test-U-Wagen" wird versenkt

Musterbeispiel für gelungene
Revitalisierung – der Spittelberg

Mitte März wird im Wiener Überschwemmungsgebiet von einem Bagger eine hundert Kilogramm schwere amerikanische Fliegerbombe freigeschaufelt. Die Männer des Entminungsdienstes entschärften die Bombe.

Am 15. April wird der Kohlmarkt Fußgängerzone. Er wird es aber vorerst nur für eine Probezeit von einem Monat. Auch war nachts und sonn- und feiertags das Fahren auf dem Kohlmarkt erlaubt.

Nach einem kurzen Winterschlaf gibt es ab Anfang April wieder den Wiener Flohmarkt auf dem Platz Am Hof. Initiatoren und Organisatoren des Flohmarktes sind junge Künstler und Studenten. Er hat jeden Samstag von 10 bis 20 Uhr für Liebhaber von Trödel und Kunsthandwerk geöffnet.

Gäste aus dem In- und Ausland brauchen ab dem 1. Mai in den Hotels und Pensionen keine Meldezettel mehr auszufüllen. Die Eintragung der Personaldaten ins Gästebuch genügt. Diese für den Fremdenverker erfreuliche Änderung bringt das neue Meldegesetz.

Noch in diesem Jahr werden die Autobusse der innerstädtischen Linien auf den umweltfreundlichen Flüssiggasmischbetrieb umgestellt. Von den 390 städtischen Autobussen werden dann 280 mit dem Flüssiggas-Diesel-Gemisch betrieben. Ende nächsten Jahres sollen es alle sein. Statt 150 Tonnen Schadstoffen jährlich werden die städtischen Autobusse dann nur noch 40 Tonnen in die Luft abgeben.

Das Erholungsgebiet Prater soll nicht mehr durch den Schwerverkehr beeinträchtigt werden. Bürgermeister Slavik ordnet ein Durchfahrtsverbot für Lkws durch den Prater an.

Mehr als ein Drittel aller Wiener Wahlberechtigten beteiligten sich an einer Befragung über den Neubau eines Zoologischen Instituts auf dem Sternwartegelände in Währing. Die Frage der Verbauung der Sternwartegründe war in den letzten Monaten zu einem Politikum ersten Ranges geworden. Der Bürgermeister war für die Verbauung eines Teils des Geländes eingetreten und musste sich als „Baummörder" beschimpfen lassen. Die Wienerinnen und Wiener sagten bei der Befragung „Nein" zur Verbauung. Rein rechtlich war der Bürgermeister für den Bau gar nicht zuständig, da es sich um Universitätsgrund handelte und daher die Republik das letzte Wort hatte. Daher informierte auch Slavik am Tag nach der Befragung die Bundesregierung offiziell über den Ausgang der Befragung und ersuchte, vom Bau des Instituts auf dem Sternwarteparkgelände abzusehen und das Areal für die Wiener Bevölkerung zu öffnen. Kurz nach der Befragung fand am 2. Juni ein Landesparteitag der Wiener SPÖ statt. Bei der Wahl in den Parteivorstand bekam Bürgermeister Felix Slavik nur zwei Drittel der Stimmen. Slavik stellt nach diesem enttäuschenden Wahlergebnis sein Amt zur Verfügung. Mit anderen Worten: Er trat zurück. Am 4. Juni wurde dann der geschäftsführende Klubobmann der SPÖ Leopold Gratz zum Nachfolger Slaviks nominiert. Vor seiner Wahl zum Bürgermeister im Gemeinderat setzte Gratz die Vorverlegung der Wiener Gemeinde- und Landtagswahlen auf den 21. Oktober durch. Zum Bürgermeister und Landeshauptmann wurde Leopold Gratz am 5. Juli gewählt.

Mitte Juni wird im Gesundheitsamt am Schottenring die erste Raucherberatung eröffnet. Wobei man verspricht, dass in dieser Beratungsstelle niemand beschimpft wird, weil er raucht. Ein Wunderrezept für das Abgewöhnen des Rauchens hat man zwar auch nicht. Aber man setzt auf den aufrichtigen Wunsch, das gefährliche Laster loszuwerden, und den festen Willen, alles zu versuchen, damit man es los wird.

Das Wiener Ferienspiel wird zum ersten Mal durchgeführt. Es nehmen daran viele Tausende Kinder teil. Auf dem Programm des Ferienspiels stehen etwa Besuche des Kasperltheaters, aber auch des Planetariums oder eine Wienerwaldwanderung.

Das Landesstudio Wien des ORF wird ab 4. September regelmäßig Rundfunksendungen für Gastarbeiter senden. Jeweils am Dienstag und Donnerstag werden um 18 Uhr 50 Nachrichten auf Serbokroatisch ausgestrahlt.

Anfang September legt Bürgermeister Gratz sein Wahlprogramm vor. In die Wiener Stadtverfassung soll die Volksabstimmung und die Volksbefragung eingebaut werden. Eine zentrale Beschwerdestelle, ein Wiener Ombudsmann, wird eingerichtet. Der Stadterneuerung wird gegenüber der Stadterweiterung der Vorzug gegeben. Wobei die Stadterneuerung nicht auf die Innere Stadt beschränkt wird, sondern in allen Stadtvierteln stattfindet. Im sozialen Wohnbau wird eine Vielfalt von Wohnformen angeboten und die Ausstattung der Wohnungen wird verbessert. Im Umweltbereich stehen der Grünlandschutz und die Lärmbekämpfung an der Spitze der Vorhaben. Die

Am 1. Jänner tritt die Mehrwertsteuer in Kraft. Es gibt zwei Steuersätze: 8 und 16 Prozent.

öffentlichen Verkehrsmittel werden attraktiver und es soll ein Verkehrsverbund für die Region Wien geschaffen werden. Bei den Gastarbeitern bekennt sich Gratz zur Integration. Den älteren Menschen muss die Stadt helfend zur Seite stehen. Es ist ein Programm für eine lebenswerte Stadt, eine Stadt für alle Menschen, die in ihr leben und arbeiten, in der die Bürger über die Zusammenhänge informiert werden und an der Stadtentwicklung mitarbeiten.

In Wien ist es Anfang September ungewöhnlich heiß. Das bringt mit sich, dass die Wiener Sommerbäder einen Rekordbesuch zu verzeichnen haben. Das neue Schafbergbad und das Ottakringer Bad sind mehrmals ausverkauft.

Der Grüngürtel rund um Wien soll größer werden. Die Einbeziehung großer Grünflächen vor allem im Nordosten Wiens in den Wald-und-Wiesen-Gürtel wird vorbereitet. 1905 umfasste er 6.000 Hektar, er erlitt aber bis 1955 starke Einbußen. Wilde Siedlungen, Gärten mit unerlaubter Verbauung schluckten viele Grünflächen.

Die Reste der Maria-Magdalena-Kapelle, die romanische Unterkirche auf dem Stephansplatz aus dem 13. Jahrhundert, werden in die künftige U-Bahn-Station Stephansplatz integriert.

Das Rathaus feiert den 100. Jahrestag seiner Grundsteinlegung im September. In der Volkshalle des Rathauses findet eine Ausstellung zu diesem Anlass mit dem Titel „Deine Stadt – dein Haus" ab 30. September statt.

Der Dachs macht sich in Wien heimisch. Derzeit leben in Wien um die 40 Dachse in acht bis zehn unterirdischen Bauten. Die mit den Bären verwandten Tieren flüchten aus dem Umland in die Stadt und haben vor allem die Gärten des Wiener Cottageviertels, aber auch die Parks und einen Klostergarten in der Nähe des Gürtels zu ihrer neuen Heimat gewählt.

Ein Gemeinderatsausschuss macht sich Gedanken über das Aussehen der Beleuchtungskandelaber in den künftigen Fußgängerzonen Kärntner Straße und Favoritenstraße. Für die Kärntner Straße sind sechs Meter hohe Kandelaber mit kegelstumpfförmigen Stanitzeln an der Spitze vorgesehen, in der Favoritenstraße sind die Kandelaber vier Meter hoch und haben an der Spitze vier durchsichtige Kugeln aus Hartplastik.

Am „Tag der offenen Tür" (29. September) haben die Wienerinnen und Wiener das erste Mal Gelegenheit, mit der U-Bahn zu fahren. Die größte Drängerei herrschte aber im Rathaus. Gegen Mittag waren es bereits an die 30.000 Besucher, die vor allem eines wollten: Den neuen Bürgermeister Gratz kennen lernen. Und der hielt tapfer aus. Am Nachmittag musste der Zugang zum Rathaus wegen des starken Andrangs mehrmals gesperrt werden.

Am 16. April wurde der Kohlmarkt – eine stark befahrene Route durch die Innenstadt – zur Fußgängerzone. Zur Freude der Fußgeher und zum Ärger der Autofahrer.

Im Oktober bekommen die Verhaltensforscher Konrad Lorenz und Karl von Frisch den Nobelpreis für Medizin. Konrad Lorenz wird in der Folge mit seiner Arbeit im Dienste der Nazis und deren Rassenideologie konfrontiert.

Am 21. Oktober finden die Wiener Landtags- und Gemeinderatswahlen statt. Und sie enden mit einer großen Überraschung. Sie bescheren der Wiener SPÖ und ihrem erst seit drei Monaten amtierenden Bürgermeister einen überwältigenden Erfolg. Sie erhalten 60,2 Prozent der Stimmen und 66 Mandate, um drei mehr als bisher. Die ÖVP erhält 29,3 Prozent, das sind 31 Mandate, die FPÖ 7,7 Prozent (3 Mandate), die KPÖ kommt auf 2,3 Prozent und die DFP 0,3 Prozent. In der Wahlnacht vertraute der alte und neue Bürgermeister Leopold Gratz einer Tageszeitung an, dass die ÖVP wohl in Opposition wird gehen müssen. Anfang November steht es dann fest: Die SPÖ konnte sich mit der ÖVP über eine neue Koalitionsregierung in Wien nicht einigen, da man sich über die großen Fragen UNO-City, Hochwasserschutz, Tarife und Steuern uneins war. Es werden also alle amtsführenden Stadträte von der SPÖ gestellt. Die ÖVP stellt drei Stadträte, die allerdings nicht amtsführend sind und nur kontrollierende Funktion ausüben können.

Am 30. Oktober beginnt im Wiener Kongresshaus die Konferenz über den beiderseitigen Truppen- und Waffenabbau in Europa zwischen den NATO-Staaten und den Staaten des Warschauer Paktes.

Im Dezember wird der erste Umweltbericht Wiens vorgestellt. Er weist alarmierende Schadstoffwerte in der Luft für den Bereich der Inneren Stadt aus. An drei Stellen der Stadt werden Messgeräte aufgestellt, die den Schwefeldioxydgehalt der Luft registrieren und die Werte ständig an eine neue Umweltschutz-Luftzentrale melden.

Vor einem Jahr wurde der Spittelberg zur ersten Wiener Schutzzone erklärt. Das Haus Stiftgasse 10, „Zum heiligen Vinzenz" erstrahlt bereits in neuer Pracht. Vor einem Jahr war es noch als abbruchreif beschrieben worden. Es ist das erste Haus in der Schutzzone, das die Eigentümer mit Zuschüssen aus den Mitteln des Altstadterhaltungsfonds renovieren ließen.

LEOPOLD GRATZ

Leopold Gratz wurde am 4. November 1929 in Ottakring geboren. Er studierte Jus und begann seine berufliche Karriere als Vertragsbediensteter im Arbeitsamt. 1953 wurde er Mitarbeiter des SP-Klubs im Parlament. 1963 bis 1966 war er Mitglied des Bundesrates, 1970 bis 1971 Minister für Unterricht und Kunst, 1971 bis 1973 Klubobmann der SPÖ und 1973 bis 1984 Bürgermeister und Landeshauptmann von Wien. Bei den Landtags- und Gemeinderatswahlen 1973 verfehlte die Wiener SPÖ mit ihrem neuen Spitzenkandidaten Gratz nur  hauchdünn die Zweidrittelmehrheit im Rathaus. In seine Amtszeit als Bürgermeister fallen nicht nur die konsequente Fortsetzung des Wohnbauprogramms, es wurden auch erstmals stärkere Akzente in Richtung Umweltschutz gesetzt, die Donauinsel nimmt Gestalt an, mit dem Bau der EBS und der neuen Hauptkläranlage wird begonnen, die WIG 74 und damit der Freizeitpark Oberlaa eröffnet. Im September 1984 „übersiedelte" Leopold Gratz vom Rathaus in das Außenamt und übernahm im Kabinett Sinowatz II den Posten des Außenministers. 1986 wurde er zum Ersten Präsidenten des Nationalrats. Zu diesem Zeitpunkt geriet Gratz allerdings auch in den Dunstkreis zweier Skandale. Wenn ihm auch persönlich nichts vorzuwerfen war, so beschloss Gratz, das hohe Amt des Präsidenten des Nationalrates nicht einmal annähernd belasten zu lassen und trat daher im Februar 1989 von allen öffentlichen Funktionen zurück. Seitdem genießt der ungebrochen populäre Politiker im Kreis seiner Familie einen aktiven Ruhestand.

Fußgängerzone Kärntner Straße
fast fertig

FUSSGÄNGERZONEN

Ab Jänner ist in der Wiener Stadthalle eine große Umweltschutzausstellung zu sehen. Es geht um einwandfreies Trinkwasser, die Reinigung der Abwässer, um Verschmutzung der Natur, Luftverpestung. Gezeigt wird der erste in Österreich zum Einsatz kommende Altöl-Container.

Ab 14. Jänner gibt es den autolosen Tag. Von diesem Montag an werden alle Besitzer vierspuriger Kraftfahrzeuge an einem Tag der Woche auf ihr Auto verzichten müssen. Der Tag kann gewählt werden. Er muss jedoch durch ein Pickerl hinter der Windschutzscheibe kenntlich gemacht werden und auch im Zulassungsschein eingetragen werden. LKW, Einsatzfahrzeuge, Fahrzeuge der Bahn und Post und Taxis sind vom autolosen Tag ausgenommen. Der Grund für diese Maßnahme ist die sogenannte Ölkrise. Die arabischen Erdölproduzenten drosselten ihre Förderung und es kam zu einer drastischen Erhöhung der Rohölpreise und in der Folge zu Erdölengpässen. Die Wiener bevorzugen den Dienstag und Mittwoch als autolosen Tag. Die Wiener Verkehrsbetriebe stellen sich darauf ein, mehr Fahrgäste zu befördern. Und es fahren tatsächlich viel mehr: Im Jänner verkaufen sie um fast 1,2 Millionen Einzelfahrscheine mehr als im Vorjahr. Durch den autolosen Tag soll Benzin für den Mehrbedarf im Sommer angespart werden.

Floridsdorf feiert ein Jubiläum: Es kam vor 70 Jahren zu Wien. Das „Jahr der Floridsdorfer" wird mit einer Reihe von Veranstaltungen festlich begangen, darunter auch einem „Tag des Weinbaus". Floridsdorf ist der Wiener Bezirk mit dem größten Weinbaugebiet.

Den Mufflons im Lainzer Tiergarten geht es an den Kragen, oder soll man sagen ans Fell? 50 Jungtiere werden an Interessenten im In- und Ausland verkauft, um den Bestand stabil zu halten. Mufflons gibt es in Wien seit 1731. Prinz Eugen ließ sie im Park seiner Sommerresidenz, dem Belvedere, aussetzen.

Die Wiener Krankenhäuser brauchen mehr Krankenschwestern. Hält die derzeitige Entwicklung an, ist am Beginn der achtziger Jahre mit einem Mangel an 5.000 Schwestern zu rechnen. Eine große Kampagne für die Ausbildung in der Krankenpflege wird gestartet. Es wird auch Burschen möglich sein, diesen Beruf zu ergreifen.

Am Alsergrund wird ein neues Jugendzentrum gebaut. Es soll ähnlich wie das Haus der Jugend in der Zeltgasse in der Josefstadt den verschiedenen Jugendorganisationen und Jugendgruppen zur Verfügung stehen.

Vom 11. bis 15. Februar gibt es zum ersten Mal eine schulfreie Woche. Sie wurde zur Energieeinsparung eingeführt und wird daher – fast logisch – auch Energieferien genannt.

Es gibt 33 Wienerinnen und Wiener, die hundert Jahre alt sind oder darüber.

**Spiel und Tanz –
von Autos unbehelligt**

Beim Bau der U-Bahn werden römische Überreste gefunden

Der alte Ortskern von Stammersdorf und das Gebiet zu beiden Seiten der Hagenbrunner Straße wird Schutzzone. Mit seiner größtenteils aus dem Biedermeier stammenden Bebauung, mit der sich zu einem angerartigen Platz erweiternden Hauptstraße, auf der noch die Pfarrkirche steht, und den Kellern ist Stammersdorf hier tatsächlich noch Dorf geblieben.

Ab dem nächsten Jahr werden alle städtischen Autobusse ohne Schaffner fahren. Bis 1980 werden alle Straßenbahnlinien in Etappen auf schaffnerlosen Betrieb umgestellt. Wie viel Straßenlampen hat Wien in diesem Jahr? Antwort: 200.000. Die 200.000ste hängt in der Porzellangasse.

Am 26. März beginnt die Sowjetische Donaudampfschifffahrt wieder ihren Betrieb auf der Strecke Passau – Wien – Jalta – Wien – Passau. Die beiden Schiffe „Dnjpr" und „Wolga" haben je Platz für 212 Passagiere, die in 84 Kabinen untergebracht sind. Von April bis September sind sämtliche Fahrten bereits ausgebucht. Erst im Oktober sind wieder Plätze auf den sowjetischen Schiffen frei. Die Reise führt durch acht Länder, dauert elf Tage und kostet 7.000 bis 15.000 Schilling.

Sternwartepark und kein Ende: Die Öffnung des Sternwarteparks für die Wienerinnen und Wiener lässt auf sich warten. Der Rektor der Universität Wien, der darüber zu bestimmen hat, ist immer noch nicht damit einverstanden. Er will nur einen fünf Meter breiten Streifen öffentlich zugänglich machen. Was aber die Wiener wohl zu Recht als Pflanz auffassen.

Anfang April erkrankt Bundespräsident Franz Jonas schwer. Ab 10. April wird er vom Nationalratspräsidium vertreten. Am 24. April stirbt der Bundespräsident. Bundeskanzler Kreisky erklärte, dass Österreich einen ihrer wahrhaft großen Männer verloren habe, einen Mann, der sich nicht nur an den Buchstaben des Gesetzes hielt, sondern der versuchte, auch dessen Geist zu erfüllen. Jonas sei immer ein Mann des Volkes geblieben, dem Pomp fremd blieb.

Des Personalmangels an den Wiener Spitälern wird versucht mit zwei Maßnahmen Herr zu werden. Man wird an die 300 Krankenschwestern aus den Philippinen nach Wien verpflichten. Und versuchsweise wird eine Teilzeitbeschäftigung für Krankenschwestern eingeführt.

Am 18. April öffnet die Wiener Internationale Gartenschau, die WIG 74, auf den Hängen des Laaerberges ihre Pforten. Sie wird bis 14. Oktober geöffnet sein. Nichts erinnert mehr an die frühere Gstätten, wo es mehr Ratten als Menschen gab. Auf einem Gelände von rund einer Million Quadratmeter wurden etwa zehn Millionen Pflanzen und rund 120.000 Bäume gesetzt. Man erwartet für die Gartenschau der Superlative drei bis vier Millionen Besucher. Nach dem 14. Oktober wird das Gelände der Gartenschau zum Kurpark des neuen Kurzentrums Oberlaa.

Seit Mitte April gibt es neue Zehn-Schilling-Stücke. Doch bei Münzautomaten hat man mit ihnen noch kein Glück, da sie noch nicht auf die neuen Nickelzehner, die es statt der Silberzehner gibt, eingestellt sind.

Ein anonymer Anrufer löst im April bei den Wiener Wasserwerken und der Wiener Polizei Großalarm aus. Er fordert zwei Millionen Dollar und droht an, er werde bei Nichterfüllung seiner Forderung das Wiener Trinkwasser radioaktiv verseuchen. Zu einem vereinbarten Treffpunkt in einem Park in Döbling kommt niemand. Der Polizei gelingt es, den Strahlenerpresser dingfest zu machen – er stammt aus Penzing und hat hohe Schulden.

Anfang Juni beschließt der Wiener Gemeinderat die Gründung einer Eigentümerholding, in der die privatwirtschaftlichen Betriebe der Gemeinde Wien und die Unternehmen, an denen die Stadt beteiligt ist, zusammengeschlossen sind.

Dianabad und das Stadthallenbad werden eröffnet. Im Stadthallenbad finden im Sommer die Europameisterschaften in Schwimmen und Springen statt.

Ab 31. Mai ist es vorbei mit der Schonzeit für Autowracks auf Wiens Straßen. Ab diesem Tag dürfen Autos, die ohne Nummerntafel auf Verkehrsflächen herumstehen, abgeschleppt werden, ohne dass vorher mühsam der Besitzer ausfindig

Bürgermeister Gratz eröffnet die Fußgängerzone

Baumpflanzungen in der Kärntner Straße

Der „Stock im Eisen" kommt
vorübergehend ins Museum

gemacht werden muss. Schätzungen sprechen davon, dass in Wien 10.000 Autowracks auf ihre Entsorgung warten.

In Wien gibt es nach Schätzungen rund eine halbe Million Tauben. Ende Juni und Anfang Juli wird wieder die „Taubenpille" an rund 100.000 Tauben verfüttert, die sie
etwa für ein halbes Jahr unfruchtbar macht.

Am 23. Juni wählt Österreich einen neuen Bundespräsidenten. Für die SPÖ tritt Außenminister Rudolf Kirchschläger in den Ring, für die ÖVP der Innsbrucker Bürgermeister
Alois Lugger. Kirchschläger gewinnt die Wahl mit 51,55 Prozent der gültigen Stimmen
und tritt somit die Nachfolge von Franz Jonas an.

Das Kontrollamt der Stadt Wien veröffentlicht seinen Bericht über den Bauring Wien,
eine Baufirma, die im Eigentum der Stadt Wien steht. Der Bauring Wien hat bei Bau-
aufträgen in Saudi-Arabien Verluste in der Höhe von über einer halben Milliarde hin-
zunehmen. Das Kontrollamt stellt fest, dass die für den Misserfolg Verantwortlichen
fahrlässig gehandelt haben.

Am 6. August wird die Fußgängerzone Kärntner Straße von Bürgermeister Gratz sym-
bolisch den Wiener Passanten übergeben. Kaum offiziell eröffnet, wurde die Kritik an
der Gestaltung der Kandelaber laut, die einigen zu modernistisch geraten waren.

Im Herbst findet in Wien eine Tagung über Abfallbeseitigung statt. Bei ihr wird berat-
schlagt, ob es sinnvoll ist, Papier vom Müll zu trennen.

Jahrelang war die Zukunft des Palais Ferstl, eines Prachtbaus aus der Mitte des
19. Jahrhunderts, der das berühmte Literatencafé Central beherbergt, ungewiss. Wien
und Republik lassen das Ferstl nun renovieren. In Schönbrunn wird die Wagenburg eröffnet, die größte Sammlung der Welt von historischen Prunk- und Gebrauchswagen.
Glanzstück der Sammlung ist der habsburgische „Imperialwagen".

In Wien gibt es fünf Spitäler, die Schwangerschaftsabbrüche nach der neuen Fristenlösung durchführen. Die Frauen müssen die Kosten für den Schwangerschaftsabbruch selbst tragen.

Im September ist es fünf Jahre her, dass sich die Arbeitsgemeinschaft „Essen auf Rädern", die alten und gebrechlichen Menschen täglich ein warmes Essen bringt, gründete. Es werden etwa 4.000 Menschen versorgt, heuer wurde die Aktion auch auf den Samstag ausgedehnt und seit zwei Jahren gibt es auch Diätmahlzeiten.

Während sich Architekten noch die Köpfe über die Gestaltung der künftigen Donauinsel zerbrechen, wird Ende September ein wichtiger technischer Abschnitt für dieses große Hochwasserprojekt abgeschlossen: Die Baugrube beim Einlaufwerk in Langenzersdorf wurde geflutet. Damit ist das Kernstück fertig, denn das Einlaufwerk regelt bei Hochwasser die Aufteilung der Wassermenge zwischen der Donau und dem Entlastungsgerinne.

Die Dimensionen des Wohnparks Alt Erlaa nehmen konkrete Formen an. Zwei Stiegenhäuser ragen bereits in den Himmel. Wer sich schon für eine Maisonettenwohnung entschieden hat, kann sein künftiges Domizil bereits im Oktober im Rohbau besichtigen.

Im Dezember kommt es auf der U-Bahn-Baustelle am Reumannplatz in Favoriten zu einem schweren Arbeitsunfall. Drei Arbeiter waren damit beschäftigt, einen Schottertransporter zu entladen, als plötzlich ein schwenkbarer Kran zusammenbrach. Er stürzte auf eine Gruppe von Arbeitern, und drei von ihnen wurden schwer verletzt.

Die neuen Parkscheine, die von Jänner 1975 an in der Wiener Innenstadt verwendet werden, gibt es als Muster. Die Gebühr für eine halbe Stunde Parken wird zwei Schilling betragen.

Der Franz-Josef-Bahnhof wird abgerissen

DONAUINSEL

Entstanden ist die Donauinsel künstlich im Zuge der Hochwasserregulierung der Donau. Durch Aufschütten der Donauinsel wurde ein Gerinne parallel zur Donau geschaffen, das im Normalfall ein stehendes Gewässer ist, das aber bei Hochwasser geflutet wird und so Überschwemmungen vermeiden hilft. Die Insel selbst wird auch bei Hochwasser größtenteils nicht überflutet. Wobei die konkreten Pläne für verbesserten Hochwasserschutz für Wien bis in das Jahr 1963 zurückreichen. 1972 wurde auf dem Gelände des früheren Inundationsgebiets mit den Aushubarbeiten für den Hochwasserschutz und damit für die Neue Donau begonnen. Die Donauinsel ist ein etwa ein 21 Kilometer langer und bis zu 250 Meter breiter „Streifen" zwischen der Donau und dem sogenannten Entlastungsgerinne, der Neuen Donau. Sie reicht in südöstlicher Richtung vom Einlaufbauwerk Langenzersdorf (Niederösterreich) bis zur Einmündung der Neuen Donau in den Hauptstrom beim Ölhafen Lobau. Die Donauinsel ist gestalterisch gedrittelt. Nord- und Südteil der Insel sind naturnah, der Mittelteil parkartig angelegt. Vor allem die naturnahen Bereiche sind geprägt durch Natur- und Lagerwiesen und junge Erholungswälder. Mehrere Feuchtbiotope wurden im Zuge der Landschaftsgestaltung erhalten oder neu angelegt. Eines der erhaltenen Feuchtbiotope ist der „Tote Grund". Die Donauinsel ist eines der beliebtesten und größten Freizeitgebiete für die Wiener geworden, dessen riesiger Erfolg nicht voraussehbar, wenn auch durchaus einkalkuliert war. Neben einem 40 Kilometer langen Badestrand mit tollen Sport- und Freizeitmöglichkeiten wie Radfahren, Inline-Skaten, Laufen, Schwimmen, Surfen, Segeln und Bootfahren, gibt es auch noch viele Restaurants und Grillplätze. Abends verwandelt sich dann das Sport- und Erholungsparadies in einen Ort für Nachtschwärmer. Unzählige Restaurants, Bars und schwimmende Discos im Freien sorgen für eine tolle Nacht unter dem Sternenzelt. Bekannt ist sie auch durch das jährlich dort stattfindende Donauinselfest, eine der größten Freiluftveranstaltungen Europas. Auf der Donauinsel befindet sich einer der größten in unmittelbarer Nähe einer Großstadt gelegene FKK-Badebereiche.

Jungbürgerinnen-
und Jungbürgerball
im Rathaus

ERÖFFNUNG DONAUZENTRUM

Es geht den schweren Parksündern an den Kragen. Im Jänner werden 440 Parksünder
– fast alle in der Innenstadt – aus Halteverboten in verkehrsreichen Straßen abgeschleppt. Da die drei Abschleppwagen aber nicht mehr mit ihrer Arbeit nachkommen,
wird auch ein vierter eingesetzt. Die Abschleppkosten betragen je nach Entfernung
1.102, 1.473 und 2.204 Schilling.

Noch vor dem Sommer soll mit den ersten Arbeiten an der Sanierung von Häusern am
Spittelberg begonnen werden. Es muss aber noch die Entscheidung gefällt werden, ob
die Häuser renoviert und restauriert werden oder ob sie abgerissen und neu aufgebaut werden, wobei die alte Fassade wieder aufgebaut werden soll. Auf jeden Fall
nicht abgerissen, sondern renoviert wird das Amerling-Haus (Stiftgasse 8).

Anfang Februar besetzen

rund 150 Jugendliche

ein Abbruchhaus in der

Simmeringer Hauptstraße.

Sie verlangen, dass in dem

Haus ein Jugendzentrum

errichtet wird.

Es wird wieder überlegt, in Österreich die Sommerzeit einzuführen. Derzeit bestehe jedoch für die Einführung kein aktueller Anlass – so das zuständige Bautenministerium. In der „New York Times" werden Spekulationen angestellt, ob Wiens UNO-City nicht stillschweigend dafür bestimmt ist, ein möglicher Sitz für die Weltorganisation zu sein, falls sie sich jemals dazu entschließen sollte, ihr New Yorker Hauptquartier aufzugeben.

Der Gemeinderat beschließt im März eine Kreditaktion, um den Rückgang der kleinen Einzelhandelsgeschäfte, also des Greißlers um die Ecke, zu stoppen. Zwischen 1966 und 1973 ging die Zahl der Lebensmitteleinzelhändler in Wien um 35 Prozent zurück. Die Wiener werden im Vergleich zur Zeit vor dem Ersten Weltkrieg um durchschnittlich ein Vierteljahrhundert älter. Ein 1906 geborener Bub hatte eine Lebenserwartung von 42,9 Jahren, geboren 1972 kann er mit einem Alter von 67,2 Jahren rechnen. Ein Mädchen kommt auf eine durchschnittliche Lebenserwartung von 73,7 Jahren. Wäre sie 1906 geboren, so hätte sie 47,4 Jahre betragen.

Eigentlich waren sie gar nicht mehr modern, aber ab und zu konnte man noch einen treffen. So am Samstag, den 12. April, in der Opernpassage: ein Nacktflitzer. Zum Gaudium der Passanten lief er durch die Opernpassage auf die Kärntnerstraße. Der Flitzer, übrigens ein Schweizer, wurde von der Polizei wegen Störung der Ordnung und Anstandsverletzung angezeigt.

Die Außenminister der beiden Supermächte USA und UdSSR, Henry Kissinger und Andrej Gromyko, halten am 19. Mai ein Treffen ab. Es dauert zwei Tage und findet unter strengsten Sicherheitsvorkehrungen statt. Themen der Begegnung, die im Hotel Imperial und in der sowjetischen Botschaft stattfinden, sind die Begrenzung der strategischen Rüstung, die Nahostfrage und die europäische Sicherheitskonferenz.

Am 31. Mai geht schwerer Hagel über Wien nieder. Eine Stunde prasseln Eisbrocken vom Himmel. In vielen Bezirken werden teilweise die Keller überflutet und müssen leer gepumpt werden. Die Wiener Feuerwehr hat Großalarm. Autos erlitten durch die nussgroßen Hagelkörner Lackschäden und der Verkehr kam mancherorts zum Erliegen.

Ab 1. Juni heißen zwei Bahnhöfe in Wien anders: Die „Landstraße" heißt nun „Wien-Mitte" und „Praterstern" wird zu „Wien-Nord". Ein Zeitungskommentar: „Hier beginnt das Gfrett. Von einem Bahnhof namens Wien-Nord nimmt man mit Fug und Recht an, dass er im Norden der Stadt liegt, also auf dem Stadtplan der Stadt irgendwo oben zu finden ist. Dieser Bahnhof Wien-Nord liegt aber mitten in der Stadt, und da kann man den Plan drehen und wenden wie man will."

Ein beliebtes Einkaufszentrum

FRITZ WOTRUBA

Am 28. August ist unerwartet der Bildhauer Fritz Wotruba in Wien gestorben. Fritz Wotruba war bereits in der Zeit der dreißiger Jahre und dann vor allem nach dem Krieg einer der wichtigsten Bildhauer Österreichs des 20. Jahrhunderts. Er war auch eine maßgebende Persönlichkeit des Kulturlebens in Wien nach 1945. Er erlangte als ein Vertreter der klassischen Moderne mit seinem Werk internationale Geltung. Von 1945 bis 1975 half er an der Akademie der Bildenden Künste einer zahlreichen Bildhauer-Nachkommenschaft auf den Weg. Wotruba nahm als Künstler und Lehrer maßgeblichen Einfluss auf die österreichische Bildhauerei nach 1945 und auf den damit einhergehenden inhaltlichen Schwerpunkt des Menschenbildes in der österreichischen Bildhauerei. Geboren wurde Fritz Wotruba am 23. April 1907 in Wien.

Im Juni wird das Wiener „Hilton" bei der Landstraße eröffnet – es ist das größte Hilton-Hotel Europas. Zahlreiche Wiener lassen es sich nicht nehmen, einen Blick ins Luxushotel zu werfen und zumindest eine Melange zu trinken. Sie kostet 18 Schilling. Das teuerste Appartement übrigens 5.500 Schilling pro Tag. Über die Architektur des Hilton ist man nicht sehr glücklich in Wien.

Im Juni meldet das Statistische Zentralamt, dass es Österreich in den letzten Jahren erstmals gelungen ist, das durchschnittliche Pro-Kopf-Einkommen der westeuropäischen OECD-Staaten zu überflügeln.

Schwere Unwetter führen in Wien Anfang Juli zu Überschwemmungen. Die Schwechat durchbricht bei Albern einen Damm und setzt große Flächen in Albern und Kaiser-Ebersdorf unter Wasser. Die Donau stieg über sieben Meter an und überflutete den Handelskai und den Mexikoplatz in der Leopoldstadt. Die Schäden, die das Hochwasser verursachte, blieben weit unter denen des Jahres 1954.

Einige Straßenbahnen und Busse fahren „vollreklamisiert", werden also auch außen für Werbezwecke benutzt. Das führte zu Beschwerden. Manche meinen, das sei eine Verschandelung des Stadtbildes, andere sehen in den bemalten Straßenbahnen und Bussen eine Gefahr für die Verkehrssicherheit.

Am 19. Juli stirbt ÖVP-Obmann Karl Schleinzer bei einem Verkehrsunfall.

In der Fußgängerzone in der Kärntner Straße wird im Juli eine Diskussion der Fernsehjugendsendung „Ohne Maulkorb" aufgezeichnet. Das Thema „Wie kann man Wien jugendfreundlicher gestalten?" erhitzt die Gemüter der diskutierenden Passanten.

In Wiens Unterwelt bricht ein Nachfolgekrieg um die Führung aus. Ende Juli liefern sich zwei Gangsterbanden vor einem Café in Penzing ein Feuergefecht. Nach einem Kugelhagel gibt es vier Verletzte.

Die Wiener Wohnbaupolitik wird ihren Schwerpunkt immer mehr auf Stadterneuerung verlagern. Das bedeutet nicht nur Verbesserung und Sanierung bestehender Bauten, sondern auch Abbruch nicht erhaltenswerter Häuser und anschließenden Neubau. Die Stadt ist bereit, Abbruchhäuser zu tragbaren Konditionen zu kaufen.

Die Philadelphiabrücke wurde überprüft und für sehr stark beschädigt befunden. Die Stahlträger der Brücke sind von Rost zerfressen. Sie wird für den Auto- und Straßenbahnverkehr gesperrt. Sie muss abgerissen und neu gebaut werden.

Die Weltmeisterin im Maschinenschreiben, eine Wiener Maschinenschreiblehrerin an einer Handelsschule, gibt im Rathaus Proben ihres Könnens. Im „Steinernen Saal" bringt sie es auf einer Kugelkopfschreibmaschine auf zwölf Anschläge in der Sekunden.

Polizei vis-a-vis vom
OPEC-Haus

Am 31. Mai gibt es ein

schweres Unwetter mit

Hagelschlag über Wien

und Umgebung.

Besonders betroffen sind

die Gärtnereien.

Der Sachschaden beläuft

sich auf mehr als

70 Millionen Schilling.

Die Trennung des ORF-Regionalprogramms für Wien, Niederösterreich und das Burgenland wird gefordert. Es soll für Wien ein eigenes Landesstudio geben.

Im August hat der Wohnpark Alterlaa Bau-Halbzeit. Die Hälfte der Wohnungen in den 26 Geschosse hohen Bauten sind im Rohbau fertig.

Mehr als 200 Rollstuhlfahrer aus 15 Nationen nehmen vom 10. bis zum 22. August am Fünften internationalen Sportfest der Querschnittgelähmten in Strebersdorf teil. Es ist eine Art Vorbereitungswettkampf für die Paraolympischen Spiele, die 1976 in Kanada stattfinden.

Für die am 5. Oktober stattfindenden Nationalratswahlen beginnt Ende August/Anfang September die intensive Phase des Wahlkampfs. Am 19. September kommt es im Fernsehen zur direkten Auseinandersetzung zwischen Bundeskanzler Kreisky und ÖVP-Oppositionsführer Taus, die Kreisky eindeutig für sich entscheiden kann. Für sich und die SPÖ kann Kreisky auch die Wahlen entscheiden. Die SPÖ erhält wieder die absolute Mehrheit (50,4 Prozent) und 93 Mandate. Auf die ÖVP entfallen 42,9 Prozent (80 Mandate) und auf die FPÖ 5,4 Prozent (10 Mandate).

In St. Marx wird Anfang September einer der modernsten Schlachthöfe Europas eröffnet. Eine halbe Stunde nach der Tötung des Tieres liegt das Fleisch bereits im Kühlhaus. Das Abziehen der Haut bei Rindern und das Entfernen der Schweineborsten wird maschinell durchgeführt.

Am 23. Oktober wird das Donauzentrum in der Donaustadt eröffnet. Es ist Wiens erstes überdachtes Einkaufszentrum. Es erfüllt in erster Linie eine wichtige Funktion bei der Nahversorgung der Bewohner der neu entstandenen Wohnanlagen im 22. Bezirk. Es wird damit gerechnet, dass 4.000 bis 5.000 Menschen das Donauzentrum täglich benutzen werden.

Der Wiener „Automatenkrieg" ist beendet. Es sind Automaten, die Gewinne in Form von Geld oder Waren ausspielen, verboten. Automaten wie „Flipper", Fußballspiele oder Kegelspiele sind erlaubt. Für ihre Aufstellung ist aber eine Konzession notwendig.

Im Oktober wird der Heurigenbetrieb neu geregelt. Heurigengebiete sind der gesamte 19. Bezirk, das Gebiet westlich der Verbindungsbahn im 16. und 18. Bezirk, die Bezirksteile Dorbach, Hernals, Oberlaa und Unterlaa, Atzgersdorf, Liesing, Rodaun, Mauer und Kalksburg, Stammersdorf, Strebersdorf und Großjedlersdorf. Die Dauer der Ausschank wird von sechs Monaten auf zehn Monate erweitert. Und ausgesteckt darf nur mit einem Föhren-, Tannen- oder Fichtenbuschen werden und nicht mit grünen Kränzen.

Internationales Versehrten-
Sportfest im August

Die Lobau – ein Eldorado für Sonnenanbeter

Am 22. Oktober wird in Wien der türkische Botschafter erschossen. Vier Tage nach dem Mord in Wien wird in Paris der Botschafter der Türkei auf offener Straße erschossen. In anonymen Anrufen bei Nachrichtenagenturen übernehmen sowohl armenische wie auch zypriotische Gruppierungen die Verantwortung für die Bluttaten.

Die „offiziellen Nackerten" des FKK-Verbandes müssen die Hirscheninsel wegen Hochwasserschutzbauten räumen. Die Stadt Wien stellt dem FKK-Verband ein neues Gelände nahe der Lobaustraße beim Mühlwasser für 30 Jahre gegen einen geringen Bestandzins zur Verfügung.

1975 ist das Internationale Jahr der Frau. Nach jahrzehntelanger Diskussion über eine gesetzliche Neuregelung der Abtreibung wurde die Fristenregelung mit 1. Jänner unter der SPÖ-Alleinregierung eingeführt. Für die Liberalisierung hatten sich vor allem Teile der sozialistischen und autonomen Frauenbewegung eingesetzt. Die Fristenregelung sieht die Straffreiheit des Schwangerschaftsabbruchs nach medizinischer Beratung in den ersten zwölf Wochen der Schwangerschaft vor. Der Widerstand von katholisch-konservativer Seite kam im „Volksbegehren zum Schutz des menschlichen Lebens", initiiert von der „Aktion Leben", zum Ausdruck, das in diesem Jahr von fast 18 Prozent der Wahlberechtigten unterzeichnet wurde.

OPEC-ÜBERFALL

Zeitungen schreiben vom spektakulärsten Geiseldrama in der Geschichte des Terrorismus. Am 21. Dezember beginnt um 10.30 Uhr der Ministerrat der OPEC in deren Gebäude am Dr.-Karl-Lueger-Ring gegenüber der Universität, mit Beratungen über ein neues Erdöl-Preissystem. Um 11.40 Uhr betreten fünf Männer und eine Frau mit Sporttaschen in der Hand das Gebäude und begeben sich in den ersten Stock, wo die Minister tagen. Ein österreichischer Kriminalbeamter, der sich dem Terrorkommando unter Führung des Venezolaners Ilich Ramirez Sanchez alias „Carlos" in den Weg stellt, wird erschossen. Beim darauf folgenden Schusswechsel werden ein OPEC-Sicherheitsbeamter und ein zu Hilfe eilender libyscher OPEC-Delegierter getötet. Einer der Terroristen wird schwer verletzt. Die Terroristen nehmen die anwesenden Personen als Geiseln und verminen das OPEC-Gebäude. Sie fordern einen Autobus und ein Flugzeug und drohen das Gebäude zu sprengen. Nach Verhandlungen werden am Morgen des nächsten Tages die in Wien ansässigen österreichischen und nicht-österreichischen Geiseln freigelassen. Die Terroristen und die elf OPEC-Minister werden mit einem Postbus nach Wien-Schwechat gefahren und verlassen Österreich mit einer bereitgestellten DC-9 der AUA Richtung Algier. Dort lassen die Terroristen einige Geiseln frei. Bei ihrem nächsten Stopp in Tripolis kommen die Ölminister Algeriens und Libyens frei. Die DC-9 wird wieder nach Algier dirigiert. Hier werden die beiden letzten Geiseln, der saudische und der iranische Ölminister, gegen die Zusicherung des freien Geleits, freigelassen. Die Terroristen werden in einer Villa untergebracht und die algerischen Behörden ignorieren das Auslieferungsbegehren Österreichs. Ende 1975 reisen die Terroristen nach Libyen aus. Im Jänner 1976 wird in einem österreichischen Polizeibericht der einzigen Frau des Kommandos der Mord an dem Polizisten und dem iranischen Sicherheitsmann „zugeordnet". Der libysche Delegierte ist nach Zeugenaussagen von „Carlos" erschossen worden, der wegen des Mordes an zwei Polizisten und eines libanesischen Informanten im Juni 1975 in Paris in Frankreich eine lebenslange Haftstrafe verbüßt.

Die eingestürzte Reichsbrücke

EINSTURZ DER REICHSBRÜCKE

Anfang Jänner fegt ein Orkan über die Stadt. Die Feuerwehr fährt über 2.500 Einsätze in allen Bezirken Wiens. Im 19., 21. und 22. Bezirk gibt es Stromstörungen, da viele Freileitungen unterbrochen sind. An den Dächern der Wiener Schulen und Kindergärten gibt es zahlreiche Schäden. Der Sturm verlegt Abzugskamine. Das führt dazu, dass vier Wiener an Rauchgasen ersticken.

Ab 1. Jänner herrscht in Wiens Bädern Badehaubenpflicht. An den Kassen der Hallenbäder werden normale Badehauben zum Ausleihen oder Wegwerf-Plastiksackerlbadehauben zum Kauf angeboten – beides kostet vier Schilling. Bisher galt die Haubenpflicht nur für Damen.

In der Wiener Stadthalle hat die amerikanische Eisrevue „Holiday on Ice" Premiere. Stars der Revue sind die Wiener Weltmeisterin und Olympiasiegerin Trixi Schuba und der beste Eisclown der Welt, der Wiener Herbert Bobek.

Es wird Müllschlacke, das Endprodukt der Müllverbrennung, als Streumittel bei Schnee- und Eisglätte getestet. Man will Salzstreuung so weit wie möglich – unter Berücksichtigung der Verkehrssicherheit – reduzieren.

Die mobilen Krankenschwestern haben sich in der Donaustadt, wo sie probeweise eingesetzt wurden, bewährt. Sie werden daher auch in Floridsdorf und in Simmering den Ärzten bei der Betreuung von Patienten zur Seite stehen.

Taschenrechner dürfen im Mathematik-Unterricht von den Schülern erst ab der sechsten Klasse Mittelschule verwendet werden.

Der Film „Der weiße Hai" ist ein Kassenrenner in den Kinos. Es gibt noch 94 Kinos in Wien. Das Kinosterben der letzten fünfzehn Jahre sei aber gestoppt, so Experten.

Während der Olympischen Winterspiele in Innsbruck wird die Volkshalle des Wiener Rathauses zum größten Fernsehkino Österreichs. 28 Farbfernseher sorgen dafür, dass vom 4. bis 15. Februar die Wiener ihren Olympioniken beim Siegen zuschauen können. Gesteckt voll war die Volkshalle am 5. Februar zu Mittag: Eine ganze Stadt hielt die Daumen – Franz Klammer fuhr Abfahrt und gewann Olympiagold.

Eine Schnellbahn zwischen Wien und dem Flughafen Schwechat wird es nicht so rasch geben. Die Bundesbahnen setzen eher auf einen Buszubringerdienst.

Bergung des Busses aus der Donau

WIENER FESTWOCHEN

Vor 25 Jahren war es so weit. 1951 war Wien noch eine graue Stadt mit schlecht gekleideten Menschen, die auf ihren täglichen Wegen noch immer die Spuren des Krieges sahen. Es gibt noch Lebensmittelkarten, sie werden erst 1953 abgeschafft. Aber es gibt zum ersten Mal nach dem Krieg Wiener Festwochen. Die aufwändigste Veranstaltung der Festwochen 1951 war eine große Ausstellung im Künstlerhaus „Unsterbliches Wien", die die Entwicklung Wiens seit der Schleifung der Ringmauern darstellte. Das Programm umfasste 155 Veranstaltungen – Theater, Opern, Konzerte und Ballette. Es sollten Festwochen der Wiener für die Wiener sein. Wiener Festwochen hat es bereits im „Roten Wien" der Zwischenkriegszeit gegeben. Höhepunkt war damals eine Inszenierung Max Reinhardts im Arkadenhof des Rathauses von Georg Büchners „Dantons Tod". Im Rahmen der Festwochen 1976, also im heurigen Jahr, wird von der Band „Schmetterlinge" die „Proletenpassion" von H. R. Unger uraufgeführt.

Zwei Wiener Gymnasien stellen im März ihren Betrieb ein. Der Grund ist eine Grippewelle, die auch vor den Schülern und Lehrern nicht Halt macht.

Ab Mitte März können die Wiener den City-Bus auf zwei Linien ausprobieren. Er hat Platz für 28 Fahrgäste, die Abmessungen eines Mittelklassewagens und soll bessere Chancen haben als die großen Autobusse, im dichten Verkehr der Innenstadt durchzukommen.

Es gibt die Möglichkeit, sich gegen die sogenannte Zeckenkrankheit impfen zu lassen.

Ab Anfang April werden öffentliche U-Bahn-Probefahrten zwischen den Stationen Taubstummengasse und Keplerplatz jeden Samstag Nachmittag durchgeführt. Am 8. Mai nimmt dann die U4 ihren regulären Betrieb zwischen Heiligenstadt und Friedensbrücke auf. Ein Umsteigen zwischen U-Bahn und Stadtbahn wird aber den Wienern nicht erspart bleiben.

Autofahrer, die sich für die Umstellung ihres Fahrzeuges auf umweltfreundliches Flüssiggas entscheiden, müssen keine bürokratischen Hürden mehr überwinden. Die Autos brauchen zwar eine Einzelgenehmigung, aber keinen Abgastest mehr.

Filmtipps für April: „Einer flog über das Kuckucksnest", der zu Recht mit fünf Oscars ausgezeichnet wurde. „Nashville", eine böse Satire auf den amerikanischen Weg. „Ansichten eines Clowns", eine subtile Böll-Verfilmung. „Die verlorene Ehre der Katharina Blum" bringt deutsche Sozialkritik. „Jenseits von Eden", ein Wiedersehen mit James Dean. „Asterix erobert Rom" ist eine gescheite Fortsetzung der Asterix-Serie für Kinder und Erwachsene. „3 Tage des Condors" ist ein blendend inszenierter Politthriller. „Uhrwerk Orange" ist Stanley Kubricks utopischer Reißer. In „Die Botschaft der Götter" will Däniken uns mit schönen Bildern wieder von Außerirdischen überzeugen. „Die schönen Wilden" ist eine bizarre Liebesgeschichte mit Catherine Deneuve und Yves Montand.

Auf der Viennale zeigt Rudolf Palla seinen Dokumentarfilm „Schlachthof St. Marx", wo, wie die AZ meldet, hinter einer lammfrommen Kamerareportage subtile Ironie versteckt ist, die erst die lapidare Schlusspointe des Kommentars aufdecke: Wir sind alle noch schlimmere Kannibalen, als es uns bewusst ist. Denn anstatt dass sich unsere Wohlstandsgesellschaft den Wanst voll stopft, solle sie doch besser Millionen von Kindern vor dem Hungertod retten.

Mitte April kommt es zu einem Verkehrschaos in Wien – das Stromnetz war in fast ganz Österreich für etwas mehr als eine Stunde zusammengebrochen. Der größte Stromausfall in Österreich seit Kriegsende wurde durch einen Waldbrand bei Frankfurt ausgelöst, der zum Ausfall eines Leistungsschalters führte.

Wien kauft eine Reifenzerkleinerungsmaschine. Damit will man des Autoreifenproblems Herr werden. In Wien fallen jährlich 500.000 Reifen an, die oft auf wilden Deponien gelagert beziehungsweise irgendwo ins Gebüsch geworfen werden.

Das Naturhistorische Museum feiert seinen 100. Geburtstag. Das Geburtstagsgeschenk der Stadt Wien: drei Saurier, deren Skelett restauriert wurden.

Das bedeutendste kommunale Wohnbauvorhaben der Stadt ist der Zentrumsbau in der Per-Albin-Hansson-Siedlung-Ost in Favoriten. Es entstehen dort Wohnungen, ein Kulturzentrum, eine Bibliothek, ein Jugendklub und eine Gesundenuntersuchungsstelle.

Der Prater kann an Samstagen, Sonn- und Feiertagen nicht mehr mit Autos durchquert werden, es besteht ein Wochenendfahrverbot. Angestrebt ist eine völlige Verbannung der Autos aus diesem Wiener Naherholungsgebiet.

Mitte Juni findet ein großes Popkonzert in Oberlaa statt. Bürgermeister Gratz hat junge Wiener und Wienerinnen eingeladen und es kamen an die 60.000. Es spielten die österreichischen Gruppen Schmetterlinge, Magis, Däumling, Smiler, Liebe und seine Leute, Acid, Hedge Hog, Socrates und Ostinato sowie die keniatische Band Kangee.

Ende Juni besetzte nach der letzten Vorstellung der Festwochen-Arena eine Gruppe von Demonstranten das Arenagebäude im Schlachthofgelände in St. Marx. Sie fordern, das Areal nicht in ein Textilzentrum umzuwandeln, sondern ein offenes Kulturzentrum, das in Selbstverwaltung geführt wird, zu errichten. Geräumt wurde die Arena von den Besetzern am 11. Oktober. In der Zwischenzeit wurde auf dem Schlachthof alternatives Leben geprobt und ein Kulturprogramm gezeigt, das an die 180.000 Menschen anzog.

Belastungsprobe
für die Ersatzbrücke

Garage am Reumann-Platz

Faschingsgag in Grinzing
unter dem Motto: „Vom
Rauschdorf zum Milchdorf"

Am Sonntag, dem 1. August, stürzt um 4.43 Uhr die Reichsbrücke ein. An die
9.000 Tonnen Stahl donnern in die Donau. Unter den Brückentrümmern begraben
wurde ein 22-jähriger Student, der mit seinem Auto von der Brücke geschleudert
wurde. Es ist unklar, wann die Brücke zum letzten Mal untersucht worden war. Schuld
am Einsturz waren Baufehler, die 1934 bis 1937 passiert waren. Dadurch war es dem
Regenwasser möglich, den Beton an den Pfeilern zu erodieren. Im August 1876 war
die Kronprinz-Rudolf-Brücke eröffnet worden. Sie überspannte die eben erst regulierte
Donau. Nach dem Ersten Weltkrieg umbenannt in Reichsbrücke, entsprach sie nicht
mehr den Anforderungen des Autoverkehrs und wurde 1937 durch eine neue Brücke,
eine Hängebrücke, ersetzt. 1945 beschädigt, war sie doch der einzige intakte Donau-
übergang in Wien. Die Brücke erhielt nach einer Generalsanierung den Namen „Brücke
der Roten Armee", ab 1956 war sie
offiziell wieder die Reichsbrücke.

Bürgermeister Gratz kündigt Mitte August Maßnahmen gegen die Erstarrung
der Wiener Verwaltung an. Spitzen-
beamte sollen nur einen befristeten
Vertrag erhalten, der verlängert werden
kann. Es sollen auch das Bürgerservice
und der Konsumentenschutz ausgebaut werden.

Ende August wird Erhard Busek neuer
Chef der Wiener ÖVP und außerdem
im erweiterten Stadtsenat vierter nicht
amtsführender Stadtrat.

Ab Mitte September steht das Thermalbad Oberlaa jeden Freitag den Nackerten offen. Der Besuch ist nur Paaren gestattet, Einzelbesucher müssen Mitglied eines FKK-Vereins sein.

Bundeskanzler Kreisky erklärt, solange die Frage der sicheren Atommüll-Lagerung nicht geklärt sei, dürfe in Österreich kein zweites Atomkraftwerk in Betrieb gehen. Beim Kernkraftwerk Zwentendorf sei Lagerung für zehn Jahre geklärt.

Vor den Wiener Geldinstituten standen die Wienerinnen und Wiener am 23. Oktober Schlange. Es kam der neue Goldtausender zur Ausgabe. Aber bereits zu Mittag gab es keine mehr. Ab Mitte Dezember werden 800.000 weitere ausgegeben und im Frühjahr nächsten Jahres ist die Ausgabe von einer weiteren Million geplant.

Die Stadt ist bereit, für die Erhaltung des Ronacher finanzielle Mittel zur Verfügung zu stellen. Es muss sich aber auch jemand finden, der das Ronacher weiterführen will.

Ende November wird die Meidlinger Hauptstraße verkehrsarme Zone. Autos dürfen nach 10.30 Uhr nicht mehr einfahren.

Im Dezember beschließt der Gemeinderat eine Förderaktion zum Ausbau von Dachböden. Damit soll vor allem in der Innenstadt neuer Wohnraum geschaffen werden. Die Stadt Wien gibt einen Zuschuss von zwanzig Prozent und übernimmt eine Bürgschaft für aufzunehmende Kredite.

Wiener Zuckerbäcker-Ball

In der Rathaushalle drücken die Wienerinnen und Wiener unserem Franz Klammer die Daumen

Bis 1977 war der Flohmarkt
auf dem Platz „Am Hof"

1977

JUNGES WIEN

Die Statistik macht auch vor den Tieren nicht Halt. In Wien gibt es immer weniger Schweine, Rinder und Schafe. Ochsen sind überhaupt ausgestorben. Einzig die Pferde sind mehr geworden. Die meisten gibt es in der Leopoldstadt, wo sich die Stallungen des Galoppvereins und des Trabrennvereins befinden. Die meisten Schweine hat Favoriten, dort gibt es nämlich zwei Schweinemastanstalten.

Die Floridsdorfer Brücke wird saniert. Da man das genaue Ausmaß der Schäden an den Brückenpfeilern nicht kennt, ist auch der Termin der Freigabe der Brücke für den Verkehr ungewiss. Experten sprechen von Anfang März. Eine neue Floridsdorfer Brücke wird stromaufwärts der alten Brücke im Juli in Angriff genommen.

Die Südost-Tangente, also die Verbindung zwischen der vierten Donaubrücke und dem Knoten Laaerberg, wird unter Hochdruck gebaut. Sie soll zur Verbesserung der Verkehrslage entscheidend beitragen.

Alle Politiker werden aus den Aufsichtsräten der Holding und deren Tochtergesellschaften zurückgezogen. Der Holding ist die Verwaltung und die Kontrolle der über 25 privatwirtschaftlichen Betriebe der Stadt anvertraut. Zur Holding gehören etwa die Kurbetriebe Oberlaa, die Wiener Messe, die GESIBA und die GEWISTA.

Im Jänner eröffnet das Jugendamt eine „Sozialpädagogische Beratungsstelle" in Favoriten. Sie soll Schulkindern und deren Familien bei Erziehungs- und Schulschwierigkeiten helfen.

Um den Karl-Marx-Hof als städtebauliches Ensemble in seiner ursprünglichen Form zu erhalten, wird er zur Schutzzone erklärt. Der Karl-Marx-Hof ist neben der Wohnhausanlage Sandleiten der größte Kommunalwohnbau Wiens der Zwischenkriegszeit, dessen architektonische Sonderstellung wieder in den Blickpunkt des Interesses rückt.

Der Bürgermeister auf einem Caterpillar

Weil eine Weiche falsch gestellt war, stoßen am 26. Februar zwei Tramwayzüge der Linie 18 in der Unterstraßenbahnstation Matzleinsdorfer Platz frontal zusammen. 20 Fahrgäste werden zum Teil schwer verletzt.

Auf dem Karlsplatz werden im März die restaurierten Otto-Wagner-Stadtbahnpavillons wieder errichtet. Der westliche Pavillon ist als Abgang zur U-Bahn-Station vorgesehen, im östlichen wird ein Sommerkaffeehaus eingerichtet.

Zwischen Sommer 1977 und Sommer 1978 wird bei 4.000 Haushalten in der Per-Albin-Hansson-Siedlung-Ost ein Großversuch zur Mülltrennung durchgeführt. Es werden Altpapier, Altkunststoff und Glas getrennt eingesammelt. Man will ermitteln, wieweit die Bewohner eines größeren Gebietes bereit sind, bei der Mülltrennung mitzutun.

Im Jänner kostet in einem Supermarkt ein Kilo gemischtes Faschiertes 39,80 Schilling, ein Kilo Zucker 8,20 Schilling, ein Paket Manner-Biskotten mit 40 Stück 9,90 Schilling und 0,7 Liter Whisky Black & White 99,80 Schilling.

Brand in der Leopoldstadt

Am 30. März kommt es vor der Universität zu einer Straßenschlacht zwischen der rechtsradikalen Aktion Neue Rechte und anderen Studentenorganisationen. Während Mitglieder der ANR anlässlich der Hochschülerschaftswahlen ihre Flugblätter verteilten, veranstalteten andere Studentenorganisationen auf der Uni-Rampe eine Versammlung gegen die Neonazis. Die Rechtsradikalen fühlten sich provoziert und es kam zu einer Prügelei. Zwei Mitglieder der ANR schossen mit Gaspistolen in die Menge. Einer der beiden Schützen wurde verhaftet.

Wiens Beserlparks werden generalüberholt. Sie werden zum Teil umgestaltet, der Rasen saniert, die Spielgeräte erneuert und die Tische und Bänke auf Hochglanz gebracht.

Die Roßauer-Kaserne ist baufällig. In den Mauern sind Setzrisse aufgetreten und Fassadenteile stürzen herunter, das Fundament, bestehend aus 20.000 Holzpfählen, ist verrottet. Ob die Roßauer-Kaserne als Baudenkmal erhalten bleibt oder abgerissen wird, wird Gegenstand vieler Diskussionen. Zuerst sieht es so aus, dass ein kleiner Teil der Kaserne als Denkmal stehen bleibt, sie aber abgerissen wird.

Seit Mitte April gibt es in Ottakring, Döbling und Donaustadt den Kontaktbereichsbeamten. Hinter dieser Amtsdeutsch-Bezeichnung versteckt sich der ehemalige patrouillierende Rayonsinspektor der Polizei. Er war in den letzten Jahren verschwunden, da erstens die Polizei unter Personalmangel litt und man zweitens glaubte, der Funkstreifenwagen ersetze den persönlichen Kontakt.

Vom 21. April bis zum 8. Mai finden in der Stadthalle die Eishockey-Weltmeisterschaften statt. Weltmeister wurde die CSSR, da Schweden die UdSSR sensationell 3 zu 1 besiegte.

Ende August werden auf
dem Karlsplatz nach dem
U-Bahn-Bau alle
Fahrbahnen für den
Verkehr freigegeben.

Die Hunde in der Stadt nehmen zu. Waren es Anfang der sechziger Jahre rund 40.000 angemeldete Hunde, so sind es jetzt 55.000. Dazu kommen noch die nicht angemeldeten. 55 Prozent der Wiener sehen die Straßenverschmutzung durch Hundekot als sehr störend an, 48 Prozent sind dafür, dass Hundebesitzer den Kot ihrer Hunde selbst entfernen.

Ab 1. Mai tritt eine neue Reitverordnung für den Prater in Kraft. Reiter werden auf ihnen zugewiesene Routen beschränkt und jedes Pferd muss eine Nummerntafel tragen, die am Zaumzeug angebracht ist.

Autofahrer können um 20 Groschen billiger tanken – bei den neuen Selbstbedienungstankstellen. Tankwarte und Hostessen erklären den Kunden in den ersten Wochen den noch ungewohnten Tankvorgang.

Die Stadt ist laut Rechnungsabschluss Eigentümerin von 24 Kapellen, Kirchen und Pfarrhöfen mit einer Dienstwohnung, von zwei Schlössern, einem Aussichtsturm und einem Bunker, von 40 Garagen, Remisen und Depots, drei Fernwärmekraftwerken, 223 Bedürfnisanstalten, 66 Badeanstalten, 1.260 Marktständen und 63 Verwaltungsgebäuden.

Am 19. Juni kommt es zum größten Einsatz der Wiener Feuerwehr nach Kriegsende. Aus einem Großtankwagen der Bundesbahnen fließen 55.000 Liter Brennstoff aus. Das hoch brennbare Gemisch entzündet sich und legt einen Feuerring im Süden Wiens von zehn Kilometer Länge. Ein Teil des Gemischs fließt in Kanäle ab. 330 Feuerwehrmänner kämpfen stundenlang gegen das Feuer.

Im August wird für den Donauausbau eine Koordinationsstelle eingerichtet. Wiens neue Donau schützt 400.000 Bewohner und 9.000 Betriebe vor Hochwasser und wird gleichzeitig der größte Badestrand auf einer 20 Kilometer langen Insel quer durch Wien.

Ab Ende August stehen sämtliche Fahrbahnen des neu gestalteten Karlsplatzes wieder dem Verkehr zur Verfügung. Die letzte Umleitungsstrecke durch die Bösendorferstraße wurde aufgehoben.

Im Oktober wird die erste Gruppenpraxis Wiens in Simmering eröffnet. Drei Fachärzte – eine Augenärztin, ein Nervenarzt und ein Hautarzt – haben sich zu einer Gemeinschaftsordination zusammengetan.

Am Flughafen Schwechat wird die zweite Piste eröffnet. Und es gibt eine Schnell-

Eine Informationstafel
beim Westbahnhof

bahnverbindung zwischen Wien-Nord über Wien-Mitte zum Flughafen. Der Zug fährt stündlich und die Fahrt kostet 15 Schilling.

Am 9. November wird der Seniorchef des Palmers-Konzerns vor seiner Villa aus seinem Auto gezerrt und mit einem anderen Auto entführt. Es wird eine Lösegeldforderung in der Höhe von 50 Millionen Schilling gestellt.

Einen Automaten kann man nicht betrügen

Die Wiener Stadtverfassung wird novelliert. Es wird eine Fragestunde eingeführt, es gibt nun die Möglichkeit der Volksbefragung und des Volksbegehrens auf Landes- und Gemeindeebene und Dezentralisierungsschritte.

In zwölf Wiener Bezirken werden Container für Weiß- und Buntglas für die getrennte Glassammlung aufgestellt.

Eines der modernsten und am besten ausgestatteten Schwerpunktkrankenhäuser Österreichs wird im November offiziell eröffnet. Das neue Krankenhaus Rudolfsstiftung (Wien 3, Juchgasse) wurde an Stelle der alten Rudolfsstiftung erbaut und eingerichtet. Es besteht aus einem 17-geschossigen Bettenhaus mit 900 Betten, einem Behandlungstrakt, einem Schwesternwohnhaus und einem Wirtschaftstrakt.

Ein Fahrscheinautomat kann nicht betrogen werden. Daher konnte man in einem schaffnerlosen Beiwagen auch ungestraft schwarzfahren. Eine Gesetzesänderung gibt nun die Möglichkeit, gegen Schwarzfahrer vorzugehen.

Die größte Fußgängerzone Wiens steht vor ihrer Fertigstellung. Sie wird 11.000 Quadratmeter groß sein und umfasst den Stephansplatz, den Graben und die Kärntner Straße.

Rekord im Fremdenverkehr: 4,27 Millionen Übernachtungen erreichte Wien in der Touristiksaison 1976/77 und stellte damit einen neuen absoluten Rekord auf und eine neuerliche Steigerung um drei Prozent.

1977 ist das Jahr mit spektakulären Banküberfällen. Anfang Juni nimmt ein Bankräuber erstmals eine Kundin als Geisel. Im LSD-Rausch in einen Schleier gehüllt und mit vorgehaltenem Gewehr beraubt eine Frau eine Bankfiliale in Neustift am Walde. Beim 35. Bankraub des Jahres legt der Gangster auf das Kassenpult der Wiener Chase

Manhattan Bank in Wien-Neubau ein Bombenpaket. Er entkommt unerkannt mit 184.000 Schilling. Im Paket ist keine Bombe, sondern der russische Buchklassiker „Anna Karenina". Im Oktober überfällt eine Frau die Filiale der Länderbank in der Mariahilfer Straße. Sie will 20.000 Schilling, um ihren Mann aus dem Gefängnis freizukaufen.

SPITTELBERG

Der Spittelberg, zwischen Museumstraße, Breite Gasse, Siebensterngasse, Stiftsgasse, Burggasse, Gardegasse, Faßziehergasse und Neustiftgasse gelegen, war einst sozusagen das St. Pauli von Wien – ein Grätzl voller Spelunken und Dirnen. Das Viertel kam immer mehr herunter. In den 1960er Jahren hatten der schlechte Bauzustand und die unzureichenden sanitären Verhältnisse den Verfall und den Abbruch einiger Häuser des Spittelbergs zur Folge. Die Gemeinde Wien erkannte die Situation und kaufte einen Teil der Häuser auf. Geplant waren eine durchgreifende Sanierung, der Abriss baufälliger Häuser und ein Ersatz durch neue Bauten. Eine Gruppe von Architekturstudenten protestierte gegen diese Pläne der Gemeinde Wien. Sie besetzten das Lokal „Amerlingbeisl", welches der Gemeinde Wien gehört, und riefen zur „Rettung des Spittelberges" auf. 1973 wurde der Spittelberg zur Schutzzone erklärt. Die Erhaltung der Bausubstanz wurde dem Neubau vorgezogen. Einerseits sollte es zu einer Geschichtsbewahrung, andererseits zu einer Gewinnung von Wohnraum kommen. Die Bauführung und Wohnungsvergabe wurde einer Genossenschaft (GESIBA) übergeben. Das Sanierungsgebiet umfasste 80 Objekte mit 573 Wohnungen, wobei es vielerorts zu Entkernungen kam. Finanziert wurde das Vorhaben mit Hilfe der Wohnbauförderung und des Altstadterneuerungsfonds. Es wurde Wohnraum geschaffen und der Spittelberg wurde ein Viertel alternativen Lebensstils mit Naturkostläden, Designermöbelgeschäften, Galerien und Kleinvereinen und Ess- und Trinklokalen aller Art und aller Preisklassen. Das Amerlingbeisl, als eine „In"-Location, ist ein gutes Beispiel für die Revitalisierung und die gestiegene Attraktivität des Viertels. Pünktlich zur Adventszeit öffnen sich jährlich die Pforten des Adventmarktes, der als einer der sehenswertesten in Wien gilt. Der Spittelberg gilt als Beispiel einer „konservierenden", gleichzeitig „revitalisierenden" und damit erfolgreichen Stadterneuerung. Die Bausubstanz wurde erhalten, die Zahl der Einwohner konnte stabilisiert werden, auch wenn der soziale Strukturwandel unübersehbar ist. Es gelang, das Viertel zu erhalten, wo städtisches Leben auch nach Ende der Büro- und Geschäftszeiten stattfindet.

U-Bahn-Eröffnung Karlsplatz –
Bundespräsident Kirchschläger
und Bürgermeister Gratz

1978

ERÖFFNUNG DER U1

Nach dem Beispiel „Stadterneuerung in Ottakring" sollen auch in Mariahilf und in Neubau Stadterneuerungsgebiete geschaffen, also abgewohnte Stadtteile erneuert und verbessert werden. Innerhalb des Gürtels ist die Abwanderung relativ hoch, aber es gibt eine erstklassige Infrastruktur, so dass mit verhältnismäßig geringen Mitteln große Wirkungen erzielt werden können.

Der Modellversuch „mobile Krankenschwester" wird im Jänner auf den 15., 16. und 17. Bezirk ausgeweitet. Damit verfügen die Hälfte der Wiener Bezirke über mobile Schwestern als verlängerten Arm des Arztes – aus einem Versuch wird eine reguläre Einrichtung.

Die Kurzparkplätze haben sich nach Einführung der Parkscheine bewährt. In einigen Bezirken gibt es sogar ein Überangebot an Kurzparkplätzen. Doch manche Autofahrer scheren sich wenig um Kurzparkzonen und parken länger als erlaubt. Manche der Kurzparkzonen werden auch unzureichend überwacht.

Die im Herbst 1970 begonnene Erdgasumstellung steht vor dem Abschluss. Statt 15 Jahre brauchte man dafür nur acht. Es wurden rund 670.000 Haushalte und rund 25.000 Gewerbe- und Industriebetriebe mit insgesamt 1,5 Millionen Geräten umge-stellt.

Am 25. Februar nimmt die U-Bahn auf der Teilstrecke der U1 Karlsplatz bis Reumann-platz ihren Betrieb auf. Am Tag der Eröffnung und alle Sonntage im März gibt's dann U-Bahn-Fahren zum Nulltarif. Die Eröffnung der U-Bahn wurde zu einem Volksfest für 150.000 Wienerinnen und Wiener. Auf dem Karlsplatz zählte man zeitweise bis 20.000 Neugierige.

Ab März beginnt das „mobile Bürgerservice" mit seiner Arbeit. Sechs Magistrats-beamte in knallroten Pkws sollen sich vor Ort kundig machen, wo den Bürgerinnen und Bürgern der Schuh drückt, und für Abhilfe sorgen. Sie sind zuständig für jene Kleinigkeiten, die den Menschen das Leben sauer machen.

Im März tritt das Wiener Katastrophenhilfegesetz in Kraft. Mit diesem Gesetz werden für Wien alle im Katastrophenfall erforderlichen Maßnahmen geregelt. Zu den wichtigs-ten Bestimmungen zählt der Katastrophenschutz, der alle Maßnahmen enthält, die zur Verhütung oder zur Vorbereitung der Abwehr von Katastrophen dienen.

Noch in diesem Jahr wird der Rohbau des zweiten Bettenturms des neuen Allgemei-nen Krankenhauses fertig. Im Sommer wird im ersten Bettenhaus des AKH eine Mus-terstation eingerichtet werden.

Das „Vienna Islamic Center", also die Moschee am Hubertusdamm in Floridsdorf, feiert Gleichenfeier. Die Stadt Wien stellte das Baugelände zur Verfügung, die Kosten für das Zentrum werden von Saudi-Arabien getragen.

Die Autobuslinien 13A und 14A erhalten im April eine eigene Busspur, die auch von Taxis benützt werden kann.

Am 29. April wird das von der ÖVP initiierte 1. Wiener Stadtfest in der Innenstadt gefeiert, das als eine Art Gegenstück zu den 1.-Mai-Aufmärschen der Sozialisten gedacht ist. Die 1.-Mai-Feiern am Rathausplatz sind von einem Unglück überschattet. Am 27. April wurden zwei Arbeiter beim Zusammenbruch der Tribüne getötet.

Mit Beginn der Badesaison am 1. Mai fängt in Wien auch die Ära der Sonnenenergie an. In zwei Bädern, im Laaerbergbad und im Kinderfreibad Herderplatz, wird der Ver-such unternommen, mit Hilfe der Energie aus Sonnenkollektoren Badewasser zu er-wärmen.

Am 4. Mai wird das Wiener Schauspielhaus in der Porzellangasse eröffnet. Es wird „Der Balkon" von Jean Genet gegeben, inszeniert vom Hausherrn Hans Gratzer, „die größte Hoffnung für Wiens künftige Theaterlandschaft", wie eine Zeitung anmerkt. Die Premiere in diesem Jahr wird lautstark umjubelt und die Eröffnung des neuen Theaters von Wiens Kulturprominenz gefeiert.

Eröffnung der U-Bahn-Station Stephansplatz mit einem Nagel in den Stock im Eisen (Kardinal König, Bürgermeister Gratz und Vizebürgermeister Busek)

Am 12. Mai wird die Südosttangente für den Verkehr freigegeben. Man verspricht sich von ihr eine entscheidende Verbesserung des Wiener Straßenverkehrs. 17 Kilometer lang, verbindet die Tangente den Süden mit dem Osten und Norden Wiens und ermöglicht eine kreuzungsfreie Umfahrung des inneren Stadtbereichs.

In der Diesterweggasse in Penzing wird die 99. neue Schule der Stadt Wien nach 1945 eröffnet. Es ist eine zwölfklassige Volksschule.

Am 1. Juni wird in der Volkshalle des Rathauses eine Ausstellung über die Geschichte des österreichischen Fußballsports eröffnet – passend zur Weltmeisterschaft, die im Juni in Argentinien stattfindet. Legendär wird der Sieg Österreichs über Deutschland bei dieser WM – der erste Sieg über unseren Nachbarn seit 47 Jahren.

Wien hat 513 Brücken und Stege, davon wurden 36 in der Zeit von 1976 bis April 1978 fertig gestellt. 74 Brücken oder Stege befinden sich noch in Bau.

Im Februar wird an der Floridsdorfer Brücke noch gebaut, im Oktober ist sie fertig

Die Liliputbahn im Wiener Prater wird 50 Jahre alt. Sie wurde im Frühsommer 1928 eröffnet und fuhr damals nur vom Wurstelprater bis zur Rotunde.

Vom 13. bis 16. Juli ist Wien der Schauplatz des 18. internationalen Kongresses der Pueri Cantores, des Weltverbandes kirchlicher Sängerknaben. Zum Kongress kommen 7.000 Teilnehmer nach Wien. Ein Teil von ihnen wird das Schlusskonzert in der Wiener Stephanskirche bestreiten.

Wiens modernster Mehrzweckbahnhof, der Franz-Josef-Bahnhof, feiert Ende August die Dachgleiche. Die Überbauung der Geleise im Bahnhofsbereich wird im nächsten Jahr fertig sein.

Am 2. September legt Bürgermeister Gratz in der Sulmgasse in Ottakring den Grundstein für eine städtische Wohnhausanlage mit der 200.000sten Gemeindewohnung. In nächster Nähe befindet sich der Gemeindebau Ecke Zagorskigasse-Herbststraße, wo am 11. September 1954 Bürgermeister Franz Jonas in Anwesenheit von Bürgermeister Theodor Körner den Grundstein für die 100.000ste Gemeindewohnung legte.

Bereits zum fünften Mal findet im September in der Wiener Stadthalle die Seniorenwoche statt, für die wieder ein Rekordbesuch erwartet wird. Das Motto der Veranstaltung lautet: „Wien für seine Senioren".

Am 8. Oktober finden in Wien Landtags- und Gemeinderatswahlen statt, die für die sieggewohnten Sozialisten mit einer kleinen Enttäuschung enden. Sie verlieren vier Mandate und haben jetzt 62. Es ist aber noch immer mit 57,2 Prozent das zweitbeste

Ergebnis bei Wiener Wahlen in der Zweiten Republik. So gut hat in zwei Wiener Wahlen hintereinander noch kein Wiener Bürgermeister abgeschnitten. Die ÖVP unter Erhard Busek kommt auf 33,8 Prozent, gewinnt vier Mandate und hat jetzt 35, die FPÖ hat drei Mandate. Die SPÖ macht der ÖVP kein Koalitionsangebot, sondern regiert weiter alleine.

Das wichtigste innenpolitische Ereignis dieses Jahres ist die Auseinandersetzung um das Kernkraftwerk Zwentendorf. Nach einer sehr emotionell geführten Kampagne entscheiden sich bei der ersten Volksabstimmung in Österreich am 5. November 50,47 Prozent der Wähler gegen eine Inbetriebnahme des Kernkraftwerkes Zwentendorf. In der Folge wird ein generelles Kernkraftverbot beschlossen.

Die Arbeiten an der neuen Reichsbrücke gehen trotz kalter Witterung planmäßig voran. Sie wächst unaufhaltsam schnell über die Donau.

Die älteste Wienerin und älteste Österreicherin, Adele Glöckner, stirbt am 30. Dezember im 108. Lebensjahr. Bis zu ihrem 90. Lebensjahr war sie berufstätig gewesen.

Spezielle Silvesterpartys für die Jugend sind noch eher rar: Das Haus der Begegnung lädt zu einem Silvesterball. In der Diskothek „George Privé" auf der Seilerstätte tritt der steirische Popsänger Wilfried auf. Der Eintritt beträgt 70 Schilling und die halbe Flasche Wodka wird für 400 Schilling angeboten. Im „Camera Club" in der Neubaugasse rockt nach Mitternacht „Novaks Kapelle" und das Cola kostet nur 22 Schilling. Im „Atrium" am Schwarzenbergplatz soll es Tanzspiele geben. Die Wiener Diskotheken wie „Voom", „Monte" oder „Exil" sind zu Silvester fast alle geöffnet, haben aber kein eigenes Silvesterprogramm.

Neubau der Reichsbrücke schreitet voran

Gleichenfeier für die Wiener Moschee im April

Dieses Jahr war ein Jahr der
Brandkatastrophen – Feuerwehr
löscht Gerngrossbrand

ERÖFFNUNG DER UNO-CITY

Die Parks werden nicht nur von den russischen Saatkrähen bevölkert, sondern immer mehr auch von Lachmöwen. Seit vier, fünf Jahren ist zu beobachten, dass sich die Möwe in der Stadt ausbreitet und dass auch der Zustrom, besser Zuflug aus dem Baltikum, Finnland, Russland und Polen immer größer wird.

Wien wird Sitz des Internationalen Rates für Soziale Wohlfahrt, der bis jetzt in New York beheimatet war.

Die Wienerin, der Wiener bleiben gerne in ihrer Wohnung. Rein statistisch übersiedeln sie nur alle dreißig Jahre einmal. Durchschnittlich wechseln drei Prozent der Wohnbevölkerung im Jahr die Wohnung.

Nackt schwimmen und nackt baden wird immer beliebter. Das Jörgerbad führt einen Nacktbadeabend ein, der nicht nur für Mitglieder eines FKK-Vereins offen ist.

Schwarzfahren in den Wiener Öffis wird zu einem Volkssport. Im Jänner wurden über 6.000 Schwarzfahrer von Kontrolloren erwischt. Mindestens jeder neunte Fahrgast in den öffentlichen Verkehrsmitteln hat keinen Fahrschein.

Am 7. und 8. Februar hält ein Großbrand die Wiener in Atem. Am 7. Februar wird um 22.41 Uhr im Kaufhaus Gerngross an der Mariahilfer Straße Feueralarm gegeben. Um 22.50 Uhr ist die Feuerwehr zur Stelle, doch da schlagen bereits die Flammen vom Erdgeschoß bis in den 2. Stock hinauf. Schuld am Brand waren nächtliche Schweißarbeiten an einer Rolltreppe im Erdgeschoß. Die Arbeiter versuchten zuerst, den Brand selbst zu löschen. Die automatische Feuermelde- und Sprinkleranlage war wegen der Schweißarbeiten ausgeschaltet gewesen. Wegen der starken Flammen- und Rauchent-

Es gibt drei weitere Beratungsstellen für Raucher, die sich das Rauchen abgewöhnen wollen. Erfahrene Ärzte und Psychologen stehen bereit, ein maßgeschneidertes Therapieprogramm für den Nikotinsüchtigen zu erstellen – Gruppen- oder Einzeltherapie, medikamentöse Behandlung oder Abgewöhnen ohne Medikamente.

23. August:
Die UNO-City wird eröffnet

JAHR DER BRANDKATASTROPHEN

Am 7. Februar wütet ein Brand im Kaufhaus Gerngross an der Mariahilfer Straße. Am 1. Mai Brand im Kaufhaus Steffl an der Kärntner Straße, am folgenden Tag werden zwei Brandzeitzünder im nahen Modehaus Boecker gefunden. Zu beiden Anschlägen bekennt sich eine Gruppierung „Erster Mai". Am 30. August brannte die Nationalbank auf dem Otto-Wagner-Platz. Die vier obersten Stockwerke

brannten völlig aus. Ein Übergreifen der Flammen auf das AKH konnte nur knapp verhindert werden. Ursache war eine achtlos weggeworfene Zigarette.

Am 28. September empfing der Polizeinotruf um 5.14 Uhr die Mitteilung, dass es aus dem Hotel Augarten in der Heinestraße rauche. Um 5.19 Uhr trafen vier Einsatzfahrzeuge der Feuerwehr ein. Es drang dichter Rauch aus allen Fenstern des Hotels, das Erdgeschoß brannte. An mehreren Fenstern stehen Menschen und schreien um Hilfe. Es konnten 35 Menschen geborgen werden, 24 sterben in den Flammen. Eine glimmende Zigarette in einem Papierkorb hatte den folgenschweren Brand ausgelöst. Acht Feuerwehrleute mussten mit schweren Rauchgasvergiftungen ins Spital gebracht werden.

wicklung wurde höchste Alarmstufe gegeben und die Bewohner der umliegenden Häuser evakuiert. Die Straße wird abgesperrt. 30 Feuerwehrautos und 550 Mann befanden sich im Einsatz. Um 4.19 Uhr des folgenden Morgens konnte „Brand aus!" gemeldet werden.

Pläne zur Neugestaltung der psychiatrischen Versorgung Wiens werden vorgestellt. Es soll weniger psychisch Kranke in den Spitälern, dafür mehr Betreuung in Ambulanzen und Betreuungseinrichtungen, die überall in Wien geschaffen werden müssen, geben. Nur noch wenige Patienten sollen in kleineren geschlossenen Bereichen behandelt werden, die offenen Stationen mit freiwillig aufgenommenen Patienten sollen den Regelfall darstellen.

Am Mexikoplatz wird gegen „Basarmethoden" mit Verwaltungsstrafen vorgegangen.

Im April wird die geschichtsträchtigste U-Bahn-Station Wiens, die am Stephansplatz, fertig gestellt. Beim Bau der U-Bahn unter dem Stadtzentrum wurden viele wertvolle Funde aus der Römerzeit und aus dem Mittelalter zu Tage gefördert. Am wichtigsten war sicher die Entdeckung der aus dem 13. Jahrhundert stammenden unterirdischen Virgilkapelle, die jetzt auch besichtigt werden kann.

Auf dem Areal der ehemaligen Rudolfsheimer Remise entsteht einer der interessantesten Wohnbauten Wiens der letzten Jahre. Die Bauten umschließen einen mit viel Grün gestalteten Innenhof. Die Wohnungen sind in Terrassen um den Hof angelegt.

Anfang Mai kam es im Kaufhaus „Steffl" in der Kärntner Straße erst im zweiten Stock zu einem Brand, der die Damenkonfektionsabteilung einäscherte. Kaum sechs Stunden später begann es im ersten Stock des Kaufhauses zu brennen. In beiden Fällen lag Brandstiftung vor.

Am 6. Mai stehen Nationalratswahlen auf der Tagesordnung. Das Ergebnis ist ein neuerlicher Erfolg für Bundeskanzler Kreisky. Die SPÖ kann ihre absolute Mehrheit auf etwas über 51 Prozent ausbauen, gewinnt zwei Mandate dazu und hat jetzt 95. Die ÖVP hat 77 Mandate (41,9 Prozent) und die FPÖ elf (6,1 Prozent).

Der gesamte Prater wird Landschaftsschutzgebiet. Damit sind in diesem wichtigen Wiener Naherholungsgebiet alle Eingriffe, die den Gesamtcharakter der Landschaft verändern könnten, nur mit Genehmigung der Naturschutzbehörden zulässig.

Parkraum ist und bleibt knapp. 285 Kilometer der rund 2.400 Kilometer Straßen Wiens werden zum bevorzugten Straßennetz erklärt. In den Straßen des bevorzugten

Brand im Hotel „Am Augarten"

Netzes wird besonders rigoros gegen Parksünder vorgegangen. Verstöße gegen Halte- und Parkverbote und das Parken in zweiter Spur werden zuerst abgemahnt, aber dann wird gestraft und abgeschleppt. Auf diese Weise soll der Durchzugsverkehr freie Bahn bekommen.

In der CSSR ist es nicht möglich, große Mengen frisch anfallenden Schweinespecks zu Fett zu schmelzen. Es wird eine Million Kilogramm Speck aus der CSSR nach Österreich importiert, im Fleischzentrum St. Marx zu Schmalz veredelt und dieses wieder in Oststaaten exportiert.

Das ehemalige Flughafengelände Aspern in der Donaustadt wird Betriebsbaugebiet. Bürgermeister Gratz wirbt für die Errichtung eines neuen Konferenzzentrums. Das wäre notwendig, damit Wien seinen Spitzenplatz bei den Kongressstädten verteidigen kann. Es gibt einen Plan, den Wiener Messepalast zum Konferenzzentrum umzubauen. Doch ein Neubau sei günstiger als der Standort an der Zweierlinie.

Mit 200 Kilogramm des Sprengstoffes Donarit jagen Soldaten der Luftschutztruppenschule eine wilde Mülldeponie, eine richtige Rozznburg, in der Gerasdorfer Straße in Floridsdorf in die Luft. Die Sprengung war notwendig, weil sich auf dem Areal der Mülldeponie ein aus dem Zweiten Weltkrieg stammendes Bunkersystem befand.

Der Gerngross auf der
Mariahilfer Straße brennt

Böller für die U-Bahn

Am 18. Juni unterzeichnen der amerikanische Präsident Jimmer Carter und der sowjetische Staats- und Parteichef Leonid Breschnew in der Wiener Hofburg das zweite Abkommen über die Begrenzung der strategischen Offensivwaffen (SALT II). Zum ersten Mal seit Ende des Krieges kommt es auch zu direkten Beratungen der obersten Militärführung der USA und der Sowjetunion. Im Pressezentrum der Hofburg sind über 2.000 Journalisten akkreditiert.

Am 1. Juli werden eine Reihe von Kompetenzen des Gemeinderates an die Bezirksvorsteher beziehungsweise an die Bezirksvertretungen übertragen. Sie bekommen auch bestimmte Anhörungs- und Mitbestimmungsrechte eingeräumt.

Mit einer Chartermaschine treffen Anfang Juli 181 nordirische Kinder in Wien ein. Sie werden hier vier Wochen Ferien fern von Attentaten, politischen Wirren und Hass des Nordirland-Konflikts verbringen.

Auf Hochtouren laufen die Vorbereitungen für die Eröffnung der UNO-City, neben dem Bau des Allgemeinen Krankenhauses die zweitgrößte Baustelle Wiens.

Am „Tag der offenen Tür"

In Neubau wird über das Beschleunigungsprogramm der Straßenbahnlinien auf der Mariahilfer Straße diskutiert. Die Geschäftsleute sind zwar für eine Beschleunigung, aber gegen die Stuttgarter Schwelle und Linksabbiegeverbote. Man fordert dafür Sperrflächen und Sperrlinien. Die Revitalisierung am Spittelberg macht weiter Fortschritte. Es wird mit der Restaurierung des Hauses „Zum Dattelbaum" in der Burggasse begonnen.

Am 23. August wird die UNO-City eröffnet. Wien sei nicht mehr ein vergessener Winkel dieser Welt wie in den dreißiger Jahren. Mit der UNO-City werde ein neues Stück österreichischer Politik sichtbar. So Bundeskanzler Kreisky bei der Eröffnung. Mit der Übergabe des „Vienna International Centre", so der offizielle Name der UNO-City, ist Wien nun eine der drei UNO-Städte der Welt.

Am 30. August brennt die Österreichische Nationalbank. Innerhalb kürzester Zeit stehen die drei Stockwerke in Flammen. Mehr als 200 Feuerwehrleuten aus Wien und Niederösterreich gelingt es nach acht Stunden, das Großfeuer einzudämmen.

Wien sei ein Reise wert. Zu diesem Schluss kommt die deutsche Stiftung Warentest bei ihrer Prüfung des Wiener touristischen Angebots. Wie kaum eine andere Stadt Europas erschließe Wien den Besuchern seine Kulturschätze. Das Niveau der Hotels liege über dem vergleichbarer Städte. Gelobt werden die Museen, nicht aber deren Öffnungszeiten. Die Fiaker kommen schlecht weg: die Erklärungen bei der Rundfahrt seien dürftig, die Kosten relativ hoch. Wien ist gemütlich, aber keineswegs immer. Beim Autofahren verlören die Wiener rasch ihren Charme und fahren auffallend aggressiv. Wien habe zwar kein ausgeprägtes Nachtleben, das stört die Wien-Tester aber wenig. Die Heurigen werden gelobt, aber man warnt vor Grinzing, wo es mit echter Heurigenstimmung nicht mehr sehr weit her sei. Dafür aber in Stammersdorf, Strebersdorf, Salmannsdorf oder Nußdorf.

Islamisches Zentrum Wien

Auf der Donauinsel wird wieder aufgeforstet. Im Nordteil der Insel werden 165.000 Bäume und Sträucher gesetzt, die für eine pannonische Landschaft typisch sind. Dazu gehören Eichen, Ahorn, Pappeln, Weiden und Liguster.

Eine Bürgerinitiative gegen den Ausbau des Flötzersteiges fordert vom Bürgermeister in einem offenen Brief den Verzicht auf die Errichtung der Verbindung vom Wiental zu dem bereits vierspurig ausgebauten Teil des Flötzersteiges.

Ende September wird die Express-Tramway 64 eröffnet. Sie fährt in knapp einer halben Stunde vom Westbahnhof zum Schöpfwerk und dann auf von Stelzen getragenen Schienen zum Wohnpark Alterlaa.

Wintersport auf der Alten Donau

Die Phorushalle wird abgerissen

Anfang Oktober wird die größte und aufwändigste Schule Österreichs eröffnet: das TGM (Technologisches Gewerbemuseum) in der Brigittenau. Kernstück der neuen Schule ist das 16-stöckige Hochhaus, in dem sich die Klassen für den theoretischen Unterricht befinden.

Im Oktober wurde nach einer Musikveranstaltung die Phorushalle im 4. Bezirk von rund 200 Jugendlichen besetzt. Es sollte der bevorstehende Abriss der Halle verhindert werden. Die Polizei räumte die Halle mit Gewalt.

Das Kabelfernsehen kommt in Wien gut an. In Favoriten gibt es den 10.000sten Kabelfernseher. Über das Wiener Kabel-TV-Netz kann man neben den beiden österreichischen Programmen auch die Sendungen des ZDF, der ARD und des Bayerischen Fernsehens empfangen.

Am 20. November wird die erste Moschee Österreichs und ein Islamisches Zentrum nahe der UNO-City eröffnet. Der Eröffnungstag fiel auf den ersten Tag des Jahres 1400 nach islamischer Zeitrechnung.

Auch in diesem Jahr gilt in Wien das Salzstreuverbot, das vor vier Jahren eingeführt wurde. Bei extremem Glatteis kann das Streuverbot jedoch aufgehoben werden.

Das Café Schwarzenberg, eines der traditionsreichsten Lokale der Wiener Ringstraße, bleibt erhalten. Es stand vor dem Zusperren, wurde aber von der Stadt erworben. Es wird ab Februar nächsten Jahres umgebaut und im Mai als Konzertcaférestaurant wieder eröffnet.

Am 30. Dezember stürzt eine Straßenbahn der Linie 26 um. Der Fahrer hatte vor einer Kurve nicht mehr rechtzeitig gebremst. Es gibt 14 Verletzte, keiner schwer.

DIE UNO IN WIEN

In den Gebäuden des Vienna International Centre (VIC) haben zahlreiche UN-Organisationen ihren Sitz:

- Das Büro der Vereinten Nationen in Wien
- Das Büro für Drogen- und Verbrechensbekämpfung (UNODC) ist damit beauftragt, Mitgliedsstaaten in der Prävention von illegalen Drogen, Verbrechen und Terrorismus zu unterstützen.
- Die Sonderorganisation für industrielle Entwicklung (UNIDO) hilft Entwicklungs- und Reformländern dabei, durch die Förderung der Produktivitätssteigerung in der globalisierten Welt von heute nicht an den Rand gedrängt zu werden.
- Die Internationale Atomenergiebehörde (IAEA) versteht sich als Weltzentrum für nukleare Zusammenarbeit und Förderer der friedlichen und sicheren Nutzung von Kerntechnik.
- Die 1997 gegründete Vorbereitungskommission einer Organisation zum Vertrag über das umfassende Verbot von Nuklearversuchen (CTBTO) konzentriert sich auf zwei Hauptgebiete: die Schaffung eines weltweiten Überprüfungssystems, um die Einhaltung des Verbotes von Nukleartestexplosionen zu überwachen, und die Förderung des ehestmöglichen In-Kraft-Tretens eines weltweit gültigen Atomteststopp-Vertrages.
- 1996 zog das Büro für Weltraumfragen (UNOOSA) von New York nach Wien. Es zeichnet für die Förderung internationaler Zusammenarbeit in der friedlichen Nutzung des Weltraums verantwortlich.
- Die Kommission für internationales Handelsrecht (UNCITRAL) übt eine entscheidende Rolle bei der Beseitigung von Rechtshindernissen für den internationalen Handel aus.
- Nicht nur durch materielle Hilfe, sondern auch durch Rechtsschutz versucht das Hochkommissariat für Flüchtlinge (UNHCR) Asyl Suchenden und den vor Krieg, Folter und Verfolgung flüchtenden Menschen zu helfen.
- Die Internationale Kommission zum Schutz der Donau (IKSD) bemüht sich um grenzüberschreitende Zusammenarbeit, um den zweitlängsten Fluss Europas sauber und eine nachhaltige Nutzung des Gewässers aufrechtzuerhalten.
- 1993 wurde das Zentrum für soziale Entwicklung und humanitäre Angelegenheiten (CSDHA) aufgelöst und auf andere Büros und Organisationen innerhalb der UNO verteilt.

Es ist Sommerzeit!

BEGINN DER SOMMERZEIT

1980

Im Jänner geht Österreichs größte Fernwärmeleitung, die Verbindung vom Kraftwerk Simmering über das Heizwerk Arsenal in die Innenstadt in Betrieb.

Der Wiener Stadtsenat beschließt im Jänner die Durchführung einer Volksbefragung in der Zeit vom 16. bis zum 18. März, in der es auch um den Ausbau des Flötzersteiges gehen wird. Am 15. Jänner, einen Tag vor einer OPEC-Konferenz, explodiert in einem arabischen Diplomatenlokal eine Bombe. Personen kommen nicht zu Schaden, das Lokal wird zerstört.

Das Männerheim in der Meldemannstraße in der Brigittenau wurde renoviert. Es bekommt erstmals einen eigenen Arztraum. Es gibt vier Männerheime in Wien – sie bieten 1.200 Schlafplätze.

Anfang Februar bringt das Nachrichtenmagazin „profil" einen Bericht, dass die Planungs- und Baukosten des AKH zu hoch angegeben sind, und zwar um elf Milliarden Schilling.

In Wien gibt es ein zweites Haus für misshandelte Frauen. Das erste gibt es seit 1. November 1978. Es war von Anfang an überfüllt, daher wurde eine zweite Zufluchtsstätte notwendig.

Fast 76.000 Wiener machen am ersten Tag der Volksbefragung von ihrem Stimmrecht Gebrauch. Die Beteiligung der Wiener an der dreitägigen Volksbefragung bleibt aber hinter den Erwartungen zurück und beträgt 28,8 Prozent der Stimmberechtigten. Es gibt ein großes Votum für den generellen Vorrang des öffentlichen Verkehrs, die Beibehaltung von Propagandaständern auch außerhalb von Wahlzeiten wird mehrheitlich abgelehnt; eine Mehrheit spricht sich für den generellen Ausbau der Flötzersteig-Bundesstraße aus; mehrheitlich plädierten die Wiener für die Beibehaltung und Erhaltung gesperrter Friedhöfe.

Im März geht die Diskussion um das AKH weiter. Der Aufsichtsratsvorsitzende der Errichtungsgesellschaft des AKH stellt wegen Schmiergeldvorwürfen die Strafanzeige gegen unbekannt. Bürgermeister Gratz stellt fest, dass, wenn es Verfehlungen gegeben haben sollte, alle Konsequenzen gezogen werden.

Die Gleichstellung weiblicher Amtsträger mit männlichen Theologen hat die Generalsynode der evangelischen Kirche beschlossen. Theologinnen müssen nicht mehr bei Verehelichung aus dem Dienstverhältnis ausscheiden.

„Bitte, kein Werbematerial." Ein Pickerl mit dieser Aufschrift wird vom Handelsministerium verteilt. Es soll alle, die mit der Prospektflut an der Wohnungstür keine Freude haben, vor ungewünschtem Werbematerial schützen.

Am 6. April werden in Österreich die Uhren um eine Stunde vorgestellt – die Sommerzeit ist erstmals da! Sie dauert bis 28. September.

350 Personen des öffentlichen und kulturellen Lebens rufen im April zu einer antifaschistischen Demonstration auf dem Wiener Karlsplatz auf. Die Demonstration richtet sich gegen neofaschistische Tendenzen und gegen die Kandidatur des Rechtsradikalen Norbert Burger bei den kommenden Bundespräsidentschaftswahlen.

Am 10. April wird einer der drei Direktoren der AKH-Errichtungsgesellschaft vom Dienst suspendiert. Er wird Mitte Mai verhaftet. Mehrere Manager der Firmen Siemens und ITT folgen später. Im Juli wird dann ein ehemaliger Spitalbereichsleiter der Gemeinde Wien im Zusammenhang mit der AKH-Affäre verhaftet. Neben Managern des AKH waren große in- und ausländische Firmen an den Machenschaften eines der größten Korruptionsfälle der Zweiten Republik beteiligt.

Ende April beschließt der Gemeinderat ein Verkehrskonzept. Es gilt der Vorrang des öffentlichen Verkehrs. Das Verkehrsaufkommen soll möglichst reibungslos bewältigt werden. Der Umweltschutz muss beachtet werden.

Im Krapfenwaldlbad fallen die Oberteile der Bikinis und Tangas. Es ist Wiens erstes Oben-ohne-Bad. Bisher musste der Badewaschl bei Beschwerden gegen barbusige Frauen einschreiten.

Um den Schutz ihrer Botschaft auszuprobieren, unternahmen 16 US-Marinesoldaten einen Übungsüberfall auf die US-Botschaft in der Boltzmanngasse. Der zur Bewachung des Gebäudes eingesetzte Polizist wusste nichts von der Übung – beinahe wäre es zu einer Schießerei gekommen. Die US-Botschaft dementiert.

In 75 Prozent der öffentlichen Wiener Volksschulen gibt es die 5-Tage-Woche, im restlichen Viertel wird die herkömmliche Sechstagewoche beibehalten.

Stau auf der Ringstraße

Bundespräsident Kirchschläger und Bürgermeister
Gratz eröffnen die neue Reichsbrücke

Am 18. Mai wird Rudolf Kirchschläger mit der überwältigenden Mehrheit von 79,9 Prozent zum Bundespräsidenten wiedergewählt. FP-Kandidat Wilfried Gredler erhält 16,8 Prozent, Rechtsradikalen-Chef Norbert Burger 3,2 Prozent.

Der Wiener Landtag hält am 14. Mai eine Festsitzung zur 25-jährigen Wiederkehr des Abschlusses des Staatsvertrages ab. Landeshauptmann Gratz legt in seiner Festrede seine Vorstellung von gemeinsamer Verantwortung für Wien dar. Unter dem Motto „Eine Stadt freut sich" finden in Wien am 15. Mai Staatsvertragsfeiern statt, die Volksfestcharakter haben.

Bei der Premiere der Passionsoper „Jesu Hochzeit" von Gottfried von Einem kommt es im Theater an der Wien zu heftigen Protesten. Es werden Stinkbomben geworfen und vor dem Theater gegen die angebliche Blasphemie des Stückes demonstriert.

Die Post führt Wertkarten-Telefone ein, es werden drahtlose Geräte ausprobiert und das Autotelefonnetz wird verbessert. Die AUA startet in das Jumbo-Zeitalter und bestellt zwei Großraumflugzeuge des Typs Airbus.

Die Wiener Jugendzentren feiern ihr 20-jähriges Bestehen. 1960 wurde das Kulturelle Jugendzentrum in Erdberg gegründet. Es gibt 21 Jugendzentren in Wien, in denen junge Menschen ihre Freizeit verbringen können.

Der erste Wiener Gesundheitsbericht wird vorgestellt. Die Wiener sind weniger gesund, als sie glauben. Frau und Herr Wiener neigen zu Übergewicht. Und kaum einer entgeht den Krankheiten des Stütz- und Bewegungsapparates.

Im Zentralfriedhof werden 47 französische Soldaten mit militärischen Ehren beigesetzt. Ihre Gebeine wurden bei Erdaushubarbeiten für das General-Motors-Werk im Gebiet des ehemaligen Asperner Schlachtfeldes der Napoleonischen Kriege entdeckt.

Ende Juni wird die Wiener Hauptkläranlage in Betrieb genommen. Sie bereitet fast alle Abwässer Wiens mechanisch und teilbiologisch auf.

Auf der Kärntner Straße darf musiziert werden. Es ist nur Amateuren gestattet, und zwar an Samstagen, Sonn- und Feiertagen von 12 bis 20 Uhr, an Wochentagen von 15 bis 20 Uhr. Verstärker darf es nicht geben und jeder Musikant muss bis zum nächsten einen Abstand von 15 Metern einhalten.

Am 30. August nimmt die U2 zwischen Karlsplatz und Schottenring ihren regulären Betrieb auf. Die 2er-Linien werden jetzt teilweise eingestellt, teilweise fahren sie unter einer neuen Bezeichnung.

Es gibt ab Herbst Kino-Centers, also Kinos mit mehreren Vorführsälen: das „Flotten-Center" auf der Mariahilfer Straße und das „Panorama".

Im Wiener Stadtsenat wird das Rinter-Projekt gut geheißen. Die Firma Rinter soll eine Müllbereitungs- und Müllwiederverwertungsanlage am Rautenweg in der Donaustadt errichten. Jährlich sollen bis eine halbe Million Tonnen Müll dort verarbeitet werden.

In der Müllverbrennung der Heizbetriebe Spittelau sollen wieder Baldrian-Tests durchgeführt werden. Die Verbrennung von Baldrian soll den Beweis erbringen, dass Geruchsbelästigungen nicht in Zusammenhang mit der Müllverbrennung stehen.

Wien wird ein Alternativwohnhaus zwischen Löwengasse und Kegelgasse errichten – das Hundertwasserhaus. Bürgermeister Gratz bezeichnet es als interessantes Experiment in der weltweit anerkannten Geschichte der kommunalen Wohnbauten Wiens.

Seit der Inbetriebnahme der Hauptkläranlage hat die Wassergüte des Donaukanals Forellenqualität. Es werden 460 Kilogramm Regenbogenforellen eingesetzt.

Mitte Oktober erhalten alle Wiener Haushalte zwei Diabetesstreifen, eine Gebrauchsanleitung und ein Retourkuvert zugesandt. Es ist eine Aktion zur Früherkennung von Diabetes und Nierenerkrankungen.

Es werden rund 5.000 Altpapiercontainer in den Höfen von Wohnhäusern aufgestellt.

Seit Ende Oktober urteilen Schnellrichter Verkehrssünder – vor allem Temposünder – ab. Es werden Strafen von bis zu 2.000 Schilling an Ort und Stelle kassiert.

Zur Eröffnung der U2 – gratis U-Bahn fahren

Am 8. November wird die neue Reichsbrücke dem Verkehr übergeben.

In Wiener Volksschulen gibt es in den ersten Klassen zwischen 18 und 50 Prozent Gastarbeiterkinder. Ihnen werden zusätzliche Lehrer beigestellt, die als Ergänzung zum Normalunterricht Deutsch unterrichten. Es soll den Kindern damit der Einstieg in die Schule erleichtert werden.

Stars wie Leonhard Cohen, Paul Simon, die Weather Reports mit Joe Zawinul oder John McLaughlin treten beim „Show-Herbst in Wien" vom 22. Oktober bis 11. November auf. Am 22. und 23. November gibt es dann das „Wiener-Szene-Live-Fest 2".

Mitte Dezember wird eine Fliegerbombe aus dem Zweiten Weltkrieg mit Langzeitzünder bei Aushubarbeiten beim Entlastungsgerinne gefunden. Ein Entminungskommando bringt die Bombe zur Detonation.

Ein Erpresser fordert von der Lebensmittelkette Konsum eine Million Schilling. Bei Nichtzahlung droht er mit der Zündung einer Bombe in einem Konsumgroßmarkt. Es kommt zu einer der größten Polizeiaktionen, die es in Wien je gab. Alle Konsumfilialen werden durch Sicherheitswachbeamten abgesichert. Der Erpresser kann verhaftet werden.

STADTERNEUERUNG

Die fünfziger und sechziger Jahre sind dadurch gekennzeichnet, dass im schnellen Wiederaufbau die einzige Chance lag, den Mangel an Wohnungen zu beheben. Um dieses Ziel zu erreichen, wurden nicht nur die abgewohnten Häuser saniert, sondern auch in verstärktem Ausmaß große Siedlungen am Stadtrand neu konzipiert und gebaut. Mit dem Abschluss der Wiederaufbautätigkeiten und den sich verändernden Rahmenbedingungen mussten neue Impulse für die Stadtentwicklung gesetzt werden. Die Abbruch- und Neubautätigkeit sollte nicht mehr großflächig erfolgen, sondern vor allem einer Strukturverbesserung des Wohnungsbestandes dienen. Dabei ging es auch um die Schaffung vielfältiger innerstädtischer Wohnformen und um die Verbesserung der Umweltbedingungen im Wohnungsnahbereich. Stadterneuerung wurde als ein langsam ablaufender, kleinteiliger Prozess gesehen, der in engem Einvernehmen mit der ansässigen Bevölkerung durchzuführen ist. Damit war der Wiener Weg einer „sanften Stadterneuerung" geboren, das Wiener Modell.

Stadterneuerung wird zu einem Sammelbegriff für Maßnahmen zur Sanierung abgewohnter Stadtteile, zur Beseitigung von Infrastrukturschäden und zur Schaffung von Entwicklungsmöglichkeiten im innerstädtischen Kern. Angestrebt werden vor allem die Erhaltung der historischen Altstadtteile und die Gewährleistung einer zeitgemäßen Wohnqualität (Wohnhaussanierungsgesetz 1984). Eine Sonderstellung unter den gesetzlichen Maßnahmen kommt dem Stadterneuerungsgesetz (1974) zu.

Zur Erhaltung der historisch und kulturell wertvollen städtischen Bausubstanz in Wien wurde 1972 das Altstadterhaltungsgesetz als Novelle zur Wiener Bauordnung beschlossen; der Wiener Altstadterhaltungsfonds stellt finanzielle Mittel dafür bereit; ähnliche gesetzliche Maßnahmen wurden auch für die Erneuerung und Erhaltung der Städte Salzburg und Graz getroffen. Weitere Rechtsgrundlagen für die Stadterneuerung sind das Wohnungsverbesserungsgesetz und die Wohnbauförderung.

Sozialdemokraten trauern
am 1. Mai am Rathausplatz

STADTRAT NITTEL WIRD ERMORDET

Vom 11. bis 15. März findet

die Wiener Internationale

Frühjahrsmesse auf dem

Wiener Messegelände statt

Macht der Winter in der Großstadt Spaß? Doch, doch – so gibt es eine Langlaufloipe auf der Donauinsel. Und man kann auch Eissegeln gehen. Wo? Auf der Neuen Donau bei der Donauinsel! Für die Rodler gibt es vier Rodelstraßen, eine in Meidling, zwei im 18. und eine im 15. Bezirk. Es gibt auch die so erfolgreichen „Fahrten zum Schnee" mit Autobussen in die schönsten Skigebiete in der Wiener Umgebung für Jugendliche. In Wien gibt es Skifahrmöglichkeiten auf der Hohen-Wand-Wiese und auf der Himmelhofwiese.

Am 22. Mai wird die Ausstellung „Mit uns zieht die neue Zeit" über die Arbeiterkultur der Zwischenkriegszeit in der Meidlinger Remise eröffnet. Sie ist ein Glücksfall in der Wiener Ausstellungsgeschichte. Es verbindet sich informative Aufbereitung eines fast vergessenen Themas mit einer hervorragenden Inszenierung, die dem Pathos der Arbeiterkultur auf den Leib geschneidert ist. Die Ausstellung wird ein Sensationserfolg.

In Wien wird das erste Mal seit 1952 wieder ein Kino eröffnet. In den Tuchlauben der Innenstadt gibt es ab Ende Jänner das „City-Kino-Center" mit drei Kinosälen.

In der Seitenstettengasse in der Innenstadt nimmt Mitte Februar das „Koschere Restaurant" seinen Betrieb auf. Das Problem des Sabbats wurde mit einem kalten Buffet gelöst, so dass auch dem Samstagsbetrieb nichts im Wege steht.

Im Prater brennt das Lustspieltheaterkino bis auf die Grundmauern nieder. Es wird Brandstiftung vermutet.

Es wird der Startschuss zur größten Antialkoholkampagne Österreichs mit der Aktion „Der Schluck zuviel" gegeben. Wobei betont wird, dass es nicht um eine Verteufelung eines weit verbreiteten Genussmittels geht, sondern darum, eine Alkoholabhängigkeit nicht entstehen zu lassen und sie rechtzeitig zu erkennen.

In der Fernsehsendung „Argumente" wird von einem Lebensmittelexperten die Fälschung bei Wurstfüllen angeprangert. In der Folge wird sein Untersuchungslabor in St. Marx in Brand gesteckt. Und die Wiener bringen den Fleischhauern Berge von Würsten zurück.

Die Innenstadt wird um eine Fußgängerzone reicher. Der Bereich ab Judengasse-Seitenstettengasse-Rabensteig bis zum Morzinplatz bleibt den Fußgängern vorbehalten.

Am 28. Februar findet unter dem Motto „Türl auf" ein Kostümfest im Psychiatrischen Krankenhaus Baumgartner Höhe statt. Alle Wienerinnen und Wiener sind dazu herzlichst eingeladen.

Ende Februar wird die U1 bis zum Praterstern verlängert. Einige Straßenbahnlinien werden umbenannt beziehungsweise neu geführt. Es gibt keinen A oder Ak mehr, keinen B oder Bk, dafür eine Linie 1 und Linie 2.

Am 1. März machten ein paar hundert Jugendliche in der Innenstadt Radau. Die Polizei greift erst ein, als die Randalierer versuchten, Häuser am Judenplatz zu besetzen. Zur Auflösung des Krawalls kommt es erst am Nachmittag. Die Polizei zernierte das Gebiet um die Rotenturmstraße und den Schwedenplatz. Die Bilanz: rund hundert Festnahmen, verletzte Polizisten und Jugendliche und ein eingeschlagenes Schaufenster.

Einige Jahre war ein Kleinod unter den Wiener Wahrzeichen wegen Renovierung hinter einem Holzgerüst versteckt. Im März präsentiert sich die Brücke der Wipplingerstraße über den Tiefen Graben in neuer alter Pracht.

In der Prager Straße im 21. Bezirk wird ein Info-Center für Selbsthilfegruppen eröffnet. In Wien-Währing wird eine städtische Wohnhausanlage nach dem chilenischen Literatur-Nobelpreisträger Pablo Neruda benannt.

Drei Kinder- und Jugendheime in Niederösterreich werden geschlossen.

ANSCHLAG AUF DIE SYNAGOGE

Zwei Tote, achtzehn verletzte Passanten und drei schwer verletzte Polizisten waren die schreckliche Folge eines Terroranschlages am Samstag, dem 29. August 1981, gegen 11.30 Uhr, auf die Synagoge in der Seitenstettengasse. In dem Gotteshaus fand eine Feier statt, als zwei arabische Attentäter Handgranaten zwischen die vor dem Haus versammelten Gläubigen warfen und mit Maschinenpistolen wild in die Menge schossen. Nachdem die Täter den vor Ort zur Sicherung eingesetzten Polizeibeamten und zwei private Wachposten schwer verletzt hatten, konnte ein zufällig anwesender Privatdetektiv einen der Attentäter durch einen Bauchschuss außer Gefecht setzen. Dem verletzten Polizisten war es noch gelungen, polizeilichen Großalarm auszulösen, so dass kurz darauf der verwundete Attentäter in unmittelbarer Nähe des Tatortes überwältigt und festgenommen sowie die Alarmfahndung nach dem flüchtenden zweiten Terroristen eingeleitet werden konnte. Dieser blieb entschlossen, den Terroranschlag fortzusetzen. Er feuerte im Bereich des Bauernmarktes und der weiteren Fluchtstrecke bis zum Hohen Markt wahllos auf Passanten – zwei Unbeteiligte wurden dabei getötet – und beschoss die ihn verfolgenden Polizeibeamten. Auf einen der beteiligten Funkstreifenwagen schleuderte der Täter eine Handgranate. In der Kramergasse schließlich gelang es zwei Beamten der Patrouille „Anton 12", den Attentäter einzuholen. Dem ersten Anhalteversuch entzog sich der Terrorist durch den Wurf einer weiteren Handgranate. Trotz ihrer Splitterverletzungen gelang es den mutigen Polizisten, den flüchtenden Täter nur zwei Straßenzüge weiter in der Jasomirgottstraße mit gezogenen Dienstpistolen zu stellen und festzunehmen. Einer der Terroristen hatte bereits seit 1979 in Wien gewohnt, der zweite war erst wenige Tage vor dem – offenbar von langer Hand geplanten – Anschlag in Wien eingetroffen; die beiden Attentäter hatten einander vor dem Anschlag nicht gekannt.

Die Heimkinder kommen aus Wien und werden jetzt in Wien untergebracht. Das ist auf Grund der besseren Ausbildungs- und Berufschancen in Wien die günstigere Lösung für die Kinder und Jugendlichen.

Seit Anfang April liefert die dritte Wiener Wasserleitung klares Wasser aus dem Kalkgebirge. Im Probebetrieb strömen täglich 64.000 Liter Wasser aus den beiden Brunnen westlich von Moosbrunn nach Wien.

In der Wohnhausanlage Am Heidjöchl, östlich von Hirschstetten in der Donaustadt, entstehen über 600 Wohnungen. Vorgesehen ist auch der Bau von behindertengerechten Wohnungen.

Es sollen weiter Akustikampelanlagen errichtet werden, die Blinden das Überqueren von Straßen erleichtern sollen.

Das seit kurzem bestehende Kommunikationszentrum in der Gassergasse stößt auf das Misstrauen der Anrainer. Die Bewohner befürchten eine zu starke Lärmbelästigung durch die zumeist jugendlichen Besucher.

Am Morgen des 1. Mai wird der Wiener Verkehrsstadtrat Heinz Nittel vor seinem Haus in Hietzing durch drei Schüsse in den Kopf ermordet. Der unbekannte Täter kann flüchten. Statt der traditionellen Maifeier findet am Rathausplatz eine Trauerkundgebung statt. Bundeskanzler Kreisky bezeichnet den Mord als politisches Attentat. Und die Art, in der die Tat ausgeführt wurde, ließe auch befürchten, dass es sich um einen Terrorakt handelte. Drei Tage später taucht im österreichischen Generalkonsulat in der syrischen Hauptstadt Damaskus ein Bekennerschreiben einer bisher unbekannten palästinensischen Gruppe auf. Nittel sei als „zionistischer Agent" von der Bewegung hingerichtet worden. Das Bekennerschreiben wird aber stark angezweifelt. Mitte Juni wird jedoch bestätigt, dass wichtige Spuren zu dieser Terrorgruppe führen, die von Abu Nidal angeführt wird. Endgültig geklärt wird der Mord an dem Stadtrat erst im Zusammenhang mit dem Anschlag auf die Synagoge in der Seitenstettengasse am 29. August.

Am 1. Mai kommt es zur ersten Hausbesetzung. Eine Handvoll Jugendlicher halten die Räume eines seit Wochen leerstehenden Hauses in der Windmühlgasse besetzt. Vor dem Haus versammeln sich rund 150 Anhänger der Hausbesetzer.

In Wien gilt die Rasenfreiheit. Fünf Millionen Quadratmeter Grünfläche werden zum Betreten freigegeben. 89 Grünflächen werden mit der Tafel „Rasen frei" gekennzeichnet.

Bürgermeister Gratz eröffnet
die Donauinsel

Am 30. Mai wird der Nordteil der Donauinsel mit einem Fest eröffnet.

Ab 1. Juni gibt es einen psychosozialen Notdienst, der 24 Stunden Dienst macht.

Die meistbefahrene Straße Österreichs ist der Gürtel. Rund 73.000 Fahrzeuge befahren täglich die Gürtelstrecke zwischen Westbahnhof und Spittelau. Die Südosttangente kommt fast an den Gürtel heran: 72.500 Autos fahren dort täglich.

Der Donauturm, das höchste Bauwerk Wiens, kann seinen sechsmillionsten Besucher begrüßen. Er oder besser sie kommt aus der Tschechoslowakei, wohnt in Niederösterreich und führte Tochter, Schwiegersohn und zwei Enkelkinder in Wien aus.

Es gilt von jetzt an ein grundsätzliches Bauverbot in der Nacht. Ausgenommen sind dringende Arbeiten an Versorgungseinrichtungen, wie Gas- und Stromleitungen, Reparaturen am Kanalnetz und öffentlichen Verkehrseinrichtungen. Die Strafen für nicht bewilligte nächtliche Bauarbeiten werden verzehnfacht.

Bis zu 50.000 sonnenhungrige Wienerinnen und Wiener besuchen täglich die Donauinsel. Je nach Wochentag und Witterung pilgern bis zu 20.000 zum Nordteil und bis zu 30.000 zum Südteil, um Sport zu betreiben oder sich einfach die Sonne auf den Bauch scheinen zu lassen.

Die Kletterpflanze Veitschi ist ein Renner. Täglich rufen an die 40 Wienerinnen und Wiener beim Stadtgartenamt an, um kostenlose Veitschis zur Begrünung kahler Hausmauern zu bekommen.

Am 17. August kommt es am Wiener Südostbahnhof zu einem Zugsunglück. Ein Pendlerzug aus Nickelsdorf krachte gegen den Prellbock. Die zum Aussteigen angestellten Pendler wurden eingeklemmt: Drei sterben, 143 werden verletzt.

Das AKH ist in Bau

Brand des Lustspiel-Kinos im Prater

In der Mariahilfer Straße werden die Randsteine der Fußgängerübergänge abgeflacht. Damit soll Gehbehinderten und Rollstuhlfahrern das Überqueren der Straße erleichtert werden.

Am 29. August wird auf die aus der Synagoge in der Seitenstettengasse kommenden Gläubigen kurz nach 11.30 Uhr ein Terroranschlag verübt. Die zwei Terroristen gingen mit Handgranaten und Maschinenpistolen vor. Es gibt zwei Tote und zwanzig Schwerverletzte. Die beiden Täter werden verhaftet. Einer bekennt sich zur Mitgliedschaft bei der Palästinenser-Gruppe „Al-Asifa". Anfang Oktober gesteht er auch den Mord an Heinz Nittel. Er habe den Politiker im Auftrag von Terrorchef Abu Nidal ermordet.

Am 9. September beginnt der AKH-Prozess. Angeklagt sind zwölf Männer. Die Anklageschrift enthält die Details, wie Gelder rund um das AKH auf die Konten diverser Manager landeten. Der Prozess endet am 27. November mit Schuldsprüchen für alle Angeklagten.

Mitte September wird das renovierte Volkstheater mit einem großen Fest wieder eröffnet. Das Theater beim Messepalast hat wieder seine Kuppel und strahlt in neuem Glanz.

Wien will in den nächsten zwei Jahren fünfzig Wohnstraßen errichten. Wobei die Anrainer selbst entscheiden sollen, ob sie für oder gegen eine Wohnstraße sind.

Seit 1893 gibt es erstmals wieder einen Stadtentwicklungsplan. Die Arbeit an ihm hat mehr als vier Jahre gedauert. Der Stadtentwicklungsplan wird in einer Ausstellung im Messepalast präsentiert.

Am 15. Oktober erhält der in Zürich lebende britische Staatsbürger Elias Canetti den Nobelpreis für Literatur. Er meint, dass er in literarischer Beziehung ein Wiener sei. In Wien erschien 1936 sein Roman „Die Blendung", eine Parabel auf intellektuellen Hochmut und Fall.

Die Kammerlichtspiele am Schwarzenbergplatz werden zum ersten nichtkommerziellen Kino Österreichs. Das Stadtkino wird Ende November eröffnet.

Auf den Wiener Märkten werden verstärkt eher unbekannte exotische Früchte angeboten. Die Kiwis kennt man schon gut, aber Mangos, Litschis, Avocados, Papayas und Passionsfrüchte warten noch darauf, entdeckt zu werden

Anfang Dezember gibt es im Rinter-Zelt, der Müllverwertungsanlage in der Donaustadt, einen Tag der offenen Türe. Man will beweisen, dass man kein Potemkinsches Dorf ist.

Die Wiener Rettung feiert einen runden Geburtstag. Sie ist hundert Jahre alt. Anlass zur Gründung der Wiener Freiwilligen Rettung war der Ringtheater-Brand, wo nahezu 400 Menschen in den Flammen umkamen. Eine andere Konsequenz des Brandes war die Einführung von eisernen Vorhängen.

Im November und Dezember gibt es wieder Volksbefragungen in Wien – eine von der ÖVP initiiert, die andere von der SPÖ. Eines der Ergebnisse der Dezember-Befragung ist die Entscheidung für die Nicht-Verbauung der Steinhofgründe.

Wiener Frühjahrsmesse am Ausstellungsgelände

Bootskorso auf der Alten Donau im Juni

Das Gebäude der
„Zentralsparkasse der Gemeinde
Wien" in der Fußgängerzone
Favoriten sorgt für Aufregung

1982

FÜNFTE DONAUBRÜCKE FÜR WIEN

Am 1. Jänner springen beim Neujahrskonzert zwei fast nackte Männer – sie hatten sich Mascherln umgebunden – auf die Bühne und fordern mit einem Spruchband „Freiheit für Schwule".

Für Flüchtlinge aus Polen gibt es eine zentrale Beratungsstelle. Der Wiener Zuwandererfonds stellt 70 Wohnplätze zur Verfügung.

Im Gault-Millau kommen die Wiener Restaurants nicht besonders gut weg. Das „Prinz Eugen" im Hotel Hilton verliert seine Haube, das Sacher kann sich's nicht verbessern. Bestes Wiener Restaurant ist das Le Pialée mit zwei Hauben.

Beim Opernball treten lautstark nackte Männer und Frauen auf, die mehr Freiheit und Menschenrechte für Schwule und Lesben fordern. Sie werden von Kriminalbeamten abgeführt und bekommen Geldstrafen wegen Ordnungsstörung und ungebührlicher Lärmerregung, die Frauen auch wegen Anstandsverletzung.

Nur jeder dritte Wiener ist angegurtet. Kaum jeder fünfte Fahrer eines Mopeds trägt einen Sturzhelm. Es gibt noch keine Gurtenanlegepflicht und keine Sturzhelmpflicht.

Mit 1. März tritt eine Verordnung über die öffentlichen Musizierplätze in Kraft. Sie legt fest, wo und wie lange musiziert werden darf. So darf man etwa auf dem Graben, in der Kärntner Straße, auf dem Michaelerplatz und in der Spittelberggasse von 16 bis 20 Uhr musizieren.

Vom 10. bis 13. März ist Libyens Revolutionsführer Gaddafi zu Besuch in Wien. Sein Besuch löst Proteste bei der Opposition im Parlament aus. Gaddafi nimmt zum Schrecken seiner Bewacher an einer Anti-Khomeini-Demonstration persischer Studenten teil, die ihm zufällig bei einem Stadtbummel über den Weg läuft.

Am Sonntag, den 19. April, detoniert 33 Minuten nach Mitternacht vor dem Haupteingang des Büros der Air France eine Bombe. Zwei Minuten nach der Explosion in der Kärntner Straße geht eine Bombe vor der französischen Botschaft am Schwarzenbergplatz in die Luft. In beiden Fällen gibt es großen Sachschaden.

Es wird in Wien keine Polizisten zu Pferd geben – auch nicht auf der Donauinsel oder im Wienerwald. Bürgermeister Gratz lehnt den Einsatz einer berittenen Polizeitruppe mit dem Hinweis auf die Erfahrungen vieler Österreicher mit den „Berittenen" ab.

Die erste Stadtteilplanung unter Einbeziehung der Bevölkerung ist abgeschlossen. Für den Heuberg in Hernals gibt es im April einen neuen Flächenwidmungs- und Bebauungsplan.

Schützendes Plexiglas für den restaurierten „Stock im Eisen"

In der Passage der U-Bahn-Station Stephansplatz wird im Mai eine Ausstellung über das Konferenzzentrum in der UNO-City eröffnet.

Für das Anfang Juli in Wien stattfindende Konzert der Rolling Stones im Praterstadion sind bereits im Mai innerhalb kürzester Zeit alle Karten verkauft.

Es ist die größte Demonstration der Nachkriegsgeschichte. Rund 70.000 Menschen beteiligen sich am 15. Mai an einem Friedensmarsch, zu dem der Bundesjugendring und autonome Friedensinitiativen aufgerufen haben. Die Veranstaltung verläuft ohne jeden Zwischenfall. Am meisten Beifall erhält das sonst in der Fußgängerzone anzutreffende Wiener Original Waluliso (Wasser-Licht-Luft-Sonne) für seine ganz kurze Ansprache: „Wir brauchen keine Heldenplätze mehr, macht Friedensplätze!"

Vom 10. bis zum 16. Mai findet ein ÖVP-Volksbegehren gegen den Bau des Konferenzzentrums statt. Es wird von 1,36 Millionen unterschrieben. Bundeskanzler Kreisky spricht von einer beachtlichen Zahl, aber es habe sich die überwältigende Mehrheit der Wahlberechtigten nicht gegen den Bau des Konferenzzentrums entschieden. Das Konferenzzentrum wird gebaut.

Der Bau eines Bürohauses am Ballhausplatz ist Anlass für eine Grundsatzdebatte über das Bauen in Schutzzonen. Man einigt sich auf eine Architektur, die auf eine historisierende Fassade verzichtet und so unauffällig wie möglich ist.

Ende Mai wird der Mittelteil der Donauinsel mit einem großen Festspektakel eröffnet. Es kommen rund 100.000 Besucher.

Die Zahl der unbenützten Wohnungen steigt immer mehr an. Es wird Mitte Juni eine Abgabe auf unvermietete Wohnungen beschlossen.

In der Donaustadt wird der Spatenstich für die Internationale Schule durchgeführt. Sie wird für rund 1.400 Schüler Platz bieten.

Das Kriseninterventionszentrum feiert fünf Jahre seines Bestehens. Es ist eine Beratungsstelle, die lebensmüden Menschen rechtzeitig hilft, damit das Schlimmste abgewendet werden kann.

Der „Stock im Eisen" steht wieder an seinem angestammten Platz. Nach einer gründlichen Restaurierung präsentiert sich das Wiener Wahrzeichen nun hinter einer schützenden Plexiglaswand.

Wiens größtes Strandbad, das Gänsehäufel, gibt es seit 75 Jahren. Erinnert wurde auch an den „Erfinder" des Bades, den Waldviertler Florian Berndl. Er pachtete die bei der Donauregulierung entstandene Insel, nannte es „Gänsehaufen" und wollte hier seine Naturheillehre praktizieren.

Am 3. Juli treten im Praterstadion vor 65.000 Zuschauern die Rolling Stones auf. Es ist das größte Konzert, das es in Wien je gegeben hat. Die Stones haben in einem Hotel gleich sechs Stockwerke für sich in Beschlag genommen.

Eine Ausstellung modernster Weltraumtechnologie gibt es im August. Anlass ist die zweite UNO-Weltraumkonferenz, zu der 1.500 Delegierte aus aller Welt nach Wien kommen. Höhepunkt sind Live-Botschaften der Staatschefs der USA und der UdSSR, die über die Satelliten „Intelsat" und „Intersputnik" in die Wiener Hofburg übertragen werden.

Am 5. August kommt im AKH das erste Retortenbaby Österreichs auf die Welt. Es ist ein Bub, 3.650 Gramm schwer und 52 Zentimeter groß. Kind und Mutter, eine 27-jährige Wienerin, sind wohlauf.

Der französische Staatspräsident ist im Juni auf Staatsbesuch in Wien. Es ist der erste Besuch eines französischen Staatsoberhauptes seit Kaiser Napoleon I.

Auf der Donauinsel

Eröffnung der Brigittenauer
Brücke

Es wird die Bewerbung Wiens für die Olympischen Sommerspiele 1992 diskutiert. Gratz macht eine Bewerbung in erster Linie von der Höhe jener Investitionen abhängig, die verloren sind. Es kommt zu keiner Bewerbung.

Altbürgermeister Marek informiert sich über den Fortgang des U-Bahn-Baues und erinnert sich genau an die Geburtsstunde der U-Bahn: „1963 bei der Klubklausur in Steyr haben wir das erste Mal darüber geredet." Anfang September ist mit der Eröffnung des letzten Teilstückes der U1 vom Praterstern bis Kagran das Wiener U-Bahn-Grundnetz fertig.

Knapp vor Sperrstunde bricht am 12. September in einer Innenstadt-Diskothek ein Feuer aus. Die Feuerwehr kann den Brand innerhalb von Minuten löschen. Aber drei Menschen ersticken in den Rauchschwaden.

Im Oktober wird die fünfte Donaubrücke, die Brigittenauer Brücke, 32 Meter breit und aus Stahl, dem Verkehr übergeben. Eröffnet wird ein neues Pflegeheim im Sozialmedizinischen Zentrum Ost, kurz SMZ Ost. Es ist der erste Neubau eines Pflegeheimes seit mehr als siebzig Jahren und mit allen Einrichtungen eines geriatrischen Krankenhauses ausgestattet. Wiens zehntes städtisches Hallenbad ist fertig. Es ist das Hallenbad Donaustadt. In Aspern wird das General-Motors-Werk offiziell eröffnet – das bedeutet 3.000 Arbeitsplätze im Werk selbst und 4.000 in der Zuliefererindustrie.

„Miteinander" ist das Motto einer Veranstaltung im Pädagogischen Institut in der Burggasse. Es geht um die Probleme von Gastarbeiterkindern und um gemeinsame Lösungen für ein gutes Zusammenleben.

Es gibt 277 städtische Kindergärten, in denen über 31.000 Kinder betreut werden. Die Wienwerbung setzt auf die Einkaufsstadt Wien, da Wien als Lipizzaner-Metropole, Zentrum der Heurigenseligkeit und Sachertorten-Residenz längst beworben wurde. Zielgruppe der neuen Werbelinie sind auch die Wiener selbst.

Ab 17. Dezember ist die Flughafenautobahn für den Verkehr offen. Damit sind die Raffinerie Schwechat und der Flughafen an die Südost-Tangente und damit auch an die Südautobahn, die Außenringautobahn und die Westautobahn angeschlossen.

Das erste Wiener Hochhaus blickt auf ein halbes Jahrhundert Geschichte zurück: Das Haus in der Herrengasse zwischen Fahnengasse und Wallnergasse. Hier stand bis 1913 ein Palais. Nach dessen Abriss passierte zwanzig Jahre lang nichts, und dann wurde ein modernes Hochhaus gebaut.

Die U1 bis Kagran ist fertig

20 JAHRE „VIENNALE"

Einige Wiener Filmkritiker kamen nach wochenlangen Festivalreisen auf den Gedanken, auch aus ihrer Stadt eine Stätte der cineastischen Begegnung zu machen. Es wurde daher vom Verband der österreichischen Filmjournalisten eine internationale Filmfestwoche ins Leben gerufen. In dieser im Künstlerhaus abgehaltenen „Ersten Wiener Filmfestwoche" 1960 wurde einem interessierten Kinopublikum die Möglichkeit geboten, Filmkunst des Jahres 1959 kennen zu lernen.

18 Länder waren eingeladen, aber auch österreichische Produktionen gelangten auf diesem Wege erstmals in die Kinos.

Kommerzielle Aspekte außer Acht lassend, wurde auf eine Preisverleihung von Anfang an verzichtet. 1962 wurde die Viennale, die nun auch offiziell so hieß, institutionalisiert und ins alljährlich im Juni stattfindende Wiener Festwochenprogramm integriert. Da man aber innerhalb dieser Fülle kultureller Veranstaltungen nicht die gewünschte Breitenwirkung erzielte, gliederte man das Filmfest ein Jahr später wieder aus. 1963 wurde versucht, der Viennale unter dem Motto „Festival der Heiterkeit" eine persönliche Wiener Note zu geben. In den nächsten fünf Jahren wurden jeweils acht Tage lang in der Wiener Urania überwiegend komische, jedoch qualitativ hochwertige Spielfilme zu ihrer österreichischen Erstaufführung gebracht. Unter dem Motto „Filme, die uns nie erreichten" schlug die Viennale 1968 dann unter neuer Führung einen Mittelweg zwischen weltstädtischem Anspruch auf Internationalität und schlichter Informationsabsicht ein. 1971 wurde das Forum-Kino, damals größtes Wiener Lichtspielhaus, zum neuen Spielort. Trotz erweiterter Kapazitäten, die der Umzug ins Gartenbau-Kino 1973 mit sich brachte, waren nahezu alle Vorstellungen ausverkauft. Veränderungen im internationalen Festivalkalender machten 1978 eine Verlegung auf Oktober notwendig und das Festival wurde von acht auf 15 Tage verlängert. 1983 kam kein Festival zustande – es fehlte das Geld. 1984 fanden die Filmfestwochen wieder im Frühjahr in der renovierten Urania statt. Die Viennale ist in diesen 20 Jahren ein Fixstern im Wiener Kulturleben geworden – und sie bleibt es auch.

Das „Metropol" auf der Hernalser Hauptstraße ist ein Lokal mit einem Veranstaltungsprogramm

WIEN LOCKER UND LÄSSIG

Ein Plan zur Verringerung der Schwefeldioxydemissionen in die Luft wird beschlossen. Ab 1985 wird es die Begrenzung des Schwefelgehalts im Heizöl schwer auf zwei Prozent geben. Bis 1987 werden die SO$_2$-Emissionen der Wiener kalorischen Kraftwerke auf weniger als die Hälfte des Wertes von 1980 sinken.

Im zweiten AKH-Prozess wird ein ehemaliger Wiener Spitalbereichsleiter zu einer Freiheitsstrafe verurteilt.

In Wien gibt es vierzehn Institutionen – von Beratungsstellen über Selbsthilfegruppen bis zu Ambulanzen –, die Drogenabhängigen Rat und Hilfe geben. Im Wiener Drogenbericht wird festgestellt, dass das Problem der Tablettensucht immer größer wird.

Im Psychiatrischen Krankenhaus Baumgartner Höhe wird im März ein Zentrum für geistig behinderte Kinder und Jugendliche eröffnet. Im Mittelpunkt steht die therapeutische Arbeit und die Vorbereitung auf ein Leben in Wohngemeinschaften.

Die Zahl der Patienten auf der Baumgartner Höhe ist seit Beginn der Wiener Psychiatriereform um mehr als tausend gesunken. Ziel der Reform ist es, nur noch jene Patienten stationär zu behandeln, bei denen ein Krankenhausaufenthalt unumgänglich ist.

„Jeder Wiener macht Wien grüner" – bei dieser Aktion der Stadt bekommt man beim Wiener Stadtgartenamt um zehn Schilling ein Blumenkisterl, Blumenerde und Blumensamen. Veitschi gibt es wieder gratis und erstmals auch Efeu.

Eine Virusinfektion lässt sechs Lipizzanerstuten und 26 Fohlen im steirischen Gestüt Piber verenden. Es brauche aber niemand zu befürchten, dass die Lipizzaner aussterben, beruhigt der behandelnde Tierarzt.

Anfang April tritt der Wahlkampf für die Nationalrats-, Landtags- und Gemeinderatswahlen am 24. April in seine entscheidende Phase. In Wien kommt es immer wieder zu Überklebungen der Werbestände der beiden großen Parteien.

Das Wiener Radwegenetz umfasst 85 Kilometer. Es soll in den nächsten fünf Jahren verdoppelt werden und auch ein Ringrundweg und ein Gürtelweg gebaut werden.

Sparrekord in Österreich: Mitte April erreichen die Einlagen bei den Banken und Sparkassen erstmals die Billionengrenze. Eine Billion sind 1.000 Milliarden oder eine Million Millionen.

Der „Rote Engel"
im Bermuda-Dreieck

WIEN-MARATHON

Es gab einige Marathon-Fans und sie bemühten sich, einen Marathon in Wien zu etablieren. Ende Dezember 1983 war es so weit. Es gab vom Rathaus grünes Licht für einen großen Marathon. Und eine kleine, engagierte Gruppe stampfte in nur drei Monaten die Marathon-Premiere aus dem Boden. Eine Premiere, die 1984 zu einem wahren Traum wurde. Bei strahlendem Sonnenschein machten sich 900 Teilnehmer, damals noch vom Rathausplatz, auf die Reise durch Wien. Nach einigen Entwicklungsjahren hatte der Marathon das Glück, von den Zuschauern akzeptiert zu werden. Die Zuschauerzahlen kletterten laut Schätzungen der Polizei auf rund 150.000 bis 250.000 Zuschauer. Die Läufer berichteten im Zielraum begeistert über eine hervorragende Atmosphäre. Der Marathon wurde bald im Ausland bekannt. Trotz aller Anfangseuphorie schien die Zukunft des größten österreichischen Marathonlaufs nach der fünften Auflage gefährdet. Aber alle Hindernisse konnten beseitigt werden und mit einem neuen Management ging es stetig aufwärts. Der Vienna City Marathon ist nicht mehr aus Wien wegzudenken. Er gehört zu den schönsten Marathonstrecken der Welt. Der Start erfolgt bei der Wiener Reichsbrücke, dann geht es zur Praterstraße, Ringstraße, die Wien entlang Richtung Westen, erster Wendepunkt Schloss Schönbrunn, retour auf der Mariahilfer Straße, Richtungswechsel hinauf in den Norden bis zur Spittelauer Lände, Umkehr und dem Donaukanal folgend bis zum Prater. Wer stark ist, schafft auch noch die volle Länge hin und retour auf der Prater Hauptallee, Erdbergstraße, wieder Ringstraße und Zieleinlauf vor der beeindruckenden Kulisse des Rathauses – vorbei an Tausenden begeisternd applaudierenden Zusehern.

Das Kommunikationszentrum Amerling-Haus in der Stiftgasse ist fünf Jahre alt. Wie die Organisatoren meinen, reagieren verschiedene konservative Politiker und Anrainer immer noch ablehnend.

Bei den Nationalratswahlen verliert die SPÖ ihre absolute Mehrheit. Bruno Kreisky gibt seinen Rücktritt als Bundeskanzler noch am Wahlabend bekannt. Sein Nachfolger wird Fred Sinowatz.

Bei den Gemeinde- und Landtagswahlen in Wien kommt die SPÖ auf 55,5 Prozent (61 Mandate), die ÖVP auf 34,8 Prozent (37 Mandate) und die FPÖ auf 5,4 Prozent (2 Mandate). Die ÖVP unter Erhard Busek gewinnt ein Mandat von der SPÖ und eines von der FPÖ. Zum ersten Mal tritt eine Alternative Liste Wien an und zieht mit jeweils einem Mandat in zehn Bezirksvertretungen ein.

In Wien gibt es nur noch sieben Prozent Bassenawohnungen, 1971 sind es noch 20 Prozent gewesen. Der Anteil der bestausgestatteten Wohnungen verdreifachte sich in diesem Zeitraum, ihr Anteil stieg von acht auf 34 Prozent.

Von Mai bis Oktober wird im Künstlerhaus die Ausstellung „Die Türken vor Wien. Europa und die Entscheidung an der Donau" gezeigt. Vor 300 Jahren belagerte ein osmanisches Heer unter Großwesir Kara Mustapha Wien und wurde vertrieben. Der Erfolg der historischen Ausstellung übertraf sämtliche Erwartungen – in den ersten drei Wochen kommen 50.000 Besucher.

Papst Johannes Paul II.
besucht Österreich

Im Prater brennt die Geisterbahn ab

Das erste Wiener städtische Krankenhaus wird im Juni 70 Jahre alt. 1913 wurde das Spital Lainz eröffnet. Für die Betreuung der knapp 1.000 Patienten standen 130 geistliche Schwestern zur Verfügung. Das Rathaus wird hundert Jahre alt. Es bekommt als Geburtstagsgeschenk eine 500-Schilling-Sondermünze. Die Errichtung des Rathauses verschlang ein Jahresbudget.

Ein Beschluss für die U3 wird gefasst. Sie wird zwischen Volkstheater und Westbahnhof unter der Mariahilfer Straße fahren.

Bei den Wiener Symphonikern gelingt es erstmals einer Frau, in die Männerbastion vorzudringen. Ab September spielt eine Musikerin die erste Oboe.

Im Juni kommt es zum größten Bankraub seit zehn Jahren. Unbekannte Täter erbeuten zwei Millionen Schilling bei einem Überfall auf eine Bankfiliale am Sechshauser Gürtel.

Barbara, Daniela, Nicole, Sabine, das sind die Spitzenreiter bei den Mädchennamen, die Eltern Anfang der achtziger Jahre aussuchen. Bei den Buben sind es Michael, Markus und Thomas. In der Monarchie, also bis 1918, waren es übrigens Maria, Anna und Leopoldine bei den Mädchen. Bei den Buben: Franz, Josef, Johann, Karl, Rudolf, Leopold und Anton.

Am 26. Juni wird mit einem Fest ein neues Stück der Donauinsel eröffnet. Es ist einen Kilometer lang und liegt zwischen Nordbahnbrücke und Brigittenauerbrücke.

Das autonome Jugendzentrum in der Gassergasse wird geschlossen und das Haus abgerissen. Auslösendes Moment für diese Entscheidung war ein Krawall zwischen „Gassergassler", Polizei und Anrainern, bei dem Molotow-Cocktails und Ziegelsteine flogen und es Verletzte gab.

Es ist der heißeste Juli seit 124 Jahren. Die mittlere Temperatur beträgt in diesem Monat 23 Grad. Das bedeutet einen Hitzerekord, der nur 1859 um ein Zehntel übertroffen wurde.

Das Donaukraftwerk Hainburg steht in Diskussion. Eine Staustufe Wien wird nur dann früher gebaut, wenn es zu größeren Planungsaufschüben bei Hainburg kommen sollte – so Wiener Politiker Anfang August.

Am rechten Donauufer in Wien wird im September die erste Friedenspagode Europas eingeweiht.

Das Rinterzelt

Mitte August gibt es die Grundsteinlegung für das Hundertwasser-Haus auf der Landstraße. Wobei die Bürokratie sich nicht als Feind des Künstlers, sondern als begeisterter Mitarbeiter erwiesen hat – so Hundertwasser.

Ende August entführen vier Araber ein Flugzeug der Air France auf dem Flug von Wien nach Paris. Nach Zwischenlandungen in Genf, Catania und Damaskus landet die Maschine in Teheran.

Das Wiener Ferienspiel ist eine Hetz – über 360.000 Kinder machten mit und rund 150.000 Erwachsene, die die Kinder begleiteten. Besonders an den Wochenenden wurde das Ferienspiel zum Familienfest.

Es gibt keinen Mangel an Pflegepersonal mehr. In den Wiener Spitälern sind 9.300 diplomierte Schwestern und Pfleger im Einsatz, 1.200 von ihnen kommen aus dem Ausland, meistens von den Philippinen.

Anfang September wird eine Lösung für das Rinter-Zelt gefunden. Die Anlage wird von der Stadt ausgebaut und bis 1985 funktionstüchtig gemacht.

Das Hundertwasser-Haus ist ein Touristenmagnet

Friedensmarsch in Wien

Ein Lesben- und
Schwulenhaus an
der Wienzeile

Am 10. September trifft Papst Johannes Paul II. zu einem Wien-Besuch ein. Und ob Sonne oder Regen – Hunderttausende kommen, um den Papst zu sehen. Anlass der Visite ist der österreichische Katholikentag.

In Wien-Kledering wird an einem neuen Zentralverschiebebahnhof gebaut. Er dient der rascheren und wirtschaftlicheren Abwicklung des Güterverkehrs und wird 1986 fertig sein.

Die Stadt stellt ein Gebäude für ein Schwulen- und Lesbenzentrum – die „Rosa-Lila-Villa" an der Wienzeile – zur Verfügung, obwohl man sich der Schwierigkeiten bewusst ist, die diese Entscheidung bringt.

Am 22. Oktober beteiligen sich an die hunderttausend Menschen an einem Friedensmarsch in Wien.

Die Diskussionen für und gegen die Erhaltung der Otto-Wagner-Brücke über das Wiental haben ein Ende. Die Brücke, ein wichtiges kulturhistorisches und industriehistorisches Bauwerk, bleibt bestehen und wird in die Trasse der U6 integriert.

Es werden am ersten Weihnachtsfeiertag die höchsten Temperaturen seit hundert Jahren gemessen. Hitzepol war Breitenfurt mit 19 Grad.

Am 31. Dezember wird die traditionelle Silvester-Aufführung der „Fledermaus" live von der Staatsoper auf den Stephansplatz auf eine Großbildfläche übertragen.

In Grinzing wird an Martini
gegen den Durchzugs-
verkehr protestiert

1984

HELMUT ZILK WIRD BÜRGERMEISTER

Am 2. Jänner beginnt der Bau der U3. Der U-Bahn-Bau geht in seine zweite Runde. Der erste Silberpfeil soll dann Ende der achtziger Jahre fahren.

Der Wiener Boden- und Stadterneuerungsfonds wird gegründet. Dieser Fonds wird die Stadterneuerung koordinieren, organisieren und die notwendigen Gründe bereitstellen. Er wird auch Empfehlungen für die Gewährung von Wohnförderungsmitteln abgeben.

Das Theater an der Wien spielt „Cats". Das Musical mit den singenden Katzenmenschen ist ein Riesenerfolg. Karten gibt es nur Monate im Voraus.

Für Hausgemeinschaften, die ihre Innenhöfe begrünen wollen, gibt es Zuschüsse. Letztes Jahr scheiterte diese Aktion am Veto der Hauseigentümer.

Das letzte Jahr war wieder ein Rekordjahr für den Fremdenverkehr. 4,8 Millionen Gästeübernachtungen gab es. Die meisten Touristen kommen aus der Bundesrepublik Deutschland, gefolgt von den Amerikanern und Inländern. Der vierte Platz geht an die Italiener.

Wien bewirbt sich als erste Großstadt um die Ausrichtung eines Weltcup-Slaloms. Der internationale Skiverband ist nicht abgeneigt.

In der Meidlinger Remise wird am 12. Februar die Ausstellung „Die Kälte des Februars" von Alt-Bundeskanzler Kreisky eröffnet. Der Inhalt der Ausstellung ist der Kampf gegen das totalitäre Dollfuß-Regime im Februar 1934.

Wien sagt gefährlichem Müll den Kampf an. Für die Wiener Haushalte gibt es eine eigene Sondermüllaktion für Medikamente und alte Batterien.

Die Generalprobe für den Opernball ist erstmals öffentlich zugänglich. Zuschauerkarten für Sitzplätze kosten von 75 bis 200 Schilling; Stehplätze sind schon um zehn Schilling zu haben.

Bei der Wiener Polizei nehmen Jugend-Kontaktbeamte ihren Dienst auf. Die Devise ist, zuerst ein Gespräch zu suchen, bevor gestraft wird.

Am 25. März wird der erste Wiener Stadtmarathon gestartet. Dafür müssen einige Straßenbahn- und Autobuslinien eingestellt werden.

Wegen der großen Trockenheit kommt es Ende März zu einem Großbrand in der Lobau. Eine Fläche von 150 Fußballfeldern wurde ein Raub der Flammen. Mit dem Einsatz von 25 Feuerwehrwagen gelang es das Feuer rasch einzudämmen.

Am 17. Mai demonstrieren auf dem Heldenplatz rund 50.000 Menschen für den baldigen Bau des Kraftwerkes Hainburg. Bundeskanzler Sinowatz warnt vor der Spaltung der Österreicher in solche, die für, und solche, die gegen Hainburg sind.

Demonstration für den Bau des Kraftwerkes Hainburg am Heldenplatz

HELMUT ZILK

Helmut Zilk wurde am 9. Juni 1927 in Wien geboren. Seine berufliche Tätigkeit begann er 1945 als Hilfslehrer, studierte Philosophie, Psychologie, Pädagogik und Germanistik und promovierte 1951. 1966 wurde er Lehrer an der Lehrerbildungsanstalt. Seit der Gründung des Fernsehens 1955 war er Mitarbeiter, 1967 bis 1974 Programmdirektor; dann Ombudsmann der Kronen Zeitung. 1979 wurde er Stadtrat für Kultur und Bürgerdienst, 1983 Bundesminister für Unterricht und Kunst. Von September 1984 bis 1994 war Helmut Zilk Bürgermeister und Landeshauptmann von Wien. Seine Popularität verdankte er auch seinem unkonventionellen Politikstil. 1993 wird Helmut Zilk bei einem Briefbombenattentat schwer verletzt.

Vom 18. bis 20. Mai findet auf der Donauinsel zwischen Brigittenauer und Nordbrücke das erste Donauinselfest statt. Der Erfolg übertrifft alle Erwartungen. Mehr als eine halbe Million Menschen genießt bei herrlichem Wetter das Riesenfest.

Am 19. Mai stürzt in Mariahilf ein Haus ein. Der Einsturz fordert drei Todesopfer. Die Unglücksursache ist eine schadhafte Gasleitung.

Ab Juni gibt es den Verkehrsverbund Ost-Region, kurz VOR genannt. Bürgermeister Gratz unterstreicht die Gemeinsamkeiten der Länder der Ost-Region und meint, dass es furchtbar wäre, wenn der Prater nur den Wienern, die Wachau nur den Niederösterreichern und der Neusiedler See nur den Burgenländern gehörte.

Der Donauturm ist 25 Jahre jung

Nach einem Brand im Museum des 20. Jahrhunderts – „20er Haus" – beim Südbahnhof

Der Besuch des südafrikanischen Ministerpräsidenten und Außenministers führt am 8. Juni zu Anti-Apartheid-Protesten. Es wird die Freilassung Nelson Mandelas verlangt. Am 20. Juni wird ein Angehöriger der türkischen Botschaft von einer vor der Botschaft deponierten Autobombe getötet. Ein Polizist und zwei Passanten werden schwer verletzt. Die Verantwortung für die Tat übernimmt die „Armenische Revolutionäre Armee".

Am 1. Juli tritt die Gurtenpflicht für Autofahrer in Kraft.

Am 11. August kommt es zu einem Brand in einem Einkaufszentrum in Floridsdorf. Die Feuerwehr musste mit einem Großaufgebot von 200 Mann und 50 Einsatzfahrzeugen ausrücken. Sie hatte keine Chance, die Verkaufshalle des Einkaufszentrums vor der völligen Zerstörung zu retten. Es konnte aber das Übergreifen des Brandes verhindert werden.

Mitte August droht ein anonymer Anrufer, dass in der Station Keplergasse der U1 eine Bombe explodieren würde. Die U1 wurde aus Sicherheitsgründen eingestellt. Nachdem sich die Bombendrohung als sehr übler Scherz herausstellt, wurde der Fahrbetrieb wieder aufgenommen.

Es fällt der Startschuss für zwei neue Stadterneuerungsgebiete: Margareten Ost und Inner-Favoriten.

Das OPEC-Gebäude an der Oberen Donaustraße wird bewacht

Am 3. September gibt Bundeskanzler Sinowatz eine Regierungsumbildung bekannt – neuer Außenminister wird der Wiener Bürgermeister Leopold Gratz. Zum neuen Wiener Landeshauptmann und Bürgermeister wird am 4. September Helmut Zilk vorgeschlagen. Am 10. September wird er vom Wiener Gemeinderat und Landtag zum Landeshauptmann und Bürgermeister gewählt. In seiner Antrittsrede spricht sich Zilk für Umweltpolitik, eine umfassende Stadterneuerung, eine vorsorgende Kulturpolitik und für Bürgerbeteiligung aus.

Ein Samstag in der Josefstadt im September. Eine Gruppe junger Leute besetzt ein Abbruchhaus. Es soll einem Park und einem Gemeindebau Platz machen. Es kommt der Bezirksvorsteher-Stellvertreter von der SPÖ und versucht mit den Besetzern zu verhandeln. Das Büro für Sofortmaßnahmen im Rathaus schickt Beamte, und die Polizei trifft auch am Ort des Geschehens ein, um mit den Jugendlichen zu reden. Die Verhandlungen dauern lange – muss ja auch so sein, schließlich will niemand das Gesicht verlieren. Und wie geht die kleine Hausbesetzer-Geschichte aus? Sie räumen friedlich das Feld.

Im Theater an der Wien findet die deutschsprachige Erstaufführung des Musicals „Cats" statt. Der Erfolg ist außerordentlich – die Katzen bleiben für viele Jahre in Wien.

Am Matzleinsdorfer Bahnhof werden zwei Waggons mit Altöl beschlagnahmt, bei dessen Verbrennung das Umweltgift Dioxin freigesetzt werden kann. Dem Unternehmen, für das dieses Öl bestimmt war, wird die Betriebsgenehmigung entzogen.

Es wird weniger geheiratet. Die Zahl der Scheidungen nimmt zu. Die Folge: Es steigen die Einpersonenhaushalte.

Am 19. November wird ein türkischer UNO-Diplomat durch das Fenster seines Autos in der Innenstadt erschossen. Kurze Zeit nach dem Mord bekennt sich die „Armenische Revolutionäre Armee" zur Tat. Eine Großfahndung nach dem Täter bleibt ohne Erfolg.

Nach acht Jahren Planung, Entwurf von Konzepten, Begutachtungen, Stellungnahmen und Diskussionen wird im November Wiens neuer Stadtentwicklungsplan (STEP) vom Gemeinderat beschlossen. STEP ist ein Meilenstein für die langfristige Koordinierung der Stadtentwicklung.

Mehr als 45.000 Besucher sehen eine Ausstellung, die Fotos der „versunkenen Welt" des osteuropäischen Judentums zeigt. Mehr als 8.000 kommen zur Filmreihe „Judentum und Film" ins Künstlerhaus.

In der Hainburger Au kommt es am 10. Dezember zu ersten Auseinandersetzungen zwischen demonstrierenden Umweltschützern und Gendarmen, als Arbeiter mit Rodungsarbeiten beginnen wollen. Es wird die Au besetzt.

Der Wiener Jugendbericht '85 wird vorgestellt. Rund ein Fünftel der Wiener Bevölkerung ist zwischen zehn und 25 Jahre alt. Drei Viertel der 15- bis 19-jährigen wollen bis zum 30. Lebensjahr heiraten.

Es wird ein „Wiener Kindertelephon" eingerichtet. Es ist als Kommunikationsstelle für Kinder und Erwachsene gedacht, die Rat und Hilfe brauchen.

Mit dem Ausbau der Flötzersteigstraße wird noch zugewartet, mit dem Weiterbau der B 228 durch Simmering wird gewartet, bis die Umweltprobleme gelöst sind, und die sogenannte Grinzingabfahrt vom Verkehrsknoten Nordbrücke wird nicht gebaut.

In den städtischen Kinderkrankenhäusern gibt es für die Eltern keine Beschränkungen der Besuchszeiten mehr.

Am 21. Dezember findet eine große Solidaritätsdemonstration mit den Besetzern der Hainburger Au statt.

Demonstration gegen das Donaukraftwerk Hainburg

Demonstration „Frieden mit der Natur" vor dem Bundeskanzleramt

Der restaurierte
Rathausmann kommt
wieder auf die Spitze
des Rathauses

TRAUM UND WIRKLICHKEIT

Es gibt Anfang Jänner eine Kältewelle. Die E- und Gaswerke melden einen Rekordverbrauch für Strom und Gas.

Die Wiener Hundebesitzer werden in einem Informationsblatt gebeten, sich umweltfreundlich zu verhalten. Hunde müssen an öffentlichen Orten einen Beißkorb tragen oder an der Leine geführt werden. Und Hundebesitzer müssen dafür sorgen, dass keine Gehsteige, Gehwege, Fußgängerzonen und Wohnstraßen verunreinigt werden.

In Wien gibt es 6.574 Straßen, Gassen und Plätze. Die Gesamtlänge der Straßen und Gassen beträgt 2.697 Kilometer. Die meisten Straßen gibt es in Donaustadt und in Floridsdorf, die wenigsten, nämlich nur 67, in der Josefstadt. Die längsten Straßen sind die Breitenfurter Straße mit elf Kilometern, der Handelskai mit 8,5 und die Wagramer Straße mit 7,7 Kilometer. Die kürzeste Straße ist die Irisstraße im ersten Bezirk mit 19 Metern.

Der 19. und der 20. Bezirk werden ein „Planquadrat zur Abfallverringerung, Abfallvermeidung und Abfallverwertung", so der sperrige offizielle Titel für getrennte Müllsammlung. Es werden in den beiden Bezirken auch erstmals mobile Problemstoff-Sammelstellen errichtet.

Die älteste Wienerin feiert ihren 107. Geburtstag. Amalia Zarfel wurde in Platten in Böhmen geboren, wohnt in der Donaustadt bei ihrer Tochter und ihrem Enkel.

Im Schwarzenbergpark an der Neuwaldegger Straße in Hernals wird eine Langlaufloipe eröffnet – auf Probe. Die Loipe ist über drei Kilometer lang.

Über ein zweites Opernhaus für Wien wird diskutiert. Auch der Messepalast wird als möglicher Standort genannt. Dort wird aber schon die Errichtung eines neuen Museumskomplexes geplant.

Das Luftüberwachungsnetz wird ausgebaut. Sämtliche städtischen Messstellen werden an den zentralen Umweltcomputer angeschlossen. Der Messungen werden auf Stickoxide und Staubkonzentration erweitert.

Die Abgabe auf unvermietete Wohnungen wird rückwirkend aufgehoben. Das Gesetz dafür war nicht zu vollziehen.

Es fehlt wieder an Krankenpflegepersonal. Es gibt eine neue allgemeine Werbekampagne, und in anderen Bundesländern wird gezielt neues Pflegepersonal angeworben.

Im März wird mit der Sanierung der Simmeringer Entsorgungsbetriebe begonnen. An der Ringstraße soll es in absehbarer Zeit ein neues Büro- und Einkaufszentrum geben. Der Projektname ist „Corso" und der wahrscheinliche Ort ist das ehemalige Gebäude der Atomenergiebehörde und das Steyr-Haus.

Festwochen-Ausstellung „Traum und Wirklichkeit" im Künstlerhaus

Das „Santo Spirito" – ein Inlokal in der Innenstadt

Es wird Mitte März ein konsequentes Vorgehen gegen „Sprayer" angekündigt, die zahlreiche Denkmäler, Brunnen und an die hundert Häuser beschädigt haben. „Es gibt zahlreiche Möglichkeiten zur freien Meinungsäußerung, doch wenn dabei öffentliche Einrichtungen, Kunstdenkmäler und privates Eigentum beschädigt oder zerstört werden, wird die Sache ernst", so Bürgermeister Zilk.

Am 28. März wird im Künstlerhaus die Ausstellung „Traum und Wirklichkeit – Wien 1870 bis 1930" eröffnet. Es ist eine der umfassendsten Präsentationen des Kultur- und Geisteslebens in Wien um 1900. Sie beginnt mit dem Makart-Festzug anlässlich der Silberhochzeit des Kaiserpaares und endet mit dem Bau des Karl-Marx-Hofes 1930. Die 1.500 Exponate der Ausstellung sind auf 1,5 Milliarden Schilling versichert. Im Oktober werden die Ausstellung 630.000 Menschen besucht haben. „Traum und Wirklichkeit" bricht damit alle Rekorde.

Anfang April bleibt der große Run auf die wenigen Tankstellen in Wien aus, die bleifreies Normalbenzin anbieten. Es wird mit dem Bau des Ring-Rund-Radweges begonnen, der in Etappen errichtet wird. In die WCs des Rathauses kommt nur mehr Klopapier hergestellt aus Altpapier und ohne Bleichmittel.

In Wien-Schwechat landet der erste Jumbo, also eine Boeing 747, der neuen Linienflugverbindung Singapur – Wien. Man fliegt 15 Stunden und es gibt Zwischenlandungen auf den Malediven und in Dubai.

Ein neues Wiener Jugendschutzgesetz wird vorgestellt. Es sieht einen größeren Spielraum für die Eltern vor, in Eigenverantwortung zu entscheiden, was für ihre Kinder schädlich ist und was nicht.

Es gibt Diskussionen über ein Denkmal gegen Faschismus und Krieg. Es soll vom Bildhauer Alfred Hrdlicka auf dem freien Platz vor der Albertina errichtet werden.

Im Burgenland werden am 26. April 20.000 Hektoliter mit Frostschutzmittel gepantschten Weins beschlagnahmt. Der Weinskandal nimmt seinen Anfang.

Es gibt einen Sigmund-Freud-Park. Eine Grünfläche vor der Votivkirche wird nach dem Begründer der Psychoanalyse benannt. Die Namensgebung sei ein Akt der Wiedergutmachung, der Bewunderung, aber auch der Dankbarkeit, sagt Bürgermeister Helmut Zilk.

An den Staatsvertragsfeiern nehmen elf Außenminister – sieben aus den Nachbarländern Österreichs und vier aus den Signatarmächten – teil, also auch die Außenminister der beiden Supermächte USA und UdSSR, Shultz und Gromyko. Von den Außenministern, die am 15. Mai 1955 den österreichischen Staatsvertrag unter-

Der Weinskandal erreicht seinen Höhepunkt. In der Bundesrepublik Deutschland wird offiziell vor dem Genuss österreichischer Prädikatsweine gewarnt.

schrieben haben, leben noch drei: Wjatscheslaw Molotow (95), Harold Macmillan (91) und Antoine Pinay (93). Alle drei können aus Altersgründen an den Feiern des 30. Jahrestages der Unterzeichnung nicht teilnehmen.

Rapid gelingt der Einzug ins Finale des Europacups der Cupsieger. Gegen Everton verliert Rapid in Rotterdam mit eins zu drei Toren. Das Spiel wird auf einer Großleinwand vor dem Rathaus übertragen.

Vollwertiges Wohnen, das ist die Devise für die neuen Wohnhäuser, die viele Wohnwünsche erfüllen und zu großer Wohnzufriedenheit führen sollen. Sie werden auf dreizehn Bauplätzen unter der Oberhoheit namhafter Architekten und Wissenschafter errichtet werden. Mit den neuen Wohnbauten sollen Maßstäbe für den sozialen Wohnbau geschaffen werden.

Das zweite Donauinselfest vom 16. bis 19. Mai ist wieder ein durchschlagender Erfolg. Trotz Schlechtwetters gibt es einen neuen Besucherrekord.

Ab 25. Mai ist die Benützung der U-Bahn mit Rädern an Sonn- und Feiertagen und an Samstagen ab 14 Uhr erlaubt. In den Monaten Juli und August wird die Mitnahme von Rädern auch an Werktagen außerhalb der Stoßzeiten gestattet sein. In Penzing wird das 20. Pensionistenheim eröffnet.

Bei rund 150 Fußgängerampeln werden Geräte montiert, bei denen Fußgänger und Radfahrer ihren Wunsch für die Überquerung der Straße anmelden können. Nach einem Tastendruck wird die Fußgängerampel auf Grün geschaltet.

Die Wiener Werkbundsiedlung in Hietzing ist fertig renoviert. Sie entstand 1931/32 im Rahmen der Wohnbautätigkeit der Gemeinde Wien und zählt zu den wichtigsten Bauensembles der Moderne und gilt als ein spätes Manifest für die Gartenstadt.

In der U2-Station Rathaus wird eine „Lehnwand" aufgestellt. Ein Psychologe hat herausgefunden, dass das Lehnen bei kurzen Wartezeiten die bevorzugte Haltung ist.

Journalisten vor der US-Botschaft. USA und UdSSR haben einen informellen „Meinungsaustausch" über den Nahen Osten

Es werden neue Luxushotels am Ring eröffnet: das „Marriott" am Parkring und das SAS-Hotel im Palais Henckel von Donnersmarck, auch am Parkring. Im Vergleich zu Billigherbergen haben Fünf-Sterne-Hotels eine hervorragende Auslastung.

Patienten, bei denen ein Verdacht auf AIDS besteht, stehen ab Mitte Juli vier Ambulanzen an Wiener Spitälern zur Verfügung.

125.000 Wiener Haushalte empfangen bereits acht TV- und zehn Radioprogramme über Kabel. Ab Herbst wird es ein zusätzliches TV-Angebot geben, den deutschen Privatsender Sat-1.

Es wird Ende Juli vor dem Trinken von Prädikatsweinen gewarnt, weil sie mit Frostschutzmittel gepantscht sein könnten. Es wurden bisher 4,7 Millionen Liter Wein beschlagnahmt. Für Herbst wird das strengste Weingesetz Europas angekündigt.

Bei Bauarbeiten für die U3 stößt man am Gaudenzdorfer Gürtel auf mit giftigen Chemikalien verseuchtes Erdreich, das entsorgt werden muss. Die Bauarbeiten verzögern sich.

Im AKH sind alle Rohbauarbeiten so gut wie abgeschlossen. Der Spitalsneubau soll 1992 voll betriebsfähig sein.

Am 7. September wird das Hundertwasser-Haus eröffnet. Manche sprechen von einem Architektur-Spektakel und nicht von Architektur. Aber den Wienerinnen und

Falco bekommt eine Goldene Schallplatte

Wienern gefällt der Gemeindebau „der anderen Art", von dem man noch nicht wissen konnte, dass er zu einem Touristenmagneten werden wird.

Ab Herbst gibt es ein spezielles Frauenförderungsprogramm für die Mitarbeiterinnen der Stadt Wien. Es sollen damit ihre Aufstiegschancen verbessert werden.

Mitte September nimmt der Papst den Rücktritt des Wiener Erzbischofs Franz König an. „Nach fast dreißig Jahren sei es an der Zeit, die Leitung der großen Wiener Erzdiözese in jüngere Hände zu legen", so Erzbischof König.

Am 24. September fordert ein Bombenattentat an der Ecke Kärntner Straße/Krugerstraße elf Verletzte. Einem Passanten wird die linke Hand abgerissen. Der Hintergrund der Tat ist unbekannt.

Vor dem Meidlinger Amtshaus stehen die ersten Fahrradständer vor einem öffentlichen Gebäude in Wien. Bis Jahresende soll es dreißig Fahrradständer geben – das ist aber nur der Anfang.

Wohnhaus in der Leopoldstadt nach einem Bombenanschlag

Eine Peep-Show in der Burggasse erregt Anfang Oktober die Gemüter. Man denkt über gesetzliche Möglichkeiten nach, solche Einrichtungen aus der Umgebung von Schulen und Kirchen zu verbannen.

Ab Oktober stehen zehn Sammelstellen für Problemstoffe, die nicht in den Hausmüll gehören – wie alte Lacke, Altöle, Fleckputzmittel, Säuren, Laugen und Altbatterien –, zur Verfügung.

Anfang November gibt es den Spatenstich für das Spital des Sozialmedizinischen Zentrums Ost in der Donaustädter Langobardenstraße. Die erste Ausbaustufe soll 1992 fertig sein, die zweite 1994.

Es wird über eine Weltausstellung für Wien diskutiert. Wien will sich für Anfang der neunziger Jahre als Veranstaltungsort für eine solche Riesenmesse bewerben. Erwogen wird auch der Bau eines Zentralbahnhofes nördlich der Donau.

Am Mexikoplatz wird Ende November ein Denkmal zur Erinnerung an den Protest Mexikos gegen die Besetzung Österreichs durch Hitler-Deutschland enthüllt. Mexiko war der einzige Staat, der formell Protest einlegte. Das Denkmal ist ein Geschenk Mexikos.

Auf ein Wohnhaus des jüdischen Kultur- und Bildungsklubs in der Leopoldstadt wird ein Bombenanschlag verübt. Verletzt wurde niemand, der Sachschaden ist beträchtlich.

Am 27. Dezember kommt es zu einem blutigen Terroranschlag von drei Arabern am Flughafen Wien-Schwechat. Zwei der Terroristen schießen auf die Wartenden beim Schalter der israelischen Fluglinie El Al und werfen Handgranaten. Es gibt zwei Tote und 15 Verletzte. Einer der Toten ist ein Terrorist.

Es ist ein ganz normaler Silvester: Auf dem Stephansplatz sind rund 10.000 Menschen, es hagelt 61 Anzeigen wegen „übertriebener, aggressiver Anwendung von Feuerwerkskörpern".

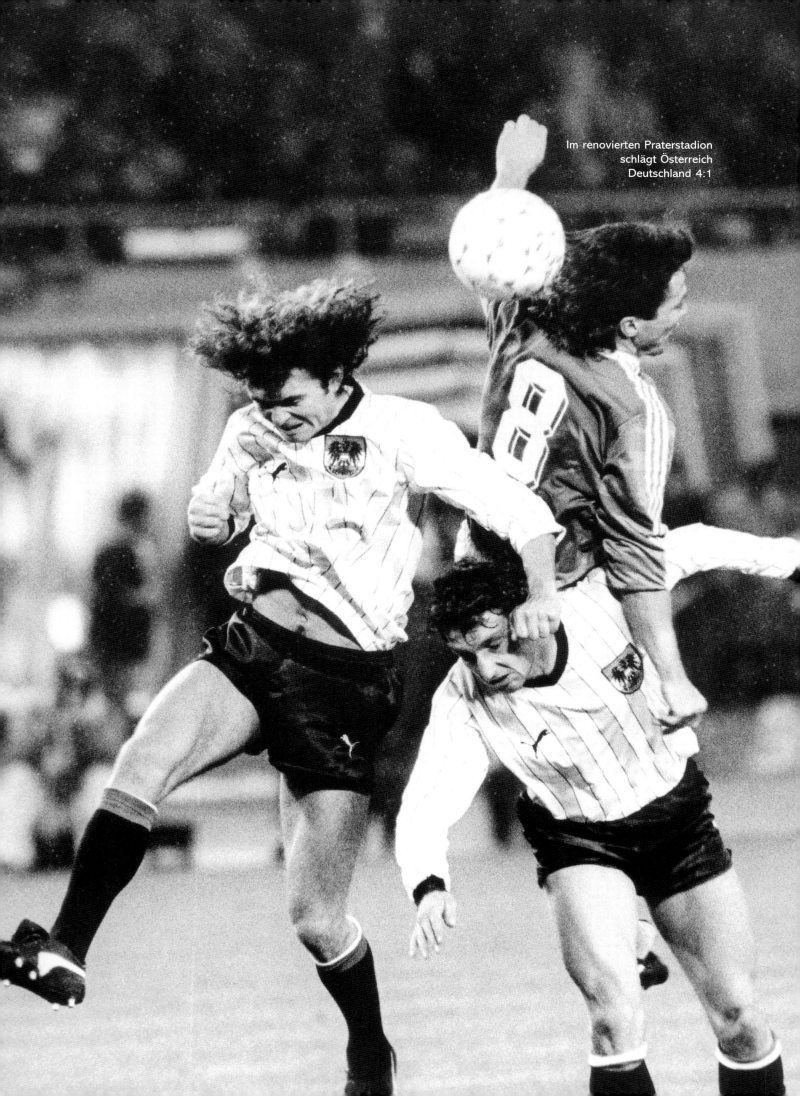

Im renovierten Praterstadion
schlägt Österreich
Deutschland 4:1

SCHAU AUF DICH

Ein Parallelslalom im Rahmen des Weltcups findet am 6. Jänner auf der Hohen-Wand-Wiese vor 7.000 Zuschauern statt. Am Wochenende darauf können die Pistenfans den Lift gratis benützen.

Beim Pop-odrom, dem Wettbewerb für Nachwuchsmusiker, haben sich 170 Bands angemeldet – 150 für die Sparte Rock und 20 für die Sparte Folk. Es werden 21 Vorrunden in der Simmeringer „Szene Wien" notwendig sein, um die Finalisten zu ermitteln.

Zum ersten Mal in der Geschichte des Jugendamtes sinkt die Zahl der Kinder, die außerhalb ihrer Familie untergebracht und erzogen werden müssen unter tausend. Zum Vergleich: in den fünfziger Jahren waren es jährlich mehr als 3.000, in den sechziger Jahren mehr als 2.000. Immer mehr Kinder können bei Pflegefamilien untergebracht werden, immer weniger Kinder müssen in Heime. Noch vor zehn Jahren waren zwei Drittel der vom Jugendamt betreuten Kinder in Heimen, jetzt ist bereits mehr als die Hälfte bei Pflegefamilien.

Am 10. Jänner werden bei den Bauarbeiten für die U3, die unter dem Minoritenplatz durchgeführt werden, die Reste des Fundaments der gotischen Ludwigskapelle gefunden.

Am 25. Jänner wird die renovierte Secession wieder eröffnet. Zu bewundern ist auch das Klimt-Fries. Die Debatte um den Abbruch des Haas-Hauses beziehungsweise um den neu zu errichtenden Bau am Stephansplatz geht weiter. Eine Bürgerinitiative will ein 1:1-Modell des Neubaues sehen.

Im März wird eine Wiener Gesundheitskampagne unter dem Motto „Schau auf Dich" gestartet. Zuerst werden Gesundheitsuntersuchungen angeboten, dann geht es um gesunde Bewegung.

Das Wiener Unikum „Waluliso" bei einer Menschenrechtsdemonstration

Am Sonntag, den 13. April startet vor dem Rathaus um 10 Uhr der dritte Wiener Frühlingsmarathon, an dem an die sechstausend Läufer aus dem In- und Ausland teilnehmen.

Bei den Britischen Wochen im April kommt es zu einem Besuch des Prinzen und der Prinzessin von Wales, Charles und Lady Di. Sie fliegen mit der „Concorde" ein, es gibt einen riesigen Presserummel und sie tragen sich in das Goldene Buch der Stadt Wien ein.

Der Gemeinderat genehmigt die Sanierung der Deponie Rautenweg.

Ende April wird als Folge des Kernreaktorunfalls bei Tschernobyl (Ukraine) auch in Österreich erhöhte Radioaktivität festgestellt. Am 6. Mai wird der Verkauf von Freilandgemüse verboten, auch vor „Bodenkontakten" wird gewarnt. Am 26. April 1986 ereignete sich eine katastrophale Kernschmelze und Explosion im Kernreaktor Tschernobyl Block 4. Es wurde am Reaktor ein Experiment durchgeführt, dessen fehlerhafte Ausführung die Katastrophe einleitete.

Der Reaktorunfall von Tschernobyl schockt die Wienerinnen und Wiener

Die Wiener Landesregierung tritt zu einer Sondersitzung zusammen. Sie stellt fest, dass die Katastrophe von Tschernobyl die bisherige Politik der friedlichen Nutzung der Atomenergie in Frage stellt. Und man ruft die Bundesregierung und alle damit befassten Stellen auf, einen endgültigen Schlussstrich unter das Kapitel Zwentendorf zu ziehen. Die Bundesregierung wird außerdem ersucht, mit den Nachbarstaaten wegen einer Hintanstellung der Errichtung von Atomkraftanlagen zu verhandeln.

Mit Beginn der warmen Jahreszeit sind auch die Straßenmusikanten wieder in den Fußgängerzonen unterwegs. Was für die Passanten oft ein Vergnügen ist, kann für die Anrainer zur Qual werden. Es werden Spielregeln festgelegt, die bestimmen, wo und wann musiziert werden darf.

9. Mai ist Eröffnung der Wiener Festwochen. Ab 20.15 Uhr spielen die Wiener Symphoniker am Rathausplatz, eine große Udo-Jürgens-Show kommt danach; auf sieben Plätzen der Innenstadt gibt es Konzerte und ab 17 Uhr gilt auf den öffentlichen Verkehrsmitteln Nulltarif.

Es gibt ein neues Tierschutzgesetz

Am 4. Mai findet die erste Runde der Bundespräsidentenwahl statt. Es treten drei Kandidaten und eine Kandidatin – Freda Meissner-Blau, Otto Scrinzi, Kurt Steyrer und Kurt Waldheim – an. Waldheim verfehlt knapp die absolute Mehrheit. Stichwahl ist am 8. Juni.

Ende Mai stellt der neue Burgtheater-Direktor Claus Peymann seinen ersten Spielplan vor. Den Auftakt bilden im September zwei Stücke von Thomas Bernhard: am Burgtheater „Der Theatermacher" und am Akademietheater „Ritter Dene Voss".

Ab Juni gilt zwischen 23 und 5 Uhr ein Fahrverbot für Lkw ab 3,5 Tonnen in Wien. Ausgenommen sind Transporte verderblicher Lebensmittel und andere dringenden Fahrten, für die es Ausnahmegenehmigungen gibt. Für Autobahnen und einige Verbindungsstraßen im Bereich Donau gilt das Fahrverbot nicht. Es wird vorerst bis 1. November eingeführt.

Anfang Juni werden die Sanierungsarbeiten bei der Deponie Rautenweg begonnen. Es wird der Müllberg, der sich seit rund 20 Jahren angesammelt hat, in eine undurchlässige Wanne gesetzt, damit es zu keiner Verunreinigung des Grundwassers kommen kann. Ab Juli beginnt im Rinterzelt dann der Probebetrieb für die Müllsortierung. Es wird die ABA, die Abfallbehandlungsanlage, die im Jahr 170.000 Tonen Gewerbe-, Industrie- und Sperrmüll sortieren soll, in Betrieb genommen. Es geht um die Kontrolle des angelieferten Mülls, um die Gewinnung von Rohstoffen aus dem Müll und um die Verminderung des Müllvolumens.

Müll wird sortiert

Am 8. Juni gewinnt Kurt Waldheim mit 53,9 Prozent die Stichwahl und folgt Rudolf Kirchschläger im Amt des Bundespräsidenten nach. Einen Tag nach der Bundespräsidentenwahl tritt Bundeskanzler Fred Sinowatz zurück. Sein Nachfolger wird Franz Vranitzky. Nach der Wahl Jörg Haiders zum Bundesparteiobmann der FPÖ kündigt er die Koalition mit der FPÖ auf und empfiehlt Neuwahlen. Sie finden am 23. November statt. Die FPÖ gewinnt 4,8 Prozent. Die Grün-Alternative Liste Freda Meissner-Blaus

HEINZ CONRADS

Er war der Radio- und Fernseh-Star schlechthin: Heinz Conrads. Und er war auch der Inbegriff eines Wieners. 40 Jahre lang unterhielt Heinz Conrads seine Zuhörer mit alltäglichen Kuriositäten und Wienerliedern in seiner Sonntag-Morgen-Radiosendung „Was gibt es Neues?". Auch im Fernsehen war er von Beginn an als erster Talkmaster Österreichs erfolgreich. Der Conférencier, der sich immer als Schauspieler fühlte, war eine Art Nationalheld, wie es in der österreichischen Mediengeschichte kaum einen zweiten gab. „Guten Morgen, die Madln, servas, die Buam" – ein vielzitierter Spruch, der auch heute noch mit Heinz Conrads in Verbindung gebracht wird. Heinz Conrads hat sich mühsam an die Spitze geredet. Auf Wunsch seines Vaters wurde er zuerst Modelltischler, danach ging er zum Heer. Doch kehrte er krankheitshalber während des Zweiten Weltkrieges aus Polen heim. Wieder zurück in Wien organisierte er „Bunte-Kompanie-Abende", Feste und Veranstaltungen, bei denen er sich als Conférencier und Parodist betätigte. Schon 1942 wurde der junge Conrads ans Stadttheater engagiert, nach Kriegsende begeisterte er sein Publikum im Wiener Kabarett „Simpl", dem er mit Unterbrechungen bis 1955 erhalten blieb. Im Jahr 1946 startete seine Radiosendung „Was machen wir am Sonntag, wenn es schön ist", die später unter dem Titel „Was gibt es Neues?" große Erfolge feierte. 1952 verkörperte er den „Dünnen Vetter" in Hofmannsthals „Jedermann" bei den Salzburger Festspielen. Im Theater in der Josefstadt spielte er unter anderem den „Liliom", doch der heiß ersehnte Durchbruch als Schauspieler blieb aus. Conrads spielte in zahlreichen Filmen und nahm über 100 Schallplatten auf. Zu Beginn des Fernsehzeitalters 1955 bekam er seine eigene TV-Talk-Show „Guten Abend am Samstag", die er 30 Jahre lang moderierte. Ab 1973 spielte er in der Volksoper oft den „Frosch" in der „Fledermaus". Conrads starb am 9. April 1986 in Wien.

schafft auf Anhieb mit acht Mandaten den Sprung ins Parlament. Die SPÖ verliert zehn Mandate. Es kommt ab Anfang Dezember zu Koalitionsverhandlungen zwischen SPÖ und ÖVP, die im Jänner 1987 abgeschlossen sind.

Grundsteinlegung für den ersten Bau Wiens, der nach den Kriterien des „Vollwertigen Wohnens" verwirklicht wird. Er liegt in der Dammstraße im 20. Bezirk, hat 161 Wohnungen, eine Arztordination, Kinderspiel- und Gemeinschaftsräume, ein Schwimmbad und zwei Saunen.

Die Renovierung des Praterstadions und die Überdachung der Zuschauertribünen befinden sich vor der Fertigstellung. Aus Sicherheitsgründen kann nur bei Windgeschwindigkeiten bis 30 Stundenkilometer am Dach gearbeitet werden.

Ein neues Wiener Tierschutzgesetz liegt nach eineinhalb Jahren Diskussion vor, es sieht das Verbot von Tierversuchen, die Bewilligungspflicht für Tierheime, das Verbot der Haltung gefährlicher Wildtiere, eine Regelung für die Mitwirkung von Tieren bei Veranstaltungen und für den Tiertransport vor. Tierhaltung, die nicht artgerecht ist, wird als Tierquälerei eingestuft. Hunde müssen an öffentlichen Orten einen Maulkorb tragen oder an der Leine geführt werden.

Bei den Verhandlungen zwischen dem Wiener Landeshauptmann, den Sozialpartnern und den Fremdenverkehrsstellen über die Ladenschlussregelung kommt man überein, im Prinzip bei der bisherigen Regelung zu bleiben. Nur im Handel mit Antiquitäten, Kunstgegenständen, Briefmarken und Münzen werden die Öffnungszeiten vom 1. April bis 15. Oktober verlängert.

Zwischen 20. Juni und 15. Juli gibt es eine Aktion gegen Schnellfahrer. 7.500 Temposünder wurden angezeigt. Die höchste Geschwindigkeit eines Verkehrssünders waren 140 Stundenkilometer in der Triester Straße und in der Hadikgasse. Allein in dieser Gasse wurden fast 200 Lenker mit mehr als 100 Kilometer in der Stunde erwischt.

Zwei Schornsteine, jeder 64 Meter hoch, werden im Juni auf dem Gelände des Gaswerkes Leopoldau gesprengt. Sie gehörten zu dem 1911 errichteten Kesselhaus, in dem Dampf für die Stadtgaserzeugung hergestellt wurde.

Die Überreste der Ludwigskapelle am Minoritenplatz sind nicht mehr zu besichtigen. Eine Umrisszeichnung aus bunten Steinen wird den ehemaligen Standort des einstmals schönsten gotischen Bauwerks

Wiens bezeichnen. Es wurde 1316 bis 1328 als Erweiterung des Chores der Minoritenkirche gebaut und diente österreichischen Adelsgeschlechtern als letzte Ruhestätte, unter anderem auch für Margarethe Maultasch.

Am 27. Juni beginnt mit einem Trompetenkonzert auf dem Platz Am Hof der Wiener Musik-Sommer 1986. Die Volksoper zeigt „Die Feldermaus" und „Die Zauberflöte", im Theater an der Wien läuft „Cats", das Raimundtheater zeigt „Das weiße Rössl" und die Kammeroper spielt in Schönbrunn „Wiener Blut" und „Die Entführung aus dem Serail". In der renovierten Secession gibt es österreichische Musik des 20. Jahrhunderts.

Im Juli beschäftigt sich die internationale „Gürtelkommission" mit der Zukunft des Wientals zwischen Auhof und Schönbrunn. Sie vertritt die Auffassung, dass die Bundesstraße nicht ins Bett des Wienflusses verlegt werden soll, sondern das Wiental als Flussraum erhalten werden und attraktiv gestaltet werden soll.

Am 20. März trifft bei der Wiener Reichsbrücke das erste – in Europa eingesetzte – Luftkissenboot ein

Mitte Juli wird die Ernennung des Benediktinerpaters Hans Hermann Groer zum Erzbischof von Wien bekannt gegeben.

Donauinsel und Neue Donau sind vor der Fertigstellung.

Die beiden letzten Blockheizwerke in Simmering und Am Schöpfwerk, die mit „Heizöl schwer" betrieben wurden, konnten schon im letzten Jahr stillgelegt werden. Im Bereich dieser beiden Anlagen ist damit die Belästigung mit Ruß und Schwefeldioxid weggefallen. Der Ausstoß von Schadstoffen in der Müllverbrennung Flötzersteig ist seit dem Einbau einer Rauchgaswäsche um 95 Prozent zurückgegangen. Nun wird eine gleiche Rauchgasreinigung in der Spittelau eingebaut.

Ab 1. September gibt es „6 aus 45"… bereits in der 1. Spielwoche wurden sechs Millionen Tipps abgegeben

Der „Jüngling vom Magdalensberg" im Kunsthistorischen Museum, der als der bedeutendste Fund aus der Römerzeit nördlich der Alpen galt, wird untersucht. Dabei
stellt sich heraus, dass er aus dem 16. Jahrhundert stammt.

Die seit drei Jahren laufende „Cats"-Inszenierung des Theaters an der Wien wird im
August nächsten Jahres in Berlin, der Hauptstadt der DDR (also in Ostberlin), gastieren.
Immer mehr Bauern bieten Bioprodukte an – auch der Landwirtschaftsbetrieb der
Stadt Wien, der Schafflerhof im 22. Bezirk in der Schafflerhofstraße. Eine Touristen-
Attraktion ist das Hundertwasser-Haus im 3. Bezirk. Es kommen im Sommer täglich an
die tausend Personen, um es zu besichtigen. Umweltfreundliche halboffene Elek-
trofahrzeuge werden an Stelle von benzinbetriebenen Streifenwagen versuchsweise
für Patrouillenfahrten auf der Donauinsel von der Polizei ab August eingesetzt. Die
Fahrzeuge haben eine Reichweite von 80 Kilometern und erreichen Tempo 30.

Bis zum Jahr 2000 werden rund zehn Milliarden Schilling für das Wiener Kanalnetz,
das rund 1.700 Kilometer umfasst, ausgegeben. Es wird saniert, mehrere Entlastungs-
kanäle gebaut und zusätzliche Kanäle angelegt. Vor allem die Kanäle, die zwischen
1870 und 1901 mit Zement gebaut wurden, sind undicht.

Der 20. Tag der offenen Türe am 20. September steht ganz im Zeichen des Jubiläums
„300 Jahre Wiener Berufsfeuerwehr". Es wird eine Wiener freiwillige Jugend-Feuer-
wehr gegründet.

Das Musical „Cats" steht
im Theater an der Wien
seit Jahren auf
dem Spielplan.

In der Großfeldsiedlung und in der Spargelfeldsiedlung werden versuchsweise Tempo-30-Beschränkungen eingeführt.

Es ist zu klären, ob Wien 1996 die Weltausstellung veranstalten will. Jedenfalls gibt es ein Proponentenkomitee, das sich auch darüber Gedanken machen soll, ob Budapest als Mitveranstalter gewonnen werden kann.

„Musik 86" bringt im Herbst Al Jarreau in der Stadthalle, Angelo Branduardi in den Sofiensälen, Mikis Theodorakis im Konzerthaus, Konstantin Wecker im Raimundtheater und Andreas Vollenweider ebenfalls in den Sofiensälen.

Ende September wird der neue Zentralverschiebebahnhof in Wien Kledering eröffnet.

In Wien beginnen Aufnahmen für den neuen James-Bond-Film „The Living Daylights" (deutsch: „Der Hauch des Todes") mit dem neuen Darsteller in der Titelrolle, Timothy Dalton. Er wurde am 5. Oktober der Presse im Rathaus vorgestellt.

Bürgermeister Helmut Zilk mit den Hauptdarstellern, Maryam D'Abo und Timothy Dalton, des neuen Bond-Filmes

In der Wiener Hofburg wird im Oktober die Nachfolgekonferenz der KSZE (Konferenz für Sicherheit und Zusammenarbeit in Europa) eröffnet. Es ist die größte politische Konferenz, die seit dem Wiener Kongress in Wien stattfindet. 33 europäische Staaten, die USA und Kanada nehmen an der KSZE teil.

Ende Oktober wird das Praterstadion nach Beendigung der 1984 begonnenen Umbauten und Renovierungsarbeiten mit einem großen Fest eröffnet. Österreich schlägt die Bundesrepublik Deutschland mit 4:1.

Die Bestimmungen über das winterliche Schienenparkverbot vom 15. Dezember bis 15. März in der Zeit von 20 bis 5 Uhr werden erleichtert. Sie gelten nur mehr, wenn es tatsächlich Schnee gibt.

Im Rathauspark gibt es einen Adventzauber, der in das vorweihnachtliche Geschehen im und ums Rathaus einbezogen wird.

Auf Europas längster Wasserrutsche
bei der Donauinsel

1987

DIE DONAUINSEL IST EIN HIT

Wien bekommt eine „Umweltpolizei". Wem der Lärm oder der Staub zu viel wird, wer Umweltgefährdungen vermutet, kann sich an die Wiener Umweltpolizisten wenden, die sogar für Wasseruntersuchungen über einen Laborwagen verfügen.

So gut wie kein Wind und die Heizungen laufen auf Hochtouren. Das bedeutet, dass die Schwefeldioxid-Belastung der Luft zunimmt. Bei einigen Messstellen werden zu hohe Werte gemessen und man steht knapp vor einem Smogalarm.

Der Wiener Volksbildungsverein feiert seinen hundertsten Geburtstag. 1887 wurde der „Zweigverein Wien und Umgebung des Allgemeinen Volksbildungsvereines" gegründet. Mit der 1897 gegründeten Urania und dem 1901 konstituierten Verein „Volksheim", gehört der Volksbildungsverein zu den ältesten Volkshochschulen Wiens. In Wien wurden über zweihundert alte Mülldeponien entdeckt. Sie wurden alle untersucht, ob sie nicht eine Umweltgefahr sind. Dreißig von ihnen waren zumindest „verdächtig" und müssen höchstwahrscheinlich saniert werden.

Im Februar wird der endgültige Entwurf für das neue Haas-Haus präsentiert. Massive Kritik an dem Neubau führten zu einer Adaptierung der Pläne des Architekten Hans Hollein. Jetzt ragt sein Gebäude weniger weit in den Stephansplatz hinein, und auch die Kubatur wurde verringert. Baubeginn wird im Sommer sein. Die Polemiken gegen das neue Haas-Haus hören aber nicht auf.

Schüler ab der achten Schulstufe bekommen Aids-Aufklärung. Mit 12. Februar sind in Wien 59 Fälle von Aids-Erkrankungen registriert worden.

In der Opernball-Nacht kommt es wieder zu Demonstrationen vor der Oper. Es gibt schwere Auseinandersetzungen zwischen Demonstranten und Polizei.

Bei dieser Hitze hilft nur die Donauinsel

Ein Großfeuer vernichtet im
Februar das Bürogebäude
der Steyr-Daimler-Puch AG
an der Ringstraße.
Ein Übergreifen der
Flammen auf andere
Häuser konnte verhindert
werden. Das Gebäude
stand zum Verkauf.

Steyr-Bürogebäude brennt

Nach dem Altpapier, den Alttextilien und dem Altglas sind die Altbatterien an der Reihe. Handelskammer und Gemeinde starten im März eine neue Umweltschutzaktion. Man kann die teilweise sehr giftigen Altbatterien in besonders gekennzeichneten Geschäften wieder zurückgeben.

Stadtplaner Roland Rainer setzt sich für eine Änderung des sogenannten Anpassungsparagraphen der Wiener Bauordnung ein. Er besagt, dass neue Bauten in Schutzzonen in Baustil, Bauform und technologischer Gestaltung den benachbarten historischen Gebäuden angeglichen werden müssen.

Die Triester Straße wird zwischen der Raxstraße und der Anschlussstelle zur Südautobahn erneuert und ausgebaut. Die Arbeiten werden zwei Jahre dauern.

Die „Wiener Vorlesungen" werden ins Leben gerufen. Führende Persönlichkeiten aus Wissenschaft und Politik aus dem In- und Ausland werden Vorlesungen halten. Den Anfang macht Alt-Bundespräsident Rudolf Kirchschläger, gefolgt von Erwin Ringel, Marion Gräfin Dönhoff, Carl Friedrich von Weizsäcker, Kardinal Franz König, Herbert Pietschmann und Rupert Riedl.

Ab März gibt es einen Spitalsombudsmann. Patienten können sich mit allen Fragen und Beschwerden an ihn wenden.

Es wird eine Aids-Kommission gegründet. Sie soll die Wiener Ärzte über neue Entwicklungen informieren und Empfehlungen ausarbeiten.

Die Ausstellung „Zauber der Medusa" über den europäischen Manierismus im Künstlerhaus entwickelt sich zu einem großen Publikumserfolg. Anfang April eröffnet, haben nach knapp einer Woche bereits 10.000 Besucher die beeindruckende Kulturausstellung gesehen.

Hausärzte starten in Penzing eine Aktion, um Patienten so lange wie möglich einen Spitalsaufenthalt zu ersparen. Das Problem sei die fehlende Koordination zwischen den sozialen Diensten, so die Initiatoren der Aktion.

Die Dezentralisierung schlägt sich nicht nur in einer Novelle der Wiener Stadtverfassung nieder. Ab 1988 verfügen die Wiener Bezirke über eigenes Geld, das sie eigenverantwortlich budgetieren und ausgeben müssen.

Es entstehen 3.385 Wohnungen in 42 Wohnhausanlagen. Zwei Drittel der Wohnungen werden noch in diesem Jahr fertig gestellt.

Am 23. April wird das Konferenzzentrum eröffnet. Bürgermeister Zilk erinnert in seiner Rede daran, dass schon vor hundert Jahren so manches sinnvolle Projekt vorerst abgelehnt wurde und weist auf den Bau des Arlbergtunnels hin.

1977 wurde mit der Sanierung der Fassade des Wiener Rathauses begonnen. Jetzt sind die Arbeiten beendet. Ebenfalls überholt wurde der Rathausmann, die Rathausuhr sowie die Festbeleuchtung.

Mit der U-Bahn geht es schneller

Windsurfen auf der Neuen
Donau

Am 15. Mai wird das Fernwärmewerk Spittelau bei einem Großbrand schwer beschädigt. Verletzt wurde beim Brand niemand. Es müssen jetzt 230.000 Tonnen Müll, die hier jährlich verbrannt wurden, deponiert werden. Der entstandene Schaden beträgt eine halbe Milliarde Schilling.

Vor zehn Jahren wurde die „Wiener Psychiatriereform" in die Wege geleitet. Sie bedeutete vor allem eine Abkehr von der traditionellen Verwahrungsmentalität psychisch Kranker und die Schaffung ambulanter Versorgungseinrichtungen.

Die neue Parkanlage Wienerberg in Favoriten ist fertig. Sie ist 55.000 Quadratmeter groß und Teil eines neuen großen Freizeitareals, des Erholungsgebiets Wienerberg-Ost, das zwischen Neilreichgasse und Triester Straße entsteht und Anfang der neunziger Jahre fertig sein wird. Die Vorortelinie zwischen Heiligenstadt und Hütteldorf wird Ende Mai eröffnet. Für 150.000 Menschen, die entlang der Vorortelinie ihren Arbeitsplatz haben, bringt diese Schnellbahnverbindung wesentliche Verbesserungen.

Joachim Kulenkampffs beliebtes Ratespiel EWG – „Einer wird gewinnen" – wird Anfang Juli zum letzten Mal aus Wien übertragen. Im Herbst gibt es dann noch eine Sendung aus Frankfurt und dann ist Schluss mit Kuli, EWG und dem aufmüpfigen Butler.

Der erste Gemeindebau, der seit 27 Jahren in der Josefstadt errichtet wird, wird nach dem bekannten Schauspieler und Komiker Maxi Böhm benannt werden.

In vier Wohngebieten wird versuchsweise Tempo 30 eingeführt – in der Per-Albin-Hansson-Siedlung-Ost, im Zentrum Ober-Sankt Veit, in einem Teilbereich der Großfeldsiedlung und in der Siedlung Schwarze Haide in Liesing. Es waren etwa in der Alaudagasse in der Hansson-Siedlung Autofahrer mit fast 100 Stundenkilometern unterwegs.

Es beginnt der Wahlkampf für die am 8. November stattfindenden Landtags- und Gemeinderatswahlen. Es treten auch zwei Grün-Parteien an.

Wien will der Republik das alte AKH – das Areal auf dem Alsergrund zwischen Spitalgasse und Alserstraße – schenken, damit die Universität auf dem Areal einen „Campus" errichten kann. Die Republik zögert noch, das Geschenk anzunehmen.

Mitte Oktober ist die Neue Donau fertig ausgebaggert – 15 Jahre nach Baubeginn. Nun ist die Neue Donau 21,1 Kilometer lang und reicht von der Wiener Pforte bis zum Hafen Lobau.

Eines der Favoritner Wahrzeichen wird restauriert: der Wasserturm in der Windtenstraße. Die Renovierung wird in zwei Jahren beendet sein.

Die Österreichische Buchwoche findet zum ersten Mal in den Festsälen des Wiener Rathauses vom 5. bis 9. November statt. Mehr als 6.000 Bücher werden von hundert österreichischen Verlagen präsentiert.

Bei den Wiener Wahlen kann die SPÖ mit Spitzenkandidat Zilk ihre absolute Mehrheit von 61 auf 62 Mandate ausbauen. Die ÖVP verliert sieben Prozent und sieben Mandate – sie kommt auf 30 – und den Vizebürgermeister. Die FPÖ kann ihre Mandatszahl von zwei auf acht vervierfachen. Die Grünen bleiben unter der 5-Prozent-Grenze und ziehen nicht in den Wiener Landtag und Gemeinderat ein.

Im Dezember wird im Künstlerhaus eine Biedermeier-Ausstellung eröffnet; der etwas umständliche Titel: „Bürgersinn und Aufbegehren. Biedermeier und Vormärz in Wien 1815–1848".

UMWELTMUSTERSTADT

In den 80er Jahren wird der Begriff von der „Umweltmusterstadt Wien" geprägt – Wien will beim Umweltbewusstsein und Umweltschutz Maßstäbe und Standards setzen. Und es gelingt ihr auch! Denn welche Millionenstadt verfügt schon über kristallklares Hochquellwasser?

Welche Millionenstadt hat eine so hervorragend funktionierende Abfall- und Abwasserentsorgung unter Einsatz modernster Technologie? Welche Millionenstadt kann sich schon vollständig mit Frischgemüse aus einem landwirtschaftlichen Anbaugebiet innerhalb eigener Grenzen versorgen? Welche Millionenstadt hat einen Nationalpark direkt vor ihren Toren? Zahlreiche Wiener Umwelt-Projekte machen Wien zur Umweltmusterstadt: das Klimaschutzprogramm, die Entwicklung eines Abfallmasterplans, der Ökobusinessplan Wien, die Einsetzung eines Atomschutzbeauftragten, das Lärmsanierungskonzept und der Verfassungsschutz für das Wiener Trinkwasser. Aber Umweltschutz sind auch ganz konkrete Aufgaben für eine Stadt. So geht etwa 2001 mit dem Kraftwerk „Donaustadt 3" ein weiteres Vorzeigeprojekt der Umweltmusterstadt Wien in Betrieb. Die Gasturbinenanlage versorgt rund 800.000 Haushalte mit Strom und 180.000 Haushalte mit Fernwärme. Durch diese Kraft-Wärme-Kopplung wird ein Wirkungsgrad von 86 Prozent erreicht, womit es das sauberste Gaskraftwerk der Welt ist.

Erhard Busek gratuliert Helmut Zilk nach der geschlagenen Gemeinderatswahl

Die Enthüllung des Mahnmals gegen
Krieg und Faschismus bei der Albertina

MAHNMAL GEGEN KRIEG UND FASCHISMUS

Ab 1. Jänner müssen alle Pkw und Kombi, die erstmals zugelassen werden, mit einem Katalysator ausgerüstet sein.

Pläne für die Weltausstellung in Wien und Budapest werden weiter gewälzt. Die Fragen nach dem Standort und nach dem Thema der Weltausstellung sind noch offen. Der Wiener Tourismus hat das Tief aus dem Jahr 1986 überwunden. Wiens treueste Gäste sind weiterhin die Deutschen, gefolgt von den Italienern. Die Nächtigungen von Töchtern und Söhnen Nippons haben sich innerhalb der letzten fünf Jahre verdoppelt. 32 Experten der sogenannten Donaujury empfehlen den Bau der Staustufe Wien und eines Kraftwerkes. Die Jury spricht sich auch für den Bau eines Zentralbahnhofes aus. Die beliebtesten Namen für Kinder in Wien sind Daniela und Michael. Für die Mädchen folgen danach Sandra und Katharina und für die Buben Thomas und Markus. Wien ist die Hochburg der Pensionisten in Österreich. In Österreich sind 19,9 Prozent der Bevölkerung Rentner, in Wien sind es 26,4. Die wenigsten Pensionisten gibt es in Vorarlberg mit 13,1 Prozent. Die 1987 abgebrannte Müllverbrennungsanlage Spittelau wird nach dem modernsten Stand der Technik wieder aufgebaut, und Friedensreich Hundertwasser wird die Fassade gestalten. Für das Antifaschismus-Denkmal werden als Errichtungsort anstatt des Albertinaplatzes der Schwarzenbergplatz und der Morzinplatz vorgeschlagen. Bürgermeister Zilk bleibt beim Albertinaplatz. Eine Historikerkommission übergibt ihren Abschlussbericht über das Verhalten des Bundespräsidenten während des Zweiten Weltkrieges. An die 3.000 Teilnehmer gibt es am 11. Februar bei einer Anti-Opernball-Demonstration, die von der Polizei untersagt worden war. Sie beginnt die Demonstration aufzulösen, dabei kommt es zu Ausschreitungen.

Uno-City, Konferenzzentrum und das voraussichtliche Gelände für die Expo

HELDENPLATZ

Der Papst besucht Österreich. Am Burgtheater wird im März das Anti-Papst-Stück „Der Stellvertreter" aufgeführt. Der Außenminister und andere Politiker wollen die Aufführung verhindern. Bei der Premiere kommt es zu massiven Störaktionen. Burgtheater-Direktor Claus Peymann bringt mit einem Interview in der Wochenzeitung „Die Zeit" fast alle gegen sich auf. Mit der Premiere von Thomas Bernhards „Heldenplatz" – in dem Parallelen zwischen dem Jahr 1938 und 1988 gezogen werden – erreicht der Kulturkampf am und um das Burgtheater seinen Höhepunkt. Es wird der Rücktritt Peymanns gefordert, Politiker wollen einen Publikums-Boykott, Schauspieler legen Rollen zurück, ein Misthaufen wird vor der Burg am Tag der Premiere abgeladen. Alles vergeblich – „Heldenplatz" wird ein Höhepunkt der Ära Peymann. Eine Tageszeitung forderte ihre Leser dazu auf, ihre Meinung zum Thema „Heldenplatz – Wie weit darf die Freiheit der Kunst gehen?" bekannt zu geben. Das Resultat dieser Leserbefragung: Die jüngeren Leser befürworten die Aufführung des neuen Bernhard-Stücks, während die älteren sie ablehnen. Claus Peymann ist von 1986 bis 1999 Direktor des Wiener Burgtheaters. Er begann seine so umstrittene Intendanz programmatisch mit Thomas Bernhards „Theatermacher" und dem Satz: „Was, hier in dieser muffigen Atmosphäre?"

In der Innenstadt kommt es am 14. Februar zu einer Demonstration gegen Bundespräsident Kurt Waldheim. Man fordert seinen Rücktritt mit Rufen „Schluss mit dem Spuk in der Hofburg!".

„Obdachlosen-Infotage" werden Ende Februar in der Opernpassage abgehalten. Obdachlose wollen auf ihre Probleme und auf menschenunwürdige Zustände in den Obdachlosenheimen hinweisen.

Straßenbahnen sollen nicht mehr hoffnungslos im Verkehr stecken bleiben. Verkehrsampeln werden daher so umgebaut, dass die Tramway Vorrang vor dem Individualverkehr hat.

Rund um dem 12. März gedachte Österreich mit über 500 Veranstaltungen an den März 1938. Die größte Veranstaltung fand am Rathausplatz statt. Die „Süddeutsche Zeitung" über die Gedenktage: „Es lässt sich die Prognose wagen, dass die Affäre Waldheim und insbesondere die ‚Gedenktage' für 1938 Österreich in einer unvergleichlich bewussteren Verfassung und mit einer geschärften Fähigkeit zur demokratischen Auseinandersetzung zurücklassen werden. Kaum je haben sich so viele engagierte Stimmen zu Wort gemeldet, sind so viele mutige Gedanken gefasst und so viele Initiativen ergriffen wie jetzt."

In der Secession findet vom 22. bis 27. März die „Literatur im März" statt. Die Veranstaltung steht unter dem Motto „heute: besichtigen&berichtigen".

Bürgermeister Zilk beschäftigt die Wiener mit seiner Forderung, in Wien während der Nachtstunden nur mit 30 Stundenkilometer zu fahren. Die Autofahrerklubs sind dagegen.

Am 8. April wird in Wien die Botschaft der Europäischen Gemeinschaft eröffnet. Es ist die zweite Botschaft der EG in einem Land, das nicht Mitglied der EG ist.

Das Kalvarienberg-Viertel ist Wiens jüngstes Stadterneuerungsgebiet. Es erstreckt sich über Teile von Hernals und Währing. Fast 40 Prozent der Wohnungen haben noch das Klo am Gang, ein Fünftel der Bewohner sind Ausländer, größere Grünflächen fehlen und es gibt relativ viel Autoverkehr.

Ein Pratervergnügen
anno 1988

Die beiden größten Taxiunternehmen Wiens senken die Fahrpreise für die Fahrt zum Flughafen Schwechat. Es werden nicht mehr hundert Schilling Zusatzgebühr für die „leere" Rückfahrt nach Wien berechnet, beziehungsweise wer einen Tag vorher bestellt, zahlt 120 Schilling pro Person.

Es gibt 225 Kilometer Radwege. Drei von hundert Fahrzeugen sind Fahrräder, in manchen Gebieten sogar mehr als zehn Prozent. Und es wird der 250. Fahrradständer aufgestellt.

Die Fronten in den beiden gemeindeeigenen Abbruchhäusern Spalowskygasse und Ägidigasse verhärten sich. Die Stadt bietet den illegal wohnenden jungen Leuten Ersatzquartiere an – die wollen aber nicht umziehen. Am 11. und 12. August werden die Häuser von der Polizei geräumt. In einem der Häuser findet man ein Waffenlager.

Der letzte befahrbare Teil des Grabens wird ab Mitte September in eine verkehrsarme Zone umgewandelt. Diesen Schleichweg durch die Innenstadt dürfen nur mehr Radfahrer, Taxis, Fiaker und Linienautobusse befahren.

Das umstrittene Haas-Haus am Stephansplatz ist in Bau

Die Diskussion über den Standort der Weltausstellung, die Expo 95, geht weiter. Es wird über eine Kombination aus Nordbahnhofgelände und Donaupark nachgedacht.

Anfang Oktober wird ein neues Abfallbewirtschaftungskonzept vorgestellt. Es geht also um den Müll beziehungsweise um die Müllberge, die eine Stadt produziert. Das neue Konzept will versuchen, die beste Kombination aus Müllvermeidung, Wiederverwertung, Kompostierung, Verbrennung und Lagerung zu bieten.

Wo soll die Weltausstellung 1995 stattfinden? Der Gemeinderat ist Mitte Oktober einstimmig der Meinung bei der UNO-City.

Im ehemaligen Gasometer Simmering wird die Großausstellung „Die ersten 100 Jahre" über die Geschichte der österreichischen Sozialdemokratie eröffnet.

Österreich diskutiert über das Aussehen der neuen Kennzeichen für Autos. Sollen es Kennzeichen mit weißem Hintergrund und schwarzer Schrift sein oder schwarzer Hintergrund mit weißer Schrift?

Am 24. November wird das Mahnmal gegen Krieg und Faschismus auf dem Albertinaplatz enthüllt. Kaum ein Denkmal war in Wien so umstritten.

Touristen aus Ungarn kommen auf die Mariahilfer Straße zum Einkaufen

Die Gasometer in
Simmering sind nur mehr
ein Industriedenkmal

Am ersten Weihnachts-Einkaufssamstag rechnet man wieder mit einem „Ungarnsturm"
auf die Geschäfte der Mariahilfer Straße. Die Busse und Autos unserer Nachbarn
sollen aber zum Parkplatz beim Messegelände gelotst werden und von dort gibt es
eine Sonder-Tramway „E" alle zehn Minuten Richtung Mariahilfer Straße.

Einer der spektakulärsten Bankraube Wiens fand in der CA-Filiale Babenberger Straße
Ende November statt. Sie kamen über das Dach, überwältigten neun Bankangestellte
und die Putzfrau, räumten die Tresore aus und verschwanden wieder übers Dach.
Ihre Beute waren 4,5 Millionen Schilling.

Anfang Dezember geht das umgebaute Gaskraftwerk Leopoldau wieder in Betrieb. Es
wurde um eine Gas- und Dampfturbinenanlage erweitert, die auch Fernwärme erzeu-
gen kann. Ebenfalls eingebaut wurde eine moderne Entstickungsanlage.

Die Wiener werden wieder mehr, erreichen ein höheres Alter als je zuvor, haben mehr
Ärzte, die sie im Krankheitsfalle aufsuchen können, und essen zu viel. Das ist die Es-
senz des Gesundheitsberichtes, der im Dezember vorgestellt wird.

Ab Mitte Dezember können alle Wiener, sobald sie den Wasserhahn aufdrehen, Hochquellwasser genießen. Die Pfannbauernquelle – sie entspringt in Wegscheid bei Guß-
werk im steirischen Salzatal – wurde durch eine 21 Kilometer lange Leitung an die
zweite Hochquellwasserleitung angeschlossen und eingespeist.

J. R., Bobby & Co. bei Dreharbeiten
in der Spanischen Hofreitschule

1989

DALLAS IN WIEN

Ab 1. Jänner darf in zehn Zonen Wiens (Fußgängerbereich Am Hof, Graben, Kärntner Straße, Michaelerplatz, Schwedenplatz, Karlsplatz, Spittelberggasse, Hansson-Einkaufszentrum in Favoriten, Teile der Fußgängerzone Favoriten und Reumannplatz, Teile der Meidlinger Hauptstraße) innerhalb bestimmter Zeiten ohne Genehmigung musiziert werden. Untersagt sind Gruppen von mehr als drei Personen, lautstarke Instrumente, das Sammeln von Spenden und die Errichtung von Aufbauten.

Außenminister aus 35 Staaten nehmen an der vierten Konferenz für Sicherheit und Zusammenarbeit in Europa (KSZE) teil, die im Jänner zu Ende ging. Es wird ein Schlussdokument verabschiedet, von dem der russische Präsident Gorbatschow meint, dass es die internationalen Beziehungen auf eine neue Stufe hebe.

Die Neugestaltung der Freyung ist schon zu erkennen. Der Garagenbau ist an der Oberfläche abgeschlossen und es beginnt deren Gestaltung. Dabei wird sowohl auf die Wahrung des historischen Charakters Rücksicht genommen als auch auf die Bedürfnisse der Fußgänger.

Ungarn öffnet im September seine Grenzen für die Ausreise von DDR-Bürgern in den Westen. Mehr als 15.000 Flüchtlinge reisen daraufhin über Österreich in die BRD aus.

In Favoriten wird der dreimillionste Telefonanschluss Österreichs montiert.

Die erste Ausbaustufe des SMZ Ost ist im Rohbau fertig.

Am 2. Februar kommt es zur bisher größten Opernballdemonstration. Teils vermummte Demonstranten schleudern Steine und Flaschen gegen die Polizei, werfen Molotow-Cocktails und Farbbeutel und funktionieren ein Auto zur Barrikade um. 2.000 Polizisten bekämpfen sie mit Wasser und Feuerlöschschaum. 52 Personen werden verletzt, darunter 27 Polizisten und drei Journalisten. Zwölf der Rädelsführer werden verhaftet.

Das Jura Soyfer Theater veranstaltet im Februar ein Gedenkprogramm mit Texten von Jura Soyfer. Soyfer gehört zu den Besten der österreichischen Literatur der Zwischenkriegszeit. Er wurde 1937 verhaftet, dann kurz freigelassen und 1938 wieder verhaftet und ins Konzentrationslager Dachau transportiert. Im Herbst wird er ins KZ Buchenwald überstellt, wo er am 16. Februar 1939, also vor fünfzig Jahren, stirbt.

Von der Wiener Stadt- und Landesbibliothek wird der Gesamtnachlass Hans Mosers erworben.

Das Team der US-Texas-Öl-Fernsehserie „Dallas" beginnt im Februar mit den Vorarbeiten für die Herstellung von vier neuen Folgen über J. R. und seine Machenschaften. Gedreht wird dann in der zweiten Märzhälfte.

Am 1. März tritt eine Novelle zur Straßenverkehrsordnung in Kraft. Sie bringt für die Radfahrer das Recht, im Stauraum vor Kreuzungen an anhaltenden Fahrzeugen vorbeizufahren, den Vorrang auf einem Radfahrstreifen oder Radweg gegenüber Autofahrern und die Möglichkeit, in Einbahnen gegen die Einbahn verlaufende Radfahrstreifen durch Leit- und Sperrlinien festzulegen.

Ein Teil der Viennale (6.–17. März) findet zum ersten Mal im Volkstheater statt. Programmschwerpunkte sind dem spanischen und dem sowjetischen Film der Glasnost- und Perestrojka-Ära gewidmet. In einer Filmnacht werden „Road-Movies" aus Deutschland, Japan, Griechenland und den Niederlanden gezeigt. Im Palais Auersperg gibt es „Literatur für junge Leser" ab 8. März.

Das Musical „Cats" schnurrt bereits das siebente Jahr in Wien. „Les Miserables" und das „Phantom der Oper" werden auch weiterhin auf dem Spielplan der Vereinigten Bühnen Wiens stehen.

Da auf dem Flohmarkt an der linken Wienzeile das Chaos herrsche, will die Bezirksvertretung Mariahilf dessen teilweise Umsiedlung. Ein Teil soll da bleiben, wo er ist, ein anderer zum Gasometer in Simmering und ein dritter ans Ufer des Donaukanals.

Das Bade-Eldorado Wiens – die Donauinsel

Am Mexikoplatz wird
mit Waren aus dem
„Ostblock" gehandelt

Eine Dokumentation über das einmal sehr prunkvolle Renaissanceschloss Neugebäude
in Simmering wird im März vorgelegt. Es wird eine Sanierung befürwortet, da die
Schlossanlage nicht irgendeine Ruine sei, die man so belassen sollte, wie sie ist,
nämlich ein Ratznstadl.

Nach dem Vorbild der drei großen Gemeindebauten der Zwischenkriegszeit Karl-Marx-
Hof, George-Washington-Hof und Rabenhof wird auch der Lassalle-Hof sanft saniert.
Es werden auch die rund 300 Wohnungen auf zeitgemäßen Standard gebracht.

Am 17. März stellt das Verkehrsministerium eine neue Konzession für den Betrieb der
Straßenbahn in Wien aus. Die alte Bewilligung war nach einer Laufzeit von 90 Jahren
abgelaufen. Die neue ist ebenfalls 90 Jahre gültig, läuft also im Jahr 2079 aus.

Tausende Schaulustige gibt es am 1. April beim Begräbnis der ehemaligen Kaiserin
Zita. Der „Republikanische Club - Neues Österreich" legt am Republik-Denkmal beim
Parlament ein rot-weiß-rotes und ein blau-weiß-rotes Blumenbukett nieder, um darauf
aufmerksam zu machen, dass es seit mehr als 70 Jahren keine Monarchie mehr gibt.

Drei projektierte Einkaufszentren – die „Shopping City West" am Auhof, der „Süd-
park" am Kellerberg und eines am Laaerberg – stoßen weder bei den Anrainern noch
bei den Politikern auf viel Gegenliebe. Die Einkaufszentren seien zu riesig und der zu
erwartende Verkehr nicht zu bewältigen.

Am 8. April gestehen vier Hilfskrankenschwestern, seit 1982 mehr als 40 betagte,
schwerstkranke Patienten im Krankenhaus Lainz getötet zu haben. Als Tatwaffen

benutzten sie starke Beruhigungsmittel, die bei sehr kranken Menschen zu einem verfrühten Tod führen. Nichtzuckerkranken Patienten wurde Insulin gespritzt, was zu einem lebensgefährlichen Ansteigen des Blutzuckerspiegels führe. Als Motiv geben die Hilfskrankenschwestern Sterbehilfe und Stress an. Bei den Einvernahmen kommen auch Strukturmängel im Krankenhaus und im österreichischen Krankenhauswesen zur Sprache. Die Patienten werden aufgrund von Personalmangel und ständigem Überbelag der Stationen zumeist nur von Hilfsschwestern versorgt.

Die Ereignisse im Krankenhaus Lainz lösen eine grundsätzliche Debatte über das Gesundheitswesen aus. Am 13. April findet eine Sondersitzung des Gemeinderates statt, in dem die Bildung einer Expertenkommission beschlossen wurde. Sie soll alle strafrechtlich nicht relevanten Hintergründe der Mordserie ergründen.

Das Palais Lobkowitz, eines der schönsten Barockbauten Wiens, ist fast fertig renoviert. An der Restaurierung der Innenräume wird noch gearbeitet. Nach Fertigstellung zieht das Theatermuseum ein, das noch in der Hofburg untergebracht ist. Wenn wir schon bei der Albertina sind: Der Danubius-Brunnen am Albertinaplatz, im Krieg schwer beschädigt, bekommt wieder seine „Enns", eine seiner Brunnenfiguren.

Das manchmal allzu bunte Treiben auf dem Mexikoplatz macht Probleme. Der U-Bahn-Bau hat den 15. Bezirk erreicht. Es wird in geschlossener Bauweise der Tunnel zwischen Reithofferplatz und Kardinal-Rauscher-Platz gebaut. Ideen für die Gestaltung der Expo 95, der gemeinsamen Weltausstellung Wien – Budapest werden gesucht. Die Vorbereitung für die Übersiedlung aus dem alten ins neue AKH verlaufen auf Hochtouren.

Ein neues Eltern-Kind-Zentrum wird im April im 23. Bezirk eröffnet. Es hat ein besonders umfangreiches Angebot: Elternschule, Mutterberatung, Fördergruppen für Kleinkinder, Hebammen-Stützpunkt, Mütter-Café, Sozialberatung, Sonderpädagogische Ambulanz für behinderte Kleinkinder, Kinder- und Jugendpsychologische Beratungsstelle.

„1789–1989; Wien grüßt Paris" ist der Titel der Eröffnung der Wiener Festwochen am Rathausplatz. Stargäste werden Gilbert Becaud und Juliette Greco sein. Die große Festwochenausstellung in der neu adaptierten ehemaligen Winterreithalle im Messepalast ist der Seele gewidmet und heißt „Wunderblock – eine Geschichte der modernen Seele". Begleitet wird die Ausstellung von den Symposien „Philosophie und Psychoanalyse" und „Psychoanalyse und Musik". Der zweite Themenschwerpunkt

Massen auf dem Mexikoplatz

Lainz – Ort einer Tragödie

ist „Freiheit und Menschenrechte" und bezieht sich auf die 200. Wiederkehr des Jahres der Französischen Revolution. Zum dritten Mal gibt es auch Big Beat, eine Veranstaltungsreihe für Pop- und Rockmusik.

Vom 19. bis 21. Mai findet das 6. Donauinselfest statt. Zwischen Floridsdorfer Brücke und Reichsbrücke treten 230 Künstler- und Sportlergruppen auf. Lasershow, Riesenfeuerwerk, Auftritte von Wolfgang Ambros, Wilfried und Bilgeri sind nur einige der Höhepunkte.

Das Wiener Marktamt wird 150 Jahre alt. Auf dem Rathausplatz findet vom 13. bis 25. Juni ein großer Markt statt und in der Volkshalle eine Ausstellung zur Geschichte des Marktamtes.

Mehr als vierzig Schulexperten bilden die Wiener Schulreform-Kommission. Sie soll Vorschläge zur Strukturreform der Hauptschulen machen. Der Trend von der Hauptschule zu den Mittelschulen hält weiter an. Das Missverhältnis der Lehrstellensuchenden zum Lehrstellenangebot nimmt zu. Es stehen 700 offene Lehrstellen rund 300 Lehrstellensuchenden gegenüber.

Die Lobau wird in den Nationalpark Donau-March-Auen einbezogen.

Ab 1. Juli übernimmt die Stadt Wien durch eigene Organe die Überwachung der Kurzparkzonen. In einem französischen Wochenmagazin wird die Lebensqualität in 50 europäischen Städten untersucht. Bewertet werden Lebensstandard, Kulturangebot, soziale Sicherheit, Verkehr, wirtschaftliche Dynamik, Umwelt- und Sicherheitsverhältnisse. Das Ergebnis: Stockholm ist an erster Stelle, dann folgt Wien vor Helsinki und Zürich. Wien sei ein Modell des Wohlstandes und der Sicherheit sowie beispielgebend innerhalb Europas für den Umweltschutz.

Bürgermeister Zilk entscheidet, dass in der EBS und in der Müllverbrennung Flötzersteig Aktivkohlefilter gegen Dioxin eingebaut werden. Wien wird für den Informatik-

Demonstration gegen den Opernball

unterricht in den Hauptschulen, der ab dem Schuljahr 1990/91 stattfinden wird, die Computer kaufen.

Die E-Werke bauen auf dem Dach der HTL in Favoriten in der Ettenreichgasse mit der Hilfe von Schülern Sonnenkollektoren zur Stromgewinnung auf. Sie sollen zur Lehre und Erforschung der Photovoltaik dienen.

Im Sommer wird bei der Luftmess-Stelle Jägerwiese im Wienerwald der Ozon-Grenzwert für den Schutz der Pflanzen an fast jedem Tag überschritten.

Die steirische Gemeinde Wildalpen ist so etwas wie Wiens 24. Bezirk. Warum? Viele der 670 Einwohner sind Bedienstete der Wiener Wasserwerke oder der Wiener Forstverwaltung. Sie sorgen dafür, dass das Gebirgsquellwasser aus dem Hochschwabmassiv durch die II. Hochquellenleitung nach Wien gelangt und dass die Quellengebiete nicht verunreinigt werden. Wildalpen feiert heuer sein 850-Jahr-Jubiläum.

An 2.400 zusätzlichen Park-and-Ride-Plätzen wird gearbeitet. Die Standorte sind Erdberg (U3), Schnellbahnstation Brünner Straße und Bahnhof Liesing.

Das Loos-Haus am Michaelerplatz, dessen Erbauung 1910 einen Sturm der Entrüstung ausgelöst hatte, wurde restauriert. Der Brunnen in der Fußgängerzone Kärntner Straße, der 1974 aufgestellt und seither oft kritisiert wurde, wird durch einen neuen – gestaltet von Hans Muhr – ersetzt.

DIE LOBAU

Die Rodungen in der Lobau, die 1958 erforderlich sind, beschränken sich auf das Gebiet rund um den Ölhafen und machen vier Tausendstel der Gesamtfläche der Lobau aus. Mit anderen Worten: Die Lobau, dieses über zweitausend Hektar große Augebiet im 22. Bezirk, bleibt erhalten. Der Name kommt übrigens vom althochdeutschen Wort „Lo" und bedeutet dichter Wald. Ursprünglich war die Lobau ein von den Donauarmen begrenztes Augebiet. 1905 wurde die Lobau als wichtiges Stück des „Wald- und Wiesengürtels" zum Schutzgebiet erklärt. Seit 1918 ist die Obere Lobau im Besitz der Gemeinde Wien, die Untere Lobau gehört der Republik Österreich. 1938 wurde ein Teil der Naturlandschaft durch den Bau von Öltanks, einer Erdölraffinerie, eines Ölhafens und den Beginn des geplanten Donau-Oder-Kanals zerstört. 1977 wurde die Lobau von der UNESCO zur „Biosphären-Reserve" und 1978 von der Wiener Landesregierung zum Naturschutzgebiet erklärt und ist seit 1996 Teil des Nationalparks Donau-Auen. In der Kernzone des Naturschutzgebiets, der Unteren Lobau, steht ein Grundwasserwerk der Gemeinde Wien. In der Oberen Lobau finden sich unter anderem Wildbadeplätze (FKK) und Lagerwiesen. Ein Teil der insgesamt 20 Kilometer langen und durchschnittlich 200 Meter breiten Neuen Donau wurde entlang des Erholungsgebiets der Lobau angelegt.

Am 5. Oktober demonstrieren städtische Bedienstete der Krankenhäuser und Pflegeheime. Es geht um Personalmangel, zu viele Überstunden, Mitbestimmung, überhaupt um Fragen der Arbeitsbedingungen. In der Brigittenau (Treustraße) werden Mitte Oktober zwei neue Volksschulen und ein Kindertagesheim eröffnet.

Am 20. Oktober findet ein „Neutralitätsfest" im „Z"-Club-Zelt im Donaupark statt. Am 25. Oktober treffen Politiker und Wissenschafter zu einer Podiumsdiskussion zum Thema „Neutralität – EG – Bundesheer" im Albert-Schweitzer-Haus in der Schwarzspanierstraße aufeinander.

Der Versuch „Tempo 30" in einigen Wiener Gebieten hat sich bewährt. Es werden noch heuer fünfzehn weitere Tempo-30-Zonen errichtet.

Tausende Bürger der Tschechoslowakei machen in der Vorweihnachtszeit Gebrauch von ihrer neuen Reisefreiheit. Schon am 16. Dezember haben bis zu Mittag an die 160.000 Tschechen und Slowaken die Grenze nach Österreich passiert.

Mit Ende des Jahres hat die Telefonnummer des Rathauses 42 800 ausgedient. Ab Jänner gibt es eine neue Telefonanlage und eine neue Nummer, nämlich 4 000.

Das Rathaus gratuliert zur
Wiedervereinigung
Deutschlands

OFFENE GRENZEN

„Offene Grenzen" ist das Motto der Wiener Festwochen 1990. Mit diesem Motto wird auf die europäischen Epochenereignisse des Jahres 1989 eingegangen. Die Gestaltung des Eröffnungsfestes am Rathausplatz übernimmt der Starpianist Friedrich Gulda.

Es gibt ein 10-Punkte-Programm für eine umfassende Reform des Gesundheits- und Spitalswesens. Die Maßnahmen dieses Programms betreffen unter anderem die Betreuung und Behandlung Pflegebedürftiger. Sie soll mehr als bisher in geriatrischen Tageszentren erfolgen. Die Hauskrankenpflege soll ausgebaut werden. In den Pflegeheimen sollen die Rehabilitationseinrichtungen verbessert werden.

Die Belastung der Luft mit Schwefeldioxid konnte in den letzten zehn Jahren fast um 70 Prozent, also mehr als zwei Drittel, gesenkt werden. Ausschlaggebend für diese Verbesserung ist der Einsatz von Erdgas statt Heizöl, der Einbau von Filtern und Denoxanlagen bei den E-Werken; und die Forcierung umweltschonender Heizungen. 1971 gab es 22 Prozent Heizungen, die mit Fernwärme, Gas oder Strom betrieben wurden. Jetzt sind es 61 Prozent.

Das neue Haas-Haus steht vor seiner Fertigstellung.

Am 22. Februar gibt es eine Opernballdemonstration, bei der es zu Gewalttätigkeiten kommt. Ausschreitungen einer kleineren „anarchistischen" Gruppe bei einer ansonsten friedlich ablaufenden Anti-Opernball-Demonstration führen zu rund 100 Verletzten, darunter 60 Polizisten.

Vom 22. bis 24. Februar findet eine Volksbefragung statt. Die Initiatoren dieser Befragung machen es etwas kompliziert und wollen wissen, ob wegen der bedrohlich sich verschlechternden Verkehrs- und Umweltsituation stadtteilweise Volksbefragungen durchgeführt werden sollen, und nennen dann sechs Themen mit den Bezirken, in denen dann über diese Themen eine Befragung stattfinden soll. Die Beteiligung an

Demonstration gegen den Opernball eskaliert

dieser Volksbefragung war gering. Sie lag bei 6,1 Prozent der stimmberechtigten Wiener.

„Der Klang dieser Stadt macht Ihre Seele verliebt." – so der Titel eines großen Artikels über Wien in einem belgischen Wochenmagazin. In der „Washington Post" erklärt eine Journalistin ihren Leserinnen und Lesern, was sie gegen ihre Depressionen unternimmt: Sie fährt nach Wien und tanzt hier auf Bällen. Apropos Wien-Besuche: Die Gästeübernachtungen steigen. Besondere Wien-Fans sind die Deutschen und die Italiener, und die US-Touristen haben den „Waldheim-Schock" überwunden.

Es wird für den Magistrat, die Stadtwerke und Betriebe der Stadt ein PVC-Verbot erlassen. Beim Umbau oder Neubau von Tankstellen sind in Wien sogenannte Gaspendelleitungen vorgeschrieben. Damit wird die Emission umweltschädigender Kohlenwasserstoffe verringert.

Touristen stürmen das Schloss Schönbrunn

Ein Teil des Fleischmarktes wird nach Dr. Desider Friedmann benannt. Er war seit 1922 Vorsteher der Wiener Israelitischen Kultusgemeinde. Er wurde 1944 in Auschwitz ermordet.

Eine Foto-Ausstellung in der Volkshalle des Rathauses dokumentiert die Ereignisse in der Tschechoslowakei vom 17. November 1989 – der gewaltsamen Auflösung einer Studentendemonstration in Prag – bis zum 29. Dezember 1989, der Wahl Vaclav Havels zum Präsidenten.

Der Rabenhof in Erdberg, einer der größten Gemeindebauten der 1. Republik, wird renoviert. Das bedeutet unter anderem das Einsetzen 2.300 neuer Fenster, das Austauschen der Gas- und Stromleitungen, den Einbau von Aufzügen und eines Vollwärmeschutzes bei 12.000 Quadratmeter Fassade.

Mitte März wird das Jüdische Museum der Stadt Wien als Provisorium in der Seitenstettengasse eröffnet. Die erste Ausstellung zeigt eine Auswahl von Zeremonialgegenständen, die bei jüdischen Fest- und Feiertagen verwendet wurden.

Bei einem Raubüberfall am 9. April – auf einen Postwaggon der ÖBB auf der Strecke zwischen St. Pölten und Wien – erschießen unbekannte Täter einen ÖBB-Bediensteten und erbeuten 35 Millionen Schilling. Die Polizei kann nach drei Jahren die Raubmörder fassen. Auf ihr Konto gehen noch zwei weitere Raubüberfälle in Wien 1983 und 1984.

Im April brennt das Hauptgebäude
der Zentralsparkasse im 3. Bezirk

Die Wienerinnen und Wiener
sind vom Inneren des Haas-
Hauses überrascht

Ab Ende Juni gilt zwischen Ring und Kai Tempo 30. Diese Tempo-30-Zone ist die fünfzigste in Wien und die erste, die praktisch einen ganzen Bezirk umfasst. Für die Einführung sind sechzig neue Verkehrstafeln notwendig.

Am 15. September wird das umstrittene und befehdete Haas-Haus am Stephansplatz eröffnet. Auf 13 Etagen – davon vier Untergeschoßen – gibt es fast 4.000 Quadratmeter Nutzfläche. Das Haas-Haus ist Wiens exklusivste Shopping-Mall. Die Besucher stürmen das Haus, aber sie schauen mehr als sie kaufen.

Die Belastung der Luft durch Schwefeldioxid und durch Staub ist in den letzten Jahren kontinuierlich gesunken. Die Verunreinigung durch Stickoxide und durch Ozon nimmt zu. Der Hauptgrund für beide Schadstoffe ist der Kfz-Verkehr. Fazit: Alle Kraftfahrzeuge sollten mit Katalysatoren ausgestattet sein.

Die Burggasse bekommt eine Busspur, die auch von Taxis benützt werden kann. Weitere folgen dann in der Neustiftgasse und in der Neubaugasse. Die 890 Kurzparkzonen mit rund 140.000 Parkplätzen werden seit einem Jahr von Organen der Stadt Wien überwacht.

Durchschnittlich werden im Monat 40.000 Organmandate ausgestellt und für 70 Millionen Schilling Kurzparkscheine verkauft.

Am 29. Juli stirbt im Krankenhaus Lainz im Alter von 79 Jahren Alt-Bundeskanzler Bruno Kreisky.

Im Wiener Künstlerhaus ist ab 3. August eine Ausstellung über das Ghetto in Lódz mit dem Titel „Warteraum des Todes" zu sehen. 160.000 Jüdinnen und Juden mussten zuerst in diesem Lager zwangsarbeiten und wurden dann in die Vernichtungslager deportiert und ermordet.

In der Innenstadt geben die Pflasterer den Ton an. Neu gepflastert wird der Michaelerplatz, der Minoritenplatz und selbstverständlich auch der Stock-im-Eisen-Platz, der bis Mitte September fertig sein muss.

Hilfe für Drogenabhängige und für alle Menschen in Krisensituationen bietet das Sozialmedizinische Betreuungszentrum „Ganslwirt" – in den Räumen des ehemaligen Wirtshauses „Ganslwirt" Ecke Gumpendorfer Straße/Esterházygasse.

Ohne Computer geht es nicht mehr: Ab Herbst gibt es in den dritten und vierten Klassen der Hauptschulen Informatikunterricht. Die 92 Schulen sind mit 900 Personal-Computern ausgestattet.

Am 7. Oktober findet die 14. Nationalratswahl der Zweiten Republik statt. Die SPÖ gewinnt leicht, die ÖVP verliert schwer, die FPÖ gewinnt stark und die Grünen bleiben gleich. Der Mandatsstand: SPÖ 81 (bisher 80), ÖVP 60 (76), FPÖ 33 (18), Grüne 9 (9). Die Wahlbeteiligung ist die niedrigste seit 1945 und beträgt 86,1 Prozent.

Flohmarkt auf der
Wienzeile

Die Wiener Bauordnung wird novelliert. Es sollen zu enge Gänge und Türen, unnötige Stiegen und Absätze, die Behinderten das Leben unnötig schwer machen, nicht mehr gebaut werden.

Noch vor 2000 muss eine dritte Hochquellwasserleitung gebaut werden. Es wird mehr Bewohner geben und mehr Wohnungen. Es muss daher auch mehr Wasser nach Wien gebracht werden.

Ab 17. November gibt es im Rathauspark einen „Adventzauber".

Vor 21 Jahren war es in der Stadthalle schon zu sehen: das ultimative Hippie-Musical „Hair". Jetzt kommt es wieder – vielleicht schon ein bisschen „überwuzzelt", aber eigentlich immer noch hip, und wieder in die Stadthalle ab 22. November.

„Wien hilft Moskau" läuft im Dezember an. Wien wird der russischen Hauptstadt 100.000 Hilfspakete spenden, die vor allem Pensionisten zugute kommen sollen.

Über 750.000 Tonnen Müll fiel heuer an. Getrennt gesammelt wurden davon 121.000 Tonnen. Der „Systemmüll" – so nennen es Müllexperten –, also der Müll, der weder deponiert noch verbrannt werden kann, wird weniger. Und es ist klar, dass je besser die getrennte Sammlung von verwertbarem Müll funktioniert, desto weniger Müll deponiert oder verbrannt werden muss.

Die Pflege von Kranken zu Hause ist aus dem Gesundheitswesen nicht mehr wegzudenken. Fast 5.000 Patienten werden heuer von 102 mobilen Krankenschwestern gepflegt.

Was ist, wenn etwas – was auch immer – zu den Weihnachtsfeiertagen passiert? Es gibt einmal Feuerwehr, Polizei und Rettung. Es gibt einen Ärztefunkdienst, eine Ärztezentrale, den Vergiftungsnotruf, die Apothekenbereitschaft, Zahnärzte und ein Patientenservice; dann den Sozialnotruf der Stadt Wien, einen Sozialpsychiatrischen Notdienst, die Telefonseelsorge, eine Anmeldestelle für Todesfälle und das Wiener Kindertelefon, das Frauenhaus und einen Notruf und Beratung für vergewaltigte Frauen. Bei Schäden haben das E-Werk, das Gaswerk, die Straßenbeleuchtung, das Wasserwerk, Kanalgebrechensdienst Tag und Nacht Dienst. Dann haben wir noch den Tiernotruf und das Tierschutzhaus, die Pannendienste von ARBÖ und ÖAMTC und vier Funktaxibetreiber.

Haas-Haus: Gefällt es oder gefällt es nicht?

In Wirklichkeit können nur
Raumfahrer diese Aussicht
auf unseren blauen Planeten
genießen

ÖSTERREICHER IM WELTALL

Franz Viehböck und
Clemens Lothaller gewannen die
Auswahltests in der Sowjetunion
für die Weltraummission

Im Oktober fliegt der erste Austronaut ins Weltall. Es ist der 29-jährige Elektrotechniker Franz Viehböck. Mit zwei russischen Kosmonauten startet er am 2. Oktober vom Kosmodrom Baikonur mit der Raumkapsel Sojus TM 12 zur Raumstation Mir und kehrt am 10. Oktober wohlbehalten wieder zur Erde zurück.

Zurück nach Wien: Im Jänner setzen die Verkehrsbetriebe neue Autobusse ein – Niederflur-Autobusse. Sie haben stufenlose Einstiege vorne und in der Mitte und sind daher sehr viel bequemer. Bequemer sind auch die Sitze; sie sind nämlich gepolstert.

84 Projekte wurden zum Architekten-Wettbewerb für die Expo '95 eingereicht. Der erste Preis geht an einen Wiener Architekten und sieht einen Bau mit vier Geschossen parallel zur Donau vor, der den Expo-Bereich zweiteilt. Von einem Briten entworfen gibt es auch schon ein dynamisches Logo für die Expo '95.

15.000 Spielanzüge, 9.000 Babyhauben, dann noch Hemdchen, Jäckchen, Strampler und Babypyjamas müssen für die Säuglings- und Kleinkinder-Wäschepakete von der Stadt eingekauft werden.

Es gibt heuer keinen Opernball. Er wird wegen des Golfkrieges abgesagt.

Es gibt mehr Altstoffsammelstellen, wo außer Papier und Glas auch Metalle, Dosen und Folien abgegeben werden können. Auf dem Karmelitermarkt beginnt versuchsweise die getrennte Sammlung von Holzsteigen, Kartons und Obst- und Gemüseabfällen.

Die Wiener Stadt- und Landesbibliothek erwirbt eine Rarität: die erste Partiturniederschrift der Oper „Ritter Pasman" von Johann Strauß. Er hatte ja mit ihr seine liebe Mühe, sollte sie doch beweisen, dass der Walzerkönig auch ernsthaft sein kann.

Mitte März wird der überarbeitete Entwurf für ein Museumsquartier im Wiener Messe-palast vorgestellt. Es sieht die Neuerrichtung eines Museums moderner Kunst, ein Museum für die Sammlung Leopold, eine Kunst- und Veranstaltungshalle sowie einen Leseturm vor. Die Dis-kussion über das Museumsquartier wird manchmal ziemlich hysterisch geführt, wobei manchen alles recht wäre – Hauptsache, es wird nichts verändert.

Ende März werden im Prozess um die Morde an Patienten im Krankenhaus Lainz zwei der angeklagten Hilfsschwestern zu lebenslänglicher Haft verurteilt. Manchmal hat man beim Prozess den Eindruck, als ob alle Krankenschwestern und Pfleger vor Gericht stünden.

Ab 1. April schließt das alte Ronacher seine Pforten und wird renoviert. Nach dem Umbau wird es wieder ein Theater sein, das altes Flair mit modernster Technik und kulturelle Tradition mit zeitgenössischer Architektur von „Coop Himmelblau" verbindet.

Das Ronacher wird renoviert

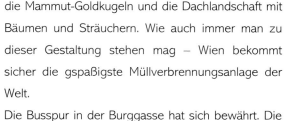

Die Per-Albin-Hansson-Siedlung wird generalsaniert. Die denkmalgeschützte Wohnhausanlage mit 1.037 Wohnungen und 46 Geschäftslokalen war der erste umfangreiche Wohnungsbau der Gemeinde in der 2. Republik. Er wurde mit schwedischer Hilfe von 1948 bis 1954 errichtet. Die Renovierung kann bis 1994 abgeschlossen werden.

Die Müllverbrennung Spittelau im Stile Hundertwassers macht Fortschritte. Die Fassade als riesiges buntes Gemälde ist fertig, der Schlot ist hellblau verkleidet, was noch fehlt, sind die Mammut-Goldkugeln und die Dachlandschaft mit Bäumen und Sträuchern. Wie auch immer man zu dieser Gestaltung stehen mag – Wien bekommt sicher die gspaßigste Müllverbrennungsanlage der Welt.

Die Busspur in der Burggasse hat sich bewährt. Die Busse sind viel pünktlicher und zwischen Gürtel und Breite Gasse verkürzt sich die Fahrzeit fast um die Hälfte.

Im März wird ein neues Konzept für die Betreuung Pflegebedürftiger vorgestellt, das in den nächsten fünf Jahren verwirklicht werden soll und die Betreuung grundlegend verbessern wird. Es wird in diesem Konzept alles berücksichtigt, was zu berücksichtigen

Wienerinnen und Wiener bei der Volksbefragung über Expo und Staustufe Wien

ist: Spital, Pflegeabteilung, Pflegeheim, sozialer Stützpunkt, Hausarzt, mobile Schwestern und die Unterstützung pflegender Angehöriger.

Anfang April findet bei der neuen Sporthalle in der Hopsagasse die Gleichenfeier statt. Im Herbst wird hier dann das Eishockeyteam WEV spielen, bis es im nächsten Jahr in die Attemsgasse übersiedelt. Dann wird die Halle Hopsagasse dem Ballsport gehören. Mit der Renovierung fertig ist man beim Pasqualati-Haus, das nicht zu übersehen auf der Mölkerbastei steht.

Im April beschließt der Gemeinderat eine Volksbefragung über die Durchführung der Expo '95 und den Bau der Staustufe Wien. Die Volksbefragung wird vom 14. bis 16. Mai stattfinden. Voraussetzung für die Expo sei ein Konsens gewesen, da aber FPÖ und ÖVP diesen Konsens in Frage stellen, wird eine Volksbefragung durchgeführt. Es erscheine zweckmäßig, gleichzeitig auch die angekündigte Volksbefragung über die Staustufe durchzuführen. So Bürgermeister Zilk und Vizebürgermeister Mayr zur doch überraschenden Entscheidung.

Der Fall des Eisernen Vorhangs und das Bevölkerungswachstum Wiens, das nicht nur auf mehr Geburten zurückzuführen ist, sondern auch auf eine verstärkte Zuwanderung, hat seine Auswirkungen auf die Stadtentwicklung. Mehr Menschen in Wien bedeuten auch die Notwendigkeit von mehr Wohnungen und mehr Arbeitsplätzen. Es werden daher auf-

Österreich wird für zwei Jahre nicht-ständiges Mitglied des Sicherheitsrates der Vereinten Nationen. Und es übernimmt für das erste Halbjahr 1991 den EFTA-Vorsitz.

bauend auf dem Stadtentwicklungsplan 1984 städtebauliche und verkehrsbezogene Teilkonzepte, die bis 2010 reichen, bis zum nächsten Jahr ausgearbeitet.

Bei einem Spitalsgipfel im April wird festgestellt, dass Wien mehr Pflegepersonal braucht. Dieses hätte man in Tunesien, Weißrussland und China gefunden, doch es gibt Schwierigkeiten mit den Arbeitsgenehmigungen.

Am 4. Mai findet das 14. Stadtfest unter dem Motto „Wir Wunderkinder" statt. Es geht im Mozartjahr – 200. Todestag Mozarts am 5. Dezember – um die Suche nach alten und jungen unentdeckten Wunderkindern.

Am 11. Mai werden die Wiener Festwochen – es sind die vierzigsten – wie immer auf dem Rathausplatz eröffnet. Es wird selbstverständlich Mozart gefeiert, immerhin ist es zweihundert Jahre her, dass er in Wien starb. Die Festwochen bieten aber nicht nur Mozart in vielen Lebenslagen, sondern auch einen Themenschwerpunkt „Neue Heimaten – Neue Fremden" und die Reihe Zeit/Schnitte mit einer Hommage für Anton Kuh „Der unsterbliche Österreicher". Es sind die gemessen an Besucherzahlen und Einnahmen erfolgreichsten Festwochen.

Die Mozart-Ausstellung „Zaubertöne – Mozart in Wien" im Künstlerhaus ist kein großer Publikumserfolg.

Das Ergebnis der Volksbefragung ist eindeutig. 44 Prozent der Stimmberechtigten nehmen teil. Von ihnen sprechen sich 65 Prozent gegen die Expo und 73 Prozent für das Donaukraftwerk Freudenau aus. Das Kraftwerk wird gebaut. Die Expo ist für Wien abgesagt. Ob sie Budapest allein durchführen will, ist noch offen.

In den letzten zehn Jahren ist Wien zu einem Radwegenetz von rund 380 Kilometer gekommen. Es gibt schon Pläne für ein erweitertes Radwegegrundnetz.

Im Juni ist das Mahnmal gegen Krieg und Faschismus auf dem Albertinaplatz fertig.

Zum ersten Mal in Wien:
der Dalai Lama

„Zaubertöne"
im Künstlerhaus

Placido Domingo
begeistert Wien

Bürgermeister Zilk enthüllt am 21. Juni das nun vollendete Denkmal.

Wien liegt zwar an der Donau, aber eine richtige Donaustadt wie etwa Budapest oder Belgrad ist es nicht. Die Donau ist trotz Donauinsel und Neue Donau noch immer ein bisserl weit weg. Im Sommer werden Pläne für die Donau-City, einen neuen Stadtteil an der Donau, präsentiert, die einen „optimalen Nutzungsmix" vorsehen. Das bedeutet die richtige Mischung von Wohnen und Arbeiten. Und es soll auch zwei Hochhäuser, zwischen 100 und 180 Meter hoch, geben.

Dieses Jahr wurde auch – wie alle zehn Jahre – die Bevölkerung gezählt. Und Wien hat 1,6 Millionen Einwohner und gegenüber 1981 eine Bevölkerungszunahme von rund 70.000 Menschen.

Vom 1. Juli bis 31. August hat die Wiener Staatsoper Ferien. In dieser Zeit findet beim Wiener Rathaus zum ersten Mal täglich ab Einbruch der Dämmerung ein Opern-Film-Festival statt. Es gibt Gratisfilme mit Mozart-Opern in lauer Sommernacht.

Am 8. Juli gibt Bundeskanzler Vranitzky vor dem Nationalrat eine Erklärung zu Österreichs Haltung gegenüber dem Nationalsozialismus ab. Es ist das erste Mal, dass ein österreichischer Bundeskanzler in dieser Form Stellung nimmt. Vranitzky schließt seine Erklärung so: „Wir bekennen uns zu allen Taten unserer Geschichte und zu den Taten unseres Volkes, zu den guten wie zu den bösen; und so wir die guten für uns in Anspruch nehmen, haben wir uns für die bösen zu entschuldigen – bei den Überlebenden und bei den Nachkommen der Toten."

Der Wiener Musiksommer kann mit einem Weltstar aufwarten. Placido Domingo, ein Opernstar der Superlative, singt am Rathausplatz ein auf Wien und Mozart zugeschnittenes Programm: also Opernarien, Lieder aus Wiener Operetten und Wiener Lieder und auch Zarzuelas, eine Art spanische Schmachtfetzen. Es kommen am 11. August mehr als 25.000 Menschen. Sitzplätze gab es keine mehr und Stehplätze eigentlich auch nicht.

Im August finden Ruder-Weltmeisterschaften statt. Die Ausbeute der Österreicher: einmal Silber und einmal Bronze.

Wien hätte gerne für 1996, das Jahr der Millenniumsfeier Österreichs – Sie wissen schon, „Ostarrichi" –, die Finalrunde der Europameisterschaften im Fußball. Daraus wird zwar nichts, aber es gibt sie im Jahr 2008 in Wien.

Der „Tag der offenen Tür" im Rathaus im September feiert seinen 25. Geburtstag. Damals begrüßte Bruno Marek die Besucher in seinem Arbeitszimmer, heuer Helmut Zilk. Eröffnet wurde er dieses Jahr von Vizebürgermeisterin Gertrude Fröhlich-Sandner, sie hatte das schon vor 25 Jahren getan.

Der südliche Wienerberg wird immer mehr zu einem attraktiven Wohnviertel im Grünen. Im Rahmen der Bebauung der Wienerberggründe entstanden seit 1987 rund 1.150 Gemeindewohnungen, weitere 800 werden noch gebaut.

In der Gemeinderatssitzung vom 12. September bringt die FPÖ einen Neuwahlantrag ein. Der Antrag wird einstimmig angenommen. Gewählt wird am 10. November.

Seit 1985 ist die Anzahl der Unfälle auf dem Schulweg deutlich gesunken. „Verantwortlich" für diese schöne Entwicklung sind auch die 190 freiwilligen Schülerlotsen. Mütter, Großeltern, Pensionisten, die dafür sorgen, dass die Wiener Schülerinnen und Schüler sicher über die Kreuzungen kommen.

Bei der Neuwahl des Landtages, Gemeinderates und der 23 Bezirksvertretungen am 10. November treten sieben Parteien an: In allen Wahlkreisen kandidieren die SPÖ, die ÖVP, die FPÖ, die GAL und der VGÖ. Die KPÖ kandidiert in 15 Wahlkreisen; im 7., 8. und 9. Bezirk kandidiert die Liste SOS. Übrigens: Mehr als 10.000 Gemeindebedienstete sorgen dafür, dass die Wahl wie immer klaglos über die politische Bühne geht. Das Ergebnis der Wahl: SPÖ 52 Mandate, FPÖ 23, ÖVP 18 und GA 7. Damit ziehen erstmals Grün-Alternative in den Gemeinderat ein, die FPÖ ist erstmals stärker als die ÖVP und die SPÖ hat ihr schlechtestes Ergebnis seit 1945. Zum ersten Mal gibt es zwischen Gemeinderats- und Bezirksvertretungswahlen große Unterschiede.

Es gibt erste Pläne für die Nutzung des Alten AKH. Die großzügigen Grünanlagen werden erhalten bleiben. Es soll auch Lokale und Geschäfte geben. Die Außenfronten werden nicht angetastet. Es wird kein Universitäts-Ghetto werden, sondern ein durchlässiges Areal, das für alle frei zugänglich ist.

Die Korneuburger Schiffswerft entwickelt ein Modell für eine schwimmende Schule, ein Schul-Hausboot. Es könnte sowohl im Donaukanal als auch in der Donau verankert werden.

Eine der schönsten Brücken Wiens sieht wieder aus, wie sie um 1900 ausgesehen hat: die Radetzkybrücke über den Wienfluss bei der Urania, eine der wenigen Eisenkonstruktionen aus der Zeit des Jugendstils.

Im Dezember wird Dr. Helmut Zilk mit den Stimmen der SPÖ wieder zum Bürgermeister und Landeshauptmann gewählt. In seiner Antrittsrede merkte er an, dass es spannend werden würde. Er hoffe aber, dass es einen Punkt gebe, bei dem es nie zu Spannungen kommen werde. Das sei die Verbundenheit mit Wien, die Solidarität mit den Menschen, einerlei ob jung oder alt, sozial abgesichert oder nicht, Österreicher oder ausländischer Bürger. Denn sie alle haben das Recht, von diesem Gemeinderat vertreten und nicht ausgegrenzt zu werden.

1961 gab es in Wien noch rund 298.000 Substandardwohnungen. Das waren fast die Hälfte aller Wohnungen in Wien. In diesem Jahr gibt es nur mehr rund 75.000. Das sind zehn Prozent.

Schülerlotsen sorgen für einen sicheren Schulweg

Das Obst und Gemüse aus
Wien ist hervorragend.

WOHNBAUOFFENSIVE WEG, NUR:
MEHR ALS 100 MILLIARDEN SCHILLING

Wien feiert einen

runden Geburtstag.

Seit 1. Jänner 1922 ist es

nicht mehr ein Teil von

Niederösterreich, sondern

ein selbständiges

Bundesland. Es wird

als Bundesland also

70 Jahre alt.

Ein neues Prostitutionsgesetz ist ab 1. Jänner in Kraft. Es legt vor allem Verbotszonen fest – 150 Meter um „geschützte Objekte" wie Schulen, Kinder- und Jugendspiel- plätze, Jugendzentren, Heil- und Pflegeanstalten, Kirchen, Bahnhöfe und Haltestellen öffentlicher Verkehrsmittel.

„Pop-odrom '92", der größte Nachwuchsbandwettbewerb Europas, stellt einen neuen Rekord auf: 214 Gruppen aus sieben Nationen treten an. Der Beginn des Wettstreits ist am 24. Jänner im „Rockhaus" in der Adalbert-Stifter-Straße.

In der Semmelweis-Frauenklinik wird das Modellprojekt eines Frauengesundheitszen- trums vorgestellt. Es soll innerhalb von fünf Jahren ein Leitbild einer modernen Frauen- klinik erstellen. Es geht um die Behandlung von Krankheiten, aber auch um Krankheits- vermeidung.

Wien will mehr Ganztagsschulen. Es verlangt von der in Schulfragen zuständigen Republik zumindest eine Aufhebung der Beschränkung für diese Schulen, die eine bessere Ausbildung bieten können.

Im neuen Eltern-Kind-Zentrum in der Leopoldstadt gibt es auch eine Vätergruppe. Zweimal im Monat können Väter mit Babys und Kleinkindern mit anderen Vätern ihre Erfahrungen austauschen.

Von November 1991 bis Februar 1992 wurden 2.620 Personen in Wien einge- bürgert. Sie wurden also österreichische Staatsbürger. Die 642 Frauen, 999 Kinder und 779 Männer stammen aus siebzig Ländern.

„Sag beim Abschied …" ist der Titel einer Ausstellung im Historischen Museum der Stadt Wien. Es geht um den Abschnitt der Wiener Kulturgeschichte, die mit der Ver- treibung und Deportation der Juden ab 1938 zu Ende ging.

Die Lebensmitteluntersuchungsanstalt testet Gemüse von Simmeringer Gärtnern, nachdem es immer wieder Gerüchte gibt, es sei durch Schadstoffe der Entsorgungs- betriebe Simmering besonders belastet. Das Ergebnis: Nitrate, Blei, Cadmium, Chrom, Kupfer, Strontium und Zink liegen weiter unter den zulässigen Richt- werten.

Die ehemalige Straßenbahnremise beim Mexikoplatz – ein schönes Stück Wiener Industriearchitektur aus der Wende vom 19. zum 20. Jahr- hundert mit 4.000 Quadratmetern – wird ein Veranstaltungsort. Es sollen hier Ausstellungen über Architektur und Stadtplanung, Kunstpro- jekte sowie Medien- und Musikprogramme gezeigt werden.

Der „Ganslwirt", die Anlaufstelle für Drogenkranke in Mariahilf, wurde von vielen Anrainern eher beargwöhnt als begrüßt. Es gab nur rund ein Drittel, die diese Einrichtung an diesem Standort befürworteten. Das hat sich geändert! Es sind jetzt zwei Drittel, und über die Hälfte sind der Ansicht, dass sich ihre Befürchtungen nicht bestätigt haben.

Am Brunnenmarkt im Jahr 1961: Zirkuselefant „kauft ein"

ERNST HAPPEL

Ernst Happel, Fußballspieler und Trainer, stirbt am 14. November im Alter von 66 Jahren. Für die Österreichische Fußball-Nationalmannschaft spielte er bei den Fußballweltmeisterschaften 1954 und 1958. Insgesamt war er 51mal für Österreich aktiv. Er war stets in der Abwehr positioniert. Seinen größten Erfolg als Spieler feierte er während der Fußballweltmeisterschaft 1954 mit Österreich, als die Mannschaft den dritten Platz erreichen konnte. Happels  Trainerkarriere begann in den Niederlanden bei ADO Den Haag. Anschließend war er bei Feyenoord Rotterdam tätig, wo er 1969 und 1971 Meister in den Niederlanden wurde, 1970 den Europacup der Landesmeister (Vorgängerbewerb der UEFA Champions League) und den Weltcup gewann. Von 1973 bis 1978 betreute er den FC Brügge in Belgien, mit dem er neben mehrfachen Titelgewinnen in Belgien zweimal ein Europacupfinale erreichte. 1978 betreute er die Niederländische Nationalmannschaft bei der Fußballweltmeisterschaft 1978 in Argentinien und wurde ihr Vizeweltmeister. In Deutschland trainierte Ernst Happel den Hamburger SV und gewann mit dem Verein zweimal (1982 und 1983) die Deutsche Meisterschaft und 1987 den DFB-Pokal. 1983 gewann er nochmals den Europacup der Landesmeister, nachdem er 1982 das Finale im UEFA-Cup erreicht hatte. 1987 kehrte Happel als Trainer des FC Swarovski Innsbruck nach Österreich zurück. Dort gewann er 1989 und 1990 den Meistertitel, 1989 auch den Cup. 1992 wurde er Teamchef der Österreichischen Nationalmannschaft. Wegen seiner wortkargen Art wurde er auch als der „Schweiger" betitelt. Um diesen großen Fußballspieler und Fußballtrainer zu ehren, wurde das Praterstadion in Ernst-Happel-Stadion umbenannt.

Der U-Bahn-Bau in der Mariahilfer Straße ist so weit gediehen, dass mit der Neugestaltung der größten Wiener Einkaufsstraße begonnen werden kann: Die Gehsteige werden verbreitert, Bäume – Rosskastanien und Dornenkronenbäume – werden gesetzt, die Beleuchtung kommt neu, unterschiedliche Bodenbeläge und die zwei Fahrbahnen mit Halte- und Lademöglichkeiten vervollständigen das neue Erscheinungsbild.

In Kleingärten darf nun auch offiziell das ganze Jahr über gewohnt werden. Eine Novelle des Kleingartengesetzes sieht jetzt die Möglichkeit von „Kleingartengebieten für ganzjähriges Wohnen" vor.

Ende März beschließt der Gemeinderat, einen Integrationsfonds einzurichten. Er hat die Aufgabe, Konflikte und Spannungen im Zusammenleben von Inländern und Ausländern abzubauen.

Ende April nimmt das neue Spital am linken Donauufer, das Donauspital, seine Arbeit auf: die ersten beiden Patientinnen werden in die 1. Medizinische Abteilung aufgenommen. Das Donauspital ist Teil des Sozialmedizinischen Zentrums Ost, zu dem auch ein Geriatrisches Tageszentrum und ein Pflegeheim gehören.

Was passiert in Wien auf jeden Fall, wenn ein neues, „modernes" Gebäude in der Innenstadt errichtet wird? Es gibt einen Aufschrei der Entrüstung, man könnte auch sagen, es wird diskutiert. Also diskutiert wird über die Aufstellung der Kunsthalle – „eingesunkene Schachtel" – am Karlsplatz, eine Übergangslösung bis zur Fertigstellung der Halle im Messepalast.

Am 26. April wählt Österreich einen Bundespräsidenten. Keiner der Kandidaten (Thomas Klestil, Rudolf Streicher, Heide Schmidt, Robert Jungk) bekommt eine absolute Mehrheit. Es gibt daher am 24. Mai eine Stichwahl Streicher gegen Klestil. Es wird der von der ÖVP nominierte Diplomat Thomas Klestil mit fast 57 Prozent der Stimmen gewählt.

Wien bringt die Lobau in den künftigen Nationalpark Donau-Auen ein. Teile der Lobau werden künftig sich selbst überlassen. Man wird der Lobau auch mehr Wasser zuführen – aus der Neuen Donau über das Mühlwasser in die anderen Altarme der Donau.

Es wird eine verbilligte Netzkarte für Seniorinnen und Senioren eingeführt. Frauen ab 60 und Männer ab 65 können nun für die Hälfte des Geldes mit den öffentlichen Verkehrsmitteln fahren.

Wien bekommt eine zweite Synagoge. Sie ist das religiöse Zentrum der Sepharden, der Nachkommen der vor einem halben Jahrhundert aus Spanien vertriebenen Juden.

Es wird die „Beratungsstelle & Treffpunkt für Frauen" im 2. Bezirk im April eröffnet.

1992

Anfang September wird die

Kunsthalle auf dem

Karlsplatz eröffnet.

Der Kunstcontainer hat

eine Fläche von tausend

Quadratmeter und soll nur

vorübergehend an seinem

Standort bleiben.

Die Beratungsstelle soll die Arbeit der Frauenhäuser ergänzen und Hilfe anbieten.

In der „Kommission für Parkraumbewirtschaftung" einigt man sich über einen Großversuch: Die Innere Stadt wird ab nächstem Jahr zur Kurzparkzone, es gibt aber für die Bewohner eine gebührenpflichtige Ausnahmeregelung. Damit soll der Berufspendelverkehr in die City mit dem Auto eingedämmt werden.

Die Neugestaltung des Michaelerplatzes erlaubt einen Blick in die Baugeschichte Wiens von 2.000 Jahren. Mit einem „Fenster in die Unterwelt" gibt es Reste von Häusern aus der Römerzeit, aus dem Mittelalter und der Renaissance zu sehen.

In Erdberg an der Endstation der U3 ist im Juni die größte Park-and-Ride-Anlage Wiens knapp vor der Fertigstellung. Ab Juli werden in der Hochgarage 1.800 Autos Platz finden.

Am 17. Juni protestieren mehr als 60.000 Menschen beim „Konzert für Österreich" auf dem Heldenplatz gegen Ausländerhass und Rechtsradikalismus. Festredner ist Nobelpreisträger Eli Wiesel.

Am 21. Juni ist die Ringstraße von der Oper bis zur Schottenpassage ein Spielplatz. Holli Knolli, das Maskottchen des Ferienspiels, feiert mit Vizebürgermeisterin Ingrid Smejkal und seinen Freunden „20 Jahre Wiener Ferienspiel". In diesen zwanzig Jahren wurde das Ferienspiel zu einer Wiener Institution, die zur größten Kinder-Ferienaktion der Welt wurde und international Anerkennung und Nachahmer fand.

Die älteste Wienerin, Maria Mika, feiert ihren 110. Geburtstag. Sie ist damit auch die älteste Österreicherin.

Knapp vor Bauende in der Mariahilfer Straße

Müllverbrennungsanlage
Spittelau – ein Schmuckstück

An der Ecke Koppstraße/Sulmgasse legen Bürgermeister Zilk und die beiden Vizebür-germeister Smejkal und Mayr im Juni den Grundstein für eine neue Hauptschule für 480 Schülerinnen und Schüler. Das ist gleichzeitig der Startschuss für das größte Schulbauprogramm Wiens: es werden 55 Schulen neu gebaut oder vergrößert.

Die Entsorgungsbetriebe Simmering, die einzige Anlage Österreichs zur Verbrennung von Sondermüll, versucht mit neuesten technischen Entwicklungen auch die Umwelt so weit wie möglich zu schonen. Im Juli geht ein haushoher Aktivkohlefilter zur Dioxin-abscheidung in Betrieb.

Die Hauptkläranlage erreicht einen Reinigungsgrad von knapp über 81 Prozent und sie wird ausgebaut. Bis 2001 soll sie eine Reinigung der Abwässer mittels eines biologischen Verfahrens von bis zu 96 Prozent erreichen.

Der Hit dieses Sommers ist das Karajan-Film-Festival auf dem Rathausplatz. Es gab keine Sitzplätze mehr und die Stehplätze waren auch schon sehr rar. Außerdem gibt es auch Standln, die Essen und Trinken anbieten, und das gefällt den Wienern wie den Touristen ebenfalls.

Wo gibt es die längsten Rolltreppen Wiens? Bei der U3-Station Schweglerstraße. Sie haben eine Fahrtreppenlänge von 43 Metern und überwinden eine Höhe von 20 Me-tern – das sind etwa acht Stockwerke eines Wohnhauses.

Wien startet eine Wohnbauoffensive. Heuer wird mit dem Bau von 6.000 Wohnungen begonnen, nächstes Jahr von 8.000. Im Zuge dieser Offensive werden zwei neue Stadtteile entstehen: der Leberberg in Simmering und die Verbauung des ehemaligen Flugfeldes in Aspern.

Wien stellt seine Drogenpolitik auf drei Säulen: Vorbeugung vor allem durch Auf-klärung bei Jugendlichen, dann gesundheits- und sozialpolitische Maßnahmen und drittens polizeiliche Maßnahmen. Bürgermeister Zilk: „Wir werden in dieser Stadt keine Aufweichung der Drogenpolitik – wie etwa ‚offene Szene', Hasch-Cafés und Ähnliches – dulden. Wir werden weiterhin eine Kombination vieler Aktivitäten anwenden, eine feste Haltung der Sicherheits- und Gesundheitsbehörden ebenso wie Hilfe für Süchtige."

Ergänzend zur „Literatur im März" werden in einer „Herbstreihe" ausgewählte Litera-turkapitel präsentiert. Heuer sind es die Themen „Jean Amery" und „Neuere russische Literatur".

Die Müllverbrennungsanlage Spittelau ist bei Touristen beliebt – wegen der Fassade – und bei Experten. Mehr als ein Drittel des Wiener Mülls wird in der Spittelau umwelt-schonendst verbrannt und gleichzeitig können mit der Abwärme 55.000 Wohnungen mit Fernwärme versorgt werden.

Ab Oktober gibt es neue Wartehäuschen bei den Tramway- und Busstationen. Sie sind luftiger, bieten viel Glas und damit Sicht und weniger Werbung.

Das soll Wien einer nachmachen – eine Müllverbrennungsanlage als Attraktion für Touristen und für Experten.

Bim ist wieder in – so könnte auf eine Kurzformel gebracht die Entwicklung des öffentlichen Verkehrs in Wien dargestellt werden. Auf 131 Linien mit etwa 3.000 Haltestellen werden durchschnittliche 1,67 Millionen Fahrgäste täglich befördert. Seit 1949 war die Zahl der „Beförderungsfälle" – so heißen die Fahrgäste technisch – gesunken. 1974 gab es den Tiefpunkt an Beförderungsfällen mit 395 Millionen. Seitdem steigen sie an. 1991 waren es schon 611 Millionen, und die Tendenz ist steigend.

Im Oktober präsentiert Vizebürgermeister Mayr den Voranschlag für das Wiener Budget. Erstmals wird die Grenze von 100 Milliarden Schilling überschritten. Schwerpunkte des Budgets sind Gesundheit, Wohnen und Verkehr.

Ende Oktober geht Block 3 des Kraftwerkes Simmering in Betrieb. Es wurde ein kalorisches Kraftwerk errichtet, das technisch und ökologisch alle Stückln spielt und noch dazu wirtschaftlich arbeitet.

Anfang November wird die Ausstellung „50 Jahre Stalingrad. Not. Tod. Elend" im Historischen Museum eröffnet. Die Schlacht sei ein Symbol für den Wahnsinn des Krieges, meint Bürgermeister Zilk bei der Eröffnung.

Die Hofburg brennt – die Lipizzaner müssen in Sicherheit gebracht werden

Im November gibt es jüdische Kulturwochen. Sie sind die bedeutendste jüdische Kulturveranstaltung in Wien seit über einem halben Jahrhundert. Es treten die Epstein-Brothers auf, die letzten Meister der klassischen Klesmer-Musik.

„Die Hofburg brennt" lautete der Schreckensruf in der Nacht vom 26. zum 27. November. Der Großbrand in der Hofburg – Brandausbruch 1.10 Uhr – stellte an Feuerwehr und Polizei in Bewältigung dieser Katastrophe hohe Anforderungen, die aber mit Bravour gemeistert wurden. Die beiden Redoutensäle sind nicht zu retten. Sie werden teilweise zeitgemäß künstlerisch und teilweise originalgetreu renoviert, mit modernsten technischen Kongresseinrichtungen ausgestattet und 1997 wieder eröffnet.

ATTENTAT AUF DEN BÜRGERMEISTER

Es gibt 320.000 Haushalte, die ans Telekabel-Netz angeschlossen sind. Für die Faschingssaison sind 213 Faschingsveranstaltungen angemeldet, darunter 50 Großveranstaltungen mit mehr als tausend Eintrittskarten.

Mitte Jänner erschüttert der Wiener Staatsoperndirektor die Nation mit der Aussage, dass er eigentlich dafür wäre, den Opernball abzuschaffen.

Ein Lichtermeer für Frieden und Toleranz als große Demonstration gegen Hass, Gewalt und Ausländerfeindlichkeit findet am 23. Jänner am Heldenplatz statt. Veranstaltet von „SOS Mitmensch" kommen an die 250.000 Menschen zur größten Kundgebung der Zweiten Republik. Das „Lichtermeer" ist auch eine Antwort auf das Anti-Ausländervolksbegehren der FPÖ, das in vielen politischen und gesellschaftlichen Gruppierungen auf Widerstand stößt. Neben zahlreichen Reden gestalten Künstler wie Jazz-Gitti, André Heller, Elisabeth Orth, Ostbahn Kurti, Georg Danzer und Alexander Bisenz ein Programm. Es sind Politiker – darunter der Bundespräsident, der Bundeskanzler und zahlreiche Minister – und Repräsentanten der Kirche anwesend.

Bei den Wiener Verkehrsbetrieben gibt es die erste Autobuslenkerin. Es gibt noch 1.027 Buslenker.

Zur Eröffnung der Festwochen – eine Galavorstellung der Lipizzaner als Dank für die Rettung vor dem Feuer in der Hofburg im letzten Jahr

Die Szene Wien in Simmering feiert Anfang Februar ihr zehnjähriges Bestehen mit einem Großaufgebot an Rock und was sonst noch dazugehört. Das Theatermuseum am Lobkowitzplatz zeigt Theateravantgarde Russlands und der Sowjetunion. Die Internationalen Wintertanz-wochen bieten 80 Seminare für Hobby- und Profitänzer. Das Künstlerhaus entführt uns nach Mittelamerika und zeigt die versunkene „Welt der Mayas". Die Planungs-werkstätte präsentiert Fotografien von Arbeiten eines der Hauptvertreter des Wiener Jugendstils, Josef Hoffmann. Wiens Vertreter beim Beginn der Verhandlungen über den EG-Beitritt Österreichs ist Vizebürgermeister Hans Mayr. Er ist nach der Rückkehr von Beitrittsgesprächen optimistisch, dass die Österreicher zu Europäern werden wollen.

Lichtermeer beim Rathaus

Die beliebtesten Vornamen für in Wien geborene Mädchen sind Julia, Katharina, Melanie und Lisa. Bei den Buben liegt Daniel vor Michael, Alexander und Thomas.

„Die neuen-alten Nazis sind nicht mehr am Outfit und am Wirtshaus-Agitprop von hin-tervorgestern zu erkennen; ganz im Gegenteil: Der Grundwesenszug der Neuen Rechten in Österreich ist die zweckopportune Anpassung an alle Zeitströmungen und Modetrends." So definiert die Theatergruppe „Habsburg-Recycling" die Grundlage für ihr neues Kabarettprogramm im Ensembletheater.

In der Josefstadt gehen von zehn Schulkindern acht in die Unterstufe der Allgemein-bildenden Höheren Schule, in Simmering hingegen nur zwei. In den sogenannten „bürgerlichen" Bezirken 1, 8, 13 und 19 ist der AHS-Anteil besonders hoch, während in den traditionellen „Arbeiterbezirken" wie Favoriten, Simmering oder Brigittenau der AHS-Anteil wesentlich geringer ist.

Aspern ist ein wichtiges Stadtentwicklungsgebiet. Es werden 2.500 Woh-nungen gebaut, und die Gestaltung der Wohnbauten kann in jeder Hin-sicht nur als vorbildlich bezeichnet werden.

In der Stadthalle gibt es noch bis 7. März einen Stammgast in Wien zu sehen: ATA '93, also Artisten – Tiere – Attraktionen, die größte Zirkus-schau Europas, die jetzt schon zum ich-weiß-es-nicht-wievielten-mal in Wien gastiert.

Die Stadt Wien gründet im Jänner eine Magistratsabteilung, die den Frauen in Wien als Plattform dienen soll, um frauenspezifische Anliegen im kommunalen Bereich durchsetzen zu können. Es ist die MA 57 „Frauenförderung und Koordinierung von Frauenangelegenheiten".

Im April gehen die Trafikanten auf die Straße

Die Dreharbeiten für die neue Krimiserie „Kommissar Rex" finden in Wien statt und werden bis Mitte 1994 andauern

In der Volkshochschule Floridsdorf gibt es Ende Februar eine Geschichtswerkstätte über „Die Wiener Schlurfs 1938 bis 1945". Die Schlurfs mochten die Nazis nicht, trugen weite Hosen, schmierten sich Brillantine in die Haare, die im Nacken einen Schwalbenschwanz machten.

Die Wiener Jugendzentren probieren es „Backstage" im Bezirk mit der größten Bevölkerung, in Favoriten. Sozial- und Jugendarbeiter werden nicht dann tätig, wenn es zu spät ist, sondern arbeiten im Vorfeld von Bandenbildung, Rechtsextremismus, Kriminalität und Drogenabhängigkeit.

Das Dokumentationsarchiv des österreichischen Widerstandes (DÖW), dessen Präsident der Vizebürgermeister i.R. Hubert Pfoch ist, gibt es seit dreißig Jahren. Es wurde 1963 aus Anlass des 25. Jahrestages des „Anschlusses" gegründet und wurde zur zentralen Stelle in Wien, die sich der Erforschung des Widerstands gegen das Hitlerregime und der Verfolgung durch die Nazis widmet.

Am 11. März gibt es das Startsignal für die Donau-City. Mit dem Bau des neuen Stadtteils rückt Wien tatsächlich näher an die Donau heran. Die Markthalle in der Nußdorfer Straße, erbaut 1882, muss generalsaniert werden und wird für ein Jahr gesperrt.

Die ÖVP und die FPÖ klagten gegen die Bestimmung der Wiener Stadtverfassung, dass es amtsführende Stadträte, die eine Geschäftsgruppe leiten, und Stadträte ohne Ressort gibt. Die Klage wird im März vom Verfassungsgerichtshof abgewiesen.

Im März wird der erste Wiener Drogenbericht vorgelegt. Wien ist unter den europäischen Großstädten ein Schlusslicht, zumindest was die Zahl der Drogentoten betrifft. Wien bekommt einen Umweltanwalt, der unabhängig und weisungsfrei agieren kann.

Am 3. April gibt es Dachgleiche beim Arik-Brauer-Haus in der Gumpendorfer Straße. Der Maler Arik Brauer wird nun die Fassade und das Hausinnere beginnen künstlerisch auszugestalten. Bei der Eröffnung der Wiener Festwochen am 14. Mai treten auf dem Rathausplatz die Lipizzaner der Spanischen Reitschule auf und zeigen Pferdedressur allerhöchster Güte.

Es häufen sich Meldungen über Verstorbene, die wochenlang und in ein paar Fällen sogar jahrelang in ihrer Wohnung lagen, ohne dass sie jemandem abgingen.

Greenpeace-Aktivisten legen im Mai den Verkehr auf der Ringstraße lahm

In der Leopoldstadt ist das größte Niedrigenergie-Wohnhaus Europas in Bau. Durch spezielle Baustoffe, Konstruktion und Nutzung von Sonnenenergie und Abwärme kann der Energiebedarf für Heizung und Warmwasser um die Hälfte gesenkt werden.

Mitte Juni beginnt im Austria-Center die Menschenrechtskonferenz der Vereinten Nationen. Etwa 2.000 Delegierte aus 171 Mitgliedsstaaten und mehr als 3.500 Mitglieder von Nicht-Regierungs-Organisationen nehmen an der Riesenkonferenz teil, die fast zwei Wochen dauert. Zur Debatte steht 25 Jahre nach der ersten Menschenrechtskonferenz in Teheran vor allem die generelle Gültigkeit der Menschenrechte.

Ende Juni wird die Kaisermühlenbrücke, eine sehr elegante Schrägseilbrücke für Fußgänger und Radfahrer, ihrer Bestimmung übergeben. Sie verbindet Kaisermühlen und die Donauinsel.

Mit 1. Juli tritt das Wiener Pflegegeldgesetz in Kraft, ein Meilenstein in der Wiener Sozialpolitik. Unabhängig von der Ursache sichert es pflegebedürftigen Menschen ein einheitliches, abgestuftes Pflegegeld.

Nachdem der Kernstockplatz in Ottakring schon in Familienplatz umbenannt wurde, bekommt auch die Ottokar-Kernstock-Straße in Penzing einen neuen Namen. Sie heißt nun Jägerstätterstraße nach Franz Jägerstätter, der den Wehrdienst für die Deutsche Wehrmacht in der Nazizeit verweigerte und hingerichtet wurde.

Anfang September wird die Verlängerung der U3 vom Volkstheater zum Westbahnhof eröffnet. Zugleich wurde die Mariahilfer Straße, die jahrelang durch Bauarbeiten beeinträchtigt war, in neuer Schönheit präsentiert.

Mitte Oktober wird das restaurierte Ronacher mit einer Galavorstellung eröffnet.

Das Arik Brauer-Haus feiert Dachgleiche

DAS DÖW

Das Dokumentationsarchiv des österreichischen Widerstandes (DÖW) wurde 1963 von ehemaligen WiderstandskämpferInnen und Verfolgten sowie von einigen engagierten Wissenschaftlern gegründet. Diese relativ späte Gründung – 18 Jahre nach Kriegsende – hängt damit zusammen, dass das innenpolitische Klima Österreichs in den vierziger und fünfziger Jahren von Widerstandskämpfern wenig wissen wollte. Das DÖW und die von ihm ausgehende Widerstandsforschung fußen nicht auf der „Opfertheorie" (Österreich als erstes Opfer von Hitlers Aggressionspolitik), sondern bemühen sich um Selbstdarstellung der WiderstandskämpferInnen und Verfolgten und um deren Selbstbehauptung gegen Ignoranz und Verdrängung. Erst 1983 wurde neben dem privaten Verein DÖW eine Stiftung ins Leben gerufen, die von der Republik Österreich (Wissenschaftsministerium) und der Stadt Wien getragen wird. Bis heute wirken Widerstandskämpfer und NS-Opfer im DÖW mit, nicht zuletzt als Zeitzeugen und bei Führungen für Jugendliche, und diese menschliche Komponente unterscheidet das DÖW ein wenig von nur aus Büchern und Akten bestehenden Bibliotheken und Archiven. Über den politischen Widerstand hinaus hat das DÖW von Anfang an auch alle Formen der NS-Verfolgung in seiner Arbeit berücksichtigt und insbesondere zu den Themen Juden- und „Zigeuner"verfolgung in Österreich die ersten wissenschaftlichen Arbeiten geliefert. In den achtziger Jahren wurden auch die geistig und körperlich behinderten NS-Opfer in die DÖW-Forschungsarbeiten einbezogen. 1979 wurde, in Zusammenwirken mit Mitarbeitern österreichischer Universitätsinstitute, erstmals das umfangreiche Werk „Rechtsextremismus in Österreich nach 1945" publiziert, das bis 1981 fünf Auflagen erlebte und zu einem Standardwerk wurde. 1993 wurde ein völlig neu strukturiertes „Handbuch des österreichischen Rechtsextremismus" herausgebracht, das den Schwerpunkt auf die Darstellung und Analyse des organisierten Rechtsextremismus legt.

In den 120 meistfrequentierten U-Bahn-Stationen Tokios wird für das Reiseziel Wien geworben. Vier Sujets zeigen jeweils eine touristische Attraktion Wiens und ihr Tokioter Gegenstück – etwa werden die Wiener Sängerknaben Karaoke-Sängern gegenübergestellt.

Im November wird das neue Jüdische Museum im Palais Eskeles in der Dorotheergasse mit der Ausstellung „Hier hat Teitelbaum gewohnt" eröffnet. Es wird anhand eines begehbaren Stadtplans die Geschichte des jüdischen Wiens dokumentiert.

Der Wiener Patientenanwalt legt seinen ersten Tätigkeitsbericht vor. Die Patientenanwaltschaft konnte im ersten Jahr fast 6.000 Personen Rat und Hilfe vor allem bei Spitalsfragen geben. Es konnten auch Verbesserungen für Patienten durchgesetzt werden.

Die Vereinsstiege zwischen Nußdorfer Straße und Liechtensteinstraße wurde generalüberholt.

Am 5. Dezember wird Bürgermeister Helmut Zilk durch eine Briefbombe schwerstens verletzt und schwebt in Lebensgefahr. Er ist seitdem an seiner linken Hand behindert. Zilk ist das Opfer einer Serie von Briefbomben, die an Politiker, Journalisten und Aktivisten gegen Ausländerhass versendet wurden. Zehn Bomben stellt die Polizei sicher, vier Personen erleiden schwere Verletzungen. Helmut Zilk gibt bereits am 13. Dezember eine Pressekonferenz, in der er versichert, dass er sich nicht von Terror einschüchtern lässt.

Bürgermeister Zilk bei einer Pressekonferenz neun Tage nach dem Attentat mit dem zweiten Bombenopfer Astrid Bilek

Der Schock über den Terror führt zu einem Parteiengipfel und zu einer Diskussion über politische Umgangsformen. Die Ermittlungen der Staatspolizei in rechtsextremistischen Kreisen bleiben vorerst ohne konkrete Ergebnisse. Zilk nimmt schon bald seine Arbeit im Rathaus zumindest stundenweise wieder auf. Er teilt mit, dass er bis zur nächsten Nationalratswahl im Amt zu bleiben beabsichtige, er werde jedoch bei der Gemeinderatswahl 1996 nicht mehr kandidieren.

Nach dem Attentat auf den Wiener Bürgermeister beschloss der Stadtsenat am 6. Dezember eine Resolution gegen die Gewalt und ruft die Wienerinnen und Wiener auf, diese Erklärung auch zu unterschreiben. Zigtausende folgen dieser Aufforderung.

Donnerbrunnen unverparkt seit Juli

Der Europaplatz im September kurz vor der Freigabe eines weiteren Teilstückes der U3

EU-Volksabstimmung: Manche
sind sehr aufgeregt ...

1994

MICHAEL HÄUPL WIRD BÜRGERMEISTER

... andere eher entspannt

Wien ist beim Konferenztourismus international auf dem dritten Platz, hinter Paris und Brüssel. Manche Kommentatoren in den Zeitungen meinen, dass der Bau der UNO-City und des Austria Centers vileleicht doch richtige Entscheidungen gewesen waren.

Was sind die beliebtesten Vornamen bei Neugeborenen? Bei den Mädchen sind es Katharina vor Julia, Jennifer und Lisa; bei den Buben: Daniel vor Michael, Alexander, Patrick und Stefan.

Schwarzfahrer haben es schwer. Die Wiener Verkehrsbetriebe sind bei den Kontrollen vor allem bei U-Bahn-Stationen besonders pingelig. Und noch nie wurden so viele Schwarzfahrer erwischt.

Wie viel Abfall produzierte ein durchschnittlicher Wiener Haushalt im Jahr? Rund eine Tonne!

Wien hat seit Februar eine Umweltanwaltschaft und eine Umweltanwältin, deren Aufgabe es ist, die Anliegen des Umweltschutzes zu vertreten.

Europremiere von Schindlers Liste: Steven Spielberg und Simon Wiesenthal bei einer Pressekonferenz

Die größte Baustelle liegt im 21. Bezirk. Westlich der Brünner Straße wird auf einem 40 Hektar großen Areal – das entspricht der halben Josefstadt – ein neuer Stadtteil gebaut.

Es wird Frühjahr und damit beginnt die Straßenbausaison. Heuer sind es rund 10.000 Baustellen auf oder an Wiener Straßen.

Die Wiener Verkehrsbetriebe haben sich einen neuen Namen gegeben – sie heißen jetzt Wiener Linien.

Vor zwei Jahren wurde der Integrationsfonds gegründet, dessen Ziel es ist, das Miteinanderleben zwischen Menschen verschiedener Kulturen auf Dauer zu verbessern und auf beiden Seiten die zwischen Zuwanderern und Einheimischen bestehenden Sorgen und Ängste zu beseitigen. Man zieht eine erste Bilanz nach zwei Jahren Arbeit und muss leider feststellen, dass die ablehnende Haltung gegenüber Zuwanderer-familien bei vielen Einheimischen doch stärker ausgeprägt ist als ursprünglich erwartet. Die mehrsprachige Beratung steht allen zur Verfügung.

„Kaisermühlen-Blues", die TV-Serie über „Transdanubien" und dortige Verhältnisse hat mittlerweile mehr Popularität erlangt als „Ein echter Wiener geht nicht unter".

Im März beginnt der Bau der Platte über die Donauuferautobahn. Das Wiener Schulschiff, das rund tausend Schülerinnen und Schülern Platz bietet, wird eröffnet. Es erhält den Namen der Friedensnobelpreisträgerin Bertha von Suttner.

Es gibt ab Mitte April einen Maßnahmenkatalog für das Wiener Verkehrs-konzept. An erster Stelle stehen Verbesserungen für Fußgänger, dann kommt die Ausgestaltung des öffentlichen Verkehrs. Zur Lösung der Park-probleme wird Parkraumbewirtschaftung, eine funktionierende Parkraum-überwachung und der Neubau von Garagen vorgesehen. Der Berufspendel-verkehr soll verringert werden. Dem neuen Stellenwert des Radverkehrs wird auch Rechnung getragen.

Das Kundenzentrum der Wiener Linien ist von der Rahlgasse in den Innen-hof der Park-and-Ride-Anlage der U-3-Station Erdberg übersiedelt.

Am 7. Juni wird das neue AKH offiziell eröffnet. Es ist Arbeitsplatz für rund 8.200 Mitarbeiter und es werden hier zwei Drittel des medizinischen Per-

Das neue AKH wird offiziell eröffnet

Top Ten der Wiener

Sehenswürdigkeiten:

1. Parkanlage

   Schloss Schönbrunn

2. Schauräume

   Schloss Schönbrunn

3. Tiergarten Schönbrunn

4. Riesenrad

5. Kunsthistorisches Museum

6. Museen der Stadt Wien

7. Donauturm

8. Schatzkammer

9. Kaiserappartements

   in der Hofburg

10. Österreichische Galerie

    im Oberen Belvedere

sonals für Österreich ausgebildet. Pro hundert Betten stehen 65 Ärzte, 111 diplomierte Schwestern und Pfleger und 58 medizinisch-technische AssistentInnen zur Verfügung. Bis zu siebentausend Menschen werden täglich in den Ambulanzen und Kliniken behandelt.

Am 12. Juni ist die Volksabstimmung über den Beitritt Österreichs zur Europäischen Union. Mit einer großen Mehrheit von zwei Dritteln der Stimmen sagen die Österreicherinnen und Österreicher Ja zum Beitritt. 81 Prozent der Wahlberechtigten haben sich an der Abstimmung beteiligt. Für Bundeskanzler Vranitzky ist es „einer der großartigsten politischen Erfolge der Republik".

Den Österreichern wurden vor der Wahl bei einem etwaigen Beitritt, von Kritikern der EG/EU, Schokolade aus Stierblut, radioaktive Paradeiser, die Ablieferung der Goldreserven nach Brüssel, zwangsweises Abpumpen unseres Hochquellwassers und zwangsweiser Ankauf wahnsinniger Kühe aus England angekündigt. Andere hatten die Sorge, wenn Österreich jetzt nicht beitritt, dann könnte es lange dauern und vermutlich wären dann schon Malta, Zypern, Tschechien und Polen EU-Mitglieder.

Im Juni wird vom Wiener Bürgermeister und den Präsidenten der Arbeiterkammer, des Gewerkschaftsbundes und der Wiener Wirtschaftskammer ein Memorandum zum ArbeitnehmerInnen-Förderungsfonds in Wien unterzeichnet. Als Ziel wird die Errichtung eines ArbeitnehmerInnen-Fördungsfonds genannt. Er wird durch einen Beschluss des Gemeinderates im Jänner nächsten Jahres ins Leben gerufen.

Es sind rund 33.000 Biotonnen für die Sammlung von Garten- und Küchenabfällen in Wien aufgestellt. Es wurden 87.000 Tonnen Biomüll gesammelt, die in zwei Kompostwerken zu Dünger für Wiens Landwirtschaftsflächen verarbeitet wurden. Sorgen bereitet die hohe Konzentration von Schadstoffen wie Blei, Kupfer und Zink in den Abfällen der Innenbezirke, die nicht zu Dünger verarbeitet werden können.

Das Wiener Grün-Programm wird vorbereitet. Sein Hauptpunkt: Der Wald- und Wiesengürtel rund um Wien wird geschlossen.

Der Wiener Wirtschaftsförderungsfonds schafft eine „Beisl-Förderung" für traditionelle Wiener Gaststätten. Clubbings bereiten Probleme. Bürgermeister Zilk meint, dass in einer Weltstadt für solche Modeerscheinungen Platz sein müsse, andererseits müssen dabei die Regeln eingehalten werden, die für das zivilisierte Zusammenleben nötig sind, vom Brandschutz und genügend WC-Anlagen bis zum Schutz anderer Menschen vor störendem Lärm.

Auf dem Schulschiff „Bertha von Suttner", dem „schwimmenden Gymnasium" Wiens

Anfang Oktober wird die zweite Ausbaustufe des Donauspitals offiziell eröffnet. Am Nationalfeiertag wird das neue Wiener Warn- und Alarmsystem erstmals erprobt. Um 12 Uhr heulen die rund hundert Sirenen. Es findet zum ersten Mal nach dem Zweiten Weltkrieg ein solcher Test statt.

Ab 1. Oktober gibt es in den innerstädtischen Bezirken eine eigene Überwachungstruppe für den ruhenden Verkehr, also für die Parkplätze. Die Wienerinnen und Wiener sind nur mäßig erfreut, gibt es ja mehr Beanstandungen – um es vornehm auszudrücken. Manche Autofahrer sind weniger vornehm und halten sich mit Beschimpfungen der neuen Kontrollorgane wenig zurück.

Am 9. Oktober sind Nationalratswahlen. Sie bringen große Verluste für die beiden Regierungsparteien: Die SPÖ kam nur noch auf 65 Sitze (gegenüber 80 im Jahr 1990), die ÖVP auf 52 (gegenüber 62). Die FPÖ dagegen verbesserte sich von 33 auf 42 Mandate, die Grünen von 10 auf 13, und erstmals kam nun das Liberale Forum, die liberale Abspaltung von der FPÖ, mit 11 Abgeordneten in den Nationalrat. Nach langen Verhandlungen einigten sich SPÖ und ÖVP am 25. November auf die Fortsetzung ihrer Koalition.

MICHAEL HÄUPL

Michael Häupl wurde am 14. September 1949 in Altlengbach (Niederösterreich) geboren. Er maturierte in Krems. Anschließend studierte er Biologie und Zoologie an der Universität Wien und dissertierte über die Schädelkinetik der Geckos zum Dr. phil. Im Naturhistorischen Museum wurde er Kustos. 1975 bis 1977 ist er Bundesvorsitzender des Verbands Sozialistischer Studenten Österreichs, 1978 bis 1984 Funktionär in der Jungen Generation der SPÖ, 1983 bis 1988 Abgeordneter zum Wiener Landtag und Mitglied des Wiener Gemeinderats, 1988 bis 1994 Stadtrat für Umwelt und Sport; seit 1993 Landesparteivorsitzender der Wiener SPÖ. Bürgermeister und Landeshauptmann von Wien ist er seit dem 7. November 1994.

Der Gemeinderat beschließt eine eigenes Ressort für „Außenbeziehungen der Stadt Wien". Wien wird ein Büro in Brüssel eröffnen, um für Wiener Anliegen nachdrücklicher werben zu können.

Anfang November wird auf der Deponie Rautenweg eine Gasanlage zur Stromerzeugung in Betrieb genommen. Bei der Müllablagerung entstehende Gase wie Methan und Kohlendioxid werden gesammelt und zum Antrieb von Gasmotoren genützt und so in Strom umgewandelt.

Am 7. November scheiden Bürgermeister Helmut Zilk und Vizebürgermeister Hans Mayr aus dem Amt. Neuer Wiener Bürgermeister und Landeshauptmann wird der bisherige Umweltstadtrat Michael Häupl.

Ein Erich-Fried-Gedenkraum wird im Bezirksmuseum Alsergrund eröffnet. Die Initiative für den Gedenkraum ging von Schülern des Gymnasiums Glasergasse aus.

Die Nordbrücke bekommt eine „Schwesterbrücke" als Umleitungsprovisorium. Die Nordbrücke muss ab Jänner 1996 vollständig saniert und werden verbreitert. Nach der Sanierung steht die Schwesterbrücke Einsatzfahrzeugen, Radfahrern und Fußgängern zur Verfügung.

Die Fahne Österreichs und die
Fahne der Europäischen Union
wehen vor dem Rathaus

1995

GLOBAL VILLAGE

Wien hat einen Klimaschutzbeauftragten, der die Aufgabe hat, den Klimaschutz in Fragen wie Energieversorgung, Verkehr und Schadstoffreduktion einzubringen.

Die Albert-Schultz-Halle in Kagran wird eröffnet. Wiens neue Eishalle besteht eigentlich aus zwei Hallen, einer Sport- und einer Trainingshalle, die auch fürs Publikumseislaufen bestimmt ist. Benannt wurde sie nach Albert Schultz; er war 1983 bis 1993 Donaustädter Bezirksvorsteher.

Eine internationale Beraterfirma hat die Lebensqualität in 45 Städten nach Kriterien wie politischer Stabilität, Verkehrssituation, Wohnqualität und Arbeitsverhältnissen untersucht. Wien schneidet bei dieser Untersuchung hervorragend ab. Es ist nach Genf und Vancouver an dritter Stelle.

Der Wiener Gemeinderat gedenkt im Jänner der Befreiung des Vernichtungslagers Auschwitz-Birkenau vor 50 Jahren.

Grundsteinlegung für „Sun-City" in der Donaustadt Ende Jänner: Die rund 700 Wohnungen bekommen 70 Prozent der Energie für Warmwasser und 20 Prozent für Heizung mittels Sonnenkollektoren, die Abwässer aus Bad und Küche werden für die Toilettenspülung benutzt und das Regenwasser wird zum Gießen der Grünanlage gesammelt.

Es gibt eine „Hundekommission". Sie soll Vorschläge machen, wie man die Hundstrümmerln auf den Gehsteigen, auf den Straßen und in Parks loswird. ohne dabei die Hundebesitzerinnen und -besitzer allzu sehr zu verärgern. Anfang Februar findet im Rathaus ein großer Kongress mit dem Titel „Global Village '95 – Leben im Zeitalter der Telekommunikation" statt, der durch Ausstellungen in der Volkshalle des Rathauses und im Donauzentrum ergänzt wird. Im Donauzentrum gibt es auch ein „Electronic-Café": Die Besucher haben hier Zugang zum Datenhighway, sie können durch das weltweite Computernetzwerk, also das Internet surfen. Bei „Global Village" geht es auch darum, die Einflüsse, die das Internet und der Datenhighway auf die Stadtentwicklung nehmen könnten, zu untersuchen. Die Nutzung der neuen Kommunikationsmittel zur Förderung und Erleichterung des Zugangs der Bevölkerung zu Informationen in gezielter interaktiver Form ist eine Anwendung im Interesse eines direkteren Kontaktes mit den BürgerInnen. Sozusagen probeweise wird ein „Entwurf zur Festsetzung des Flächenwidmungs- und Bebauungsplanes" im Internet angeboten und Stellungnahmen eingeholt.

Tausende nehmen im Februar an einer Kundgebung auf dem Stephansplatz teil, um gegen Anschläge von Rechtsradikalen zu demonstrieren, bei denen im Burgenland vier Roma ermordet und ein Kroate schwer verletzt wurden. Der Bürgermeister ruft bei einer Kundgebung in Simmering zum Widerstand gegen die rechtsradikale Bedrohung auf.

Bürgermeister Michael Häupl
überreicht Shirley McLaine den
Golden Rathausmann

ÖSTERREICHS WEG IN DIE EU

1959 wurde Österreich – wie alle anderen neutralen Staaten Europas – Gründungsmitglied der Europäischen Freihandelsassoziation (EFTA). Österreich versuchte ein möglichst weit reichendes Assoziierungsabkommen mit der EG auszuverhandeln. Die Verhandlungen zwischen Österreich und der EG scheiterten 1967. 1972 gelang es, ein umfangreiches Freihandelsabkommen mit der EG abzuschließen. In den achtziger Jahren sah sich Österreich veranlasst, seine Beziehungen zur EG neu zu definieren, da die EG an wirtschaftlicher Dynamik gewann und das für die 1990er geplante Binnenmarktprojekt auch für Österreich von Bedeutung war. Die Bundesregierung reichte am 17. Juli 1989 den Antrag auf Aufnahme der Verhandlungen über eine österreichische Mitgliedschaft ein. 1989, mit dem Ende des Kalten Krieges, änderte sich das außenpolitische Umfeld Österreichs. 1991 konnte Österreich bereits einen positiven Prüfbericht seitens der Kommission vorweisen. 1992 wurde der Vertrag von Maastricht unterzeichnet. Auf Grund von Ratifikationsschwierigkeiten beim Maastrichter Vertrag verzögerte sich die Aufnahme der Beitrittsverhandlungen mit Österreich bis 1993. Ein Abkommen zwischen der EG und den EFTA-Ländern über den Europäischen Wirtschaftsraum (EWR) wurde verhandelt. Das EWR-Abkommen trat 1994 in Kraft und bedeutete den freien Waren-, Dienstleistungs-, Kapital- und Personenverkehr von über 370 Millionen Menschen. Im April 1993 begannen die Beitrittsverhandlungen zwischen Österreich und der EG. Im November 1993 wurde aus der EG die Europäische Union. Im Februar 1994 konnten die Verhandlungen abgeschlossen werden. Das Europäische Parlament sowie das österreichische Parlament ratifizierten den Beitrittsvertrag. In Österreich wurde für den 12. Juni 1994 die Volksabstimmung über den Beitritt zu EU festgelegt. 66,6% der Österreicherinnen und Österreicher sprachen sich für einen Beitritt Österreichs zur EU aus. Seit dem 1. 1. 1995 ist Österreich Mitglied der Europäischen Union.

In der Wiener Stadthalle findet am 6. März die Benefizgala „Stimmen gegen Hass und Gewalt" statt. Der Erlös der Gala kommt den Hinterbliebenen der vier Bombenopfer aus Oberwart und einem Nothilfefonds der Roma zugute.

Die Jugendzentren der Stadt Wien eröffnen in einer ehemaligen Trafik im Nordbahnviertel am Volkertplatz einen Jugendtreff – die „Alte Trafik".

Ein Turm oder kein Turm oder ein kleinerer Turm, so dass von einem Turm gar keine Rede mehr sein kann? Richtig – es geht um das Museumsquartier. Und die Turmdebatte blockiert alle anderen Bauvorhaben im ehemaligen Messepalast beziehungsweise den ehemaligen Hofstallungen, über die im Wesentlichen Übereinstimmung besteht.

In Währing wird eine Gedenktafel bei der Dr.-Heinrich-Maier-Straße angebracht. Heinrich Maier, Kaplan der Pfarrkirche Gersthof, wurde als Mitglied einer Widerstandsgruppe im März 1945 hingerichtet.

Am 3. März wird im Kaiser-Franz-Josef-Spital ein Ludwig-Boltzmann-Institut für angewandte Krebsforschung eröffnet. Ende März wird in der Ignaz-Semmelweis-Frauenklinik eine Krankenpflegeschule eröffnet.

Es gibt Gleichenfeier beim Wasserbehälter Bisamberg. Er sichert die Versorgung für die Bezirke 22 und 21 mit Trinkwasser bester Qualität, also mit Hochquellwasser. Die Grundwasserentnahmen in der Lobau können dann mit der Inbetriebnahme des Wasserbehälters weiter vermindert werden.

Anfang April wird der neu gestaltetet Meiselmarkt auf dem Areal des ehemaligen Wasserbehälters bei der U3-Station Johnstraße eröffnet. Er ist ein echter Lebensmittelmarkt und für die Nahversorgung des nördlichen Teils des 15. Bezirks „zuständig".

Am 26. April wird im Stephansdom mit einem Requiem der Opfer der Jahre 1938 bis 1945 gedacht und auf dem Heldenplatz wird ein „Fest der Freiheit" gefeiert.

Am 27. April gedenkt der Wiener Landtag „50 Jahre Republik" und auf dem Rathausplatz werden Soldaten der Wiener Garnison angelobt. Am 29. April gibt es im Rathaus eine Republikfeier. Sie beginnt am Samstag und endet Sonntag früh. Im Festsaal des Rathauses gibt es ein nostalgisches Kaffeehaus mit Preisen wie 1955, es gibt Musik der fünfziger Jahre, in der Nacht ein Jungbürger-Clubbing, eine Ausstellung und Zeitzeugen berichten.

Fünfzig Veteranen der Roten Armee, die an der Befreiung Wiens im April 1945 teilgenommen haben, legen Kränze beim Denkmal am Schwarzen-

Langsam, aber sicher freunden sich die meisten Wiener mit der Kunsthalle Wien, die seit drei Jahren am Karlsplatz steht, an. Ab 12. Mai wird die Ausstellung „Das grausame Spiel – Surrealismus in Spanien 1924–1939" gezeigt

bergplatz und auf dem Zentralfriedhof nieder. Sie kommen aus Russland, der Ukraine, Kirgisien, Kasachstan und Turkmenistan. Der Delegation gehören auch zwei Frauen an, die beim Kampf um Wien im Einsatz waren. Vom 27. April bis 23. Juni zeigt das Jüdische Museum in der Volkshalle die Ausstellung „Die Macht der Bilder – Antisemitische Vorurteile und Mythen". Das Festwochen werden am 5. Mai auf dem Rathausplatz mit Arnold Schönbergs Kantate „Ein Überlebender aus Warschau" und Beethovens 9. Symphonie eröffnet. Es spielen die Wiener Philharmoniker. Die Veranstaltungsserie „80 Tage Architektur" wird ins Leben gerufen. Das Architekturzentrum Wien ist gerade erst gegründet worden und improvisierte ein ambitioniertes Programm in Ausstellungshallen im Messepalast (heute Museumsquartier).

Seit Mai 1995 ist Wien im Internet mit www.magwien.gv.at als Informationsanbieter vertreten und Wien ruft die digitale Stadt ins Leben unter www.wien.at.

Eine neue Straße im Stadterweiterungsgebiet Leberberg in Simmering wird nach der Politikerin und Widerstandskämpferin Rosa Jochmann benannt, ein Platz Ecke Buchfeldgasse/Schmidgasse in der Josefstadt nach dem Gemeinderat und Volksbildner Ludwig Sackmauer und eine Straße in Floridsdorf nach dem Widerstandskämpfer Josef Brazdovics. Im 3. Bezirk wird eine Straßenfläche Platz der Opfer der Deportation benannt. An dieser Stelle stand der Aspangbahnhof, von dem Judentransporte in die NS-Vernichtungslager abgefertigt wurden.

Am 18. Mai wird in der Leberstraße in Simmering die neue Niederflur-Straßenbahn ULF übergeben. ULF steht für „Ultra Low Floor" und hat eine Einstiegshöhe von nur 18 Zentimeter, was Weltrekord sein dürfte. Zwei ULF-Prototypen müssen ab heuer ein Jahr lang ihre Probezeit absolvieren, bevor mit den ULFs in den „Normalbetrieb" gegangen wird.

25.000 sind im Mai bei einem Festwochen-Konzert des britischen Popstars Elton John auf dem Rathausplatz dabei. Er sagt zu, zum Life-Ball 1996 zu kommen, der heuer zum vierten Mal im Rathaus veranstaltet wird.

Mitte Mai wird das „Zentrum Wilhelmsdorf" in Meidling eröffnet. Es soll alten und pflegebedürftigen Menschen möglichst lange den Verbleib in ihrer gewohnten Umgebung und die beste Betreuung ermöglichen.

18. 8. – Eröffnung der Schwimm-Europameister-schaft im Stadionbad

Das Gänsehäufel ist um eine Attraktion reicher geworden: die „Wasserrutsche"

Wien bemüht sich im Rahmen der EU-Gemein-schaftsinitiative URBAN um Förderungen für das Projekt „Gürtel plus". Die zuständige EU-Kommissarin macht im Juni einen Lokalaugen-schein. Mitte Dezember kann dann mit „Gürtel plus" gestartet werden, in dessen Rahmen es zur Revitalisierung der Gürtelzone und anschlie-ßender Stadtgebiete kommt. „Gürtel plus" wird mittels wirtschaftlicher, arbeitsmarktpolitischer, sozialer und kultureller Initiativen die Chancengleichheit der BewohnerInnen des aus-gewählten Stadtgebietes am Gürtel deutlich und nachhaltig verbessern.

In diesem Jahr werden zum ersten Mal Bauträgerwettbewerbe für von der Stadt geför-derte Wohnbauprojekte ausgeschrieben. Dadurch werden die Baukosten gesenkt, die Qualität erleidet aber keine Abstriche. In Übereinstimmung mit dem Flächenwidmungs-und Bebauungsplan muss das Team Bauträger, Architekt, Statiker und Baufirma von Be-ginn an eine koordinierte Projekterstellung vornehmen, womit Umplanungen verhindert werden. Der erste Bauträgerwettbewerb, an dem gemeinnützige und gewerbliche Bau-träger mit Firmensitz in Österreich teilnahmeberechtigt sind, wird für ein Areal in Kagran ausgeschrieben.

Anfang Juni meint Bürgermeister Häupl, dass Wien politisch gesehen keine Spielwiese für Rot-Grün sei. Über allfällige Koalitionen werde nach einer Wahl geredet. Der Entwurf für ein neues Wiener Wahlrecht wird vorgestellt. Kernstück ist eine neue Wahlkreiseinteilung. Ende August kommt es zum Spatenstich für die „Frauen-Werk-Stadt" in der Donaufelder Straße. Das 30. Pensionistenheim wird eröffnet (Wien 2, Engerthstraße 255). Das Ent-sorgen von Autowracks ist nicht mehr gratis. Für die Babenbergerpassage wird eine neue Nutzung und ein neuer Name gesucht. In 58 Parkanlagen gibt es Parkbetreuer. Die U4-Station Spittelau wird eröffnet

Die Wiener Berufsfeuerwehr feiert ihren 50. Geburtstag. Technisch bestens ausgerüstet präsentiert sie sich auch für die schwierigsten Einsätze bei Katastrophenfällen immer gerüstet. Die neue Hauptfeuerwache in Floridsdorf ist im Rohbau fertig.

Ein Grünplan wird beschlossen, der unter anderem den Schutz für den Goldberg in Fa-voriten wegen seiner seltenen Fauna und Flora und die Sicherung des Grüns in den neuen Stadtteilen im Süden Wiens vorsieht.

Die städtische Wohnhausanlage im 17. Bezirk Ecke Hernalser Hauptstraße und Alszeile bekommt im September den Namen „Bruno-Kreisky-Hof".

Ende September werden im Krankenhaus Lainz die Ludwig-Boltzmann-Institute für Medizinökonomie in Anästhesie und Intensivmedizin sowie für Qualitätssicherung in der plastischen und der Wiederherstellungschirurgie eröffnet.

Die 12 neuen besten Beisln:

Cantinetta Antinori, Deli,

Elsässer Bistro, Fadinger,

Golden Lion Pub, Lapinski,

Leopold, Salzberg,

Secession, Szell, Das Triest

und das Tsing Tao

Am 21. Oktober wird die neu gestaltete Volkshochschule Favoriten am Arthaberplatz eröffnet. In der Nacht vom 25. zum 26. Oktober beginnen die Wiener Linien auf 22 Linien mit ihrem Nachtautobusverkehr.

In der Engerthstraße wird das Integrationshaus eröffnet. Es bietet Übergangswohnungen für 100 Flüchtlinge aus Bosnien-Herzegowina, Äthiopien, Zaire, der Türkei und dem Iran und hilft ihnen mit Sprach- und Berufsvorbereitungskursen und zweisprachigem Kindergarten.

Ende November geht die Ausstellung „Vernichtungskrieg – Verbrechen der Wehrmacht 1941–1945" in der „Alpenmilchzentrale" – einem für Ausstellungszwecke adaptierten ehemaligen Milchauslieferungslager im 4. Bezirk – zu Ende. Sie wird von 12.000 Besuchern gesehen.

Die Volks- und Hauptschule in der Harnreitergasse wird nach Paul Grüninger benannt. Er war Schweizer Kantonspolizist, der für etwa 3.000 jüdische Flüchtlinge vor allem aus Österreich Einreisepapiere vordatierte und ihnen so die Flucht in die Schweiz ermöglichte, obwohl die Schweiz die Grenzen gesperrt hatte.

Anfang Dezember findet in der Volkshochschule Hietzing ein Symposium in memoriam des Widerstandskämpfers und Publizisten Hermann Langbein (1908–1995) über die „Häftlingsgesellschaften" in nationalsozialistischen Konzentrationslagern und im Gulag statt.

Das Hospiz im „Pflege- und Sozialzentrum" der Caritas Socialis auf der Landstraße wird eröffnet. Seine Aufgabe ist die Betreuung unheilbarer Krebskranker.

In Oberlaa kann man ab November Wiens modernstes Freizeit- und Gesundheitszentrum, den Wellness Park Oberlaa, besuchen.

Am 17. Dezember sind Nationalratswahlen. Sie gehen so aus: 71 Mandate für die Sozialdemokratische Partei Österreichs, 53 für die Österreichische Volkspartei, 40 Mandate für die Freiheitliche Partei Österreichs, zehn für das Liberale Forum und neun Mandate für die Grünen.

Heuer feiert der Silvesterpfad seinen sechsten Geburtstag und lockt immer mehr Touristen nach Wien. Zwei Kilometer durch die Innenstadt mit Wiener Küche, Sekt, Walzerseligkeit und vielen, vielen Menschen. Für pappbecherfreien Silvester sorgt ein Pfandsystem mit 20-Schilling-Häferln, die bemalt sind mit „Inländerrum statt Ausländer raus". Der Spruch stammt von Kurt Ostbahn.

Ein 24-Stunden-Notruf für vergewaltigte Mädchen und Frauen wird ins Leben gerufen und nimmt am 31. Dezember seinen Dienst auf. Es ist eine Kriseneinrichtung, die Frauen und Mädchen, die sexueller, körperlicher oder psychischer Gewalt ausgesetzt sind, erste Hilfe und Unterstützung anbietet. Die Beratung ist anonym und kostenlos. Falls es die Frauen wünschen, helfen die Mitarbeiterinnen des Frauennotrufs auch bei der Anzeige bei Vergewaltigungen und bei der Verhandlung vor Gericht.

Die neue NightLine bringt Nachtschwärmer sicher nach Hause

Sehen und gesehen werden –
ein Paradiesvogel am 4. Life Ball
im Wiener Rathaus

1.000 JAHRE ÖSTERREICH UND ANDERE JUBILÄEN

Es wird in diesem Jahr das Ostarrichi-Jubiläum gefeiert. 996 erhielt Bischof Gottschalk von Freising und seine Kirche von Kaiser Otto III. jene Urkunde, die ihren 1.000. Geburtstag feiert. Die Urkunde von 996 ist das älteste Zeugnis für den Gebrauch des Namens Österreich – Ostarrichi, also Ostreich oder Ostgebiet. Wien, das erstmals 881 in einer Quelle erwähnt wird, war damals ein bescheidener Ort an der äußersten Grenze des Reiches und sollte es noch bis zur Mitte des 12. Jahrhunderts bleiben.

Wien feiert dieses 1.000-Jahr-Jubiläum, indem markante Einzelthemen angesprochen werden. Vom 17. bis 21. März gibt es das „Theodor-Herzl-Symposion" im Rathaus. Vor hundert Jahren erschien in Wien „Der Judenstaat" Herzls, der die ideellen Grundlagen des Staates Israel schuf. Im Schönbrunner Schlosspark wird eine Millenniumsausstellung gezeigt, die Galerie der 1.000. Sie präsentiert tausend ÖsterreicherInnen, die in der Geschichte unseres Landes eine besondere Rolle spielten.

Vom 6. bis 10. Mai findet im Rathaus der österreichische Historikertag statt, der anlässlich des Millenniums nach Wien eingeladen wurde. Auch die Wiener Festwochen, die am 10. Mai eröffnet werden, stehen im Zeichen des Millenniums und haben eine besondere Österreich-Note.

Im August findet im Rathaus ein Millenniums-Schachturnier statt, das fünfzehn verschiedene Turniere umfasst – von Weltniveau bis Hobbyebene.

Im Jänner wird der Wettbewerb für die Gestaltung des Mahnmals auf dem Judenplatz entschieden. Die Jury entscheidet sich für den Entwurf der britischen Bildhauerin Rachel Whiteread: ein aus Beton gegossener Quader mit dem Abdruck offener Buchseiten – eine nach außen gekehrte Bibliothek – mit einer nicht zu öffnenden Tür und einer Inschrift, die die 41 Vernichtungsstätten österreichischer Jüdinnen und Juden enthält.

Bei den Aushubarbeiten für das Mahnmal auf dem Judenplatz wird die mittelalterliche Synagoge Wiens entdeckt, die teilweise in einem unerwartet guten Erhaltungszustand ist. Es wird überlegt ein eigenes Museum für diesen Fund zu errichten.

Das „Wiener Aids-Konzept" wird im Februar vorgestellt. Es enthält einen Betreuungskatalog, aber auch die Feststellung, dass man sich von der Vorstellung verabschieden muss, Aids betreffe immer noch nur „Randgruppen". Nach Beendigung der Renovierungsarbeiten wird im nächsten Jahr das „Wiener Aids-Haus" eröffnet werden.

Nach sieben Monaten Umbauzeit eröffnet Bürgermeister Häupl am 29. Februar das neu gestaltete Jüdische Museum Wien in der Dorotheergasse. Das Museum zeigt die lange erwartete historische Ausstellung der Judaica-Sammlung Max Berger und die permanente „Installation der Erinnerung" der New Yorker Künstlerin Nancy Spero. Im ersten Stock des Museums wird als erste Wechselausstellung „Heute in Wien.

Das Riesenrad ist hundert Jahre alt. Es wurde 1896/97 von einem englischen Ingenieur errichtet. Vielleicht gibt es bessere Ausblicke über das Häusermeer Wiens, keiner hat aber so viel Charme und Nostalgie als die bei einer Fahrt in den altehrwürdigen Waggons des Riesenrades.

Eishockey-WM in Wien: Die Tschechische Republik gewinnt vor Kanada und den USA

Fotografien zur jüdischen Gegenwart von Harry Weber" gezeigt. Diese Fotoausstellung wird in den nächsten beiden Jahren mit großem Erfolg in mehreren Städten der USA, in Israel und in Ungarn zu Gast sein. Ab Mai zeigt das Jüdische Museum die Ausstellung „Das Lied der Vernunft" – es geht um die Welt des Schachs –, in der auch ein Tag im Leben des weltberühmten Schachspielers Akiba Rubinstein nachgezeichnet wird.

Ende März wird die Überplattung der A22 im Bereich der künftigen Donau-City fertig gestellt. Der Grundstein für das erste Gebäude auf der „Platte" wird gelegt: der „Andromeda-Tower", ein 110 Meter hoher Wolkenkratzer soll in zwei Jahren bezugsfertig sein und der Mittelpunkt des neuen Stadtteils an der Donau sein.

Vom 21. April bis 5. Mai finden Eishockey-Weltmeisterschaften in der Stadthalle und der Albert-Schultz-Halle statt. Teilnehmer sind die zwölf besten Eishockeynationen: Kanada, USA, Russland, Deutschland, Slowakei, Tschechien, Norwegen, Schweden, Finnland, Frankreich, Italien und Österreich.

Es wird ein Seniorenbeirat und ein Seniorenbeauftragter geschaffen. Sie sollen dafür sorgen, dass die Interessen der älteren Menschen mehr als bisher berücksichtigt werden.

Ende April stellt sich Japan mit einem besonders hübschen Geschenk bei der Bundeshauptstadt Österreichs ein. Wien bekommt zum Millennium 1.000 Zierkirschenbäume.

Die „Erste Wiener Himalaya Expedition" – zwei Frauen und sechs Männer – bricht Ende April auf, um den 8.201 Meter hohen Cho Oyu, die „Türkise Göttin", zu besteigen. Die Expedition folgt den Spuren des Wiener Bergsteigers Herbert Tichy, dem 1954 die Erstbesteigung des Cho Oyu gelang.

Mit 1. Mai tritt das Wiener Gleichbehandlungsgesetz in Kraft. Es gibt jetzt fünf weisungsfreie Gleichbehandlungsbeauftragte, zuständig für alle Fragen der Gleichbehandlung und der Frauenförderung.

Ab Anfang Mai fährt die U6 bis nach Floridsdorf. Sie ist damit die längste U-Bahn-Linie Wiens: 18 Kilometer lang, hat sie 24 Stationen und fährt durch 13 Bezirke von Siebenhirten nach Floridsdorf in 36 Minuten.

Im Mai wird nach Protesten von Anrainern und der Wiener FPÖ das Ausmaß des Whiteread-Monuments auf dem Judenplatz mit Hilfe eines Gerüstes 1:1 nachgestellt.

In diesem Jahr wird auch hundert Jahre Kino in Wien gefeiert. Die erste öffentlich zugängliche Kinovorführung Wiens fand am 27. März 1896 im 1. Bezirk, Kärntner Straße 45/Krugerstraße statt. Während der Wiener Festwochen bevölkern berühmte Filmstars aus hundert Jahren Film in Form lebensgroßer Puppen die Fußgängerzonen.

Der erste Life-Ball wurde 1993 im Rathaus gefeiert. Seitdem entwickelte er sich zu dem Aids-Charity-Event Europas und hat den Opernball in der medialen Aufmerksamkeit überholt.

Die Geschichte des sozialen Wohnbaus in Wien ist eng mit der Geschichte der GESIBA verknüpft. Die Gemeinnützige Siedlungs- und Bauaktiengesellschaft feiert ihren 75. Geburtstag. Sie war 1921 von der Republik Österreich und der Stadt Wien als „Gemeinwirtschaftliche Siedlungs- und Baustoffanstalt GESIBA" gegründet worden. Nach 1945 wurde die Gesiba auch zu einer Pionierin des modernen sozialen Wohnbaus. Noch jemand wird 75 Jahre alt. Im September 1921 fand die erste Wiener Messe statt – in den Hofstallungen, in der Rotunde, auf dem Rotundengelände, in der Hofburg, in der Stiftskaserne, der Wiener Handelsakademie und im Musikvereinsgebäude. Und da wir schon beim Feiern sind: Ein Wiener Wahrzeichen wird hundert Jahre alt – das Riesenrad im Wiener Prater. Und noch ein anderes Wahrzeichen Wiens hat Grund zu feiern: Schloss und Garten Schönbrunn werden von der UNESCO zum Weltkulturerbe erklärt.

Am 29. Mai wird in Brüssel das Wien-Haus eröffnet. Für die rund 1.200 Eröffnungsgäste gibt es auch ein Wien-Fest in einem Jugendstil-Zelt im nahe gelegenen Parc du Cinquanenaire.

Das Donauinselfest macht heuer das Dutzend voll. Es findet vom 21. bis 23. Juni statt, und für drei Tage ist Wien wieder Mittelpunkt der internationalen und vor allem der nationalen Musikszene.

„Das Donauinselfest ist das größte und friedlichste Open Air-Festival Europas. Es ist eine einzigartige Erfolgsstory: Unterhaltung, Kulturgenuss und Freizeiterlebnis für jeden Geschmack. Hier herrscht eine so fröhliche Stimmung wie man sie anderswo nur selten findet", betont der „Vater" des Donauinselfestes, SPÖ Wien-Landesparteisekretär Harry Kopietz.

Am 29. Juni findet auf der Ringstraße die erste Regenbogenparade statt. Sie wird in den nächsten Jahren zum wichtigsten Event der österreichischen Lesben und Schwulen. Heuer gibt es auch zum ersten Mal das schwullesbische Kulturfestival „Wien ist andersrum".

Das Film-Festival im Sommer auf dem Rathausplatz hat sich in den letzten sechs Jahren zu einem wahren Publikumsrenner entwickelt und auch Nachahmer gefunden. Im Augarten gibt es „Kino unter Sternen", im Wienflussgewölbe das Filmfest „After Dark", und das „Kino der Orte" zieht durch die Stadt.

Im Juni und Juli werden die Debatten um das Mahnmal auf dem Judenplatz weitergeführt. Es wird der Vorschlag gemacht, nur die Ausgrabungsfunde als Mahnmal zu belassen beziehungsweise das Whiteread-Denkmal auf dem Morzinplatz zu errichten. Es wird ein Expertenkomitee beauftragt, die Vereinbarkeit von Mahnmal und Ausgrabungen zu untersuchen. Es empfiehlt die Errichtung eines Eingangs zu unterirdischen Schauräumen über das Misrachi-Haus am Judenplatz Nr. 8 und die Umgestaltung dieses ältesten Gebäudes am Judenplatz in ein Dokumentationszentrum über die Geschichte der Juden in Österreich.

Geschmäcker sind verschieden – auf der Copa Cagrana kann man eine kulinarische Weltreise antreten

Stars aus 100 Jahren Film in der Fußgängerzone; übrigens: die Dame in der Mitte ist echt!

Das Austria Center Wien ist zehn Jahre alt, und in der Statistik der internationalen Kongresse steht Wien weltweit auf Rang zwei nach Paris.

Die Pläne sind fertig und sie werden ab dem nächsten Jahr in Angriff genommen. Es geht um fünf Bauvorhaben, und zwar: die Gasometer Simmering, das Handelskai-Hochhaus, die Überbauung der Stadtbahnbögen Spittelau, der Wienerberg und das Stadtteilprojekt Ottakring an der U3-Station Kendlerstraße. Die Wiener Innenstadt kann ab dem Sommer auch mit dem Rad durchquert werden. Der neue Radweg führt über die Schottengasse zum Stubentor.

Am 12. Juli treten im Ernst-Happel-Stadion die drei besten Tenöre der Welt – José Carreras, Placido Domingo, Luciano Pavarotti – auf und entzücken ihre Fans.

Am 7. Oktober: Eröffnung der Hauptfeuerwache Donaustadt.

Im Oktober wird Europas größte Roll-on-Roll-off-Anlage Europas für den Schifftransport von Autos in einem Binnenhafen am Wiener Hafen eröffnet. Der Wiener Hafen macht heuer überhaupt einen Rekordumschlag: Fast 9,5 Millionen Tonnen, die mit 370.000 Lkw, 120.000 Waggons und 2.000 Schiffen bewegt wurden.

Am 13. Oktober findet zum ersten Mal die Wahl der österreichischen Abgeordneten zum Europäischen Parlament statt. Das Ergebnis: Auf die ÖVP entfallen 29,65 Prozent der Stimmen, auf die ÖVP 29,15 und auf die FPÖ 27,53, das Liberale Forum erhält 4,26 und die Grünen 6,81 Prozent. Die 21 Sitze, die Österreich im EU-Parlament zukommen, verteilen sich daher folgendermaßen: ÖVP sieben, FPÖ und SPÖ je sechs, Liberales Forum und Grüne je einen Sitz.

Am gleichen Tag finden auch die Wiener Gemeinderats- und Bezirksvertretungswahlen statt. Zu den Wahlen der Bezirksvertretung sind auch UnionsbürgerInnen wahlberechtigt. Bei den Wiener Wahlen am 13. Oktober kandidieren SPÖ, ÖVP, FPÖ, LIF, Grüne, BRW (Bewegung Rotes Wien), N (Die Neutralen-Bürgerinitiative) in ganz Wien; in den Bezirken Landstraße und Währing kandidieren noch BGÖ (Bürgerliche Grüne Österreichs), in Meidling die ÖNP (Österreichische Naturgesetz-Partei), in der Donaustadt die FDW (Freie Demokraten Wien) und die DP (Donaustadt-Partei). Die SPÖ verliert das erste Mal seit 1945 ihre absolute Mehrheit. Der Mandatsstand lautet: 43 SPÖ, 29 FPÖ, 15 ÖVP, sieben Grüne und sechs LIF.

Die SPÖ verhandelt mit allen Parteien für eine mögliche Koalition. Bürgermeister Häupl will, dass in Sachfragen alle im Gemeinderat vertretenen Parteien eingebunden werden. Die SPÖ geht dann eine Koalition mit der ÖVP ein. Die Wiener Landesregierung und damit der neue Stadtsenat besteht aus 13 Mitgliedern: sechs Stadträte hat die SPÖ, vier die FPÖ, zwei die ÖVP und einen Stadtrat die Grünen. Amtsführende Stadträte stellen nur die SPÖ und ÖVP.

„Wien modern" vom 19. Oktober bis 30. November bietet vierzig Musik-Veranstaltungen – darunter ein Dutzend Uraufführungen – und hat heuer zum ersten Mal ein Generalthema, nämlich „Fremde Welten".

Am 22. Oktober kommt es zu einem Schiffsunglück auf der Donau beim im Bau befindlichen Kraftwerk Freudenau. Es herrscht Hochwasser und die „Dumbier" – ein slowakischer Schubverband – schafft es nicht, die Schleuse zu erreichen, sondern wird gegen die Wehranlage gedrückt und zerstört. Von neun Besatzungsmitgliedern überlebt ein einziges. Ein Bauarbeiter hilft dem Schwerverletzten, sich auf das Kraftwerksgelände zu retten.

Am 27. Oktober wird der Vertrag zur Gründung des Nationalparks Donau-Auen zwischen der Republik und den Bundesländern Wien und Niederösterreich unterzeichnet. Wien steuert zum neuen Nationalpark das Naturschutzgebiet Lobau bei.

Im Oktober wird entschieden, die Ausgrabungen am Judenplatz fortzusetzen und mit der Errichtung des Mahnmals noch zu warten. Im November geht die Debatte weiter und es wird vorgeschlagen, das Mahnmal am Heldenplatz zu errichten. Im Dezember wird ein Ausweg aus der Mahnmal-Debatte gesucht, indem alle Parteien – Vertreter der jüdischen Kultusgemeinde, der Anrainer, der Stadt, der Medien und Rachel Whiteread – an einen Verhandlungstisch gebracht und eine größtmögliche Akzeptanz des Mahnmals erreicht wird.

Eine Ära geht zu Ende – die der SchaffnerInnen. 1950 beschäftigten die Verkehrsbetriebe noch 1.000 Schaffnerinnen und 3.500 Schaffner. In den sechziger Jahren kamen die schaffnerlosen Beiwägen, Anfang der siebziger der erste schaffnerlose Zug. Die letzte Schaffnerin und der letzte Schaffner fahren am 20. Dezember in einem 46er.

„Fahrscheine bitte" – diesen Satz wird man in Zukunft „vermissen"!?

DONAUINSELFEST

Seit 1984 findet auf der Wiener Donauinsel das größte Freiluftspektakel Europas statt. An drei, manchmal auch an vier Tagen im Jahr bietet das „Donauinselfest" insgesamt rund 600 Stunden Programm mit durchschnittlich 300 Musik-, Theater- und Kabarettgruppen. Auf dem rund 6,5 Kilometer langen Festgelände treten mehr als

1.500 KünstlerInnen auf. Bei diesem reichhaltigen Angebot wird jede Altersgruppe und jeder Geschmack berücksichtigt: Ob Rock und Pop, Schlager, Musical, Klassik, Kabarett, sportliche Aktivitäten, Megafeuerwerk oder Kinderprogramm – beim Donauinselfest wird alles geboten – und das bei freiem Eintritt! Und der Erfolg gibt den Veranstaltern Recht, denn die Besucherzahlen sind jedes Mal aufs Neue rekordverdächtig. Für das 21. Donauinselfest im Jahr 2004 stellte eine Frequenzstudie mehr als 2,4 Millionen Besuche während der drei Tage fest, 2003 waren es mehr als 2,7 Millionen Besuche an vier Tagen. Das Donauinselfest bietet die breitestmögliche Palette von Programmangeboten. Sportbegeisterte kommen bei Segelregatten, attraktiven Sportevents und diversen Vorführungen voll auf ihre Kosten. Kulturliebhaber genießen Kabarett bis Klassik. Und weil das Donauinselfest ein Fest für die ganze Familie ist, gibt es für die Kleinsten eine eigene „Kinderinsel" mit vielen Special-Events. Damit alles reibungslos funktioniert, herrscht hinter den Kulissen emsige Betriebsamkeit. Über 1.000 ehrenamtliche Helferinnen und Helfer garantieren, dass alles wie am Schnürchen läuft. Für das leibliche Wohl der Gäste sorgen rund 300 Gastronomiebetriebe und Verkaufsstände. Über die Jahre ist das Donauinselfest zu einer festen Institution geworden. Und wie jedes Jahr werden auch zum nächsten Donauinselfest wieder Zigtausende Gäste aus Wien, den Bundesländern und dem Ausland zusammenkommen, wenn es wieder heißt: Die Insel ruft!

Das Frauenvolksbegehren
1997 ist ein großer Erfolg

BUNDESFRAUEN-
KOMITEE

Alles was Recht ist
FrauenVolksBegehren

Unterschreiben Sie
in Ihrer Gemeinde.
7. – 14. April 1997

UnabhängigesFrauenForum

1997

WIENERINNEN „BEGEHREN"

Anfang 1997 wurde die Arnold Schönberg Center Privatstiftung von der Gemeinde Wien und der Internationalen Schönberg Gesellschaft gegründet. Der Zweck der Stiftung umfasst die Etablierung des Arnold Schönberg Archives (Nachlasses) in Wien, seine Erhaltung und Pflege, die Ausbildung der Allgemeinheit im Hinblick auf Schönbergs interdisziplinären künstlerischen Einfluss sowie die Lehre und Verbreitung von Schönbergs Beiträgen zur Musik und seines sonstigen Lebenswerkes.

Das Symposium „Stein des Anstoßes. Denkmäler – Mahnmale – Schoah – Erinnerung" findet vom 23. bis 25. Jänner statt, organisiert vom Jüdischen Museum Wien und dem Institut für die Wissenschaften vom Menschen in Zusammenarbeit mit dem Moses Mendelssohn-Zentrum für europäisch-jüdische Studien, Potsdam. Dieses Symposium findet auf dem Höhepunkt der Diskussionen um die Errichtung des Holocaust-Mahnmals auf dem Judenplatz statt.

Die Geschäfte der Wiener Einkaufszentren haben ab Mitte Jänner jeden Samstag bis 17 Uhr geöffnet.

Die Wiener Philharmoniker beschließen – nach internationaler Kritik – Chancengleichheit für Frauen herzustellen. Anna Lelkes, Harfenistin und langjähriges Mitglied der Wiener Staatsoper, wird als erste Frau in den Verein Wiener Philharmoniker aufgenommen. Nur ein Mitglied des Orchesters der Wiener Staatsoper kann Mitglied des Vereins Wiener Philharmoniker werden. Vor der Aufnahme in die private Vereinigung muss ein Probespiel für die Aufnahme in das Orchester der Wiener Staatsoper gewonnen werden, und nachdem der angehende Philharmoniker diese Hürde genommen hat, gilt es, sich mindestens drei Jahre im täglichen Orchesterdienst zu bewähren, bevor der Antrag auf Mitgliedschaft in den Verein gestellt werden kann.

Die Billard-Weltmeisterschaft im Einband wird im Februar in der Wiener Stadthalle ausgetragen. Und in der Stadthalle trifft sich die Elite des Trial-Sports.

Im Februar findet der Prozess gegen die „schwarze Witwe" Elfriede Blauensteiner statt. 1996 hat sie den Mord an ihrem Ehemann und zwei weiteren Lebensgefährten gestanden und die Polizei ermittelte in sechs weiteren Verdachtsfällen. Ihre Geständnisse widerrief sie aber. Im Prozess wurde sie wegen des vorsätzlichen Mordes an einem ihrer Lebenspartner zu einer lebenslangen Haftstrafe verurteilt. In einem zweiten Prozess 2001 wurde ihr ein weiterer Mord nachgewiesen. Am 18. 11. 2003 starb sie an den Folgen eines Hirntumors. Es wird nie geklärt werden, wie viele Opfer die „schwarze Witwe" wirklich zu verantworten hat.

Ab 1. Jänner gilt die Mautpflicht auf allen österreichischen Autobahnen und Schnellstraßen. Es wird die Autobahnvignette eingeführt. In Wien tritt die Straßenkunstverordnung in Kraft. Sie ermöglicht erstmals legale Auftrittsmöglichkeiten ohne Platzbeschränkung von 13 bis 22 Uhr für Pantomime, Tanz und Puppenspiel in Fußgängerbereichen.

Billard-Weltmeisterschaft in der Wiener Stadthalle

PER-ALBIN-HANSSON-SIEDLUNG

Für die erste neue Siedlungsanlage, die von der Gemeinde Wien in der Zweiten Republik geschaffen wird, fand am 23. August vor 50 Jahren die Grundsteinlegung statt. Die Siedlung stellt den ersten Teil eines großen Bauprogramms dar. Die neue Wohnhausanlage wird in Favoriten am sogenannten unteren Wiener Feld, westlich der Favoritenstraße, entstehen. Der dort zur Verfügung stehende Baugrund hat ein Ausmaß von 300.000 Quadratmeter und ist Eigentum der Gemeinde Wien. Die neue Wohnhausanlage wird sowohl aus Einfamilien- wie auch aus Mehr-Familien-Häusern mit 854 Wohnungen bestehen und Schulen, Kindergärten, Gemeinschaftsanlagen haben. Mit der Ausführung des Baues wird die Gemeinnützige Siedlungs- und Baugesellschaft beauftragt, die schon wiederholt für die Stadt Wien Siedlungsanlagen ausgeführt hat. Als Baumaterial für diese Wohnhausanlage werden die Vibro-Bausteine verwendet, die aus dem bei der Abtragung der zerstörten Objekte des Arsenals gewonnenen Schutt erzeugt werden. Die Siedlung ist nach dem schwedischen Ministerpräsidenten Per Albin Hansson benannt.

Im Rathaus findet im März der dritte Wiener Flüchtlingsball statt. Der Reinerlös des Balles geht an den Veranstalter, das Integrationshaus in der Engerthstraße.

Vier Volksbegehren werden abgehalten – zwei im Frühjahr und zwei im Herbst. Das Gentechnik-Volksbegehren forderte ein gesetzlich verankertes Verbot der Herstellung und des Verkaufs gentechnisch veränderter Lebensmittel und Agrarprodukte in Österreich, der Freisetzungen gentechnisch veränderter Pflanzen, Tiere und Mikroorganismen und der Patentierung von Lebewesen. Beim Frauen-Volksbegehren ging es unter anderem um die Verankerung der Gleichstellung von Frauen und Männern im Bundes-Verfassungsgesetz und die Verpflichtung der Republik Österreich zum aktiven, umfassenden Abbau der Benachteiligungen von Frauen.

Dann gab es noch das Volksbegehren „Schilling-Volksabstimmung" gegen die Einführung des Euro und das Volksbegehren „Atomfreies Österreich".

Die erfolgreichsten Volksbegehren in Wien bis jetzt sind das Gentechnik-Volksbegehren 1997, das Volksbegehren gegen den Bau des Konferenzzentrums 1982, das Frauen-Volksbegehren 1997, das Konrad-Lorenz-Volksbegehren 1985, das Tierschutz-Volksbegehren 1996, das Pro-Atom-Volksbegehren 1980, das Österreich-zuerst-Volksbegehren 1993 und das Neutralitäts-Volksbegehren 1996.

Die Landtage von Wien, Niederösterreich und Burgenland richten den „Arbeitsausschuss Verkehrs- und Siedlungspolitik" ein. Er soll sich mit den Grundsätzen der künftigen Zusammenarbeit in der Ostregion beschäftigen, vor allem etwa mit der Lösung der Probleme des Nahverkehrs und des Transits und die Ausweitung der VOR-Kernzone.

Der Wiener Lärmbericht wird vorgelegt. In ihm werden die Daten zum Lärm- und Schallschutz dokumentiert. Fühlten sich 1982 noch rund 74 Prozent der Wienerinnen und Wiener durch Lärm belästigt, sind es jetzt 57 Prozent. Aufgeschlüsselt nach Lärmarten ergibt sich beim PKW-Lärm ein Minus von zwölf und bei den Motorrädern eine Reduktion von 14 Prozent.

Vom 22. März bis 1. April findet zum ersten Mal das Musikfestival OsterKlang Wien statt. Seit 15. April sendet der erste private Stadtsender im Wiener Kabelnetz: W1 will unterhalten und Service bieten.

Ende April schließt ein Wiener Traditionskaffeehaus, das Café Haag im Schottenstift. Dafür kommt ein Pizza-Hut, der es aber nicht allzu lange aushält. In der letzten Zeit haben die Kaffeehäuser Ritter in Ottakring, das Wortner und das Brioni geschlossen; Kaffeehaus-Insider meinen, dass dies nicht die letzten Kaffeehäuser sein werden, die zusperren. Es gibt in diesem Jahr einen kleinen Bar-Boom in Wien. Zum Barfly's, Castillo und dem sehr schönen First Floor kommen noch das Planter's, Dino's und das Comido y Ron.

Im Mai 1997 begeht der Verein „Wiener Frauenhäuser" das fünfjährige Bestehen seiner Beratungsstelle mit einem Tag der offenen Tür, zu dem Institutionen aus ganz Wien eingeladen sind. Der Verein führt drei Frauenhäuser, eine Beratungsstelle und betreut zusätzlich 18 Wohnungen als Übernachtungsmöglichkeiten. Aufgrund der hohen Nächtigungszahlen von Kindern legten die Wiener Frauenhäuser als einen Tätigkeitsschwerpunkt für 1997 die Betreuung von Kindern und Jugendlichen fest.

Auf der Donauinsel wird Ende Mai eine Windkraftanlage von Wienstrom in Betrieb genommen. Bei der Anlage handelt es sich um eine Enercon E30, der erste Typ, deren Flügelprofile speziell für die Bedingungen des Binnenlandes entwickelt wurden. Sie wurde somit als erste „Binnenlandanlage" an einem der ersten „Binnenlandstandorte" geplant und zudem als erste Anlage im großstädtischen Bereich errichtet.

Wiener Kaffeehäuser sind immer in – trotz der Unkenrufe

Ab Juni werden der 4. und 5. Bezirk zur Kurzparkzone. Im Bereich Fultonstraße/Donaufelder Straße in Floridsdorf entsteht Europas größte autofreie Stadt – ein ökologisches Pilotprojekt. Der Autoverzicht wird durch eine Verpflichtungserklärung bei der Unterzeichnung des Mietvertrages geleistet. Insgesamt werden in diesem Jahr 11.500 Wohnungen fertig gestellt.

Die älteste Wienerin stirbt im 107. Lebensjahr. Hermine Kubicek wurde am 8. Dezember 1890 geboren und wurde 1913 von der Stadt Wien als Kindergärtnerin aufgenommen.

Im Juli präsentiert das Jüdische Museum die Ausstellung „Masken. Versuch über die Schoah". Ausgehend vom Ausstellungskonzept gestaltet die österreichische Künstlerin Valie Export an vier ausgewählten Standorten im Wiener Stadtzentrum (vor dem Maria-Theresien-Denkmal, auf dem Michaelerplatz, auf dem Graben und in der Dorotheergasse vor dem Museum) vier Stelen, die auf die installationsartige Ausstellung des Museums hinweisen. Valie Export gestaltete auch das Plakat der Ausstellung, das diese Stelen motivisch zitiert. Dieses Plakat wird zum besten Kulturplakat des Jahres 1997 gewählt.

Nach dreieinhalb Jahren, vielen Festnahmen und Hausdurchsuchungen hat die Polizei wieder eine Spur im Fall der Terrorgruppe Bajuwarische Befreiungsarmee gefunden. Es gibt einen BBA-Bekennerbrief und einen Verdächtigen. Am 2. Oktober geht der mutmaßliche Bombenbauer Franz Fuchs bei einer Kontrolle der Polizei eher zufällig ins Netz und verletzt sich durch eine selbstgezündete Sprengladung schwer. Er kommt vor Gericht und wird verurteilt. Vier Jahr lang hatte er die Republik mit gegen Ausländer und „ausländerfreundliche" Personen gerichtetem Briefbombenterror in Angst und Schrecken versetzt. Höhepunkt der Anschlagserie war im Februar 1995, als in Oberwart vier Roma einer heimtückischen Sprengfalle zum Opfer fielen. Das Gericht sieht die BBA als Konstrukt eines geistig abnormen Einzeltäters an. Der Briefbombenattentäter Franz Fuchs erhängt sich am 26. Februar 2000 in seiner Zelle.

Mit dem Schuljahr 1997/98 wird in der Neustiftgasse im 7. Bezirk der Betrieb der Europäischen Mittelschule aufgenommen. Rund die Hälfte der Klassen sind „Europaklassen", die neben je zwölf Wiener Kindern auch von je vier ungarischen, tschechischen und slowakischen Kindern besucht werden. Neben Unterricht in ihrer jeweiligen Muttersprache haben die Kinder im Rahmen des neu geschaffenen Unterrichtsgegenstandes „European Studies" Unterricht in Englisch als Arbeitssprache, und zwar in den Gegenständen Biologie, Geographie, Geschichte sowie der europäischen Kulturgeschichte. Eine weitere Fremdsprache nach Wahl ist etwa Französisch, Tschechisch, Ungarisch, Slowakisch.

Die erste der sechs Turbinen des Donaukraftwerkes Freudenau liefert im Herbst bereits Strom. Ende April nächsten Jahres wird das neunte österreichische Donaukraftwerk völlig in Betrieb gehen und dann im Jahr eine Milliarde Kilowattstunden liefern.

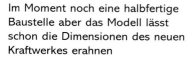

Im Moment noch eine halbfertige Baustelle aber das Modell lässt schon die Dimensionen des neuen Kraftwerkes erahnen

Als Leitfaden für Internet-Einsteigerinnen versteht sich das Handbuch „Frauen online", das vom Frauenbüro im September 1997 herausgegeben wurde. Die Broschüre bietet einen Überblick über Provider und Software und Tipps zum Mailen, Chatten und Surfen.

Im September feiert die Elektrische Straßenbahn in Wien ihren hundertsten Geburtstag. Nachdem bereits 1883 – als eine der ersten elektrischen Bahnen der Welt überhaupt – die elektrifizierte Straßenbahn Mödling - Hinterbrühl vor den Toren Wiens verkehrte, eröffnete die Wiener Tramway-Gesellschaft auf der Strecke Vorgartenstraße - Praterstern - Wallgasse (der heutigen Linie 5) am 28. Jänner 1897 die erste Wiener „Elektrische", wie die Wiener die neue Straßenbahn nannten.

Internationale Frauenkonferenz im Rathaus

Am 18. Oktober 1997 wird das Modellprojekt „Frauen-Werk-Stadt", das unter den Aspekten eines frauengerechten Wohn- und Städtebaus europaweit größte Wohnbauvorhaben im mehrgeschossigen Wohnungsbau, feierlich eröffnet und die Wohnungen an die neuen MieterInnen übergeben. Der von der Wohnbauvereinigung für Privatangestellte errichtete Teil wurde nach der ersten österreichischen Architektin und Ehrenvorsitzenden der Jury „Margarete-Schütte-Lihotzky-Hof" benannt.

Der Wiener Landtag beschließt am 21. Oktober 1997 die Deklaration zu aktuellen europäischen Fragen „Wien und Europa". Er bezieht in dieser Deklaration zu Fragen wie EU-Osterweiterung, Beschäftigung, transeuropäische Verkehrsnetze, Umwelt, EU-Förderungen, die Reform der EU-Strukturen und Währungsunion Stellung.

Der Grundstein für Wiens erste Autofreie Mustersiedlung in Wien 21. wird gelegt.

Die Wiener Redoutensäle werden am 25. Oktober wieder eröffnet. Nach dem Brand 1992 wurden die Räumlichkeiten teilweise zeitgemäß künstlerisch und teilweise originalgetreu renoviert und mit modernsten technischen Kongresseinrichtungen ausgestattet.

Die Wiener Stadtwerke setzen ihre Bemühungen zur Verbesserung der Sicherheit von Frauen bei der Benutzung der öffentlichen Verkehrsmittel fort: So wurden besonders das unterirdische Wegenetz, die WC-Anlagen und die öffentlichen Fernsprechanlagen auf größtmögliche Sicherheit hin eingerichtet. Als Beispiel seien hier die gläsernen Aufzüge im U-Bahn-Bereich genannt.

Das Wiener Frauengesundheitsprogramm wird vorgestellt. Schwerpunkte dieses sozialmedizinischen Programms sind die frauenspezifische Gesundheitsvorsorge bzw. Risikoaufklärung und Prävention unter Berücksichtigung der Arbeits- und Sozialsituation von Frauen. Bei der Umsetzung des Frauengesundheitsprogramms wird besonders auf die Bedürfnisse von sozial benachteiligten Frauen (Alleinerzieherinnen, Migrantinnen, behinderte Frauen) eingegangen werden.

Der Prototyp eines bezugsfertigen Stadtbahnbogens wird im Oktober vorgestellt. Weitere 31 Stadtbahnbögen sollen innerhalb des nächsten Jahres ähnlich gestaltet werden. Der Prototyp besticht durch Klarheit und Funktionstüchtigkeit und unterstreicht das Vorhaben, am Westgürtel künftig eine Jugend- und Kulturmeile einzurichten. Mit der Fertigstellung dieses Modellstadtbahnbogens ist ein großer Schritt in Richtung Realisierung des EU-Förderprojektes URBAN Wien-Gürtel Plus getan worden.

21. bis 22 November gibt es eine europäische Fachkonferenz zum Thema „Städte und Städtepolitik in Europa", bei der sich ExpertInnen aus 23 west- und osteuropäischen Städten und sechs Städtenetzwerken sowie Einrichtungen der EU beteiligten.

Im Herbst wird die Nachdenkpause über das Mahnmal auf dem Judenplatz verlängert; die SP-VP-Rathauskoalition verteidigt im Gemeinderat diese Entscheidung.

Ende November wird der Spatenstich für den ersten Bauabschnitt des Wienfluss-Sammelkanals vorgenommen. Es wird rund zehn Jahre dauern, bis der größte Kanal Wiens fertig sein wird. Der Kanal ist Teil des Plans zur Verbesserung der Abwasserentsorgung und des Gewässerschutzes. Es geht vor allem darum, dass Regenwasser natürlich versickern und so dem Grundwasser zugeführt werden soll.

Stadtbahnbögen werden
ab heuer revitalisiert

Das Museumsquartier ist für die nächsten Jahre Großbaustelle

Am 8. Dezember ist der Spatenstich für Österreichs größtes Kulturbauprojekt, das Museumsquartier. Es wird 2001 eröffnet werden.

Die Internet-Seiten der Stadt Wien entwickeln sich immer mehr zu einem umfassenden Service-Paket über Wiener Belange aller Art. Wird jemand am Wochenende krank, ist mit Adressenangabe rasch die nächste offene Apotheke zu finden. Bei der VOR-Fahrplansuche können nicht nur die Routen und Fahrpläne der Wiener Linien abgerufen werden, sondern auch die Zugsverbindungen im Verkehrsverbund Ost-Region. Es kann im Katalog der Stadt- und Landesbibliothek gestöbert werden. Der aktuelle Luftgütebericht steht zur Verfügung. Es gibt Informationen zum Wiener Schutzzonen-Kataster. Hier kann schnell festgestellt werden, ob ein bestimmtes Bauwerk eines von rund 10.000 Häusern und Objekten in einer der hunderten Wiener Schutzzonen ist.

Ende Dezember treten die Frauenförderungspläne für die Bediensteten der Stadt Wien in Kraft. Ziel ist, die Förderung von Frauen auf allen Ebenen so lange voranzutreiben, bis ein Frauenanteil von 40 Prozent erreicht ist.

100.000 Jugendliche aus Europa treffen sich Ende Dezember/Anfang Jänner zum diesjährigen Europäischen Jugendtreffen der Ökumenischen Gemeinschaft von Taizé. Das Treffen findet nach 1992 zum zweiten Mal in Wien statt. Fünf Tage lang wird das Messegelände im Prater Treffpunkt für Jugendliche aller christlichen Konfessionen sein.

Der Wiener Stadtsilvester 1997/98 ist ein Riesenerfolg. Bereits am Nachmittag des 31. Dezember strömen an die 300.000 Besucherinnen und Besucher in die Innenstadt und zu einer Soul-Veranstaltung in den Prater.

„Ein Prosit 1998!"

Die Sezession ist rot bemalt –
wenn auch nur bis zur Renovierung,
aber einige Wienerinnen und
Wiener sehen Rot!

DER·ZEIT·IHRE·KVNST·
DER·KVNST·IHRE·FREIHEIT·

1998

WIEN, HAUPTSTADT EUROPAS

Zum Abschluss des 20. Europäischen Taizé-Treffens starten die jungen Christen am 2. Januar in Wien die Hilfsaktion „Operation Hoffnung" für Hungernde in Nordkorea.

In der ersten Woche des Jahres gibt es eine Grippewelle. Sie wurde durch das Influenza-Virus A(H3N2)-Sidney hervorgerufen. Im Verlauf der Welle erkranken an die 190.000 WienerInnen an der Grippe, bis Ende Februar sterben fünfzehn an der Krankheit.

Mitte Jänner findet die erste Europakonferenz von WAVE – „Women Against Violence Europe" statt.

Am 21. Jänner wird eine 500-Schilling-Goldmünze herausgegeben. Der Anlass ist das 500-Jahre-Jubiläum der Wiener Sängerknaben.

Am Burgtheater wird Elfriede Jelineks „Sportstück" am 23. Jänner uraufgeführt. Es ist das Theaterereignis schlechthin.

Der Wiener Gesundheitsbericht merkt an, dass in Wien mehr geraucht werde als in den anderen Bundesländern – es gibt 40 Prozent Raucherinnen und Raucher. 13 Prozent der WienerInnen trinken täglich Alkohol. Die vom Gesundheitsamt durchgeführten Vorsorgeuntersuchungen zeigen, dass keine wesentlichen Veränderungen der Ernährungsgewohnheiten stattgefunden haben – fast die Hälfte der Untersuchten war zu dick.

Das Wiener Energiekonzept wird im Februar präsentiert. Es formuliert klare Leitlinien und Ziele für die Energiepolitik, die bis 2005 zu erreichen sind. Beim Heizen geht es etwa um eine Erhöhung des Anteiles der leitungsgebundenen Energieträger, also vor allem Gas und Fernwärme. Bei der Stromerzeugung soll der Wirkungsgrad der Wiener kalorischen Kraftwerke und der Anteil der Stromerzeugung aus Wasserkraft erhöht werden. Ebenfalls erhöht werden soll die Stromgewinnung durch alternative Energieträger. Der Anteil des öffentlichen Verkehrs soll von 37 Prozent auf 45 Prozent aller Wege erhöht werden.

Zu den 20 neuen Kardinälen, die am 21. Februar in Rom in ihre Ämter eingeführt werden, zählt auch der Wiener Erzbischof Christoph Schönborn.

Anfang März wird entschieden, dass das Mahnmal auf dem Judenplatz errichtet wird, allerdings nicht direkt über den Ausgrabungen. In einem Pressegespräch werden die endgültigen Pläne für das Museum im Misrachi-Haus, die Platzgestaltung und die leichte Verschiebung des Mahnmals der Öffentlichkeit präsentiert. Das Ensemble wird in seiner umfassenden Weise als Erinnerungsprojekt dargestellt, nachdem mit allen beteiligten Institutionen und Gruppierungen eine weitgehende Akzeptanz über Inhalt und Ausmaß der Gestaltung des Judenplatzes erreicht werden konnte.

Am 15. März wird das Arnold-Schönberg-Center im Palais Fanto beim Schwarzenbergplatz eröffnet. Die Wiener Vorlesungen gedenken mit einer Reihe von Veranstaltungen im März der Revolution von 1848, die vor 150 Jahren in einer Kettenre-

Europafest am Heldenplatz am 1. Juli: Österreich übernimmt die EU-Präsidentschaft

Die Wiener SozialdemokratInnen
am 1. Mai am Rathausplatz

aktion, die viele europäische Länder erfasste, demokratische Standards forderte und deren längerfristige Durchsetzung ermöglichte.

Am 1. April Unterzeichnung eines Memorandums über die Zusammenarbeit zwischen der Stadt Wien und der Stadt Brünn.

Bundespräsidentenwahlen finden am 19. April statt. Der amtierende Bundespräsident Thomas Klestil wird mit 63,5 Prozent der Stimmen in seinem Amt bestätigt. Gertraud Knoll bekommt 13,5, Heide Schmidt 11,1, Richard Lugner 9,9 und Karl Nowak zwei Prozent der Stimmen.

1984 waren es gerade 800 Läufer, die beim Wiener Frühlingsmarathon über die klassische Marathondistanz von 42,195 Kilometer vor dem Rathaus an den Start gingen. Der Vienna-City-Marathon hat sich seitdem zur größten Breitensportveranstaltung Österreichs entwickelt. Start zum 15. Vienna-City-Marathon ist am 24. Mai vor dem Schloss Schönbrunn.

Die erfolgreiche Aktion „Komm zum Sport" wird fortgesetzt. Gefördert werden die Klubs der obersten Spielklasse der Wiener Verbände von Baseball, Basketball, Bowling, Eishockey, Fußball, Handball, Kegeln, Landhockey, Tennis, Tischtennis und Volleyball.

Fast 40 Prozent des Mülls können wiederverwertet werden. Die Wienerinnen und Wiener dürften bereits zu Weltmeistern in der Mülltrennung geworden sein.

Am Großmarkt Inzersdorf – 485 Betriebe auf 300.000 Quadratmeter – werden jährlich 216.000 Tonnen Gemüse, Obst und Blumen verkauft. Das sind 80 Prozent des Obst und Gemüse und 60 Prozent der Blumen Österreichs.

Der Äthiopier Moges Taye gewinnt den 15. Vienna-City-Marathon in einer Zeit von 2:09:21

Mit den Geldern der Stadt wird der Adlerhof, ein Spekulationsobjekt im Neubau und einer der großen Durchhöfe Wiens, völlig überholt und saniert. Die Arbeiten werden im Herbst 1999 beendet sein.

Eine Befragung über die Qualität der Wiener Spitäler bei Patienten ergibt ausgezeichnete Bewertungen.

Nach Berechnungen des Europäischen Statistikamtes ist Wien gemeinsam mit Paris-Umgebung die viertreichste Region der EU. Spitzenreiter ist Hamburg.

Bisher wurden von der Stadt Wien Subventionen immer nur für ein Jahr genehmigt. Dies führte stets zu Schwierigkeiten, da von den Subventionsnehmern Verpflichtungen eingegangen werden müssen, die über ein Jahr hinausgehen. Daher wurde eine Vereinbarung ausgearbeitet, die die Subventionen auf drei Jahre zusichert.

Anfang Juni sind die Planungsarbeiten für das Projekt Judenplatz – mit Holocaust-Mahnmal, mittelalterlicher Synagoge und Museumszone als Ort des Erinnerns und Gedenkens – abgeschlossen.

Die Stadt Wien stellt Terminals – Vienna Access Points – in Amtshäusern, Bezirksämtern, Krankenanstalten, Seniorenheimen, im Rathaus und auf Plätzen auf. Diese Terminals erlauben neben dem Touch-Browsen auch eine Navigation mittels Sprache.

Auf der Neuen Donau in der Nähe des Kraftwerks Freudenau wird am 7. Juni ein Fußgängersteg eröffnet und bekommt den Namen Walulisobrücke.

Bei seiner dritten Reise nach Österreich, die Papst Johannes Paul II. am 19. Juni auch nach Wien führt, fordert er, eine gesamteuropäische Ordnung der Freiheit, des Friedens und der Gerechtigkeit zu schaffen.

Am 21. Juni finden im Ernst-Happel-Stadion die 2. Internationalen Special Olympics Sommerspiele statt.

Als erstes der drei neuen Mitgliedsländer, die 1995 der Europäischen Union beigetreten sind, übernimmt Österreich ab 1.

WIENER SÄNGERKNABEN

Als Kaiser Maximilian I. im Jahr 1498 anordnete, dass unter den Musikern der Hofmusik auch sechs singende Knaben sein sollten, wurde der Grundstein für den Chor der Wiener Sängerknaben gelegt. 500 Jahre danach pflegen die Wiener Sängerknaben weiterhin die Tradition der ehemaligen Hofsängerknaben und bereisen mit ihren vier Chören die ganze Welt. Sie sind so etwas wie Österreichs singende Botschafter. Ihre Konzertreisen führen sie nicht nur durch alle Staaten Europas, sondern auch nach Übersee. Und nach wie vor gestalten sie Sonntag für Sonntag den feierlichen Gottesdienst in der Hofburgkapelle und führen so eine seit 1498 bestehende, ununterbrochene Tradition fort.

Juli für ein halbes Jahr die Präsidentschaft in der EU. Wien wird bis Ende des Jahres so etwas wie die heimliche Hauptstadt der EU. Wien präsentiert sich als lebendige, moderne Stadt, in der es sich gut leben und arbeiten lässt und die ein attraktiver Wirtschaftsstandort ist. Wien wird nicht nur seinem Ruf als Kulturstadt gerecht, sondern stellt auch unter Beweis, dass es eine Stadt der Technologieentwicklung ist. Am 1. Juli gibt es auf dem Heldenplatz anlässlich des Antritts der EU-Ratspräsidentschaft durch Österreich ein großes Europafest.

Im August 1998 wird die onkologische Ambulanz und Tagesklinik in der Rudolfsstiftung eröffnet. Unter dem Motto „Weniger Spital und mehr Familie" werden PatientInnen am Morgen aufgenommen, erhalten tagsüber ihre Therapien und können am Nachmittag wieder nach Hause gehen. Im AKH wird der weltweit erste Magnetresonanztomograph an einer Strahlenabteilung in Betrieb genommen.

Ab 1. September tritt ein neues Naturschutzgesetz in Kraft. Es gibt jetzt auch die Möglichkeit „ökologische Entwicklungsflächen" vorsorgend unter Schutz zu stellen.

Am 16. September wird der 113 Meter hohe Andromeda-Tower im 22. Bezirk feierlich eröffnet. Es ist – noch – das höchste und modernste Bürogebäude Wiens. Der Hochhausturm mit dreißig Stockwerken bildet nun das markante Eingangstor zur Donau-City und einen charmanten optischen Gegenpol zum UNO-City-Gebäude. In den Sockelgeschoßen des Andromeda-Towers befinden sich Geschäfte, Dienstleistungsunternehmen und Gastronomiebetriebe, in den oberen Geschoßen sind Büros untergebracht.

FALCO

Der 1957 in Wien geborene Sänger und Musiker Johannes Hölzel – Künstlername Falco – stirbt am 6. Februar in der Dominikanischen Republik. Während seines Präsenzdienstes in der österreichischen Armee 1974–1975 spielt er erstmals Bassgitarre. Ein Semester am Wiener Musikkonservatorium folgt, nebenbei spielt Hölzel zunächst in der Band Umspannwerk, danach in verschiedenen Bands. Im Jahr 1977, in West-Berlin lebend, wird aus Hansi Hölzel Falco, da der DDR-Skispringer Falko Weißpflog ihn beeindruckt hatte. Nach seiner Rückkehr nach Wien gründet er die Band Spinning Wheel und spielt im Ersten Wiener Musiktheater, später Hallucination Company. Falco erhält 1980 einen Vertrag über drei Solo-LPs. Er produziert die Single „Der Kommissar". Mit dieser Single landete er 1981 einen Welthit, sie erreichte in fast allen europäischen Ländern Platz 1 und in Kanada erhielt er für diese Single Gold. Insgesamt verkaufte sich „Der Kommissar" weltweit sieben Millionen Mal. Das zweite Album „Junge Römer" erschien 1984. 1985 produziert er das Album „Falco 3", das ihn dank Hits wie „Rock me Amadeus", „Vienna Calling" oder „Jeanny" zum Weltstar machte. Im März 1986 belegte die Single „Rock me Amadeus" für drei Wochen Platz 1 der US-Billboard-Charts. Ebenfalls Platz 1 in England, weltweite Chartplatzierungen folgen. Auch das Album „Falco 3" erreicht in den USA Platz 3. Der nächste Erfolg stellte sich erst mit dem Album „Nachtflug" ein, das im Herbst 1992 erschien. Durch dieses Album wieder motiviert ging er 1993 quer durch Europa auf Tour. Er spielte in Deutschland, Österreich und der Schweiz, aber auch in Russland. Höhepunkt dieser Tournee war sein Auftritt beim Donauinselfest in Wien, wo ihn 100.000 Menschen bejubelten. 1996 verlegte Falco seinen Wohnsitz in die Dominikanische Republik und brachte seine letzte Single „Naked" heraus. Auf einer Weihnachtsfeier der Lauda Air gibt Falco am 18. Dezember 1997 sein letztes Live-Konzert. Falcos Sarg wurde von Wiener Motorrad-Rockern auf dem Wiener Zentralfriedhof zu Grabe getragen, mehr als 6.000 Menschen waren zu seinem Begräbnis erschienen. Die Motorradrocker hatten 13 Jahre zuvor in seinem Video „Rock me Amadeus" mitgespielt. Nach seinem Tod wurde das Album „Out of the Dark" ein sensationeller Erfolg.

Im Rahmen der traditionellen Literaturveranstaltung: „Rund um die Burg" am 18. und 19. September 1998 sind europäische und internationale Autoren eingeladen, aus ihren Arbeiten vorzutragen.

Am 28. September wird der Grundstein für den Umbau des Judenplatzes gelegt. Mit der Generalsanierung des Misrachi-Hauses am Judenplatz 8 wird begonnen, wobei die Ergeschoss- und die Kellerräume für museale Präsentationszwecke adaptiert werden.

Im Oktober tagen im Rathaus die Vereinigung der Hauptstädte der EU (UCUE) und der Rat der Gemeinden und Regionen Europas (RGRE). Im Vordergrund der Gemeinschaftsinitiative Urban steht die Entwicklung problematischer städtischer Zonen. Mittels integrierter Konzepte, die die Verknüpfung unterschiedlicher Maßnahmen und den effizienten Einsatz von Ressourcen beinhalten, soll auf wirtschaftliche und soziale Defizite in den betreffenden Stadtteilen reagiert werden. Eine Urban-Tagung Anfang Oktober, die den Austausch und die Vernetzung der Urban-Städte fördern will, beschäftigte sich mit grundlegenden Themen, die für alle beteiligten Städte von Bedeutung sind: wirtschaftliche Stadterneuerung, Formen der Bürgerbeteiligung, Methoden zur Erfolgskontrolle u. a. Darüber hinaus besteht die Möglichkeit, Beispiele aus anderen regional- und strukturpolitischen Bereichen kennen zu lernen. Das Wiener Urban-Programm am Gürtel findet internationales Echo: Die „New York Times" beschäftigt sich in einem Artikel mit den Gürtelbögen und die neue Jugend- und Kulturmeile am Gürtel.

Im Oktober wird in der Rieger Bank, einer Privatbank, eingebrochen. Wie sich später herausstellt, hatte der Bankier selbst 100 Millionen Schilling entwendet und war geflüchtet. Nach drei Wochen stellt er sich der Polizei. Die Wirtschaftspolizei wirft ihm gewerbsmäßigen Betrug, Untreue und Veruntreuung vor. Es handelt sich um den bisher größten österreichischen Bankenbankrott.

Seit Oktober gibt es den „ÖkoBusinessPlan Wien", in dem die vier Umweltprogramme der Stadt „Ökoprofit", „EMAS" (EG-System für das Umweltmanagement und die Umweltbetriebsprüfung), „Betriebe im Klimabündnis" und „Umweltzeichen Tourismus" zusammengefasst sind. Damit soll der Umweltschutz in den Wiener Betrieben besser koordiniert und umgesetzt werden. Teure Rohstoffe sollen gespart, Abfälle und Emissionen vermieden werden.

Vom 25. Oktober bis 2. November findet das größte offene Schachturnier Österreichs im Rathaus statt.

Vom 6. bis 8. November wird im RadioKulturHaus des ORF das Thema Reisen in Europa anhand von literarischen Neuerscheinungen in der Muttersprache berühmter europäischer AutorInnen und in deutscher Übersetzung variiert. Eingeladene Autoren sind Lars Gustafsson (S), Lidia Jorge (P), Bodo Kirchhoff (D), Doris Lessing (GB), Dacia Maraini (I), Robert Menasse (Ö), Cees Nooteboom (NL), Dominique Sigaud (F) und Poul Vad (DK).

Am 20. November wird die erste österreichische Euro-Münze geprägt. Ab 1. Jänner 1999 hat der Euro zunächst als Buchgeld Gültigkeit.

Am 29. November wurde im Rahmen einer Galaveranstaltung in Wien der „EuroPrix MultimediaArt 98" vergeben.

Anfang Dezember wird die Wiener U-Bahn – 25 Jahre nach Baubeginn – wieder um ein paar Kilometer länger. Die U3 hat drei neue Stationen – Hütteldorfer Straße, Kendlerstraße und Ottakring. Dort erreicht sie auch ihren westlichen Endpunkt. Bei der U3-Station Kendlerstraße gibt es eine neue Park&Ride-Anlage. In Ottakring wurde die Wendeanlage der U-Bahn mit dem neuen „Zentrum Alt Ottakring" umgebaut. Auf dem Areal der ehemaligen Tabakfabrik entsteht unter anderem die neue HTL Wien 16 und ein Wohnhaus für Mitarbeiter der Wiener Spitäler.

Am 31. Dezember findet vor dem Riesenrad ein Event der besonderen Art statt

Am Rathaus gehen im Dezember die Fenster auf. Die Fassade wird zu einem riesigen Adventkalender mit Bildern von 24 zeitgenössischen österreichischen Künstlern. Es handelt sich um eine Initiative zugunsten von „Licht ins Dunkel".

Streusplitt wird auf der Deponie Rautenweg recycelt und kann im heurigen Winter erstmals wiederverwendet und muss nicht zugekauft werden.

Am 11. und 12. Dezember ist die Wiener Innenstadt tatsächlich der Mittelpunkt Europas. Fünfzehn Staats- und Regierungschefs und ihre Außen- und Finanzminister halten ihre halbjährliche EU-Ratssitzung ab. Zu ihnen stoßen dann noch die Staats- und Regierungschefs und Außenminister der Beitrittskandidaten. Seit dem Wiener Kongress 1814 waren in Wien noch nie so viele Staatsoberhäupter auf einmal. Das Gebiet rund um die Hofburg wird zur Sperrzone erklärt. Anrainer und Geschäftsleute dürfen nur mit Genehmigung in das abgesperrte Gebiet.

Im Dezember wird im Gemeinderat beschlossen, die Stadtwerke – Wiener Linien, Wiengas, Wienstrom, Bestattung, Fernwärme – in eine Aktiengesellschaft umzuwandeln, die zu hundert Prozent im Eigentum der Stadt bleibt.

9.000 Gratisschnitzel verteilen im Dezember Bauern, um auf ihre Situation hinzuweisen: Nach dem Ende der Schweinepest fiel der Preis für Schweinefleisch um die Hälfte.

Eines der höchsten Gebäude Europas:
der Millennium-Tower

MILLENNIUM-TOWER

202 Meter hoch

33.300 m² Bürofläche

50 Geschoße

425 Wohnungen

1 Einkaufszentrum

1 Kindergarten

1 Ärztezentrum

Am 21. April wird der Millennium-Tower beim Zentrum Handelskai eröffnet. Dabei handelt es sich um ein 202 Meter hohes Büro- und Wohnhochhaus. Der Bau hat 50 Stockwerke und wurde nach den Plänen der Architekten Gustav Peichl, Boris Podrecca und Weber erbaut. Zuerst wussten die Wienerinnen und Wiener nichts Rechtes damit anzufangen, als bekannt wurde, dass ein „Millennium-Tower" gebaut wird. Irgendwie ging er in den Meldungen der Medien unter, denn in jener Zeit, knapp vor dem Jahrtausendwechsel, bekam ja alles den Zusatz „Millennium". Dann schoss er in den Himmel. Erstmals kam in Österreich das rationelle, kostensparende „Stahlbundverfahren" zum Einsatz. Statt drei Wochen für ein Geschoß wurde beim Millennium-Tower lediglich eine Woche für zwei Stockwerke benötigt. 1999 war er fertig. Er ist mit seinen 171 Metern (202 Meter mit der Turmspitze) nicht nur ein neues Wahrzeichen in Wien, sondern auch ein weithin sichtbarer Orientierungspunkt. 33.300 m² Bürofläche bieten sich im 50-geschoßigen Gebäude an. Dazu kam ein Kindergarten, ein Ärztezentrum sowie 425 Wohnungen und ein Einkaufszentrum. Er ist eines der höchsten Gebäude Europas.

Das Jahr 1999 steht im Zeichen von Johann Strauß. Vor 100 Jahren – 1899 – starb der Walzerkönig in Wien, vor 150 Jahren Johann Strauß Vater. Das Johann-Strauß-Jahr wartet aus diesem Anlass mit zahlreichen Highlights, darunter einer Neuinszenierung der „Fledermaus" während der Wiener Festwochen, einer großen Ausstellung im Historischen Museum der Stadt Wien, verschiedenen Konzertreihen, Bällen und anderen Veranstaltungen im In- und Ausland auf.

1999 wurde von der UNO zum „Internationalen Jahr der älteren Menschen" ausgerufen. Am 1. Oktober ist Seniorentag. Für die Seniorinnen und Senioren finden am Rathausplatz und auf dem Messegelände im Prater Kultur- und Sportereignisse statt. In Wien leben rund 326.000 Menschen – 209.000 Frauen und 117.000 Männer –, die über 60 Jahre alt sind. Das sind rund 21 Prozent der Wiener Bevölkerung.

Ein Erneuerungskonzept für den Liesingbach wird in Auftrag gegeben. Der Bachverlauf soll

Volle Reihen beim Strauß-Konzert vor der festlich beleuchteten Hofburg

unter Beibehaltung des Hochwasserschutzes naturnah rückgebaut werden.

Eine Novelle des Wiener Tierschutzgesetzes wird vorbereitet. Es werden Richtlinien für artgerechte Tierhaltung erstellt. Und noch ein Landesgesetz wird vorbereitet. Das Bienenzuchtgesetz regelt die Arbeit der rund 200 Wiener Bienenzüchter.

PEYMANN ADE

In diesem Jahr endet Claus Peymanns Direktionszeit am Burgtheater. Es ist Zeit einen Rückblick zu machen. In einer Wochenzeitung werden die bekanntesten Theaterkritiker aus Österreich, Deutschland und der Schweiz befragt, was denn die zehn besten und die zehn schlechtesten Inszenierung unter Peymann gewesen seien. Die besten Aufführungen: „Heldenplatz", „Ein Sportstück", „Ivanov", „Der Kirschgarten", „Ritter-Dene-Voss", „Das Ende vom Anfang", „Der Theatermacher", „Metamorphosen des Ovid", „Othello", „Goldberg Variationen" Die schlechtesten Aufführungen: „Honigmond", „Die Blinden von Kilcrobally", „Schlacht um Wien", „Sommer 14", „Die Raststätte", „Der Impresario von Smyrna", „Dreigroschenoper", „Tosca", „Kabale und Liebe"

Ende Jänner ist Baubeginn für das Geriatriezentrum Nord, das an das Krankenhaus Floridsdorf baulich angebunden ist. Es wird 144 Betten und ein Tageszentrum haben.

Der Umbau des ersten Simmeringer Gasometers hat begonnen. Der Umbau der drei anderen beginnt dann im Sommer. Gasometer D wird auch Platz für das Wiener Stadt- und Landesarchiv bieten, das derzeit aus allen Nähten platzt.

Hauptschulen und Volksschulen werden über ein Glasfasernetz ans Internet angebunden. Es folgen dann die Büchereien, die Volkshochschulen und die Jugendzentren. In den Amtshäusern der Stadt Wien werden „Access Points" aufgestellt, also Terminals, die einen kostenlosen Zugang zum Internet und zum städtischen Web-Dienst „wien.online" bieten.

Die „Hörgänge" 1999 vom 12. bis 25. März, das Musikfestival für zeitgenössische Musik, haben das Leitmotiv „Odyssee" und begeben sich auf eine weitverzweigte Reise. Das OsterKlang-Festival 1999 eröffnen die Wiener Philharmoniker am 27. März mit der h-Moll-Messe von Bach im Wiener Musikverein. Die Kunsthalle gibt einen Überblick über das Werk des Pop-Künstlers Andy Warhol.

Der Wiener Rathauskeller wird hundert Jahre alt. Errichtet im „Interesse der Förderung des österreichischen Weinbaus" dauert es nach Fertigstellung des Rathauses 1883 noch 16 Jahre, ehe man zur Eröffnung des Rathauskellers schreiten konnte.

Wien hat ein neues Zentrum zur Behandlung geriatrischer Erkrankungen mit Intensivpflege und Rehabilitation – das umgebaute und erweiterte Sophienspital im 7. Bezirk. Ein wichtiges und sehr erfolgreiches Projekt im Sophienspital ist die Rehabilitation nach Schenkelhalsbrüchen.

Im April wird der „Entwurf des Strategieplanes für Wien" als Grundlage für den öffentlichen Diskussionsprozess von der Wiener Stadtregierung beschlossen.

Der Wiener Gemeinderat beschließt am 29. April 1999, Kunst- und Kulturgegenstände, die während der NS-Zeit von Museen, Bibliotheken, Archiven und Sammlungen der Stadt Wien durch Ankauf oder Widmung erworben wurden und als bedenkliche Erwerbungen (Raub, Beschlagnahme, Enteignung etc.) einzustufen sind, an die ursprünglichen Eigentümer oder deren Rechtsnachfolger zu restituieren.

Ende April stellt Wien Hilfe für Vertriebene aus dem Kosovo bereit. Es sollen an die tausend Flüchtlinge aus dem Krisengebiet in Wien aufgenommen werden.

Am 1. Mai verkehren die Wiener Linien erstmals im normalen Sonntagsfahrplan.

Im Kaiser-Franz-Josef-Spital wird am 5. Mai das zweite Frauengesundheitszentrum für Wien eröffnet. Der zweite Bauabschnitt des Wohnparks Donaucity im 22. Bezirk wird an die Mieter übergeben. Die Donaucity ist mit 1.600 Wohnungen das derzeit mit Abstand größte Neubauwohnprojekt in Wien.

Ab 1. Juni gibt es die Möglichkeit, Trauungen auch außerhalb des Standesamtes zu vollziehen.

Am 13. Juni finden Wahlen zum Europäischen Parlament statt. Es sind 1,120.286 Wahlberechtigte in Wien für die EU-Wahl registriert, darunter 4.283 in Wien wohnhafte EU-Bürger anderer Staatsbürgerschaft. Gegenüber dem Ergebnis der letzten EU-Wahlen erzielt die SPÖ mit 31,8 Prozent einen Stimmenzuwachs von 2,7 Prozentpunkten und verdrängt die ÖVP (30,6 Prozent) auf den zweiten Platz. Die FPÖ (23,5 Prozent) verliert vier Prozentpunkte, die Grünen steigern sich auf 9,2 Prozent.

Am 19. Juni wird die erste „Informationsmesse für Psychotherapie" im Rathaus eröffnet. Ziel ist es, über Möglichkeiten und Methoden einer psychotherapeutischen Behandlung zu informieren.

Eröffnet wird die Star-Trek-World-Tour in Wien am 29. Juni. Sie wird bis zum 8. August täglich von 10–22 Uhr auf dem Wiener Messegelände zu sehen sein. Alles für die Fans von Raumschiff Enterprise ist hier zu sehen, auch wenn manche meinen, dass es im Fernsehen doch besser sei.

Am 11. August findet eine totale Sonnenfinsternis statt. Zum ersten Mal seit dem 8. Juli 1842 schiebt sich am 11. August der Mond so zwischen Sonne und Erde, dass es am hellen Tag dunkel wird. Am dämmrigen Mittagshimmel scheint nur noch eine schwache Sichelsonne. Die nächste totale Sonnenfinsternis findet in Österreich erst wieder am 3. September 2081 statt.

Am 19. September wird auf der Terrasse der Staatsoper ein für Kinder gestaltetes Opernzelt mit der Kinderoper „Das Traumfresserchen" eröffnet.

Auf dem Rathausplatz feiert Rapid sein 100-Jahr-Jubiläum. Das Geburtstagsgeschenk Wiens für den Wiener Traditionsklub: Das Hanappi-Stadion wird zur Gänze überdacht.

Wien beantragt für Teile des zweiten und des zwanzigsten Bezirkes als sogenanntes „Ziel-2-Gebiet" EU-Förderungsmittel. Eine Ratsverordnung der EU vom Juni macht dies möglich. Die Förderperiode umfasst die Jahre 2000 bis 2006.

Im September ist das Holocaust-Mahnmal auf dem Judenplatz fertig errichtet. Bedingt durch bautechnische Probleme am Misrachi-Haus wird auf einen raschen Eröffnungstermin verzichtet.

Vom 7. September an finden Volleyball-Europameisterschaften im renovierten Dusika-Stadion statt. Sie werden zu einem großen Erfolg – leider nicht für die österreichische Mannschaft, die ohne Satzgewinn den letzten Platz belegte, aber für Wien. Zum Finale kamen über 5.000 Zuschauer. Italien wurde durch ein 3:1 gegen Russland Europameister.

Internationales Jahr der älteren Menschen – auch bei McDonalds

Ab September haben die Fahrscheine der Wiener Linien eine neues Design. Sie sind in Scheckkartenformat, farblich unterscheidbar und fälschungssicher.

Mit Schulbeginn im September werden drei neue Volksschulen im 22. Bezirk (Donau City, Kaisermühlendamm, Prandauergasse) und eine in der Brigittenau (Engerthstraße) eingeweiht. Eine neue Hauptschule öffnet in der Carlbergergasse im 23. Bezirk ihre Pforten. Zwei Schulgebäude werden renoviert, fünf befinden sich in Bau und 19 Schulneu- und -zubauten sind in Planung. Auf der Wieden gibt es die Sir-Karl-Popper-Schule für besonders begabte Kinder. Zehn Hauptschulen in Floridsdorf nehmen an BOM teil, der Berufsorientierten Mittelstufenschule, die die Schülerinnen und Schüler besonders gut für die Wahl des Berufes oder einer weiterführenden Schule vorbereiten will.

Am 8. September feiert Favoriten sein 125-Jahr-Jubiläum als Bezirk der Stadt Wien. Am 10. September wird der Wasserturm in Favoriten hundert Jahre alt und bekommt eine Jubiläumsbeleuchtung. Am 20. September werden Moskau-Tage in Wien eröffnet und ein Puschkin-Denkmal bei der Endstation der Linie 67 enthüllt.

Am 26. September wird der 1. Vienna-Inline-Marathon abgehalten.

Der Start des 1. Vienna-Inline-Marathons erfolgte am Dr.-Karl-Lueger-Ring und führte über einen Rundkurs (Ring – Kai – Ring) ins Ziel am Rathausplatz/ Burgtheater, wobei eine Runde 5,5 Kilometer betrug. Für den Kinderbewerb wurde ein Rundkurs rund um das Rathaus gewählt.

In Kaisermühlen neben der Reichsbrücke wird der Wohnpark Neue Donau im September eröffnet – geplant von dem in Australien lebenden österreichischen Architekten Harry Seidler. Die Wohnanlage ist durch sieben markante Baueinheiten geprägt, die in verschiedenen Winkeln zueinander stehen. Bei der Eröffnung wird auch der Grundstein für das Hochhaus „Neue Donau" gelegt. Und der Fuß- und Radweg zwischen Wohnbauten und Neuer Donau bekommt den Namen „Rudolf-Nurejew-Promenade" – nach dem 1993 verstorbenen russischen Tänzer und Choreographen.

Am 3. Oktober sind Nationalratswahlen. SPÖ und ÖVP erreichen mit 33,15 beziehungsweise 26,91 Prozent die niedrigsten Stimmenanteile seit Bestehen der zweiten Republik. Die FPÖ zieht knapp an der Volkspartei vorbei und erreicht mit 415 Stimmen mehr den zweiten Platz hinter der SPÖ. Das Liberale Forum gelangt nicht mehr ins Parlament, die Grünen kommen auf 14 Mandate. Die SPÖ hat 65 Mandate, die FPÖ und die ÖVP je 52. Bundeskanzler Klima (SPÖ) wird vom Bundespräsidenten beauftragt, Sondierungsgespräche zur Bildung einer Bundesregierung zu führen.

Anfang Oktober wird im Ordensspital der Barmherzigen Brüder die erste Wiener Ambulanz für gehörlose Menschen eröffnet. Mitte Oktober bekommt die Wiener Rettung die erste (!) hauptamtliche Sanitäterin Österreichs, im Augarten wird die Lauder-Chabat-Schule eröffnet und in Favoriten am Belgradplatz werden Bäume gepflanzt. Sie sollen an die vom Belgradplatz weg in den Tod verschleppten Roma erinnern. Auf Österreichs größter Kulturbaustelle, dem Wiener Museumsquartier, laufen die Bauarbeiten auf Hochtouren. Im September kann die Gleichenfeier für das Leopold Museum, das „Museum Moderner Kunst Stiftung Ludwig Wien" und die Kunsthalle der Stadt Wien gefeiert werden. Die Fertigstellung ist für das Ende des nächsten Jahres vorgesehen. Neben diesen Museen werden auch in den renovierten Gebäuden des alten „Messepalastes", in den Hallen E und G, viele Institutionen wie das Tanzquartier ihren Betrieb aufnehmen. Auch das Kindermuseum wird mehr Platz bekommen. Am Nationalfeiertag gibt es im Museumsquartier einen „Tag der offenen Baustelle".

Wo kann ich für wenig Geld essen? Wo kann ich günstig übernachten? Eine neue Internetseite gibt Tipps für Jugendliche aus dem In- und Ausland: www.coolplaces.wien.at.

Vom 22. Oktober bis 24. November zeigt die Wiener Planungswerkstatt am Friedrich-Schmidt-Platz die Ausstellung „Frauen in der Technik von 1900 bis 2000".

Für das Areal um den Bahnhof Wien Mitte in der Landstraße liegt ab November ein Flächenwidmungs- und Bebauungsplan auf.

Das im November vom Wiener Gemeinderat beschlossene „Klimaschutzprogramm der Stadt Wien" soll zur Erfüllung der Ziele des Klimabündnisses und somit auch zur weiteren Erhöhung der Lebensqualität, zur Schaffung neuer Arbeitsplätze und Attraktivierung des Wirtschaftsstandortes Wien beitragen.

Am 12. November demonstrieren an die 70.000 Menschen auf dem Stephansplatz unter dem Motto „Keine Koalition mit dem Rassismus". Im Tagesheim der Caritas Socialis findet die 1. Wiener MigrantInnenseniorenmesse statt und am 20. November die 1. Wiener Integrationskonferenz.

Die Wiener Städtischen Büchereien erhalten am Urban-Loritz-Platz eine neue Hauptbibliothek. Das langgestreckte Gebäude wird über der U-Bahn errichtet. Am markantesten wird eine große Treppe sein, die die südliche Front der neuen Bibliothek bildet. Spatenstich ist am 29. November.

An fünf Simmeringer Gemeindebauten werden Gedenktafeln an die von den Nazis 1938/39 aus ihren Wohnungen vertriebenen und deportierten jüdischen Mieterinnen und Mieter enthüllt.

ARNOLD SCHÖNBERG CENTER

Arnold Schönbergs Nachlass blieb nach seinem Tod im Jahr 1951 im Besitz seiner Familie. Seine Erben entschlossen sich, die Sammlung dem 1973 gegründeten Arnold Schoenberg Institute an der University of Southern California in Los Angeles zur Verfügung zu stellen, wo neben einem Aufführungs- und Ausstellungsraum ein modernes Archiv errichtet

wurde, das bis 1997 öffentlich zugänglich war. Als die Vorgabe der Schönberg-Erben, Institut und Archiv sollten sich in Forschung und Lehre auf die Person Arnold Schönberg beziehen, in den letzten Jahren von der University of Southern California nicht mehr erfüllt werden konnte, kam es im Jahr 1996 zwischen ihr und den Erben zu einem Rechtsstreit. Wien als Geburtsstadt Schönbergs, als Wiege und Namensgeberin der Wiener Schule wurde als neue Heimstätte des Nachlasses auserwählt: Anfang 1997 wurde die Arnold Schönberg Center Privatstiftung von der Gemeinde Wien und der Internationalen Schönberg Gesellschaft gegründet. Der Zweck der Stiftung umfasst die Etablierung des Arnold Schönberg Archives (Nachlasses) in Wien, seine Erhaltung und Pflege, die Ausbildung der Allgemeinheit im Hinblick auf Schönbergs interdisziplinären künstlerischen Einfluss sowie die Lehre und Verbreitung von Schönbergs Beiträgen zur Musik und seines sonstigen Lebenswerkes. Nach der Transferierung der Sammlung aus Los Angeles und seit der Eröffnung des Arnold Schönberg Centers im März 1998 im Palais Fanto im 3. Bezirk steht das Archiv für wissenschaftliche Studien und Forschungen durch Wissenschaftler, Komponisten, Musiker und die Öffentlichkeit zur Verfügung. Im März 1997 brachte die Internationale Schönberg Gesellschaft Schönbergs Wohnhaus in Mödling (1918–1825) in die neu gegründete Arnold Schönberg Center Privatstiftung ein, welches als museale Gedenkstätte seit September 1999 für die Öffentlichkeit zugänglich ist.

Mit den unvergesslichen
Klängen des Walzerkönigs
tanzt Wien in das neue Jahr

DAS MILLENNIUM BEGINNT SCHON HEUER

Nach 21 Jahren gibt es wieder eine Eiskunstlauf-Europameisterschaft in Wien. Sie findet vom 6. bis 13. Februar in der Stadthalle statt.

Im Jänner platzen die Regierungsverhandlungen zwischen ÖVP und SPÖ. ÖVP und FPÖ nehmen Koalitionsverhandlungen auf. Ende Jänner warnen die EU-14 vor einer Regierungsbeteiligung der FPÖ und drohen die Einstellung der bilateralen Beziehungen zu Österreich an.

Anfang Februar kommt es gegen die schwarz-blaue Koalition zu Protesten. Die künftige Regierung muss unterirdisch zur Angelobung in die Präsidentschaftskanzlei gehen. Am 19. Februar nehmen an einer großen Demonstration gegen die Regierung an die 300.000 Menschen teil. Die EU-14 verhängen Sanktionen gegen Österreich. Zu ihnen meint der deutsche Philosoph Peter Sloterdijk, sie seien eine ganz verhängnisvolle Form psychopolitischen Dilettantismus und unter diplomatischen Gesichtspunkten schlicht eine Katastrophe.

Unter dem Motto „Wir nehmen unsere Eltern mit" entstehen derzeit in der „Wiesenstadt" in Wien 23 insgesamt 212 neue Wohneinheiten: Knapp 20 Prozent der Wohnungen sind Senioren gewidmet, deren Kinder sich in der Anlage – die vom Bauträger Kallco Projekt errichtet wird – ansiedeln möchten. Das Rote Kreuz richtet im Bereich der seniorengerecht adaptierten „Elternwohnungen" einen ständig besetzten Stützpunkt ein, der im Bedarfsfall die Betreuung der älteren Bewohner sicherstellt und alle Sozialdienste anbietet. Die geförderten Mietwohnungen in der „Wiesenstadt" werden Ende des Jahres 2000 bezugsfertig sein.

Alt-Bundespräsident Rudolf Kirchschläger stirbt am 30. März im Alter von 85 Jahren in Wien. Rudolf Kirchschläger wurde 1915 in Obermühl/Oberösterreich geboren und studierte nach der Matura Rechtswissenschaften in Wien. Im Zweiten Weltkrieg schwer verwundet, arbeitete er nach 1945 als Richter und ab 1956 im auswärtigen Dienst. Er wurde Kabinettschef der Außenminister Kreisky und Toncic-Sorinj. Von 1967 bis 1970 war Dr. Kirchschläger österreichischer Gesandter in Prag, danach berief Bundeskanzler Dr. Bruno Kreisky den parteilosen Diplomaten zum Außenminister. Am 23. Juni 1974 wurde Dr. Kirchschläger als Kandidat der Sozialistischen Partei zum österreichischen Bundespräsidenten gewählt und am 18. Mai 1980 für eine zweite Amtsperiode wiedergewählt. Verfassungsgemäß schied er am 8. Juli 1986 aus dem Amt.

Vor der Oper sorgt das Kultur-Enfant Terrible Schlingensief mit einem Asylanten-Container für große Aufregung. Manche sind der Meinung, dass diese Art von Kunst mit ihrem Kulturverständnis nicht zu vereinbaren sei und verboten gehöre.

Es klang ganz schrecklich, beinahe so, als ob die letzte Stunde der Menschheit geschlagen hätte: die computerisierte Welt zitterte dem Millennium Bug entgegen, dem totalen Computerchaos, ausgelöst durch den Datumssprung von 99 auf 00. Viele Computer würden uns ins Jahr 1900 zurückversetzen und es werde im Datennetz heilloses Durcheinander herrschen. Allerorten nahmen Task Forces den Kampf gegen die Y2K-Bombe auf. Schließlich geschah – nichts!

Demonstration mit Mummenschanz gegen die neue Regierung

Das Jüdische Museum besteht seit zehn Jahren. Am 7. März eröffnet Altbürgermeister Zilk die große Jubiläumsausstellung „Chaim Soutine. Ein französicher Expressionist".

„Literatur im März" findet im Museumsquartier statt. Das Internationale Theodor-Herzl-Symposium und die „Literatur für junge Leser" werden eröffnet, die Prater Hochstraße ist fertig, der Siebenbrunnenplatz ist umgebaut, das Historische Museum zeigt die Ausstellung „Träume 1900 – 2000, Kunst, Wissenschaft und das Unbewusste".

Am 11. April wird der Urban-Loritz-Platz nach seiner Umgestaltung eröffnet, es kommt zum Spatenstich für die dritte Ausbauphase der U-Bahn, in der Stadthalle wird ein multikulturelles Afrikafest gefeiert, in Favoriten wird ein neues Schulgebäude der Berufsschule für Einzelhandel eröffnet und Ende April findet das Wiener Stadtfest 2000 statt.

Beim Streetsoccer-Turnier auf dem Rathausplatz zeigen unsere jungen „Kicker" viel Ballgefühl

Mitte Mai beschließt die Landeshauptmänner-Konferenz in Wien eine Europa-Deklaration; ein neues elektronisches System, das den Fahrgästen minutengenau das Eintreffen des nächsten U-Bahn-Zuges ankündigt, wird gestartet; in der Lassallestraße gibt es die Gleichenfeier für das größte Bürohaus Österreichs, am Dornerplatz im 17. Bezirk die Tiefenfeier bei der Volksgarage. Ende Mai kommt es zum Spatenstich für die Erweiterung der Hauptkläranlage Wien und den Ausbau der Klärschlammentsorgung.

17. Mai Eröffnung der Summer Stage, eine Art Gastronomiemeile auf der Rossauer Lände.

Im Juni wird in Kagran am Rennbahnweg die fünfte Wiener Umweltberatungsstelle eröffnet. Am 15. Juni wird das „Haus der Musik" auf der Seilerstätte eröffnet. Es ist ein Ort lebendiger Auseinandersetzung mit Musik, der spielerisch und interaktiv neue Zugänge zu Musik eröffnet. Es ist ein modernes Klangmuseum.

Auch Nichtösterreicher dürfen in die Wiener Gemeindewohnungen ziehen. Sie müssen mindestens acht Jahre legal in Österreich leben. Es wird Notfallswohnungen und Integrationswohnungen geben. Mit der Öffnung der Gemeindewohnungen für MigrantInnen soll einer Ghettobildung entgegengewirkt werden.

Am 11. Juli wird ein Erdbeben der Stärke 4,8 auf der Richter-Skala gemessen, es kommt zu keinen Schäden.

Am 12. Juli werden bei einer Notlandung eines Airbus von Hapag Llyod am Flughafen Wien Schwechat 26 Personen leicht verletzt.

Ende Juli kommen die „drei Weisen" der EU nach Wien. Sie sollen einen Bericht über die Lage in Österreich unter der neuen Regierung erstellen. Am 8. September liegt der Bericht der EU-Weisen vor, in dem der Justizminister kritisiert und die Aufhebung der Sanktionen empfohlen wird. Am 12. September werden die Sanktionen aufgehoben.

Seit dem Regierungsantritt wird bis zum Sommer an die 200mal demonstriert. Mindestens jeden Donnerstag ziehen die Gegner der Regierung durch Wien. Anfang August wird das Sozialmedizinische Zentrum Baumgartner Höhe und das Neurologisches Krankenhaus Maria-Theresien-Schlössl in „Otto-Wagner-Spital" umbenannt.

Im September eröffnet das „Haus des Meeres" ein neues Tropenhaus, eine Nürnbergerin ist die millionste Käuferin der Wien-Karte in der neuen Tourist-Info Wien am Albertinaplatz.

Im September gehen beim coolsten Sportereignis Wiens, dem Vienna-Inline-Marathon, rund 2.000 Skater an den Start. Sie erreichen Spitzengeschwindigkeiten von bis zu 55 Stundenkilometer.

In diesem Monat wird das Angebot an Eltern-Kind-Zentren, die jungen Eltern Hilfestellungen in jeder Lebenslage geben, quantitativ und qualitativ ausgeweitet.

Auf dem Rathausplatz wird am 26. September ein Europafest gefeiert. Anlass ist die Errichtung des Ziel-2-Büros in Wien.

Seit dem EU-Beitritt Österreichs 1995 nimmt Wien an der EU-Gemeinschaftsinitiative URBAN teil, um seine strukturschwächeren Stadtgebiete zu unterstützen. Der erste Teil des Wiener URBAN-Programmes ist „URBAN Wien Gürtel plus". URBAN II Erdberg ist die Fortführung dieses Programmes ab diesem Jahr bis zum Jahr 2006.

Ende September feiert die Brigittenau das 100-Jahr-Jubiläum. Der 20. Gemeindebezirk von Wien wurde 1900 von der Leopoldstadt als eigener Bezirk abgetrennt. Seinen

Das Mahnmal auf dem neu
gestalteten Judenplatz

Namen erhielt er nach der Brigittakapelle, die 1645 bis 1651 nach Abwehr der Schweden im Dreißigjährigen Krieg errichtet worden war.

Am 1. Oktober gibt es den ersten Wiener Frauengesundheitstag, das neue Diana-Bad wird eröffnet, im Rathaus findet ein Europäisches Jugendparlament statt und das Tech-Gate in der Donau-City-Straße hat Gleichenfeier.

Anfang Oktober, fast genau zwölf Jahre nach der Ermordung einer damals 20-jährigen Wienerin, wird nach einem positiven DNA-Test ein Verdächtiger verhaftet.

Am 21. Oktober wird der neue Theaterpreis der Stadt Wien „Nestroy" vergeben. Er ersetzt die Josef-Kainz-Medaille der Stadt Wien und den Johann-Nestroy-Ring der Stadt Wien. Und der „Nestroy" geht für die beste Regie an Luc Bondy. Die beste deutschsprachige Aufführung ist „Die Möwe", beste Schauspielerin ist Birgit Doll, bester Schauspieler Gert Voss, bester Schauspieler in einer Nebenrolle ist Martin Schwab, beste Nachwuchsschauspielerin Birgit Minichmayr; für die beste Ausstattung wird Ulrike Kauffmann ausgezeichnet, die beste Off-Produktion hat der Theater.Punkt, der Autorenpreis geht an Jon Fosse und der „Nestroy" für das Lebenswerk an Otto Schenk.

Im Oktober wird der Gehirnforscher Eric R. Kandel mit dem Nobelpreis für Medizin ausgezeichnet, er ist einer der bedeutendsten Gehirnforscher der Welt und stammt aus Wien. Im April 1938 musste er mit seinem Bruder aus Wien flüchten. Kandel meint zu seiner Geschichte: „Der Nobelpreis ist ein amerikanischer Preis. Ich bin kein Österreicher. Ich bin ein Wiener Jude, der aus Österreich vertrieben wurde."

Für die am 25. Februar 2000 von der Europäischen Kommission beschlossene Ziel-2-Gebietskulisse wird in der Dresdner Straße 130 Mitte Oktober eine Außenstelle zur Betreuung der Interessenten vor Ort eröffnet.

Es befinden sich von den 18 österreichischen Universitäten acht in Wien. An diesen acht Forschungs- und Ausbildungsstätten werden 57,5 Prozent aller Studierenden Österreichs von über 14.000 Lehrpersonen ausgebildet. In der zweiten Hälfte des 20. Jahrhunderts stieg die Zahl der Studierenden an den Wiener Universitäten explosionsartig von 12.157 (1955/56) auf 131.026 (2000/01) an. Besonders bemerkenswert ist die gewaltige Zunahme an Studentinnen: Ihr Anteil betrug 1955/56 lediglich 22,4 Prozent, 2000/01 haben die Frauen ihre Kollegen bereits überholt (52,0 Prozent).

Am 25. Oktober wird auf dem Judenplatz das Mahnmal für die österreichischen jüdischen Opfer der Schoah enthüllt. Der Platz vereint Rachel Whitereads Mahnmal mit den Ausgrabungen der mittelalterlichen Synagoge und einem Museum zum mittelalterlichen Judentum. Das Mahnmal ist ein Stahlbetonkubus, dessen Außenflächen als nach außen gewendete Bibliothekswände durchmodelliert sind. Auf Bodenfriesen rund um das Mahnmal sind die Namen jener Orte festgehalten, an denen österreichische Juden während der NS-Herrschaft umgebracht wurden.

100 JAHRE WIENER SYMPHONIKER

Am „30. Okt. 1900", präcise um 8 Uhr" fand das „Erste Symphonie-Concert des Wiener Concert-Vereins" statt. Aus dem Orchester des „Wiener Concert-Vereins" gingen in Gemeinschaft mit dem 1907 gegründeten Tonkünstler-Orchester und dem in den Jahren nach dem Ersten Weltkrieg fusionierten Wiener Sinfonie-Orchester 1933 die Wiener Symphoniker hervor. Der Wiener Concert-Verein bestritt neben den Gesellschaftskonzerten im Musikverein auch „Volksthümliche Konzerte", „Sinfoniekonzerte für die Arbeiterschaft Wiens", unentgeltliche Veranstaltungen für Mittelschüler; die ständig wachsende Anzahl der gespielten Konzerte bedeutete grundsätzlich Offenheit für neues Publikum. Der Einsatz für das Neue prägte auch die Programmgestaltung. An die tausend Erst- und Welturaufführungen wurden präsentiert: von der 9. Symphonie von Anton Bruckner bis zu einer fulminanten „Lulu" von Alban Berg im Rahmen der Wiener Festwochen. Die kulturpolitischen Ziele bedingten als Voraussetzung für die notwendige Qualität die Zusammenarbeit mit großen Dirigentenpersönlichkeiten. Nach der 1933 erfolgten Neustrukturierung lieferte die Stadt Wien die finanzielle Basis, unterstützt durch Subventionen des Bundes. Zum ersten Chefdirigenten wurde Oswald Kabasta bestellt. Nach dem Zweiten Weltkrieg leistete Hans Swarowsky künstlerische Aufbauarbeit. Danach kam die umfangreiche und wertvolle Zusammenarbeit mit Herbert von Karajan. Die Ansprüche an die ihm folgenden Chefdirigenten blieben fortan hochgesteckt. Ab 1997 übernimmt Vladimir Fedosejev als Chefdirigent die künstlerische Leitung. Das Aufgabengebiet der Wiener Symphoniker hat sich seit 1900 ins Vielfache ausgeweitet. Das Ziel blieb immer dasselbe: Kunst zu den Menschen zu bringen.

Konzert der Wiener Symphoniker
in der Stadthalle 1960

Das Mahnmal steht in enger Verbindung mit dem Informationsbereich zur Schoah, der vom Dokumentationsarchiv des österreichischen Widerstandes im Erdgeschoß des Misrachi-Hauses eingerichtet wurde. Hier werden Namen und Daten der 65.000 Juden und die Umstände, die zu ihrer Verfolgung und Ermordung geführt haben, gezeigt.

Zu einem der folgenschwersten Unglücksfälle der zweiten Republik kommt es am 11. November durch einen Brand in der Standseilbahn auf das Kitzsteinhorn. Bei der Seilbahnkatastrophe werden 155 Menschen getötet. Das Rathaus wird schwarz beflaggt.

Der Wiener Gemeinderat beschließt am 22. November, dass der Wiener Krankenanstaltenverbund ab 2002 ein Unternehmen nach der Wiener Stadtverfassung ist. Die Krankenanstalten und Pflegeheime der Stadt Wien haben den Auftrag, die gesundheitliche und pflegerische Versorgung der Bevölkerung sicherzustellen. Diese Einrichtungen stellen aber auch für die Stadt Wien einen wichtigen Wirtschaftsfaktor dar.

Das KunstHaus Wien zeigt ab Ende November unter dem Titel „Gehasst – Gebaut – Geliebt. Von der Utopie zur Realität" die Geschichte der Architektur Friedensreich Hundertwassers.

Ein einstmals in den Donauauen beheimatetes Tier wird in der Lobau wieder angesiedelt: Anfang Dezember werden die ersten nachgezüchteten Hundsfische in der Lobau „ausgewildert". Der Hundsfisch war einst ein in den Augewässern der Donau verbreiteter Fisch, galt aber in Österreich als ausgestorben und wurde erst vor einigen Jahren wieder entdeckt. Derzeit kommt er in der EU nur noch in zwei Gewässern vor und ist daher extrem gefährdet. Der zehn Zentimeter lange Fisch ist optisch eher unscheinbar und ist ein Spezialist stark verlandender Gewässer.

Anfang Dezember wird die Teilstrecke Erdberg – Simmering der U3 eröffnet. Mitte Dezember ist Gleichenfeier des zweiten Bauabschnitts der Millennium-City und des Neubaus der Hauptbücherei der Stadt Wien am Urban-Loritz-Platz.

Sie werden selten erwähnt, die internationalen humanitären Hilfsmaßnahmen Wiens. Heuer werden für die Frauenklinik Sarajewo, deren medizinische Ausrüstung durch den Krieg großteils zerstört wurde, Spitalsgüter angekauft und nach Sarajewo gebracht. In einem Erziehungsheim für minderjährige Straftäterinnen in Bulgarien wird ein Computer- und Berufsorientierungskurs finanziert. In Skopje (Mazedonien) wird ein moderner und sicherer Spielplatz für Kinder errichtet. In Moldawien besteht ein Mangel an Medi-

Die U-Bahn fährt am 28. Juni erst ab 7 Uhr – der ÖGB veranstaltet einen Aktionstag gegen die Sozialpläne der Regierung

kamenten und winterfester Kleidung. Eine Lieferung von Medikamenten und Kinder-
kleidung wird unterstützt. In Mosambik sind nach einer Überschwemmungskatastrophe
etwa eine Million Menschen obdachlos und ohne Trinkwasser. Wien finanziert eine
Wasseraufbereitungsanlage. Auf Einladung der Stadt verbringen russische Kinder im
Sommer hier einen zweiwöchigen Ferienaufenthalt. Belgrad wird mit dringend be-
nötigten Kommunalfahrzeugen und Spitalsgütern unterstützt. Wien überlässt auch ge-
brauchte Sachgüter und übernimmt Transportkosten für die Lieferung von Hilfsgütern
der Hilfsorganisationen.

Im Technosound zieht die
Love Parade durch Wien

Eine Novelle zum Wiener Jugendwohlfahrtsgesetz wird Mitte Dezember beschlossen.
Die sozialen Dienste werden um „niederschwellige" Einrichtungen, wie zum Beispiel
Notschlafstellen für Kinder, die in keine Institutionen zu integrieren sind, erweitert. Die
Hilfen für betreute Jugendliche können bis zur Vollendung des 21. Lebensjahres
möglich sein, da oft mit Erreichen der Volljährigkeit die Berufs- und Schulausbildung
nicht abgeschlossen ist. Der Kinderschutz wird durch Regelungen zur Meldepflicht
bei Gewalt an Kindern verstärkt

Mitte Dezember ist Gleichenfeier der neuen Hauptbibliothek am Wiener Neubaugürtel.
Vizebürgermeister Bernhard Görg und Vizebürgermeisterin Grete Laska gratulieren
zum raschen Baufortschritt.

Im Dezember wird ein geladener Wettbewerb für den Umbau der Albertina ausgelobt.
Im Februar des nächsten Jahres soll die Entscheidung der Jury fallen. Der Umbau soll
dann bis Sommer 2002 fertig gestellt sein.

Ein kulturelles Groß-Ereignis ist die Eröffnung
des Museumsquartiers. Ende dieses Jahres
hat das MQ bereits eine Million Besucher

ABSOLUT GUT!

Es kommt an den Donnerstagen zu den Donnerstags-Demonstrationen gegen die
schwarz-blaue Regierung. Im letzten Jahr nahmen an dieses Protestmärschen durch
Wien noch Tausende teil, heuer beginnen sich die Reihen zu lichten.

Am 12. Jänner wird das Wiener Technikum zur ersten Wiener Fachhochschule ernannt.
In Wien herrscht im Februar Wahlkampf für die Landtags- und Gemeinderatswahlen im
März. Die Meinungsforscher sagen große Verluste der FPÖ voraus.

Der mädchengerecht gestaltete St.-Johanns-Park wird am 5. März eröffnet. Ab
13. März zeigt das Arnold Schönberg Center die Ausstellung „Arnold Schönberg in
Amerika": Im 50. Todesjahr Arnold Schönbergs gibt sie Auskunft über sein kom-
positorisches, theoretisches und pädagogisches Wirken in den USA von 1933 bis
1951.

Mitte März wird das Geriatriezentrum Floridsdorf eröffnet; am 16. März werden die Wiener Schülerlotsen geehrt; am 21. März eine Trendsportanlage am Margaretengürtel und das Gesundheits- und Sozialzentrum für den 2. und 20. Bezirk eröffnet.

Bei dieser Wahl gehe es um mehr als um eine kommunale Entscheidung. „Es geht darum, ob wir in der Lage sind, in Wien der Verhaiderung Österreichs Einhalt zu gebieten", erklärt Bürgermeister Michael Häupl bei der Abschluss-Kundgebung der SPÖ am 24. März. „Die Menschen dieser Stadt sind nicht mehr gewillt, sich auf die Lügen der schwarz-blauen Bundesregierung zu verlassen", so Häupl. Die FPÖ verspreche mehr Geld für die Bildung und kürze gleichzeitig das Bildungsbudget. Häupl wandte sich auch gegen die anderen Mitkonkurrenten im Wahlkampf, namentlich die ÖVP. Sie wolle die Errungenschaft der Wiener Sozialdemokratie, den kommunalen Wohnbau, „verschachern".

Gut gelaunt erscheint der Bürgermeister am Morgen des 25. März in seinem Wahllokal in Ottakring. Potenziellen Wählern schüttelt er die Hände, den anwesenden Journalisten erzählt er, ausgezeichnet geschlafen zu haben. An einem guten Abschneiden der SPÖ zweifelt Häupl nicht: „Bei einer guten Vorbereitung hat man auch ein gutes Gewissen." Gewinne erwartet der Bürgermeister für die SPÖ und die Grünen. Für die ÖVP rechnet er mit einem „respektablen Abschneiden". Verluste prognostiziert der Bürgermeister dagegen für die FPÖ und das Liberale Forum, dem er den Wiedereinzug in den Gemeinderat nicht zutraut. Aus seiner Wahl machte der Bürgermeister kein Geheimnis: Als Wechselwähler habe er kein Problem gehabt, diesmal die SPÖ zu wählen, scherzt Häupl.

Am Abend des 25. März steht das Ergebnis dieser Wiener Landtags- und Gemeinderatswahlen fest: die SPÖ hat wieder eine absolute Mehrheit im neu gewählten Gemeinderat. Die Verteilung der Mandate: 52 SPÖ, 21 FPÖ, 16 ÖVP und elf Grüne. Das Liberale Forum (LIF) scheidet aus dem Gemeinderat aus. Es bedeutet de facto das Ende des LIF, obwohl es noch in einigen Bezirksvertretungen Mandatare hat. Die SPÖ hat ihre Vorherrschaft in den 23 Bezirksvertretungen deutlich ausgebaut: Sie gewann 84 Mandatare dazu und hat nun 495. Die Grünen gewannen mehr als die Hälfte an Bezirks-Sitzen (65) auf

Bürgermeister Häupl und die Wiener SPÖ sind die großen Gewinner der diesjährigen Wahl

DIE SAMMLUNG STRAUSS-MEYSZNER

Nach einer beispiellosen Hetzkampagne der Nationalsozialisten wurden Alice Strauß-Meyszner die Materialien aus dem Besitz ihres Stiefvaters Johann Strauß (Sohn) abgenötigt und gelangten in den Besitz der Stadt Wien. Diese gab die Sammlung nach dem Krieg zwar an die mittlerweile im Ausland lebenden Erben nominell zurück, erwirkte jedoch ein Ausfuhrverbot. Man ging einen Handel ein: Einige ausgewählte Stücke durften das Land verlassen, dafür verblieb der große Rest als „Geschenk" in Wien. Seit 1999 überprüft die Stadt Wien sämtliche in der NS-Zeit getätigten Erwerbungen von Kunst- und Kulturgegenständen mit dem Ziel, alle auf unredliche Weise zugewachsenen Objekte an die einstigen Besitzer bzw. deren Erben zurückzustellen. Die zu diesem Zweck eingesetzte Restitutionskommission empfahl die vollständige Rückgabe der Sammlung Strauss-Meyszner. Nachdem die Stadt Wien 2001 dieser Empfehlung vorbehaltlos nachgekommen war, kaufte sie die Sammlung noch im gleichen Jahr über Vermittlung des Auktionshauses Sotheby's an. Die Sammlung Strauss-Meyszner steht wieder in der Wiener Stadt- und Landesbibliothek und im Wien Museum Karlsplatz der interessierten Öffentlichkeit und insbesondere der Forschung zur Verfügung.

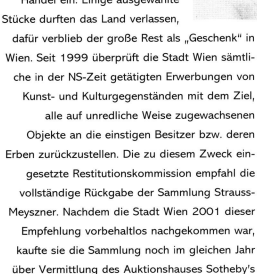

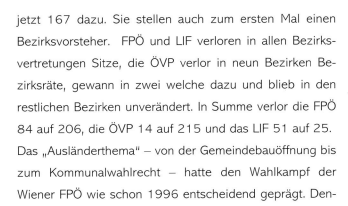

jetzt 167 dazu. Sie stellen auch zum ersten Mal einen Bezirksvorsteher. FPÖ und LIF verloren in allen Bezirksvertretungen Sitze, die ÖVP verlor in neun Bezirken Bezirksräte, gewann in zwei welche dazu und blieb in den restlichen Bezirken unverändert. In Summe verlor die FPÖ 84 auf 206, die ÖVP 14 auf 215 und das LIF 51 auf 25.

Das „Ausländerthema" – von der Gemeindebauöffnung bis zum Kommunalwahlrecht – hatte den Wahlkampf der Wiener FPÖ wie schon 1996 entscheidend geprägt. Dennoch liegen die Verluste der Freiheitlichen in den traditionellen Wiener „Ausländerbezirken" durchwegs über dem Durchschnitt. In Rudolfsheim-Fünfhaus (15. Bezirk) mit dem höchsten Ausländeranteil Wiens (1999: 33 Prozent), wo die FPÖ 1996 mit 31,9 Prozent bis auf acht Prozentpunkte an die SPÖ herangekommen war, verlor die FPÖ 10,3 Prozent. Die SPÖ konnte dagegen auf 48 Prozent zulegen.

Bürgermeister Michael Häupl sagt nach geschlagener Wahl, dass der Abend ihn mit großer Freude und Demut erfülle. Es habe keine Umfragen gegeben, die ein solches Ergebnis hätten erwarten lassen. Umso schöner sei die Überraschung. Er sieht keine Auswirkungen auf die derzeitige Bundesregierung. Allerdings gebe es sehr wohl Auswirkungen auf die Bundespolitik. Er setzt trotz absoluter Mehrheit auf die Zusammenarbeit mit ÖVP und Grünen im Gemeinderat. Er ist davon überzeugt, dass die Wiener eine Zusammenarbeit wollen: „Wenn nicht in formalisierter Form einer Regierungskooperation, so werden wir andere Wege und Methoden finden, eine Zusammenarbeit zu gewährleisten."

Die Wiener Regionalwahlen vom Sonntag seien „der wichtigste Test" für Jörg Haiders Partei gewesen, seitdem sie in einer Koalition mit den Konservativen vor dreizehn Monaten in die Regierung eintrat, schreibt am Montag die „New York Times". Die Zeitung erinnert daran, dass die Regierungsbeteiligung der Freiheitlichen Partei in der Europäischen Union Empörung hervorrief. Die von den anderen EU-Staaten gegen die FPÖ-ÖVP-Regierung verhängten Sanktionen seien aufgehoben worden, nachdem Haider den Parteivorsitz zurückgelegt und sich offenbar verbale Zurückhaltung auferlegt hatte. Doch im Wiener Wahlkampf sei die FPÖ rückfällig geworden. Haiders Taktik habe viele Menschen „verstört".

In der konstituierenden Sitzung des Wiener Gemeinderates am 27. April wird Michael Häupl wieder zum Wiener Bürgermeister gewählt.

Anfang April bricht eine Fahrbahnfuge der Hochstraße St. Marx in Fahrtrichtung Süden. Sie wird mittels einer provisorischen Stahlkonstruktion gesichert. Die Hochstraße St. Marx wurde 1973 bis 1978 errichtet. Sie liegt zwischen dem Donaukanal und dem Knoten Landstraße und zählt zu den meistbefahrenen Teilbereichen der A23 – Südosttangente. Die Gesamtverkehrsmenge beträgt an Wochentagen bis zu 185.000 Fahrzeugen pro Tag. Der ständig steigende Verkehr belastet die Brückentragwerke enorm. Die Brückenlager und Dehnfugenkonstruktionen müssen bei jedem LKW tonnenschwere Schläge aufnehmen. Unter schwierigsten Bedingungen werden regel-mäßig Wartungs- und Reparaturarbeiten durchgeführt. Sie konnten aber eine Erneu-erung der mechanisch beanspruchten Dehnfugenkonstruktionen nach einer Ge-brauchsdauer von rund 20 Jahren nicht abwenden. Es müssen daher nach und nach alle Dehnfugenkonstruktionen durch moderne Stahlfingerkonstruktionen ersetzt wer-den. Ab Ende August/Anfang September wird die gebrochene Fahrbahndehnfuge im Schutze eines sogenannten Fly-overs – einer sehr pfiffigen Konstruktion – ausgetauscht. Der Grundgedanke ist, die Arbeitsstelle auf einem Tragwerk mittels der Fly-over-Konstruktion so hoch zu überbrücken, dass darunter ohne Verkehrsbehinderungen die notwendigen In-standsetzungsarbeiten durchgeführt werden können. Das Fly-over ist eine im Baukasten-system individuell einsetzbare, mobile Brücken-konstruktion. Sie wurde am jeweiligen Einsatz-ort über der Fahrbahn aufgebaut und über-brückt damit den Fahrstreifen. Im Anschluss daran wurde ab September das Fly-over bei der gleichen Fahrbahndehnfuge auf die Gegen-fahrbahn umgestellt und diese ausgetauscht. Diese Arbeiten waren verkehrstechnisch mit der Erneuerung der Brückenrandstreifen koor-

Das Rathauskriterium ist der jährliche Treffpunkt junger und alter Radfans

diniert. Danach erfolgte eine neuerliche Umstellung Richtung Donaukanal, um die Aus-wechslung der in Fahrtrichtung Kagran nächstgelegenen Fahrbahndehnfuge bei der Einmündung bei der Auffahrt St. Marx vornehmen zu können.

50 Jahre Wiener Festwochen und 200 Jahre Theater an der Wien – diese beiden Jubiläen stehen im Mittelpunkt des Eröffnungsprogramms der Wiener Festwochen 2001, die vom 11. Mai bis zum 18. Juni wieder ein vielfältiges Programm bieten. Die Festwochen-Ausstellung im Künstlerhaus heißt „du bist die welt" und zeigt die Vielfalt künstlerischer Ausdrucksformen in 24 Episoden über das Leben von heute.

Das Männerwohnheim der Heilsarmee „Salztor-Zentrum" in der Großen Schiffgasse gewinnt am 31. Mai für die Gesamtsanierung des Hauses den Wiener Stadterneue-

Der beliebte Clubbing-
Treffpunkt – die Sofiensäle –
wurden ein Opfer der Flammen

rungspreis 2001. Das seit 1958 bestehende Männerheim der Heilsarmee in Wien wurde in einer zweijährigen Umbauzeit in den Jahren 1997 bis 1999 vollständig saniert.

Im Juni 2001 findet die „Europride 2001", das alljährliche Treffen der europäischen Schwulen-, Lesben- und Transgenderbewegung, statt. Den Abschluss bildet die Regenbogenparade Ende Juni auf der Ringstraße.

Am 22. Juni beginnt das 18. Wiener Donauinselfest und am 25. Juni das Jazzfest Wien. Das Museumsquartier Wien eröffnet zwischen 28. und 30. Juni 2001 mit einem dreitägigen Fest. Es präsentiert sich als eine große innerstädtische Bühne und bietet einen Vorgeschmack auf die Vielfalt des Kulturangebotes im MQ. Es gibt Europas größtes Kulturpicknick und eine im wahrsten Sinne des Wortes herausragende Laserinstallation.

Am frühen Nachmittag des 16. August entsteht auf dem Dach der Sofiensäle im 3. Bezirk ein Dachbrand, der sich rasch ausbreitet. Das historisch bedeutsame Gebäude steht unter Denkmalschutz und hat sich im Laufe seiner bewegten Geschichte vom Hallenbad zum Clubbing-/Veranstaltungszentrum entwickelt.

Die Wiener Berufsfeuerwehr gibt Alarmstufe 4 und ist zwei Tage lang im Einsatz, bis auch die letzten Glutnester gelöscht sind. Es werden Feuerwehrleute leicht verletzt. Die Ursache des Brandes wird untersucht.

Wie jedes Jahr sorgte die Kastanienminiermotte auch heuer wieder für Schlagzeilen: braune Blätter an den Kastanienbäumen bereits im August erhitzen die Gemüter. Es wird ein Schädlingsbekämpfungsmittel gegen die Miniermotte eingesetzt, um die Kastanienbäume zu erhalten. Die Wiener Umweltanwaltschaft vertritt die Ansicht, dass dessen Einsatz auf das Notwendigste beschränkt werden muss, da die Wirkung des Mittels sich keineswegs nur auf die Miniermotte beschränkt, es kann auch andere

Insekten schädigen. Gerade bei den hohen Rosskastanienbäumen bestehe die Gefahr, dass der Sprühnebel vom Wind verweht werde und dadurch andere Insekten in der Umgebung geschädigt werden. Grundsätzlich sei eine Ausrottung der Miniermotte mit chemischen Mitteln wegen der enormen Vermehrungsrate dieser Insekten nicht möglich. Sie könnten die Mottenschwärme zwar dezimieren, die Ausbreitung aber nicht verhindern. Es sei auch keine biologisch-natürliche Lösung des Problems in Sicht, die die natürlichen Feinde der Motte so stärkt, dass der Einsatz von chemischen Mitteln zumindest mittelfristig eingestellt werden könnte. Langfristig sei nach Meinung der Wiener Umweltanwaltschaft zu überlegen, ob die Kastanie in Wien weiterhin als Allee- und Parkbaum gepflanzt werden soll, wenn dies nur durch alljährlichen massiven Einsatz von Spritzmitteln möglich ist.

Im September eröffnen dann die beiden großen Museen des Museumsquartiers ihre Pforten für die Besucher: Die weltweit größte Egon-Schiele-Sammlung ist im Leopold Museum zu sehen. Das Museum moderner Kunst, das größte österreichische Museum für moderne und zeitgenössische Kunst, präsentiert „Die Sammlung". Ebenfalls eröffnet wird des Kindermuseum ZOOM im Museumsquartier.

Mitte September wird im St.-Anna-Kinderspital das größte europäische Zentrum für Stammzellentransplantation bei Kindern eröffnet. Im St.-Anna-Kinderspital werden alle internen Erkrankungen bei Kindern und Jugendlichen bis zum vollendeten 18. Lebensjahr behandelt. Seit 1988 verfügt es auch über ein eigenes Forschungsinstitut für krebskranke Kinder, das international hoch angesehen ist. Für die Behandlung von Blut- und Tumorkrankheiten bei Kindern und Jugendlichen sowie die Durchführung von Stammzelltransplantationen ist es eine der wichtigsten Anlaufstellen Österreichs.

Am 20. September gibt es einen europaweiten autofreien Tag, der aber kein großer Erfolg ist. Am 23. September gibt es den Wiener Herbstlauf und den dritten Vienna-Inline-Marathon.

Am 30. September findet die feierliche Eröffnung der Gasometer statt. In einer aufwändigen Revitalisierung wurden die vier Gasbehälter von 1899 in einen lebendigen Stadtteil Wiens mit Wohnungen, Studentenheim, Geschäften und Restaurants in einer Shoppingmall sowie einem Kino und Platz für das Wiener Stadt- und

MUSEUMSQUARTIER

Das Museumsquartier (MQ) ist ein 60.000 Quadratmeter großes Areal auf dem Gelände der ehemaligen Hofstallungen oder, wie man seit den zwanziger Jahren des 20. Jahrhunderts sagte, des Messepalastes. Aller Wahrscheinlichkeit nach ist es das achtgrößte Kulturareal der Welt mit einer Bebauung aus dem Barock, dem 19. und dem 20. Jahrhundert. Im April 1998 wurde mit dem Umbau der ehemaligen Hofstallungen begonnen. Drei Jahre später wurde in zwei Etappen (Juni und September 2001) das Museumsquartier eröffnet. Die Baukosten betrugen rund 2 Milliarden Euro. Das Gelände beherbergt in verschiedenen Gebäuden u. a. die Sammlung Leopold für Klassische Moderne mit der weltweit größten Zahl von Bildern des Malers Egon Schiele, das Museum Moderner Kunst Stiftung Ludwig (MUMOK) und die Kunsthalle für aktuelle Kunstausstellungen,
Räume für die Wiener Festwochen und das Tanzquartier Wien, das Architekturzentrum Wien und das ZOOM Kindermuseum. Die Diskussion über eine angemessene Nutzung

der ehemaligen Hofstallungen als „Museumsquartier" reicht über zwanzig Jahre zurück. Es folgt die Ausschreibung eines Architekturwettbewerbes, aus dem das Wiener Büro „Ortner & Ortner" im Jahr 1990 als Sieger hervorgeht. Ab 1990 werden auf Grund der Einwände und Proteste von verschiedenster Seite am ursprünglichen Architekturkonzept immer wieder Änderungen und Modifizierungen vorgenommen. Im November 2001 haben neun von zehn BesucherInnen einen guten bis sehr guten Eindruck vom MQ, kommen 21 Prozent der MQ-BesucherInnen aus dem Ausland, kennt jeder zweite Österreicher ab 14 Jahren das Museumsquartier, haben 16 Prozent der Österreicher und 40 Prozent der Wiener das MQ bereits besucht, frequentieren 5.700 Personen täglich das Areal und wollen 95 Prozent der BesucherInnen wiederkommen.

Aus alt mach neu – die
Gasometer in Simmering

Landesarchiv verwandelt. Das markante Erkennungszeichen des Gasometer B ist etwa der angelehnte Zubau in Form eines Schildes. Architekt Wolf D. Prix vom Team Coop Himmelblau wollte mit diesem Projekt moderne Akzente in die Gasometer setzen und das Gebäude durch den Schild in seiner nutzbaren Wohnfläche vergrößern.

Ende September wird das erste Gerontopsychiatrische Zentrum in Wien im 9. Bezirk eröffnet.

Die Schubert-Sammlung der Wiener Stadt- und Landesbibliothek wird in das Memory of the World-Register der UNESCO aufgenommen – eine besondere Auszeichnung für hervorragende Dokumente oder Sammlungen. Die Schubert-Sammlung der Wiener Stadt- und Landesbibliothek ist die weltgrößte ihrer Art. Sie wird von Musikwissenschaftlern aus aller Welt aufgesucht.

Ende Oktober findet der Spatenstich für das Brigittenauer Seniorenhaus und für die Verlängerung der U1 von Kagran in die Leopoldau statt.

Anfang November wird eine Spende in der Höhe von 1,1 Millionen Schilling der Wiener Berufsfeuerwehr für die Angehörigen der beim Terroranschlag auf das World Trade Center am 11. September 2001 in New York umgekommenen Feuerwehrleute übergeben.

Es gibt Anthrax-Alarm in Wien. In einem Postsack der US-Botschaft werden Sporen des Milzbranderregers gefunden. Seit den Terroranschlägen des 11. September werden Postsendungen einem speziellen „Screening" unterzogen. Die untersuchte Postsendung war Ende Oktober von der Poststelle des US-State Departments in Washington an die Wiener US-Botschaft verschickt worden. Aufgrund der Verdachtsmeldungen der letzten Monate ersuchte die amerikanische Regierung vorsorglich um Dekontaminationsmaßnahmen in ihren Vertretungen. Experten der ABC-Abwehrschule des Bundesheeres dekontaminierten daraufhin zwischen 12. bis 30. November sämtliche betroffenen Räume sowie das Inventar der amerikanischen Botschaft und stellten Proben sicher.

Am 27. November findet die zwölfte österreichische Buchwoche – die Leistungsschau der österreichischen Verlage – im Rathaus statt.

Die UNESCO nimmt Mitte Dezember das historische Zentrum Wiens in die Welterbeliste auf. 1972 hat die UNESCO das „Internationale Übereinkommen zum Schutz des Kultur- und Naturerbes der Welt" (Welterbe-Konvention) verabschiedet, die auch Österreich ratifiziert hat. Dieses Übereinkommen setzt sich für den Schutz und die Erhaltung von Kultur- und Naturstätten ein, die von außergewöhnlicher Bedeutung für die gesamte Menschheit sind und deren Bestand daher auch von der internationalen Staatengemeinschaft als Gesamtheit zu gewährleisten ist. Österreich hat jetzt acht Welterbestätten, und zwar das historische Zentrum der Stadt Salzburg, das Schloss und die Schlossgärten von Schönbrunn, die Kulturlandschaft Hallstatt-Dachstein-Salzkammergut, die Semmeringbahn, das historische Zentrum von Graz, die Kulturlandschaft Wachau, gemeinsam mit Ungarn die Kulturlandschaft Fertö/Neusiedlersee und die Wiener Innenstadt.

Gut geschützte Experten bei der Sicherung der, durch Anthrax-Alarm betroffenen, US-Botschaft

Der Michaelaplatz, mit seinem beliebten Fiakerstandplatz, ist Teil von Wiens Weltkulturerbe

Wien

begrüß

de

€u

PUNSCH
all'arancia e pesca
ÖS 45,- EURO 3,2
Pfand 20,-

PROSECCO
Valdobbiadene d'Aneri
Glas/ 0,1l
ÖS 55,- EURO 4

+ Pfand 20,-

PANINI
Gefüllt mit Speck,
Rucola und Mozzarella
ÖS 35,- EURO 2,5

Am Wiener Silvesterpfad wird
schon mit dem Euro gerechnet

EURO UND JAHRHUNDERTHOCHWASSER

Österreich hat in den letzten hundert Jahren Krone/Heller, Schilling/Groschen, Reichs-mark, wieder Schilling/Groschen und nun Euro/Cent als Währungen erlebt. 1892 wurden – nach langer Übergangsfrist – Krone und Heller statt Gulden und Kreuzer eingeführt. Nach der Inflation 1921/1922 wurde 1922 mit der Völkerbundanleihe eine Währungsreform eingeleitet, 1924 die Schilling-Währung (mit Groschen) einge-führt. Infolge des Anschlusses Österreichs an das Deutsche Reich wurde 1938 die Reichsmark eingeführt. Nach dem Zweiten Weltkrieg wurde der Schilling mit dem Schillinggesetz 1945 als gesetzliches Zahlungsmittel erneut festgelegt. Der Umtausch von Reichsmark-Noten und alliiertem Militärgeld erfolgte 1:1. 1947 wurden die Geld-scheine des Jahres 1945 eingezogen und in neue Schilling-Noten im Verhältnis 3:1 umgetauscht (für 150 Schilling pro Person wurde 1:1 getauscht). 1962 wurde Öster-reichs Währung voll konvertibel. 1991 beschloss die EU, bis 1999 eine gemeinsame Währung einzuführen. Mitte 1998 stand fest, welche Länder als erste mit Euro und Cent an „Euro-Land" teilnehmen können. Euro und Cent gibt es ab 1. Jänner auch „zum Angreifen und Ausgeben".

Im Jänner wird bekannt gegeben, dass laut einer Entscheidung des Unabhängigen Verwaltungssenats die drei begleitenden Fremdenpolizisten im Fall Omofuma rechts-widrig handelten. Im April werden die Beamten wegen fahrlässiger Tötung unter be-sonders gefährlichen Umständen zu jeweils acht Monaten bedingter Haft verurteilt. Der nigerianische Schubhäftling Marcus Omofuma war am 1. Mai 1999 im Zuge seiner Abschiebung auf dem Flug nach Sofia gestorben, nachdem ihm die drei be-gleitenden Fremdenpolizisten mit einem Klebeband den Mund verschlossen hatten.

Am 1. Jänner Null Uhr wird in zwölf der fünfzehn EU-Staaten das Euro-Bargeld eingeführt – sieben Scheine, acht Münzen. 1 Euro (100 Cent) entspricht 13,7603 Schilling, 10 Schilling sind um-gekehrt 0,73 Euro. Für die Umrechnung Euro/Schilling gibt es genaue Regeln: Umgerechnet wird immer mit sechs Stellen, für den Schilling zwei Stellen vor und vier nach dem Komma. Der Schilling ist noch bis 28. Februar ge-setzliches Zahlungsmittel.

„Pooh-Bags" für unsere
Fiakerpferde

Am 1. Februar übernimmt die Stadt Wien von der Bundespolizei das Fundwesen und das Passwesen. In Wien werden im Jahr rund 160.000 Reisepässe beantragt und rund 20.000 Personalausweise, die nun von den Magistratischen Bezirksämtern ausgestellt werden.

Am 28. April werden am Wiener Zentralfriedhof knapp 600 Urnen mit sterblichen Überresten von Opfern der NS-Kindereuthanasie am „Spiegelgrund" bestattet. Im Sommer 1940 wurde in der „Heil- und Pflegeanstalt Am Steinhof" eine Fürsorgeanstalt für Kinder eröffnet. Sie erhielt die Bezeichnung „Am Spiegelgrund". Der „Spiegelgrund" sollte der Vernichtung „lebensunwerten Lebens" dienen. Behinderte Kinder und Jugendliche wurden systematisch erfasst und in die Tötungsklinik eingewiesen.

Anfang März übernimmt Wien das Meldewesen von der Bundespolizei. Es umfasst jährlich rund 470.000 An-, Ab- und Ummeldungen in Wien.

Im Ferry-Dusika-Stadion beginnen die Hallen-Europameisterschaften der Leichtathletik.

Am 8. März findet der erste Wiener Töchtertag statt. Mitte März wird in Meidling ein Sozial- und Gesundheitszentrum für den 12., 13. und 23. Bezirk eröffnet und bekommt den Namen „Anton-Benya-Haus".

Der Bau einer U-Bahn ist immer auch Motor für eine neue städtische Entwicklung in den Gebieten rundum. Vier Jahre nach der Eröffnung der U3 ist dieser U-Bahn-Effekt in Ottakring ungebrochen. Heuer werden im 16. Bezirk an die dreißig Häuser saniert. Der Schwerpunkt der Sanierungen liegt in den eher abgewohnten Gürtel-Gegenden. Weiter stadtauswärts – entlang Haslingergasse und Baldiagasse – wird mit dem Bau der Gartensiedlung Ottakring begonnen. Die Wohnungen verfügen über Dachterrassen, Gärten und Grünanlagen mit Spiel- und Gemeinschaftsplätzen und werden durch einen Laubengang erschlossen. Weitere fünf neue Wohnbauten sind im Entstehen.

Es steht zur Diskussion, ob der Wiener Innenstadt das Prädikat „Weltkulturerbe" aberkannt wird. Auslöser ist die geplante neue Bebauung in Wien-Mitte, genauer gesagt die Höhe der Hochhäuser. Es ist die Frage, ob sie im Einklang mit den Grundsätzen der Weltkulturerbe-Kommission stehen oder nicht.

Sogenannte „Pooh-Bags" für Fiakerpferde werden entwickelt und erfolgreich ausprobiert. Ein kompostierbarer Einwegbeutel, der sich automatisch öffnet und schließt, wird den Pferden hinten angehängt und sammelt die „Rossäpfel" ein.

Im März regnet es heftig. Die Lage wird kritisch, es ist aber noch keine Katastrophe. Ein Schleusentor des Kraftwerkes Freudenau lässt sich nicht schließen. Es wird mit einer „Flutwelle" in Gänserndorf und in Bruck an der Leitha gerechnet. Dazu kommt es nicht.

Bei der Vorbereitung der Fütterung wird Anfang März eine Pflegerin im Tiergarten Schönbrunn von drei Jaguaren angefallen und durch einen Genickbiss getötet.

Anfang April tritt eine Untersuchungskommission des Wiener Gemeinderates zu Vor-
gängen in einer Abteilung, die zuständig für die Flächenwidmungen ist, zusammen.
Die Sitzung ist öffentlich. Am 6. April ist der erste Österreichische Friedenslauf rund
ums Rathaus. Am 12. April findet zum achten Mal der Wiener Flüchtlingsball statt.

Die überarbeitete Fassung der Ausstellung „Verbrechen der Wehrmacht. Dimensionen
des Vernichtungskriegs 1941–1944" ist vom 9. April bis 26. Mai im Semperdepot
zu sehen. Rund 150 Neonazis und Rechtsextreme versammeln sich am 13. April auf dem
Heldenplatz, um gegen die „Wehrmachtsausstellung" zu demonstrieren. Im Anschluss an
die Kundgebung ziehen etwa hundert – vor allem Skinheads – durch die Innenstadt und
skandieren „Sieg Heil!" und „Deutschland den Deutschen, Ausländer raus!".

Anfang Mai ist der Start für die Aktion der Wiener Gratis-Fahrräder. Die „Viennabikes"
erfreuen sich bald großer Beliebtheit. Es wird der Wunsch geäußert, dass nicht nur im
ersten Bezirk und in den Bezirken drei bis neun damit geradelt werden darf, sondern
auch in den Außenbezirken.

Seit 25 Jahren gibt es den Wiener Flohmarkt. 1977 übersiedelte er vom mittlerweile
zu klein gewordenen Platz Am Hof auf den Naschmarkt und hat sich längst zu einer
samstäglichen städtischen Institution entwickelt.

In diesem Jahr wird vervollständigt, was 1974 mit der „Sanften Stadterneuerung" begonnen hat. Die Gebietsbetreuungen werden auf ganz Wien ausgedehnt.

Am 1. Juni wird das Tech Gate Vienna eröffnet. Der Wissenschafts- und Technologiepark Tech Gate Vienna bei der Donau-City wurde ins Leben gerufen, um einen wichtigen
Beitrag zur Verbesserung der Innovations- und Entwicklungsdynamik in Österreich zu
leisten, die Attraktivität und internationale Wettbewerbsfähigkeit des Wirtschaftsstand-
orts Wien durch Anhebung des technologischen Niveaus zu steigern, die Gründung
neuer Unternehmen zu beschleunigen und neue und bestehende hochqualifizierter
Arbeitsplätze im Hochtechnologiebereich zu schaffen und zu sichern. Das Tech

Wien fährt wieder Rad:
die neuen Viennabikes

Technologie und Vergnügen sind
in Wien kein Widerspruch: das
Technologiezentrum Tech Gate
Vienna bei der Donau City

Das Jahrhunderthochwasser
überflutet Teile Niederösterreichs

Auch die „Copa Cagrana"
steht unter Wasser

Gate ist Wiens erste Adresse für High-Tech-Entwicklung und Innovation. Das Konzept des Tech Gate Vienna basiert auf der Ansiedlung wissenschaftlicher und forschungsorientierter Institutionen, innovativer technologieorientierter Unternehmen sowie entsprechender Beratungseinrichtungen. Die Schwerpunkte konzentrieren sich um die zukunfts- und richtungweisenden Technologiebereiche der Telekommunikation, Informationstechnik und Softwareentwicklung. Zwischen dem Spatenstich im Mai 1999 und der Fertigstellung im April 2001 vergingen nur zwei Jahre. Die zweite Ausbaustufe – Baubeginn 2004 – sieht dann die Errichtung eines Hochhauses, des Tech Gate Towers, vor. Es kommen dann weitere Technologieschwerpunkte in den Bereichen Nanotechnologie, Werkstofftechnik, Sensorik und Medizintechnik hinzu.

„Wind on" heißt es seit 4. Juni im größten Klima-Wind-Kanal der Welt auf den Paukergründen in Wien-Floridsdorf. Der Klima-Wind-Kanal ist das Leitprojekt für den geplanten Wirtschafts- und Technologiepark Paukergründe. Im Sog dieses international einzigartigen Projektes sind eine Reihe von Ansiedlungen von Forschungsstätten und Unternehmen geplant. Der Klima-Wind-Kanal verfügt über zwei Kanäle, in denen alle Klimabedingungen simuliert werden, denen Schienen- und andere Fahrzeuge im praktischen Betrieb ausgesetzt sein können.

An die 250.000 junge Menschen vergnügen sich bei der „Love-Parade" am 6. Juni. 30 Trucks sind bei heißen Temperaturen zwischen Praterstern und UNO-City unterwegs und geben die Beats für die Techno-Wütigen vor.

Von Anfang bis Mitte August werden quer durch Europa ganze Landstriche unter Wasser gesetzt – es ist ein Jahrhunderthochwasser. In Wien stehen nach heftigen Regenfällen am 1. August Unterführungen – insbesondere der Praterstern – bis zu einem halben Meter unter Wasser. Am 6. August lassen starke Regenfälle in der Stadt Salzburg und Umgebung Bäche über die Ufer treten und überfluten Keller und Tiefgaragen. Am Abend wird im Flachgau Katastrophenalarm ausgerufen, auch im Tennengau kommt es zu ersten Überschwemmungen. Nach Regenfällen kommt es in Krems und St. Pölten am Abend zu ersten Überflutungen. Im südlichen Waldviertel muss beim Stausee Ottenstein die Wehrklappe geöffnet werden, die Folge sind schwere Überschwemmungen im Kamptal. Als man zwei Tage später bereits von leichter Entspannung in einigen der am schwersten betroffenen Regionen Nieder- und Oberösterreichs spricht, kommt ein neues Adria-Tief und setzt die Gebiete noch schlimmer als zuvor unter Wasser. Die Landeshauptstadt Salzburg ruft Katastrophenalarm aus. Steyr und andere Gemeinden Oberösterreichs sind von der Umwelt abgeschnitten. In Niederösterreich erwischt es erneut das Kamptal und diesmal auch das Donaugebiet. In Wien macht sich das Entlastungsgerinne bezahlt. Zwar steht die „Copa Cagrana" am Entlastungsgerinne der Neuen Donau unter Wasser – von den Ständen direkt am Kai sind nur noch die Dächer zu sehen –, aber die Stadt bleibt von den Fluten verschont. Es gibt Überflutungen nur in geringem Ausmaß, etwa beim Donaukanal im Bereich Urania und der A4-Unterführung. Die Aufgänge zur U-Bahn-Station

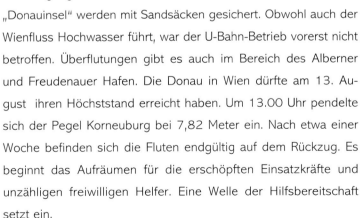

„Donauinsel" werden mit Sandsäcken gesichert. Obwohl auch der Wienfluss Hochwasser führt, war der U-Bahn-Betrieb vorerst nicht betroffen. Überflutungen gibt es auch im Bereich des Alberner und Freudenauer Hafen. Die Donau in Wien dürfte am 13. August ihren Höchststand erreicht haben. Um 13.00 Uhr pendelte sich der Pegel Korneuburg bei 7,82 Meter ein. Nach etwa einer Woche befinden sich die Fluten endgültig auf dem Rückzug. Es beginnt das Aufräumen für die erschöpften Einsatzkräfte und unzähligen freiwilligen Helfer. Eine Welle der Hilfsbereitschaft setzt ein.

Am 21. August wird die neue Feuerwache Am Spitz eröffnet. Unblutig endet eine Geiselnahme am Bahnhof Wien-Meidling am 24. August. Ein 31-Jähriger hält einen ÖBB-Bediensteten stundenlang in seiner Gewalt, weil er ihn für den Vergewaltiger seiner Freundin hält. Nach einem Gespräch mit seiner Freundin gibt der Täter auf.

DAS WIENER DERBY: AUSTRIA–RAPID

Es gehört zu Wien wie das Riesenrad oder der Stephansdom: das Wiener Derby zwischen den beiden traditionsreichen Fußballclubs SK Rapid und Austria. 1898 hält der „Erste Wiener Arbeiter-Fußball-Club" seine Gründungsversammlung ab. Die Grün-Weißen waren damals noch Blau-Rote und nach einigen Schwierigkeiten kam es wenig später zur Neugründung: die Geburtsstunde des „Sportklub Rapid". Der Vorläufer der Austria waren die „Wiener Cricketer", die dann die violetten „Amateure" und dann ab 1926 die Austria wurden. 1911 war das Jahr für die Rapidler, sie bekamen erstens einen neuen Sportplatz auf der legendären Pfarrwiese und gewannen zweitens die erste Meisterschaft. Nach dem Krieg ging es in Österreich mit dem Fußball bergauf. In den 20er Jahren begannen die goldenen Zeiten der „Wiener Schule". Zwar konnte sich die Austria immer näher an den noch nicht gewonnenen Meistertitel heranspielen, finanziell hingegen ging es bergab! Die Austria war bankrott. Austria schlug Rapid 2:1, doch noch während des Spieles wurden vom Exekutor die Kassen gepfändet. Im Sekretariat im Dom-Café mussten die Pokale, die von großen Triumphen zeugten, verscheuert werden. Nach dem Einmarsch der Nazis 1938 verlor die Austria fast den gesamten Vorstand und etwa die Hälfte ihrer Stammspieler, doch es kam noch schlimmer: Am 17. März 1938 wurde die vorläufige Sperre des Vereins bekannt gegeben und später dann unter kommissarische Leitung der SA gestellt. Und mitten im Krieg steht Rapid im Finale der deutschen Meisterschaft: Gegen Schalke04 gewannen sie und wurden deutsche Meister. Am 6. Juni 1945 trat die Austria erstmals wieder an und es ging, wie könnte es anders sein, gegen Rapid. Und der erste Nachkriegsmeister 1948 heißt wiederum SK Rapid. Das Derby 1950 zählt wohl zu den torreichsten und hitzigsten. Die Austria verlor 5:7, aber die Niederlage wurde wie ein Sieg gefeiert: Das war Fußball in Reinkultur.

Und es sei zum Schluss noch erwähnt: die Rapid-viertelstunde. Wahrscheinlich in der Saison 1918/19 entstanden, zählt sie zum unverzichtbaren Bestandteil des Wiener Fußballs. Die letzten fünfzehn Minuten werden von den Fans eingeklatscht und dann laufen sie nochmal, schießen noch mal, sammeln alle Kräfte, die grünweißen Ballesterer wodurch die Rapidviertelstunde für so viele gegnerische Mannschaften die schrecklichsten Minuten wurden.

Wohnpark Alt-Erlaa ist eine ausgezeichnete Wohnadresse im Süden Wiens

Das Institut für Europäischen Tourismus untersucht 23 Bahnhöfe in Europa. Der West- und der Südbahnhof landen völlig abgeschlagen auf Platz 20 und 21. Wien fordert einen Wettbewerb für das Umfeld des Westbahnhofs und den Bau des Zentralbahnhofes zwischen Süd- und Ostbahnhof samt der Entwicklung eines neuen Stadtteiles auf dem derzeitigen Bahnhofsgelände.

Was 1995 als einfache Absichtserklärung zwischen Öffentlichkeitsarbeitern der Stadt Wien und Technikern begonnen hat, ist zu einem umfangreichen Internetangebot herangewachsen: Wien.at umfasst rund 20.000 Seiten und 35 Datenbanken und erfreut sich mit 13 Millionen Zugriffen pro Monat großer Beliebtheit.

Das Wiener Hochhauskonzept liegt vor. Mit ihm wird festgelegt, wo unter welchen Auflagen in Zukunft Hochhäuser errichtet werden dürfen. Es werden Ausschlusszonen festgelegt. Nicht hoch gebaut darf in Schutzzonen wie etwa der Innenstadt, in Landschaftsschutzgebieten und in „Sichtachsen, die für die Wahrnehmung charakteristischer Stadtansichten von Bedeutung sind".

Auf Bundesebene führt im September eine Krise beim Koalitionspartner FPÖ zu Neuwahlen, die im November stattfinden werden.

Ende September gibt es zum dritten Mal das Wienerlied-Festival „wean hean". Es ist restlos ausverkauft. Das Festival will mehr, als gute alte Wienerlieder einem jungen Publikum zur Gehör bringen. Es will zeigen, dass es sich verändert und Neues aufnimmt. Es treten also die „Klassiker" wie Roland Neuwirth, Karl Hodina und Trude Maly auf; unter „zuagrast & zsammgschwast" zeigen etwa die „Rounder Girls" ihre Fassung vom Wienerlied.

Auf der Wiener Donauinsel wird Anfang Oktober die Leiche einer Medizinstudentin aufgefunden. Zwei Tage später wird der mutmaßliche Täter in Ungarn in einem Zug festgenommen. Im November erfolgt seine Auslieferung an Österreich.

André Heller sorgt am 12. Oktober bei seiner Laudatio auf Claus Peymann, dem Gewinner des Nestroy-Preises, für Aufregung und einen politischen Eklat, indem er von einem zynischen Egotrip des Bundeskanzlers spricht, der sein Land ins Unglück stürze. Heller muss sich vorwerfen lassen, dass er ein Wahlredner der SPÖ sei; zwar ein talentierter Inszenator exotischen Kunsthandwerks, aber ein eher ärmlicher Denker und fast peinlicher Aktivist im Politischen.

Am 18. Oktober gibt es die vierzigste „Viennale", am 25. Oktober die Präsentation der Aktion „Eine Stadt. Ein Buch". 100.000 Exemplare des Romans „Ewigkeitsgasse" von Frederic Morton werden an die Wienerinnen und Wiener gratis verteilt.

Das Zeiss-Planetarium der Stadt Wien wird am 1. November wieder eröffnet. Nach dem umfangreichen Umbau besitzt Wien jetzt eines der technisch modernsten Planetarien der Welt.

Die Grundsteinlegung für den zweiten Bauabschnitt der Messe Wien Neu findet am 6. November statt. Zwischen Ausstellungsstraße und Vorgartenstraße entsteht das neue Messezentrum. Das Kongresszentrum der „Messe Wien Neu" wird bis zum nächsten Jahr fertig sein.

Am 24. November sind Nationalratswahlen. Die ÖVP verzeichnet mit einem Plus von 15,4 Prozentpunkten einen sehr großen Wahlsieg und wird mit 42,3 Prozent nach über dreißig Jahren wieder stärkste Partei. Die SPÖ erreicht ein Plus von 3,3 Prozentpunkten, kommt auf einen Stimmenanteil von 36,5 Prozent und 69 Mandate, die Grünen gewinnen 2,1 Prozentpunkte, kommen auf 9,5 Prozent der Stimmen und 17 Mandate. Verlierer ist die FPÖ mit einem Minus von 16,9 Prozentpunkten, ergibt zehn Prozent und 18 Mandate. Das Liberale Forum hatte vor acht Jahren noch 277.000 Stimmen, heuer sind es 48.000 oder 0,98 Prozent.

Am 1. Dezember ist Welt-AIDS-Tag. Der „World Aids Day" wurde erstmals 1988 ausgerufen. Der 1. Dezember ist der Solidarität mit betroffenen Menschen und den ihnen Nahestehenden gewidmet.

Man feiert in diesem Jahr 1000 Jahre Wienerwald. Am 1. November 1002 schenkte Kaiser Heinrich II. dem Babenberger Markgraf Heinrich I. große Teile des heutigen Wienerwaldes. Am 16. Dezember erneuern die beiden Landeshauptmänner von Niederösterreich und Wien, Erwin Pröll und Michael Häupl, die Wienerwald-Deklaration aus dem Jahr 1987.

Am 13. Dezember wird in Wien ein „Demokratiepaket" beschlossen. Das Wahlalter wird auf 16 Jahre gesenkt, des passive Wahlrecht bleibt bei 18 Jahren. Eine zweite Vorzugsstimme kann auch auf Landesebene vergeben werden. Auch Nicht-EU-Bürger, die ihren Lebensmittelpunkt in Wien haben und seit fünf Jahren durchgehend in Wien gemeldet sind, sollen auf Bezirksebene wählen und kandidieren dürfen. Wien will auch die Möglichkeit, Wahlkarten ausstellen zu können, damit man am Wahltag nicht nur in seinem Wahlsprengel wählen kann. Diese Neuregelung fällt jedoch in die Kompetenz des Nationalrates.

WOHNPARK „ALTERLAA"

2002 wird eine Wiener Tageszeitung über den Wohnpark Alterlaa u. a. Folgendes schreiben: Während andere Großwohnanlagen der 1970er Jahre nur noch ein tristes Schattendasein fristen oder bereits wieder abgerissen wurden, sind die drei mächtigen Blöcke mit dem parabolisch verbreiterten Fuß ungeachtet der anhaltenden Fachkritik zum Publikumsliebling in der Wiener Wohnlandschaft avanciert. Das utilitaristische Motto „Das größtmögliche Glück für die größtmögliche Zahl" scheint am Südrand des Wiener Stadtgebiets seinen unübertroffenen Ausdruck gefunden zu haben. ... Aktuelle Studien über die Wohnzufriedenheit im geförderten Wohnbau in Wien belegen: Die Terrassenhochhäuser in Alt Erlaa werden von ihren Bewohnern in Hinblick auf Lebensqualität, Sicherheit, Nutzungsvielfalt nach wie vor hoch geschätzt und gepriesen. ... Der Trumpf des „Wohnglücks für Alle" sind jedoch nach wie vor die sieben Schwimmbäder auf den Dächern in 70 Meter Höhe, die von 90 Prozent der Bewohner genutzt werden und als kommunikatives, das Vereinsleben stimulierendes Zentrum der Anlage gelten. Autarkie und Selbstbewusstsein dieser gigantischen Wohngemeinschaft von der Größe einer Kleinstadt kommen folgerichtig auch in eigenen Medien zum Ausdruck: Zwei Monatszeitungen (Alterlaa News, Wohnpark Alterlaa Zeitung) und neuerdings auch ein eigener TV-Sender (Wohnpark-TV) informieren laufend über Aktivitäten und Belange des Wohnparks.

Bei dieser Hitze auch noch
nach dem Weg suchen!

HITZEREKORDSOMMER

Wien stöhnt unter der Sommerhitze. Es wird der Rekord an heißen Tagen aus dem Jahr 1994 überboten. 1994 gab es 28 Tage mit mehr als 30 Grad, am 12. August werden es heuer bereits 31 Tage mit über 30 Grad sein. In einem durchschnitt-lichen Sommer wird die 30-Grad-Marke elf Mal überschritten. Der Juni 2003 war der wärmste Juni in Österreich seit 1811.

Die Schifffahrt auf der Donau zwischen Wien und der slowakischen Grenze kam bei einem Wasserstand von nur 1,5 Meter fast vollständig zum Erliegen. Wien schwitzt und lässt zur Abkühlung die Klimaanlagen auf Hochtouren laufen. Unbestätigten Gerüchten zufolge soll es keine Kühlgeräte beziehungsweise Ventilatoren mehr zu kaufen geben, da alles ausverkauft ist. Während die einen nach bewegungsarmen Alternativen zu den schweißtreibenden Temperaturen suchen, gehen andere auf die Donauinsel. Dort wird auch bei 30 Grad gelaufen und geskatet. Das Jahresmaximum der Temperatur wurde fast überall am 13. August erreicht. Der absolute Höchstwert seit Beginn von Messungen wurde an diesem Tag übrigens mit 38,6 Grad in Zwern-dorf an der March ermittelt, in Wien sind es 38,2 Grad. Die drückende Hitze führt auch zur Auslösung der Ozon-Vorwarnstufe für Wien. Reizungen der Schleimhäute und Atembeschwerden sind möglich, Spazierengehen, Picknicken oder Baden bleibt ungefährlich. Autofahrer sollten der Umwelt zuliebe nicht unnötige Kilometer verfahren. Noch einen Rekord gibt es 2003: Wien hat das beste Tourismus-Ergebnis aller Zeiten. Erstmals wird bei den Nächtigungen die 8-Millionen-Grenze erreicht, Rekordwerte stellen auch die 3,4 Millionen Ankünfte und die 304,3 Millionen Euro Nächtigungs-umsatz dar. Mit 1.416 Kongressen und Tagungen erzielt Wiens Kongresstourismus ebenfalls sein bisher bestes Ergebnis. Die internationalen Kongresse sind nicht nur ein wichtiger Image-Faktor für Wien, sondern auch die umsatzstärkste Form des Touris-mus generell. Größtes und auch in jeder anderen Hinsicht absolutes Rekord-Event ist dabei der Europäische Kardiologenkongress, der von 30. August bis 3. September als erster Großkongress im erst zum Teil eröffneten Wien Congress Center abgehalten wird.

Wien erlebt einen Jahr-hundertsommer.
Mit 3,1 Millionen Besuchern verzeichnen die 17 städti-schen Sommerbäder einen neuen Besucherrekord.

Er zieht knapp 29.000 BesucherInnen an. Weitere Riesenkongresse sind der Europäische Atemwegsforschungskongress mit 15.000 TeilnehmerInnen (27. September bis 1. Oktober) und der Europäische Radiologenkongress mit 13.000 TeilnehmerInnen (7. bis 11. März), beide im Austria Center Vienna.

Seit Beginn des Jahres 2003 wird Kindern in Krippen, Kindergärten und Horten der Stadt Wien Essen, das zu einem hohen Anteil mit biologisch erzeugten Rohstoffen gekocht wurde, angeboten. Täglich werden rund 30.000 biologische Mittagsmenüs in insgesamt 360 Städtischen Kindergärten verspeist.

Ab Februar haben Prostituierte in Wien die Möglichkeit, eine niederschwellige Beratungsstelle in Anspruch zu nehmen. „SILA" in Rudolfsheim-Fünfhaus bietet soziale, medizinische und juristische Unterstützung für die Sex-Arbeiterinnen. Mehr als 1.700 Beratungen wurden im ersten Jahr durchgeführt. Zum Angebot zählen Computer- und Deutsch-Kurse, aber auch Hilfe bei der Wohnungssuche für die große Zahl an obdachlosen Frauen. Von den rund 8.000 Frauen, die in Wien als Prostituierte arbeiten, sind bis zu 80 Prozent Migrantinnen.

Der Spatz – die häufigste Vogelart Wiens

Wien weist mit 111,3 Indexpunkten im Bundesländervergleich die höchste Kaufkraft auf, gefolgt von Salzburg (102,4) und Niederösterreich (102,3). Städte weisen insgesamt höhere Kaufkraftwerte pro Einwohner auf als ländliche Gebiete, was auf die Gehaltsstrukturen internationaler Konzerne, großer öffentlicher Verwaltungsinstitutionen sowie Technologie-, Forschungs- und Innovationszentren, die typischerweise in Ballungsräumen angesiedelt sind, zurückzuführen ist. Mittel- und langfristig wird sich Wien als kaufkraftstärkstes Bundesland Österreichs behaupten können. Die kaufkraftstärksten, wenn man so will, die reichsten, Bezirke Österreichs sind der 1., 13. und 19. Bezirk.

Der Wiener Opernball beziehungsweise die Demonstration gegen den Opernball Ende Februar sorgt für umfangreiche Verkehrsbehinderungen in der Wiener City. Die Ringstraße wird im Bereich der Oper von 19.00 Uhr bis gegen 1.00 Uhr gesperrt. Zahlreiche Straßenbahnlinien und die Badner Bahn werden kurzgeführt. Innerstädtisch muss auf das U-Bahn-Netz ausgewichen werden. 63 Demonstranten werden wegen Verdachts des Landfriedensbruchs vorläufig festgenommen.

Ende Februar sind sich nach einer kurzen letzten Verhandlungsrunde ÖVP und FPÖ über die Bildung einer neuen Regierung einig. Am Nachmittag des 20. Februar lobt Bundespräsident Klestil die schwarz-blaue Koalitionsregierung an.

Es wird heuer erstmals eine „Bestandserhebung der Wiener Brutvögel" durchgeführt. Demnach können 148 Vogelarten während der Brutzeit auf Wiener Stadtgebiet nachgewiesen werden. Die häufigste Vogelart ist der Haussperling mit 30.000 bis 40.000 Brutpaaren.

Das Männerschlafheim Meldemannstraße, in dem einst auch Adolf Hitler gewohnt hat, gilt schon längere Zeit als völlig desolat und wird heuer geschlossen.

Die UNESCO stellt im Februar bei der umstrittenen Bahnhofsüberbauung in Wien-Mitte keine absolutes Limit, wie hoch die drei geplanten Hochhäuser im äußersten Fall werden dürfen, um ein drohendes Verfahren zur Aberkennung des Prädikats „Weltkulturerbe" zu vermeiden. Wien wird ersucht, sich weiter für eine „Verbesserung des Projektes", etwa durch eine Umschichtung des Volumens zur Reduktion der Turmhöhen, einzusetzen. Ende März wird beschlossen, ein neues, mit dem Weltkulturerbe vereinbares Projekt Wien-Mitte zu erarbeiten.

Nach langjährigen Umbauarbeiten wird am 14. März 2003 die Graphische Sammlung Albertina wieder eröffnet. Die erste Ausstellung ist dem norwegischen Expressionisten Edvard Munch gewidmet. Neben Arbeiten aus der Albertina versammelt die größte je gezeigte Schau zum norwegischen Expressionisten Munch Leihgaben aus mehr als 50 Museen aus aller Welt.

Mitte März ziehen zwei junge, in einem chinesischen Zoo geborene Große Pandas in den Schönbrunner Tiergarten ein. „Yang Yang" und „Long Hui" zählen innerhalb kürzester Zeit zu den Hauptattraktionen von Schönbrunn. Österreich ist eines der wenigen Länder, denen die Volksrepublik China Große Pandas zur Forschung und zur Zucht anvertraut. Den Großen Panda (Ailuropoda melanoleuca) kennt jeder als Symbol der Weltnaturschutzorganisation WWF – und damit als Sinnbild des Naturschutzes. Die Art ist so stark gefährdet, dass große Anstrengungen nötig sind, um das Aussterben zu verhindern.

Ab dem 8. April ist Wien um eine Kulturinstitution reicher: Die, als Siegerprojekt aus einem EU-weiten Architekturwettbewerb hervorgegangene und von Ernst Mayer geplante neue „Hauptbibliothek Wien" der Stadt öffnet ihre Pforten und sie ist zweifellos schön geworden. Direkt über der U-Bahn-Station Burggasse-Stadthalle liegt das eröffnete Bauwerk. Eine Stützenkonstruktion lässt das dreigeschossige Gebäude über den Bahnsteigen der alten Otto-Wagner-Station gleichsam schweben. Und zwar direkt zwischen den Fahrbahnen, des Wiener „Gürtels", einer der meistbefahrenen Straßen der Stadt. Die 150 Meter lange und 26 Meter breite Bibliothek bietet den Besuchern auf insgesamt 6.000 m² Nutzfläche Zugang zu 300.000 Medien (Bücher, CDs, CD-ROMs, DVDs, Videos, Tonkassetten), Zeitungen und Zeitschriften, 130 Benutzer-PCs (Internet, CD-ROM-Datenbanken, Katalogrecherche, Computerwerkstatt), 150 Studien- und Schmökerplätzen und 40 Audio-

Eindeutig der neue „Star" im Tiergarten Schönbrunn

Das neue „Medienhaus" bietet auch einen hervorragenden Blick über Teile Wiens

Die neue Hauptbibliothek
der Städtischen
Büchereien am Gürtel

und Videoplätzen. Sie ist damit ein nach neuesten Standards eingerichtetes Medienhaus und die größte Freihandbibliothek Wiens. Das Gebäude ist in mehrere Funktionsbereiche unterteilt, wie 6 Colleges, Musikbibliothek, Kindermedienzentrum, Buchung und Information, Veranstaltungsräume, Verwaltung, Büros und Zentralen. Das öffentliche Bibliotheks-Café (auch ohne Leser/innenkarte frei zugänglich) mit seiner Zeitungslesezone (mit inländischen und internationalen Zeitungen und Zeitschriften) und der 2000 m² großen Dachterrasse bietet einen der faszinierendsten Ausblicke Wiens: Leopoldsberg, Kahlenberg und Teile des Wienerwalds sind zum Greifen nah. Der Besucherstrom ist seit der Eröffnung gewaltig: Allein in den ersten Öffnungstagen schreiben sich mehr als 5.500 neue Benutzer ein und bis zu 7.000 Entlehnungen gibt es täglich. Den Abenteuern im Kopf steht nichts mehr im Wege!

Im April fasst der Wiener Landtag einen Beharrungsbeschluss für die im Dezember des Vorjahres novellierte Wiener Gemeindewahlordnung, nachdem das Wahlrecht von

5. Mai, Heldenplatz:
Österreichische
SchülerInnen gedenken der
Opfer des Holocausts

Nicht-EU-Ausländern auf Bezirksebene von der Bundesregierung im Februar beeinsprucht worden war. Die Landtagsabgeordneten der FPÖ und ÖVP stellen dann im September beim Verfassungsgericht den Antrag, diesen Passus über das Wahlrecht von Nicht-EU-Ausländern als verfassungswidrig aufzuheben.

Rund 15.000 SchülerInnen kommen am 5. Mai auf dem Heldenplatz zu einer Gedenkveranstaltung zusammen. Sie schicken in Erinnerung an die österreichischen Opfer des Holocausts Briefe in den Himmel.

Der Österreichische Gewerkschaftsbund spricht sich gegen die Pensionsänderungspläne der Regierung aus. In ganz Österreich kommt es am 6. Mai zu Betriebs- und Dienststellenversammlungen, Demonstrationen und Streiks. Die Gewerkschaft kündigt weitere Maßnahmen an. Am 13. Mai organisierte der ÖGB die größte Demonstration seit seiner Gründung 1955. In Wien versammelten sich mehr als 200.000 sehr entschlossene Demonstranten, die aus Betrieben des gesamten Bundesgebiets angereist waren. Am 3. Juni findet ein 24-stündiger Streik statt, an dem sich mehr als eine Million Menschen beteiligen. In Wien stehen die öffentlichen Verkehrsmittel still, die Exekutive versieht nur Notdienst und Schulen, Universitäten sowie Kindertagesheime bleiben geschlossen. Auch in Betrieben wird teils den ganzen Tag über die Arbeit niedergelegt.

Aus dem Kunsthistorischen Museum Wien wird am 11. Mai die 26 Zentimeter große und auf einen Wert von mehr als 50 Millionen Euro geschätzte „Saliera" – ein Salzfass von Benvenuto Cellini – gestohlen. Der Täter dringt über ein Baugerüst in das Museum ein.

Am 13. Mai geht auf Wien ein sehr schweres Hagelunwetter nieder. Der Hagel hat auch Auswirkungen auf die Weinproduktion. Wien wird um 60 Prozent weniger Wein produzieren als im Vorjahr.

Wiens erstes Open-Air-Kino („Volxkino"), das bei freiem Eintritt öffentliche Plätze bespielt, startet Anfang Juni seine heurige Saison. Unter anderem werden Animations- und Kurzfilme aus der Produktion der Universität für Angewandte Kunst gezeigt.

Die Falschgeldkriminalität nimmt zu: Im ersten Halbjahr wurden in Österreich 3.272 nachgemachte Euro-Banknoten aus dem Verkehr gezogen, die bereits im Umlauf waren. In allen Euro-Ländern wurden an die 300.000 falsche Euro-Banknoten aus dem Verkehr gezogen. Die am häufigsten gefälschte Euro-Banknote ist der Fünfziger, gefolgt vom Hunderter. Rund 40 Prozent aller Fälschungen treten in Wien auf.

Gehört das obligatorische Glas Wasser zum Kaffee bald der Vergangenheit an?

COFFEE TO GO

Der Kaffeegenuss in gemütlicher Atmosphäre inklusive Zeitung und Bedienung hat Konkurrenz bekommen: „Coffee to go" nennt sich ein um sich greifender Trend aus Amerika. Das munter machende Getränk wird quasi über die Gasse im Plastikbecher verkauft und rasch hinuntergekippt. Aber die Melange im Wegwerfhäferl ist keine billige Alternative zur Tradition, geht aus einem Test der Zeitschrift „Konsument" in diesem Jahr hervor. In

die Untersuchung einbezogen wurden nur jene Betriebe mit der Möglichkeit, den Kaffee in einem geschlossenen Becher mitzunehmen. Auch wenn es keine neue Erfindung ist, so wurde der „Coffee to go" erst mit dem Auftreten der US-Kette Starbucks zum Trend. Das Heißgetränk zum Mitnehmen spricht laut „Konsument" eine neue Käuferschicht an. Die Preise im Café liegen dem Bericht zufolge unter denen der amerikanischen Kette. So kostet ein Espresso mit Milch oder die Melange in einem Wiener Kaffeehaus kaum mehr als 2,80 Euro – Bedienung und das obligate Glas Wasser inbegriffen. Trotz Selbstbedienung berappt man für den Becher zum Mitnehmen bei Starbucks 2,90 Euro. In Geruch und Geschmack wurden nur solche Kaffees mit „sehr gut" ausgezeichnet, für die man mehr als zwei Euro hinlegen muss. Die Becher haben ihre Funktion überall erfüllt. „Coffee to go" ist nicht unbedingt etwas für Eilige, Wartezeiten von fünf Minuten sind laut „Konsument" keine Seltenheit. Am längsten mussten sich die „Probetrinker" wegen großen Andrangs bei einer Filiale von McDonald's gedulden: nämlich ganze 17 Minuten! Das zweigeteilte System bei Starbucks – einer nimmt Bestellung auf, ein anderer Mitarbeiter bereitet zu – verkürze nicht die Wartezeit.

Nussgroße Hagelkörner
richteten – nicht nur in der Natur –
verheerende Schäden an

Erschütternde Missstände ergibt eine Überprüfung des Magistrates im Juli in zwei Stationen im Wiener Geriatriezentrum Wienerwald in Lainz. Ab September beschäftigt sich ein Untersuchungsausschuss des Gemeinderats mit den Vorfällen in Lainz. Innerhalb eines Jahres soll geklärt werden, wie diese Missstände passieren konnten, wer die Verantwortung trägt und welche Verbesserungen möglich sind. Es wird ein Ombudsmann für PflegepatientInnen eingesetzt.

Konsumentenschützer stellen einen Preisschub in der Wiener Gastronomie fest. Zwischen August 2002 und Oktober 2003 hätten 58 Prozent der Wiener Gasthäuser die Preise für gängige Konsumationen erhöht, jedes zweite sogar recht kräftig. Überprüft wurden die Preise gängiger Speisen und Getränke – Schweinsbraten, Wiener Schnitzel, großes Gulasch, Kalbsgulasch mit Nockerln sowie von Kaffee, schwarzem Tee, Coca-Cola, Almdudler, Apfel und Orangensaft, Mineral- und Sodawasser.

Die Landeshauptleute von Wien, Niederösterreich und Burgenland sowie die Bürgermeister von Städten in Südmähren, der Westslowakei und Westungarns unterzeichnen im September eine Deklaration zur Entwicklung einer grenzüberschreitenden Europaregion. Am 29. September wird die Wiener Urania nach dreijährigen Sanierungsarbeiten wiedereröffnet. Das markante Gebäude an der Mündung des Wienflusses in den Donaukanal wurde 1905 bis 1909 nach den Plänen von Max Fabiani, einem Schüler Otto Wagners, erbaut. Seit ihrer Eröffnung 1910 ist die Wiener Urania eine Einrichtung der Wiener Volksbildung.

Im November beendet „Artisten – Tiere – Attraktionen 2003" seine Österreich-Tournee in Wien. Es ist das letzte Mal, dass der Circus Althoff-Jacobi dieses Programm präsentiert, da das Zirkusunternehmen im nächsten Jahr verkauft werden soll.

Der kleine Clownfisch „Nemo" gehört heuer zu den beliebtesten Kinohelden – im „Vivarium Wien – Haus des Meeres" ist er im Dezember „in echt" zu sehen. 16 Exemplare der orange-weiß gestreiften Fischart tummeln sich dort. Und es sollen noch mehr werden: Denn im Vivarium wird soeben eine Zuchtstation für Meeresfische errichtet, in der zahlreiche kleine „Nemos" das Licht der Welt erblicken sollen. Damit soll auch ein Beitrag zum Schutz dieser Meeresfische geleistet und die Entnahme von solchen Tieren aus der freien Natur reduziert werden. Die Zuchtstation besteht aus rund 70 Becken mit bis zu 2.000 Liter Fassungsvermögen

Im Dezember wird eine grundlegende Umstrukturierung des Sozialwesens im Gemeinderat beschlossen. Im Jahr 2004 wird ein Großteil der Sozialagenden im „Fonds Soziales Wien" (FSW) zusammengefasst. Der FSW entscheidet künftig über die Finanzierung und Förderung von Leistungen zur Behinderten-, Wohnungslosen-, Senioren- oder Flüchtlingshilfe.

Am 19. Dezember unterschreibt Bundespräsident Klestil den EU-Beitrittsvertrag der zehn neuen Mitgliedstaaten. Damit wird das Ratifizierungsverfahren für die EU-Erweiterung in Österreich besiegelt. Am 1. Mai 2004 werden der EU zehn Staaten beitreten: Ungarn, Tschechien, Slowakei, Slowenien, Polen, Zypern, Malta, Lettland, Estland und Litauen mit einer Gesamtbevölkerung von rund 74 Millionen Menschen. Die EU wird dann 25 Mitgliedstaaten umfassen.

Wien stellt einen neuen Rekord bei Firmengründungen auf. Insgesamt 6.792 Unternehmer wagen den Schritt in die Selbstständigkeit. Wie in den Jahren zuvor liegt die Bundeshauptstadt damit unangefochten an der Spitze der österreichischen Gründerstatistik. Weiter gestiegen, und zwar auf 74 Prozent, ist dabei der Anteil der nicht protokollierten Einzelunternehmen. Im Jahr 1998 lag der Anteil dieser Kleinstbetriebe bei rund zwei Drittel, 1993 machten sie rund die Hälfte der Neugründungen aus. Positiv sind die Arbeitsmarkteffekte: Die Firmengründer schufen binnen Jahresfrist 6.200 zusätzliche Arbeitsplätze für unselbstständig Beschäftigte. Die meisten Neugründungen wurden in der Sparte Information und Consulting verzeichnet. Dahinter folgt der Handel sowie die Sparte Gewerbe und Handwerk.

2003 werden im VOR (Verkehrsverbund Ost-Region) 779 Millionen Fahrten verzeichnet. Das entspricht einer Steigerung von 20 Prozent gegenüber dem Gründungsjahr 1964, also vor 19 Jahren.

Es gibt einen Masterplan „Verkehr 2003", der folgende Ziele hat: die Verminderung des motorisierten Individualverkehrs auf 25 Prozent aller Wege, die rasche Erhöhung des Radverkehrs auf acht Prozent, die Steigerung des öffentlichen Verkehrs von 34 auf 40 Prozent sowie im stadtgrenzenüberschreitenden Verkehr die Änderung der Verkehrsmittelaufteilung zwischen öffentlichem Verkehr und motorisiertem Individualverkehr in Richtung 50 Prozent zu 50 Prozent.

In den Hotels der obersten Kategorien sind vor Silvester kaum noch Zimmer frei. Ein Tisch im guten Restaurant für die Feier zum Jahreswechsel hätte schon vor Monaten gebucht werden müssen. Zweistellige Zuwachsraten gibt es heuer bei Touristen aus Deutschland, der Schweiz, Frankreich, Großbritannien und Spanien. Für den Silvesterpfad sind genügend Besucher garantiert!

Im Rahmen der „lipizzaner art" werden im Sommer und Herbst lebensgroße Lippizaner-Skulpturen die Innenstadt prägen

VIZEBÜRGERMEISTERINNEN WIENS SEIT 1945:

Gertrude Fröhlich-Sandner 1969–1984

Ingrid Smejkal 1987–1994

Grete Laska ab 1994

VIZEBÜRGERMEISTER WIENS SEIT 1945:

Leopold Kunschak 1945–1946

Karl Steinhardt 1945–1946

Paul Speiser 1945–1947

Lois Weinberger 1946–1959

Karl Honay 1947–1959

Hans Mandl 1959–1964

Felix Slavik 1959–1970

Heinrich Drimmel 1964–1969

Hans Bock 1970–1973

Hubert Pfoch 1973–1978

Erhard Busek 1978–1987

Hans Mayr 1984–1994

Sepp Rieder 1994–1996

Bernhard Görg 1996–2001

Sepp Rieder ab 2001

Just married –
heiraten ist
modern wie seit
Jahren nicht

2004

FISCHER WIRD BUNDESPRÄSIDENT

Im Jänner wird bei einer Podiumsdiskussion über die Universitätsreform im Uni-Campus des Alten AKH dem Rektor der Wiener Universität eine Torte ins Gesicht geschleudert.

Beim Wiener Opernball am 20. Februar gibt es eine heftige Auseinandersetzung zwischen Teilnehmern der Anti-Ball-Demonstration und der Polizei. Die Nacht endet mit sieben Festnahmen, fünf Polizisten werden verletzt.

Am 13. März stirbt im 99. Lebensjahr der frühere Erzbischof von Wien, Kardinal Franz König. Er stand von 1956 bis 1985 an der Spitze der Erzdiözese Wien. Am 27. März wird er im Stephansdom begraben. Tausende nehmen Abschied vom Kirchenfürsten, der in vielen Nachrufen als das „Gewissen Österreichs" bezeichnet wird.

Ende März wird am Alsergrund das Liechtenstein Museum eröffnet. Eine der berühmtesten Privatsammlungen, die Werke von Rubens, Rembrandt und Van Dyck umfasst, kehrt nach Wien zurück. Mittelpunkt der ständigen Ausstellung im Obergeschoss ist der monumentale Decius-Mus-Zyklus von Peter Paul Rubens.

Kurz vor Vollendung seines 94. Lebensjahrs stirbt am 10. April der österreichische Architektur-Doyen und Wiener Stadtplaner Roland Rainer.

Die „Tenne" in der Annagasse wird im April geschlossen. Das 1894 als prunkvoller Ballsaal errichtete „Tabarin" war als „Tenne" in den sechziger Jahren ein Wiener Schicki-Micki-Treffpunkt und war zuletzt eine Disco für die älteren Semester. Aus der „Tenne" wird ein Burger King. An der Kärntner Straße wird ein Kaffeehaus einer großen US-Coffeeshop-Kette eröffnet.

Am 25. April finden Bundespräsidentschaftswahlen statt. Der Zweite Nationalratspräsident Heinz Fischer setzt sich gegen Außenministerin Benita Ferrero-Waldner mit 52,4 Prozent der Stimmen durch.

Die Wiener Festwochen werden am 7. Mai eröffnet. Bis 20. Juni werden 53 Produktionen (darunter elf Uraufführungen und Auftragswerke) in 223 Vorstellungen gezeigt. Ein besonderer Schwerpunkt ist im Schauspielprogramm den Februarkämpfen des Jahres 1934 gewidmet.

Bereits im Jahr 2000 hat die Wiener Stadtregierung einen Strategieplan für Wien vorgelegt. Dieser wurde immer als lebendiger Plan, der einer ständigen Weiterentwicklung bedarf, verstanden. In der Zwischenzeit haben sich einige wesentliche Rahmenbedingungen geändert, viele Themenbereiche und strategische Projekte wurden weiterentwickelt, und deshalb hat die Wiener Stadtregierung im Mai 2004 einen neuen Strategieplan mit dem

Das Liechtenstein-Museum birgt eine der berühmtesten Kunstsammlungen der Welt

KARDINAL FRANZ KÖNIG

Kardinal Franz König starb in der Nacht auf den 13. März dieses Jahres im 99. Lebensjahr. In zahlreichen Reaktionen auf seinen Tod würdigten Kirchenvertreter und Politiker aus dem In- und Ausland die Bedeutung Königs als moralische Autorität. Stets verstand der Kardinal die Kirche auch als Mitgestalter der Gesellschaft. Öffentlichen Stellungnahmen zu gesellschaftspolitischen Fragen entzog er sich nicht. Franz König wurde am 3. August 1905 als Bauernbub im niederösterreichischen Warth bei Rabenstein als ältestes von neun Kindern geboren. Im Stiftsgymnasium Melk an der Donau maturierte er mit Auszeichnung. In Rom studierte Franz König an der „Gregoriana" Philosophie, Theologie und altpersische Religion und erweiterte seine Sprachkenntnisse: Mehr als zehn Fremdsprachen erlernte der Kardinal im Laufe seines Lebens. Drei Jahre nach seiner Promotion zum Dr. phil. wurde Franz König 1933 zum Priester geweiht. Damit begann Franz Königs kirchliche Laufbahn. 1952 wurde er zum Bischof geweiht und 1956 zum Erzbischof von Wien ernannt. 1958 wurde Franz König von Papst Johannes XXIII. in das Kardinalskollegium aufgenommen. Auf weltkirchlicher Ebene trat Kardinal König erstmals auf dem II. Vatikanischen Konzil in Erscheinung, zu dessen führenden Persönlichkeiten er gehörte. 1965 wurde er mit der Leitung des neugegründeten vatikanischen Sekretariates für die Nichtglaubenden

betraut. Als eigene Aufgabe des Erzbischofs von Wien sah Kardinal König die Überwindung der Isolierung der Kirche im kommunistischen Machtbereich durch Herstellung von Kontakten der Kirche in Österreich zu den Nachbarkirchen im Osten. Er selbst reiste als erster „westlicher" Kardinal nach Osteuropa. Egal ob als Priester, Bischof oder Kardinal: Franz König war immer eines – der Seelsorger der ihm anvertrauten Menschen. Kardinal König war ein Kirchenfürst, der Vertrauen gab, ein Mensch, der Frieden stiftete, der Brücken baute. Er vereinigte in sich Prinzipien und Toleranz, Weisheit und menschliche Wärme, Weltoffenheit und Bescheidenheit.

Titel „Strategieplan Wien im erweiterten Europa" als Entwurf in den Wiener Gemeinderat eingebracht. Nach einem Diskussionsprozess und der Beschlussfassung in der Stadtentwicklungskommission wird im Oktober 2004 ein überarbeiteter Strategieplan vorliegen.

Heiraten ist wieder im Trend. Im ersten Halbjahr finden sich fast 5.200 Paare Wienerinnen und Wiener im Standesamt ein, um sich trauen zu lassen. Das sind um zehn Prozent mehr als im Vergleichszeitraum 2003.

Die Arena wird völlig saniert. Im ehemaligen

Ohne Worte!

„Auslandsschlachthof" ist die alternative Musikszene zu Hause. Noch heuer wird die zweite Bauetappe abgeschlossen. Eine dritte und vierte Aus- und Umbaustufe werden dann folgen.

Bei einem Schiffsunglück auf der Donau werden am 10. Juni 19 Menschen leicht verletzt. Das Passagierschiff „MS Viking Europe" will für ein Anlegemanöver vor der Reichsbrücke wenden, kracht aber gegen einen Brückenpfeiler.

Bei den Wahlen zum Europäischen Parlament am 13. Juni siegt die SPÖ mit 33,3 Prozent vor der ÖVP mit 32,7 Prozent. Die Wahlbeteiligung ist mit 42,4 Prozent so niedrig wie noch nie zuvor.

Am Wienerberg entsteht die Wienerberg-City, am Hochstädtplatz entsteht ein neues Grätzel mit Fachhochschule und einem 80 Meter hohen Wohnturm, in Floridsdorf der zweite Teil des Trillerparks mit Generationenwohnungen.

Am 23. Juni eröffnet Vizebürgermeister Sepp Rieder ein neues Laborgebäude – das Vienna Competence Center (VCC). Biotechnologie, Medizintechnik, Biomedizin sowie hochwertige Wirtschaftsdienstleistungen sind die inhaltlichen Schwerpunkte des VCC. Bei dem Laborgebäude handelt es sich um die Baustufe 1 eines Gesamtprojektes – ein Life Science Campus soll auf diesem Areal errichtet werden.

Anfang Juli werden vom Wiener Landtag zwei Landesgesetze verabschiedet, die Antidiskriminierung und Gleichstellung von Personen im

Berufsleben zum Inhalt haben. Das neue Wiener Landesgesetz legt fest, dass alle Menschen unabhängig von Rasse und ethnischer Herkunft gleichbeandelt werden müssen. Im zweiten Gesetz verpflichtet sich Wien als Dienstgeber zu einer diskriminierungsfreien Personalpolitik.

Im Sommer wird der Sieger des städtebaulichen Wettbewerbs für den neuen Stadtteil am geplanten Zentralbahnhof „Bahnhof Wien – Europa-Mitte" gekürt. Er soll 2010 den Süd- und Ostbahnhof ersetzen. Mit dem Bahnhof soll auch das Areal zwischen Wiedner Gürtel, Sonnwendgasse, Arsenal- und Gudrunstraße mit Einkaufszentrum, Büros, Wohnungen, Schulen, einem Park und Gewerbebetrieben erschlossen werden. Es sind auch Gebäude mit einer Höhe von bis zu 100 Metern vorgesehen.

Ab Juli frisst sich eine 50 Tonnen schwere Fräse vom Stadtpark bis zur Pilgramgasse vor. Unterirdisch wird ein Entlastungskanal für den Wiental-Kanal gebohrt. Mit dem neuen Kanal wird die Wasserqualität des Wienflusses verbessert, da ein Überlaufen des Kanals bei Regen und eine daraus resultierende Verschmutzung dann nicht mehr möglich sind. Es steht ein unterirdischer Speicher für Regenwasser zur Verfügung und die bestehenden teils 180 Jahre alten Sammelkanäle werden entlastet. Bis Ende 2005 wird Tag und Nacht an diesem Kanal gearbeitet.

Am 6. Juli, zwei Tage vor Ende seiner Amtszeit, stirbt Bundespräsident Thomas Klestil. Bis zur Amtsübernahme durch Heinz Fischer übernehmen die Nationalratspräsidenten die Funktion des Bundespräsidenten. Am 10. Juli nimmt Österreich Abschied von Thomas Klestil. Der verstorbene Bundespräsident wird im Rahmen eines Staatsbegräbnisses in der Präsidentengruft auf dem Wiener Zentralfriedhof beigesetzt. Rund 10.000 Bürger erweisen ihm die letzte Ehre. Am Requiem im Stephansdom und am Staatsbegräbnis nehmen zahlreiche Staatsoberhäupter teil, darunter auch der russische Präsident Wladimir Putin.

Der letzte Weg unseres Bundespräsidenten Thomas Klestil

Mitte August fordert eine Gasexplosion in einem Wohnhaus in der Pohlgasse in Meidling sieben Verletzte und ein Menschenleben. Die Explosion war so stark, dass Fenster- und Türstöcke in den Innenhof des Hauses geschleudert wurden und im gegenüberliegenden Haus Fensterscheiben barsten. Von den 40 Wohnungen sind 16 so in Mitleidenschaft gezogen, dass sie vorerst nicht mehr bewohnbar sind. Das unsachgemäße Hantieren an einer Gasleitung dürfte die Explosion verursacht haben.

Keine Kampfhunde in Wien!

Es wird über die Donauquerung der geplanten Wiener Nordostumfahrung diskutiert. Es ist umstritten, ob die Donau über- oder unterquert werden soll. Es geht also um Brücke oder Tunnel. Auf jeden Fall soll die Nordostumfahrung mit der Südrundumfahrung zusammenkommen und so die Außenringumfahrung Wiens bilden.

Nachdem Hunde wieder Erwachsene und Kinder angegriffen haben, wird ein Verbot bestimmter Hunderassen diskutiert. In Wien ist das Züchten und Verkaufen von Kampfhunden verboten und Hundebesitzern, die freiwillig einen „Hundeführerschein" machen, wird für ein Jahr die Hundesteuer erlassen.

Die erfolgreiche Mülltrennung wird nachjustiert. In die „Gelbe Tonne" kommen nur mehr Plastikflaschen für Getränke, Shampoos, Speiseöl oder Weichspüler. Denn nur bei ihnen ist ein Recycling sinnvoll. Es wird auch neue „Gelbe Tonnen" geben, die wie bei der Glassammlung am Deckel zwei Einwurflöcher haben. Diese Tonnen heißen übrigens „Kermit", wohl nach dem Frosch in der Muppet-Show.

Am Stadtenwicklungsplan (Step 05) wird weiter gefeilt. Er soll im nächsten Jahr beschlossen werden. Es werden generelle Zielangaben definiert, wo Entwicklungen Wiens rasch verwirklicht werden können. Größtes Zielgebiet ist das ehemalige Flugfeld Aspern, auf dem rund 200 Hektar auf eine städtebauliche Nutzung warten.

Ein geplantes Hochhaus sorgt für Aufregung. Es soll auf den ehemaligen Komet-Gründen in Meidling bei der U4-Station Meidlinger Hauptstraße neben einem Einkaufszentrum gebaut werden. Das Hochhaus würde knapp an der sogenannten Pufferzone des auf der Welterbeliste der Unesco stehenden Schlosses Schönbrunn gebaut werden.

Zentralbahnhofspläne werden für den Südbahnhof geschmiedet

Das Ansehen der Wiener Gerichtsmedizin, die international einen ausgezeichneten Ruf hatte, wird im September stark ramponiert. Ein Rohbericht des Rechnungshofes stellt große Missstände fest.

Über ein Vierteljahrhundert ist es her, dass die ersten Mieter in den „Wohnpark Alt Erlaa" eingezogen sind. Dann waren Terrassenhäuser eher nicht mehr modern. Ende des Sommers wird ein Architekturwettbewerb zur Errichtung von 300 Wohnungen mit Terrassen auf den Favoritner Tarbuk-Gründen vorgestellt.

In der Nacht auf Freitag, den 24. September, brennt es auf der Donauinsel. Es ist ein ehemaliges Sportgeschäft ohne eine einzige Brandmauer und aus Holz. Die hundert Feuerwehrmänner, die im Einsatz waren, konnten nur mehr das Übergreifen der Flammen auf die Umgebung verhindern. Die Polizei vermutet Brandstiftung.

Auf der Donauinsel zerstört ein Großbrand das Schuh Ski-Gebäude

Im Herbst wird ein Pflegeheimgesetz beschlossen. Es sieht vor, dass in den Zimmern von Pflegeheimen höchstens vier Patientenbetten erlaubt sind. Es werden erstmals die Rechte von Heimbewohnern und die Pflichten von Heimträgern festgeschrieben. Außerdem wird eine Heimkommission eingerichtet.

Im Oktober ist es zehn Jahre her, dass es die „Gruft" gibt, eine Einrichtung zur Betreuung Obdachloser unter der Mariahilfer Kirche. Ein Geistlicher und Schüler taten sich im Advent zusammen, öffneten den Keller und kochten Tee. Und seitdem wurde der Keller nicht mehr zugesperrt. Die Gruft wurde zu einer Institution in der Wiener Obdachlosenbetreuung und zu einem hervorragenden Beispiel für Zusammenarbeit von Caritas und Stadt Wien. Nach Angaben des Wiener Sozialressorts gibt es in Wien an die 4.300 Obdachlose. Etwa 500 von ihnen dürften auf der Straße „wohnen".

Anfang Oktober gibt die Schwedische Akademie in Stockholm bekannt, dass Elfriede Jelinek den Nobelpreis für Literatur erhält. Sie erhält die Auszeichnung für „den musikalischen Fluss von Stimmen und Gegenstimmen in Romanen und Dramen, die mit einzigartiger sprachlicher Leidenschaft die Absurdität und zwingende Macht der sozialen Klischees enthüllen".

Seit beinahe sechzig Jahren dokumentiert Franz Hubmann Menschen, Landschaft und Kultur. Als stilbildender Fotograf und Bildredakteur der Kulturzeitschrift „magnum" leistete er von 1954 bis 1962 einen essenziellen Beitrag zur modernen Fotografie und beeinflusste nachfolgende Fotografengenerationen. Anlässlich seines 90. Geburtstages ist in der Galerie Westlicht vom 3. Oktober an eine fotografische Retrospektive zu sehen. Der Bildjournalist Hubmann mit dem Blick für fesselnde Details gilt als Cartier-Bresson Österreichs.

Markus Rogan schwimmt
von Erfolg zu Erfolg

Die Viennale 04 geht am 27. Oktober mit den Preisvergaben zu Ende. Der Wiener Filmpreis geht an Hubert Saupers Dokumentarstreifen „Darwin's Nightmare". US-Star Lauren Bacall bringt einen Hauch Hollywood nach Wien.

Im Rathaus wird Ende Oktober ein schwul-lesbisches Fest gefeiert. Die Homosexuelleninitiative Wien wird 25 Jahre alt und der Bundespräsident hat den Ehrenschutz übernommen. Die Hosi Wien ist der erste Homosexuellen-Verein Österreichs. Er konnte 1979 gegründet werden, nachdem das österreichische Strafrecht liberalisiert worden war.

Die Wiener Linien wollen eine Milliarde Fahrgäste im Jahr. Jetzt sind es an die 740 Millionen, die zwischen Ottakring und Floridsdorf, zwischen Heiligenstadt und Wienerberg die öffentlichen Verkehrsmittel benützen. Ausbaupläne gibt es bis 2020, darunter den Weiterbau der U2 bis Aspern und auch die Errichtung einer U5 an Stelle der Straßenbahnlinie 43. Anstatt der Weiterführung der U6 bis Stammersdorf wird daran gedacht, eine Schnellstraßenbahn mit eigenem Gleiskörper zu bauen. Neue U-Bahn-Garnituren – Spitzname „Lichtgoscherl" – sind in der Fertigung. Ein Prototyp ist ja schon auf der U3 unterwegs.

Der EU-Wissenschaftspreis „Descartes", eine Art Nobelpreis für grenzüberschreitende Forschungsarbeiten, geht Anfang November auch an den Physiker Anton Zeilinger von der Universität Wien.

Auf der Donau im Bereich des Kuchelauer Hafens stößt am 4. November das Ausflugschiff „Grein" mit einem entgegenkommenden Schubverband zusammen. Bei dem Zusammenstoß kommen sechs Menschen ums Leben. Die „Grein" sinkt. Zwei der Toten können aus der Donau geborgen werden. Die Ursache war ein Fahrfehler des Kapitäns.

„Eine Stadt. Ein Buch", die Wiener Gratisbuchaktion, gibt es zum dritten Mal. Es werden im November 100.000 Exemplare des Romans „Das geheime Brot" des in Wien geborenen Bestsellerautors Johannes Mario Simmel verschenkt.

Nach zweijähriger Pause findet wieder eine Jüdische Filmwoche zwischen 19. November und 2. Dezember statt. Schwerpunkt sind Filme zur aktuellen Situation in Israel und Palästina und Verfilmungen der Bücher des Nobelpreisträgers Isaac B. Singer anlässlich seines 100. Geburtstags.

Ab 24. November begibt sich das Wien Museum unterhaltsam und lehrreich auf die Spuren einer Verklärung. Die Ausstellung „Alt-Wien. Die Stadt, die niemals war" präsentiert Kunstwerke, Architekturdokumente, Raritäten und „Reliquien", in denen sich verschwundene Zustände der Stadt spiegeln. Sie ist aber auch eine Einladung, über die Zukunft Wiens nachzudenken. Die Ausstellung zeichnet unter dem Aspekt „Alt gegen Neu" 200 Jahre Stadtgeschichte nach, berichtet von Konflikten zwischen „Demolierern" und „Bewahrern" und untersucht die Stereotypen der ewigen Wien-Nostalgie.

Ab Dezember gibt es ein „Vernetzungsbüro" für 125 Migranteninitiativen in Wien. Es ist ein Projekt der Wiener Integrationskonferenz.

Im Dezember finden Kurzbahn-Europameisterschaften im Schwimmen im Wiener Stadthallenbad statt. Markus Rogan wird Doppel-Europameister, Mirna Jukic gewinnt zwei Silbermedaillen.

Wie bei Eisbären üblich, ist das Baby zu Winterbeginn auf die Welt gekommen – am 10. Dezember im Tiergarten Schönbrunn. Der kleine Eisbär ist nicht größer als ein Meerschweinchen, fast unbehaart, blind und taub. Er wird von seiner Mutter „Olinka", die selbst während dieser Zeit die Höhle nie verlassen hat, rund um die Uhr betreut.

Weiße Weihnachten gibt es auch heuer nicht. Durchschnittlich gibt es sie in Wien auch nur alle drei, vier Jahre. In den letzten dreißig Jahren also achtmal, und dann auch nicht besonders. Denn 2002 waren es drei und 2001 ein Zentimeter Schnee. Viel Schnee gab es 1996 mit 17 und 1981 mit 30 Zentimeter. Auch wenn es nicht schneit, kann man aber trotzdem rodeln – auf Kunstschnee auf der Jesuitenwiese im Prater. Bei genügend Schnee gibt es in Wien an die hundert Rodelmöglichkeiten.

Ein schweres Seebeben löst am Morgen des 26. Dezember 2004 Tsunami-Flutwellen im Indischen Ozean aus, welche in den folgenden Stunden vor allem die Küsten von Sumatra, Thailand, Sri-Lanka und Südindien verwüsten. Das Erdbeben ist das schwerste Beben seit 40 Jahren. Der verheerenden Flutwelle fallen über 280.000 Menschen zum Opfer. Im Krisengebiet befinden sich rund 1.500 Österreicher, darunter auch viele Wiener.

ELFRIEDE JELINEK

Überraschend entscheidet sich die Schwedische Akademie im Oktober, Elfriede Jelinek den Nobelpreis für Literatur zuzusprechen. Jelineks Werk, das sich mit experimentellen Mitteln der Analyse einer als defekt empfundenen Zeit widmet, ist nicht nur in Österreich umstritten. Wie ein Kritiker schreibt, rase ihre Prosa mit hohem Tempo durch Seelen- und Heimatlandschaften. Zitate aus Literatur und Kitsch, Redensarten und Redensunarten werden verschmolzen und in eine neue, höchst kunstvolle und doch realistische Sprache verwandelt.

Elfriede Jelinek ist auch eine politische Schriftstellerin, zwar weniger, als ihr vielleicht lieb ist, aber sie als linkes Gewissen zu bezeichnen, kommt ihr und ihren Auffassungen sicher entgegen. Auf die höchste literarische Auszeichnung der Welt reagierte Elfriede Jelinek sehr verhalten. „Natürlich freue ich mich, da hat es keinen Sinn zu heucheln, aber ich verspüre mehr Verzweiflung als Freude", sagt sie in Wien. Sie reist auch nicht zur Preisverleihung am 10. Dezember nach Stockholm. Sie eigne sich nicht dafür, als Person in die Öffentlichkeit gezerrt zu werden. Sie meinte auch, dass sie, wenn es ihr zu viel werden sollte, weggehen müsste: „Was ich aber nicht möchte, denn ich lebe gerne hier."

Der Rathausmann
wacht über Wien

60 JAHRE DANACH

Was gibt es denn so für die Jungen und vielleicht auch Junggebliebenen in der ersten Jännerwoche zu sehen und zu hören? Hier eine Auswahl: im Chelsea am Gürtel einen Club Trivial mit DJ Posse Club Socialismo Tropical; in der Kunsthalle Wien am Karlsplatz spielt Core im Rahmen des Project Space ihr Programm als Halfplugged Session; in der Arena Wien female Hardcore aus den USA, nämlich The Wage Of Sin; in der Area 51 in der Leberstraße ein Energytics – DJ Paolo Barboto heizt über ein 30.000-Watt-Sound-System den Jungs ein; das WUK bringt Moon.Dancer „Astrix ante Portas"; im Club Massive gibt es Technpassion III; im The Monastery auf der Landstraßer Hauptstraße das Vienna Bloodfest II. Ob das alles war? Wer kann das schon wissen!

Wien ist nach Angaben des EU-Statistikamtes Eurostat die sechstreichste Region in der EU. Nach den am Dienstag veröffentlichten Statistiken lag die Bundeshauptstadt 2002 beim regionalen Bruttoinlandsprodukt pro Einwohner hinter dem Zentrum von London, der Region Brüssel, Luxemburg, Hamburg und dem Pariser Ballungsraum „Ile-de-France". Sechs der zehn ärmsten EU-Regionen liegen dagegen in Polen. Hinter Wien mit 173,7 Prozent des EU-Schnitts rangieren Salzburg (136,0), Vorarlberg (127,8), Tirol (126,7), Oberösterreich (115,0), Steiermark (103,9) und Kärnten (101,6). Niederösterreich erreichte 99,5 Prozent des EU-Schnitts.

Das Zentrum von London liegt mit 315 Prozent des Durchschnitts unangefochten an der Spitze der wohlhabendsten EU-Regionen. Demgegenüber erreichen die fünf ärmsten Regionen (alle in Polen) nur Kaufkraftstandards in der Höhe von 32 bis 36 Prozent des EU-Schnitts. Von den insgesamt 59 Regionen unter der 75-Prozent-Grenze befinden sich 16 in Polen, sieben in Tschechien, je sechs in Ungarn und Deutschland und fünf in Griechenland.

Ende Jänner wird mit dem Bau der Verlängerung der Nordbrücke in Floridsdorf begonnen. Die neue Trasse läuft ab der Prager Straße in Hochlage. Sie überquert die geplante Verbindung zwischen Prager und Brünner Straße, unterfährt dann die S-Bahn und mündet in einer Kurve vor dem Einkaufszentrum Trillerpark in die Lundenburger Straße. Die Verlängerung soll nächstes Jahr fertig sein.

Es wird ein Umzug der Technischen Universität diskutiert. Wien hat der TU Grundstücke für eine Umsiedlung angeboten, darunter die Siemensgründe, das Nordbahnhof-Gelände und das Flugfeld Aspern. Eine Entscheidung über den Umzug soll noch im März fallen.

Laut der Kriminalstatistik für den Jänner sank die Anzahl der Delikte in Wien. Sehr angestiegen ist die Zahl der Falschgelddelikte, nämlich um fast 880 Prozent. Wobei die absoluten Zahlen relativ niedrig sind: 676 Anzeigen im Jänner 2005 standen 69 im Vergleichsmonat 2004 gegenüber. Die Aufklärungsquote insgesamt veränderte sich leicht. Sie stieg von 26,9 auf 27,8 Prozent.

Beim Silvesterpfad geht es um eine Spur ruhiger zu als sonst. Es sind aber immer noch Hunderttausende, die sich eine Silvesterfeier in der Wiener Innenstadt nicht entgehen lassen wollen. Und es wurde nicht nur gefeiert, sondern auch gespendet – für die Flutopfer in Südasien. Unter den ausländischen Gästen dominieren die Italiener. Um 11 Uhr am 1. Jänner fiel dann der Startschuss für den 28. Silvesterlauf auf der Ringstraße: Tausende Läuferinnen und Läufer hatten den Ring für sich.

Beim Karlsplatz wird eine „Schutzzone" errichtet

Bis 2008 soll der neue Stadtteil in der Leopoldstadt entlang der Verlängerungslinie der U2 Richtung Norden fertig sein. Wohnbauten, Bürohäuser, ein Hotel sowie ein Einkaufszentrum sind die ersten geplanten Projekte, die realisiert werden. Rechtzeitig zur Eröffnung der Verlängerung der U-Bahnlinie U2 und zur Fußball-EM im Jahr 2008 wird alles fertig sein.

Für die Leopoldstadt erhofft man einen wirtschaftlichen und infrastrukturellen Aufschwung.

Eine „Schutzzone" um die Evangelische Schule am Karlsplatz tritt in Kraft – die Polizei kann ab diesem Zeitpunkt mutmaßliche Drogenhändler und Süchtige wegweisen. Wer sich nicht daran hält, kann von der Polizei ab Montag weggewiesen werden. Folgt jemand der Anweisung nicht, drohen auch Haftstrafen. Die Verordnung für den Karlsplatz endet am 15. Juli. Vermutlich wird sie aber im Herbst nach Schulbeginn wieder in Kraft treten.

Die Österreichische Gesellschaft für Denkmal- und Ortsbildpflege warnt vor den geplanten Hochhäusern am Gelände des Südbahnhofs unweit des Schloss Belvedere. Man ist der Meinung, dass die geplanten Bauten rund um den künftigen Zentralbahnhof unvereinbar mit dem Weltkulturerbe-Prädikat der Unesco für die Wiener Innenstadt seien.

15 Personen mussten am 9. Februar gegen 11.30 Uhr nach einem Brand in einer Wohnung in der Brüßlgasse 4 in Wien-Ottakring von der Feuerwehr evakuiert werden.

Wiener Gourmet-Tempel an einem neuen Standort – das „Steirereck" im Stadtpark

Als die Florianijünger eintrafen, brannte die Wohnung im ersten Stock bereits lichterloh. Personen im zweiten und dritten Stock standen am Fenster und konnten wegen der starken Rauchentwicklung nicht mehr über das Stiegenhaus flüchten. Die Betroffenen wurden via Notleitern und Atemschutzgerät in Sicherheit gebracht. Der Brand war bald unter Kontrolle. Mehrere Personen, darunter ein sechs Monate altes Baby, erlitten leichte Rauchgasvergiftungen. Ursache für das Feuer dürfte eine vergessene Kerze gewesen sein.

Die Temperaturen waren eisig. Das hielt hunderte meist jugendliche „Donnerstags"-Demonstranten am 10. Februar nicht ab, eine Kundgebung gegen die schwarz-blaue Regierung abzuhalten. Treffpunkt war der Ballhausplatz, dem Ort der ersten großen Demonstration vor fünf Jahren. Dann ging es, begleitet von Hunderten unaufgeregten Polizisten, durch die Stadt – „alles friedlich und ein bissl laut", wie eine Zeitung schreibt. Mit der Demonstration sollte gezeigt werden, dass die Regierung auch nach fünf Jahren noch nicht als normal akzeptiert werde.

Am Donaukanal in Wien soll das alte „Bundesländer"-Hochhaus an der Taborstraße durch zwei neue Büro- und Hoteltürme ersetzt werden. Internationale Stararchitekten sollen in einem geladenen Wettbewerb ihre Ideen einbringen. Bis Mai oder Juni sollen erste Ergebnisse des Wettbewerbs vorliegen. Unklar ist daher auch noch, wie hoch die Türme werden könnten. Das derzeitige Haus ist rund 50 Meter hoch, die umliegenden Türme nicht höher als 75 Meter. Ursprünglich hätte das alte Bürohaus saniert und von Asbest befreit werden sollen. Jetzt sei ungewiss, wie der Abriss bewerkstelligt werden könnte. Höchst unwahrscheinlich soll eine Sprengung sein, weil die umliegenden Gebäude gefährdet würden.

UNO-City wird von Asbest befreit

Ab 2008 soll am ersten Bauabschnitt des Nordteils der Aspanggründe gearbeitet werden, die ersten Bewohner könnten 2010/11 einziehen. Die Gesamtfertigstellung mit 1.700 Wohnungen und bis zu 8.300 Arbeitsplätzen ist für 2016 geplant. Insgesamt geht es um rund 20 Hektar, auf denen je nach Ausbaustand der öffentlichen Verkehrsmittel zwischen 350.000 und 450.000 Quadratmeter an Geschoßfläche entstehen sollen. Im Nordosten ist eine Anbindung an die Flughafenschnellbahn S7 sowie – möglicherweise schon ab 2012 – an die verlängerte U-Bahn-Linie U2 vorgesehen.

Neben Wohnungen und Büros sind auch eine Schule und Freizeitmöglichkeiten geplant. Der Grünflächenanteil soll bei 20 Prozent liegen. Vorgesehen ist ein Park, die Bauten sollen sich dem zum Gürtel hin ansteigenden Gelände anpassen. In Zusammenhang damit steht die Frage, ob der Gürtel bzw. die Auffahrt zur Südost-Tangente in diesem Bereich künftig unterirdisch geführt wird. Offen ist auch noch, ob es für das Gelände auch eine neue Schnellbahn-Station in der Adolf-Blamauer-Gasse geben wird. Realisiert werde sie nur, wenn die bestehende S-Bahn-Station „Südbahnhof" im Zuge der Errichtung des neuen Zentralbahnhofs aufgelassen werden sollte.

Die UNO-City muss von Asbest befreit werden. Die Arbeiten müssen bei laufendem Betrieb durchgeführt werden, weswegen das UNO-Personal „schichtweise" in ein Containerdorf neben dem Gebäude umgesiedelt wird. Es müssen vor allem Kabelisolierungen, Brandabschottungen und auch Verschlüsse von Wanddurchbrüchen, die in der 1973 bis 1979 errichteten UNO-City mit Asbest ausgelegt sind, saniert werden.

Am 6. Februar nimmt die Polizei den führenden Kopf einer Eurofälscherbande fest. Der Verdächtige soll eine zentrale Rolle bei der Belieferung Österreichs und Deutschlands mit gefälschten Euroscheinen gespielt haben. Bei seiner Festnahme wurden Blüten im Wert von 100.000 Euro sichergestellt. Gemeinsam mit ihm wurden noch drei weitere Personen festgenommen. Alle Verdächtigen befinden sich in Haft, die Anklageschrift der Staatsanwaltschaft Wien wegen krimineller Organisation, Falschgeldverbreitung und anderer Delikte liegt bereits vor.

Am Sonntag, den 20. Februar, kommt es zu einem tödlichen Unfall im Schönbrunner Zoo. Der Elefantenjungbulle Abu war bei der routinemäßigen Waschung am Sonntagvormittag aggressiv geworden und hatte seinen Pfleger mit den Stoßzähnen tödlich verletzt.

Es gibt Überlegungen, dass die Wiener Universität für Angewandte Kunst innerhalb der nächsten vier Jahre auf die Donauplatte bei der UNO-City übersiedelt.

In Wien-Floridsdorf wird bis 2011 ein neues Krankenhaus Nord mit 450 Betten entstehen. Sowohl die heutige Semmelweis-Frauenklinik als auch das Orthopädische Spital Gersthof soll in dem neuen Krankenhaus aufgehen. Das Preyer'sche Kinderspital wird in das Franz-Josef-Spital (SMZ-Süd) verlegt. Im Wiener Durchschnitt gibt es 7,39 Betten pro Tausend Einwohner, im Nordosten aber nur 3,99. Gerade in den Bezirken 2, 21 und 22 sei aber der Bevölkerungszuwachs am stärksten. Das neue Spital soll über Abteilungen für Innere Medizin, Chirurgie, Gynäkologie und Geburtshilfe sowie Orthopädie verfügen. Nach 2011 könnte eine zweite Ausbaustufe mit weiteren 250 bis 300 Betten entstehen.

Eine 6.000 Quadratmeter große Lagerhalle in der ehemaligen Liesinger Brauerei in der Breitenfurter Straße 360 im 23. Wiener Gemeindebezirk brennt am 11. Februar ab. Verletzt wurde durch die Flammen niemand, da die Halle, die zuletzt vor allem für Flohmärkte genutzt worden ist, leer gestanden hat. Die Feuerwehr war am Nachmittag noch damit beschäftigt, die letzten Glutnester zu löschen. Insgesamt waren mehr als 100 Personen im Einsatz gewesen. Für die Feuerwehr war der Einsatz nicht ungefährlich. In der Lagerhalle waren Gasflaschen untergebracht, die zu explodieren drohten. Ein Übergreifen der Flammen auf benachbarte Gebäude konnte vermieden werden. Die Freiwillige Feuerwehr Perchtoldsdorf unterstützte die Wiener Einsatzkräfte. Das ganze Areal und die anliegenden Straßen waren abgesperrt.

Der Rektor der Wiener Veterinärmedizinischen Universität, Wolf-Dietrich Freiherr von Fircks, mit „seinem" Ehrendoktor Michael Häupl

Am 17. März gibt es ein „Open House" in der Universität für Angewandte Kunst am Oskar-Kokoschka-Platz. Interessierte können einen Blick in die Ateliers, Werkstätten, Labors und Studios der Kunstuniversität werfen. Zur Besichtigung offen steht auch die Sammlung mit Werken und Archivalien unter anderem von Adolf Frohner, Oswald Oberhuber, Maria Lassnig und Hubert Schmalix. In den Innenhöfen wird das Projekt „Hot sun and cold snow – Meeting of two cultural dialogs" von Studierenden der Universität für Angewandte Kunst, das in Zusammenarbeit mit KunststudentInnen aus Bangkok entstanden ist, zu sehen sein.

Bürgermeister und Landeshauptmann Dr. Michael Häupl wird im März mit dem Ehrendoktorat der Veterinärmedizinischen Universität Wien ausgezeichnet. Die Ver-

Auch Bundespräsident Heinz Fischer nahm an der Festsitzung im Landtag teil

leihung findet im Festsaal der Universität anlässlich der 240-Jahr-Feier der Wiener Veterinärmedizin statt. Mit Häupl werden auch Landeshauptmann Dr. Erwin Pröll, Dr. Christian Konrad, Aufsichtsratsvorsitzender der Raiffeisen-Zentralbank, und Dipl.-Ing. Peter Mitterbauer in seiner Funktion als Präsident zur Förderung des Forschungsinstitutes für Wildtierkunde und Ökologie zu Ehrendoktoren der VUW. Bürgermeister Häupl erhielt die Ehrung für seine langjährige Verbundenheit mit der VUW, insbesonders aber für die wichtigen Impulse in der Forschungsförderung, die er gesetzt hat. Alle vier Ausgezeichneten haben sich Verdienste um das Institut für Wildtierforschung erworben. In seinen Dankesworten betont der Wiener Bürgermeister die Notwendigkeit, gerade mit Schwerpunktsetzungen in Wissenschaft und Forschung die Zukunft des Wirtschaftsstandortes Wien und Ostösterreich sowie der Arbeitsplätze zu sichern. Die Veterinärmedizinische Universität habe großen Anteil daran, dass Wien heute ein hohes Entwicklungspotential im Bereich der Biotechnologie, generell der Life Sciences habe. Dafür gebühre ihr Dank und Unterstützung. Die heutige Veterinärmedizinische Universität wurde 1765 von Kaiserin Maria Theresia als „Lehrschule zur Heilung der Viehkrankheiten" ins Leben gerufen. Seit rund zehn Jahren in Floridsdorf angesiedelt, zählt sie heute zu den größten und modernsten Veterinärmedizinischen Universitäten weltweit.

Am 6. April gedenkt der Wiener Landtag bei einer Festsitzung im Rathaus 60 Jahre Zweite Republik, 60 Jahre Befreiung Wiens vom Faschismus und 50 Jahre Staatsvertrag. Es wird im Wiener Landesgericht ein Kranz zum Gedenken an die hingerichteten Nazi-Gegner niedergelegt.

FORTSETZUNG FOLGT

Nein, die Geschichte Wiens ist noch nicht zu Ende. Wie könnte sie auch. Denn solange es Wienerinnen und Wiener gibt, die in ihrer Heimatstadt leben und das auch gerne tun, so lange wird es Wien geben. Zum Schluss ist aber diese Rückschau der Geschichte Wiens von 1945 bis 2005 gekommen. Es ist nicht vermessen, wenn man behauptet, dass diese Zeitspanne der Wiener Geschichte eine ist, die das Antlitz Wiens veränderte wie kaum eine andere. Über unsere Ideen für ein liebens- und lebenswerteres Wien werden die Generationen von Wienerinnen und Wiener ein Urteil fällen, die nach uns kommen. Aber eines ist sicher.

Sie werden vor neuen Herausforderungen stehen und versuchen – so wie wir – das Beste zu machen. Wünschen wir ihnen dazu Augenmaß und auch das Quäntchen Glück, ohne das es im Leben einfach nicht geht.

Und wünschen wir uns, dass Wien bei all den Veränderungen, die es noch zu meistern hat, eine Stadt der Wienerinnen und Wiener bleibt, die alle anstehenden Aufgaben, seien sie leicht oder schwer zu lösen, mit Tatkraft, Witz und Charme in Angriff nimmt. Wenn wir auch – manchmal – granteln, weil uns das eine oder das andere nicht passt, weil es vielleicht zu langsam oder doch zu schnell geht, so wollen wir doch eines nicht vergessen: Es gibt wenig, was wir nicht zu einem guten Ende bringen! Warum? Wir sind Wienerinnen und Wiener!

IMPRESSUM

© 2005 by Bohmann Druck und Verlag Ges.m.b.H. & Co. KG.
Leberstraße 122, 1110 Wien, Tel: +43/(0) 1/740 95-0
http://www.bohmann.at

Umschlaggestaltung: Gerhard Peischl für „graphisches Konstruktionsbüro"

Coverfotos:
Skyline Wien: © Photoplex – Herbert Schludermann
Stephansdom: © ÖNB Bildarchiv/ÖGZ
Donauinselfest: © Ingo Pertramer
Café Hawelka: © Klaus Mümpfer
Die Herausgeber und der Autor: © Helmut Strohmer

Alle Fotos:

Ausnahme:
Seite 311: NightLine: © Wiener Linien
Seite 317: Donauinselfest: © Ingo Pertramer
Seite 332: Millennium-Tower: © Christian Amadeus Pichler
Seite 365: Letter to the stars: © Verein „Lernen aus der Zeitgeschichte"
Seite 378: Rathaus: © Helmut Strohmer
Seite 382: Bürgermeister Häupl und Rektor von Fircks: © Helmut Strohmer

Herausgeber: Dr. Michael Ludwig, Fritz Hofmann
Autor: Dr. Manfred Lang
Art-Work: Angela Mittelstedt
Projektkoordination: Gabriele Huber
Lektorat: Wolfgang Fasching, Thomas Weber
Repro: Repro-Media, Wien
Druck: Ueberreuter, Korneuburg

Wir danken allen Institutionen, Unternehmen und Personen, die dazu beigetragen haben, dieses Buch zu veröffentlichen.

Für die uneingeschränkte Möglichkeit der Recherche in Ihren Archiven gilt unser Dank:

Im Besonderen Frau Hermine Galeta welche uns, in Ihrer Funktion als Redakteurin von „Wien im Rückblick",
wertvolle Hilfe geleistet hat.

Der Magistratsabteilung 53 – PID Presse- und Informationsdienst der Stadt Wien.

Dem Verband Wiener Arbeiterheime, für die Möglichkeit in das Archiv der „Arbeiter Zeitung"
Einsicht zu nehmen.

Dem Österreichischen Kabarettarchiv für die Karl Farkas-Biographie
(http://www.kabarettarchiv.at/Bio/Farkas.html).

ISBN: 3-901983-57-X